時空旅行的夢想家
史蒂芬・霍金

STEPHEN HAWKING
HIS LIFE AND WORK

吉蒂・弗格森 Kitty Ferguson ——— 著

史蒂芬．霍金：乳膠墨線工筆畫，劍橋藝術家奧利弗．沃林頓（Oliver Wallington）作於二〇一二年。

目錄

第三篇 胡桃裡的宇宙——一九九〇至二〇〇〇年

第四篇　偉大的設計——二〇〇〇至二〇一一年

第五篇　愛的萬物論——二〇一二至二〇一六年

REVIEW

各界推薦

作者弗格森生動的帶出霍金精彩的人生與科研，讓我有種身臨其境的感覺。霍金是一位傑出的黑洞學家及宇宙學家。他也是一個夢想家，追尋一個統世理論。他豐富的想像力、特異的思考模式，引人入勝。他追根究底、嚴謹論證的做學問態度，令我肅然起敬。

李景輝
中央研究院天文暨天文物理研究所副所長

霍金說：「身體和精神不能同時殘缺。」我倒覺得，精神主導了一切。
讀一讀此本傳記，你將擁有霍金的精神：樂觀、進取、努力追尋夢想、熱愛宇宙萬物。

江瑛貴
國立清華大學天文研究所教授

聆聽禁錮在軀體中的奔放靈魂，如何敏銳體認宇宙的潛行規律。

陳文屏
國立中央大學天文研究所所長

《時空旅行的夢想家》這本書兼具理性的科普與感性的勵志之特色，從閱讀中可汲取科學概念與人文思維，很適合高中生閱讀。

簡麗賢
臺北市立第一女子高級中學物理教師

一本兼具感性與理性的豐富書籍！感性部分記述霍金不為病殘所困的心智，甚至「就算困在黑洞裡面也別放棄，總有辦法可以脫身」的強大意志。理性部分更是難得，以用圖示與淺白譬喻解說霍金的理論，十分引人入勝！

林瑞文
高雄市左營國中資優班教師

閱讀霍金的時間簡史，可以看到一位優秀物理學家，如何發揮直覺天馬行空的能力，創建他獨特的物理觀、宇宙觀。瀏覽霍金的生命史，可以看到一位病魔纏身、近乎風中殘燭的曠世奇才，如何與命運之神搏鬥，創造生命奇蹟，心境自由地穿越時空、遨遊天地。

你曾有過夢想嗎？你還懷抱夢想嗎？你的夢想是什麼？為找尋優美新世界，當代最強的夢想家已經先行，你能不追隨前進嗎？

王昭富、蘇裕年

「霧裡fun魔法築夢工程」發起人

霍金是當代最知名的科學家，也是最矛盾的。在那行動高度受限的脆弱軀幹裡，跟你我大腦中一樣的一千億個神經元，竟盤算著超越一般人所能想像的更高幾個維度的宇宙。包括我在內的大多數地球人，可能終其一生也無法理解他的追尋，但或許我們可以透過這本精彩好讀的書，稍微追上他思維的光（如果你沒有掉入黑洞的話）。

泛科學總編輯　鄭國威

本書成功的結合了科普知識與人物傳記，為孩子添購一本值得閱讀的書籍，為自己打開科學的視界，遨遊在宇宙的探奇中，讓知識的種子在心中萌芽，讓知名科學家史帝芬・霍金的熱血科青人生來啟發孩子們對於科學的興趣、知識的熱誠與面臨挫折時永不放棄的決心與勇氣吧！

吳育慧博士

時空研究書苑負責人，時空研究學苑創辦人

FOREWORD

不能沒有你！

台大物理系暨天文物理研究所教授 **吳俊輝**

霍金教授是我年幼時期所神往的科學圖騰，一路引領我進入宇宙學的殿堂，因此在我所開的通識課「通往宇宙的神奇路」中，第一堂課便是播放他的生平影片並介紹他人生中的各個面向。過程中我意外地發現，文組的學生大多不知道他是誰，甚至還有人以為他是古代的科學家。在感動之餘，學生們常會和我分享中學時期的無奈，一種面對科學熱忱和理科成績之間大幅落差的無力感。

因此：

倘若你是同病者，那你必讀此書，它可以弭平你的創傷；
倘若你是科學控，那你必讀此書，它可以鍾鑿你的深度；
倘若你是霍金迷，那你必讀此書，沒有理由；
倘若你只是路人甲，那你必買此書，因為它必然可添色你的書架。

霍金教授自己出版過不少膾炙人口的科普書籍，但或許是為求普及而常大幅簡化書中的科學內容及深度，讓人意猶未盡。這本書不一樣，它在勾勒出霍金完整生平的同時，也很扎實地闡述了半個多世紀以來黑洞學及宇宙學的發展與內涵，清楚透露出霍金教授在歷史上不可抹滅的地位。它很完整，可以同時滿足想看歷史、想學科學，以及想要獲得人生力量的各種讀者。

我於一九九六至一九九九年間，在霍金教授所領導的相對論暨重力小組（成立於一九六一年，即俗稱的RG Group）攻讀博士學位，因此書中所提到的多位科學家都曾是我的老師或朋友，例如湯森（Townsend）教過我黑洞理論及量子場論，巴羅（Barrow）是我念碩士時的系主任及申請博士班時的推薦人，圖羅克（Turok）是我博士學位的口試委員及求職推薦人，阿爾布雷希特（Albrecht）當時任教於倫敦帝國理工學院並錄取我為博士門徒（但我沒去因為選擇了劍橋），布赫爾（Bucher）在當時是霍金學者（Hawking-Fellow）也是我的酒伴。因此，當我在邊讀此書、邊做審校時，便格外地融入與感動。原本我有種「這本書其實我也可以寫得出來」的傲慢，但越看到後面時就越感嘆：我不行。因為我知道的祕辛沒有作者多，我對敘事闡理的耐性及細心沒有作者好，作者弗格森雖然出身音樂家，但她數十年的科普寫作功力卻透過此書展露無遺，令人好生敬畏。這本書大致以時序為架構譜出很好的傳記內涵，又細說黑洞理論及宇宙學，甚至觸及霍金的哲學思維。

本書的英文原版於二〇一一年出版（編按：初版出版日期，本書為修訂版，英文出版日期為二〇一六年十二月），算是同類書籍中較新的，因此它包含了以上各面向的最新資訊，總覽並探討霍金教授近年來的科研思維及科普著作，很是精采。在科學內容上它也收錄了許多很酷的主題，像是終極理論、黑洞、超對稱、現實主義、無界構想、虛時間、歷史取和等等，圖文並茂，十足一副優良參考書的架勢。

本書倒數第二章的標題是「我叫做史蒂芬・霍金，是物理學家、宇宙學家，也是夢想家」，寓意頗深，希望每位讀者在閱畢後也都能找到並喊出適合自己的類似字句。在我留學的那個年代，霍金教授還可用手操控電腦及電動輪椅，並揚起燦爛的笑容，但如今因全身肌肉持續萎縮，而只能仰賴臉部的些微肌肉和高科技來操控電腦，他目前唯一能做的除了自來不變的豐富思維外，就只剩揚眉和顫嘴了。「天將降大任於斯人也，必先苦其心志，勞其筋骨」，霍金教授是最好的寫照，我們感謝老天在醫界宣告他只剩一年餘生之後，又讓他繼續留在世間近半個世紀，否則科學界的發展不知將失色多少，疾苦的眾多生靈也將少去一個激奮的良源。或許讀者們並無法如我幸運般能親睹他的丰采並天天聽他講笑話，但透過此書，您所能獲得的感動、啟發，以及對他的景仰，絕對不會比我少。就讓我們以最謙卑的心，一起向霍金教授及這本書致意。

第一篇

宇宙的先行者

一九四二至一九七五年

CHAPTER

1

追尋統世理論

一九八〇年

英格蘭劍橋市中心有好幾條窄巷，都還不曾受過二十、二十一世紀的洗禮。那裡的房屋新舊雜陳，不過轉過街角，從較寬闊幹道踏進任何一條狹窄小路，同時順著時光逆行，你會踏進一條兩側聳立大學老牆的窄路，或者走入一條兩旁聳立中世紀教堂、院落，或麥芽啤酒屋的街道。除了附近忙碌卻依然古老的道路傳來嘈雜聲外，整個環境可說是寂靜無聲，耳邊只有鳥鳴和踅音，學者、鎮民行走這些巷弄已經好幾個世紀了。

一九九〇年我動筆寫第一本霍金的書時，故事起頭就從這當中一條窄路自由學院巷（Free School Lane）開展。沿路走接上本篤街（Bene't Street），旁邊是聖本篤教堂和一座十一世紀的鐘樓。轉過街角，巷內花枝依然像二十年前那般，從教堂院落鐵欄圍籬懸垂蔓出。那裡鎖了好幾台腳踏車，壞了那份古意，不過朝右再走一小段路，就會遇上一堵石砌粗糙黑牆，牆面開了窄縫窗口，那道圍牆屬於劍橋最古老的大院，是基督聖體學院（Corpus Christi College）的十四世紀「老庭院」

（Old Court）。轉身背對石牆，眼前會見到一處哥德式通道口，側邊高處安了一塊匾，上書「卡文迪什實驗室」（The Cavendish Laboratory）。這處通道口和前方走廊就是通往較近代的門戶，卻古怪地座落在中世紀街道上。

如今完全看不出十二世紀曾有一座僧院設在此處，後來在廢墟上栽植的庭園也都無跡可尋，觸目所及的是灰暗廠房式的建築，局促得就像是囚牢，矗立俯瞰灰色瀝青鋪面。再深入那處複合設施，情況就有改善，從我第一次描寫那裡開始迄今二十年，已經有幾棟較新建築落成，然而這批設計精美的現代建物，卻仍遭人詬病，說是裝了玻璃牆沒什麼好處，只能映現相鄰老舊建築的冷峻氣息。

歷經一個世紀，在劍橋大學「新」卡文迪什實驗室於一九七四年落成之前，這片複合設施都是世界舉足輕重的物理學研究重鎮。約瑟夫．湯姆森（J. J. Thomson）在這裡發現電子；歐內斯特．拉塞福（Ernest Rutherford）在這裡探究原子構造，還有羅列不完的其他成果。一九九〇年代我來這裡聽了好幾堂課（一九七四年喬遷新卡文迪什實驗室時，仍有一些東西沒有搬走），當時講堂依然使用巨幅黑板，還以搖柄帶動鏈條滑輪系統，拉上拉下都會嘎啦作響，這樣上物理課時才能騰出空間，寫上數不清的方程式。

科克克羅夫特演講廳（Cockcroft Lecture Room）同樣設在此處，設備遠比其他講堂新潮。一九八〇年四月二十九日，科學家、來賓，和大學顯要齊集這處講堂，在陡峭列置的階梯席上坐定，面向兩層樓高的黑板牆和滑動式螢幕。那時距PowerPoint問世還早得很。當天舉行的是盧卡斯數學講座新任教授就職演講，主講人是三十八歲的數學家暨物理學家，史蒂芬．霍金。他在前一年秋季榮膺這個顯赫教席。

那場演講的題目是一道問題：〈理論物理學是否終點在望？〉（Is the End in Sight for Theoretical Physics?）霍金認為確實如此，但現場聽眾大吃一驚。他邀請大家擺脫俗務，隨他來一趟感性之旅，一道穿梭時光，跨越空間，探訪尋找科學聖杯：解釋宇宙和宇宙萬象的理論，也就是所謂的「統世理論」（Theory of Everything，編按：又稱終極理論、最終理論）。

看著霍金靜靜坐著輪椅，他的學生在旁朗誦講稿，不認識他的人，一定會認為霍金不足以擔任此職務。對霍金而言，理論物理學是他擺脫囚牢的絕佳管道，老卡文迪什實驗室的陰森氣息，完全顯現不出那處囚牢殘酷到什麼程度。自從他在二十出頭進入研究所開始，他的生活就慘遭身障侵襲，只怕免不了要英年早逝。霍金染上肌萎縮脊髓側索硬化症（ALS），在美國又稱為盧・賈里格氏症（Lou Gehrig's disease），名稱得自死於此症的紐約洋基隊一壘手姓名。（註）

霍金的病情惡化速度並不快，不過當上盧卡斯數學講座教授時，他已經沒有辦法走路、書寫或自己進餐，就連頭部前傾時也無法自行擺正了。他口齒不清，除了和他最熟的人之外，幾乎沒有人聽得懂。至於盧卡斯數學講座教授就職演說，他事前煞費苦心口述講詞，臨場才由學生代為朗讀。然而不論在當時或現在，霍金肯定都不是病夫。他是個活躍的數學家和物理學家，甚至當時還有人稱他是從愛因斯坦以來最聰明的一個。盧卡斯數學講座教授是劍橋大學極高榮譽的職位，最早追溯至一六六三年，第二任教授是牛頓爵士。

霍金才坐上這個顯赫教席，就以他的典型作風打破陳規，預言這門領域就要終結。他說，所謂的統世理論大有可能在二十世紀結束之前找到，接著像他這種理論物理學家就無事可做。

自從那場演說以後，許多人開始認為霍金是探尋那項理論的掌旗手。然而，他指出的統世理論候選學說，卻不是出自他自己的理論，而是「N＝8超重力理論」（N=8 supergravity），那項理論深受當年許多物理學家期盼，寄望藉此或能統一所有粒子和自然界的所有作用力。霍金明確指出，他的研究不過是整體底下的一個環節，那個全貌還遠遠更為壯闊，牽涉到全球各地的物理學家，而那又是一段非常古老求知歷程的環節。認識宇宙是自古就有的渴求，肯定和人類的意識同樣古老。自從人類第一次仰望夜空，環視周遭千變萬化的大自然，思忖本身的存在問題，他們就嘗試以神話和宗教來解釋這一切現象，後來則改為仰賴數學和科學。如今我們對這幅全貌的認識，大概不會比我們的遠古祖先完備多少，不過包括霍金在內的多數人，都認為我們確實比較高明。

霍金的生平故事和他的科學依然充滿矛盾爭議，事情經常不像表面所見，照理應該能夠逗攏的拼圖卻事與願違：起頭有可能就是終點；殘酷境遇有可能帶來幸福，名聲和成功卻可能不會；兩種極為成功的優異理論擺在一起卻變成胡言亂語；真空空間並非真的空無（empty space isn't empty）；黑洞並不完全是黑的；致力構思一項簡明解釋來統一萬象，結果卻披露一幅破碎的面貌；一個長相令人震驚，引人悲憫的人物，卻歡天喜地帶領我們前往時間和空間理當接壤的分界地帶，結果分界並不在那裡。

我們環顧宇宙，不管朝哪裡看，總能發現實相複雜萬端，難以名狀，有時顯得格格不入，不見得能輕鬆接受，還往往無從預測。我們的宇宙之外，還可能有為數無窮的其他宇宙。二十世紀的尾

註：最新證據顯示，賈里格染上的有可能不是肌萎縮脊髓側索硬化症，而是另一種雷同疾病。

聲來臨又離我們遠去，沒有人發現統世理論。霍金的預測何去何從？有沒有哪項科學理論能解釋這一切呢？

CHAPTER 2

我們的目標不外乎完整描述棲身的宇宙

我們在世界和宇宙間體驗的錯綜複雜，又變化萬千的所有事物，歸結到底有可能就是一種簡明至極的現象。這種想法並不新鮮，也不牽強。西元前六世紀，義大利南部哲人畢達哥拉斯（Pythagoras）和他的門人鑽研里拉琴弦之弦長和音高的關係，結果發現，在大自然紛雜現象背後，其實藏著模式、秩序和合理性。此後兩千五百年間，我們的祖先仍不斷發現，大自然並不像乍看之下那麼複雜難懂，而且就像畢達哥拉斯和門徒的發現，結果通常令人詫異又心生敬畏。

假定你是個智慧超高的外星人，卻對我們的宇宙無絲毫經驗，心裡想著：有沒有一本完備的規則手冊，鑽研之後就能夠得知我們的宇宙究竟是何種相貌？假定真有某人交給你那樣一本規則手冊，那可不可能只是一本很薄的冊子？

幾十年來，許多物理學家都認為，那種規則手冊並不冗長，內含一套相當簡明的原則，甚至還可能只含一條原則，從根本來規範我們的宇宙在過去、現在，甚至往後任何時刻發生的一切現象。霍金在一九八〇年斷言，我們在二十世紀尾聲可掌握那本規則手冊。

我家從前有一款博物館復刻版的古代遊戲用棋盤。考古學家在美索不達米亞烏爾城廢墟發掘時，挖出一件精緻的鑲嵌板，還附帶找到幾件細小雕刻品。那顯然是一款精巧的棋盤，卻沒有人知道玩法規則。生產那件復刻製品的廠商根據棋盤、棋子的設計，試行推出遊戲規則，不過也鼓勵購買者自行判斷、發現棋盤遊戲的玩法。

你可以設想宇宙就像那樣：一款宏偉、優雅又神祕的棋盤遊戲。規則當然有，但遊戲並不附規則手冊。然而，宇宙可不像從烏爾城出土的古物棋盤那般漂亮。沒錯，宇宙的年代很古老，不過遊戲仍在進行。我們以所知的一切（以及不明白的大半學識）如火如荼投入這場博奕。果真有統世理論，那麼我們和宇宙萬物都必定服從宇宙原理，就連嘗試找出原理為何之時也不例外。

各位應該會料想，宇宙未刪節的規則，肯定能塞滿一棟宏偉的圖書館或一台超級電腦。這裡面應該有種種規則來規範星系如何形成和移動、人體如何運作和失效、人類如何交往，此外還另有規則來節制次原子粒子如何互動、水如何凍結、植物如何生長，還有狗如何吠叫。層層疊疊環環相扣的繁複規則，怎麼會有人認為這可以簡化成少數幾條原理？

美國物理學家暨諾貝爾獎得主理查．費曼（Richard Feynman）舉一個實例，說明這種簡化歷程的演變方式。他指出，從前我們有一種東西叫做運動，還有一種東西叫做熱量，另有一種東西叫做聲音。「然而不久就發現，」費曼寫道：「在牛頓爵士提出運動定律之後，那些原本看似不同的事物，其實都成了同一事物的不同面向。舉例來說，聲音現象可以完全以原子在空氣中的運動來解釋，所以我們就不用再把聲音看成是運動之外的事物。後來又發現，熱學現象也能輕易地透過運動定律來理解。這樣一來，龐雜的諸多物理理論就能被合併形成一套簡化的理論。」

置身細小碎片的生命

我們平常會想到的所有宇宙物質，例如你和我、空氣、冰、星體、氣體、微生物和本書，都是以號稱原子的微小基礎建材組成，至於原子則由更微小的物件（稱為粒子）和大量空無一物的空間所構成。

最常見的物質粒子是電子、質子和中子，電子環繞著原子核，而原子核則是由質子和中子群聚形成。質子和中子都以更纖小的物質粒子組成，這種粒子稱為「夸克」（quark）。所有的物質粒子全都被歸於同一類粒子，稱為費米子（fermion），取這個名字是要紀念偉大的義大利物理學家恩里科・費米（Enrico Fermi）。費米子具有一組訊息系統，彼此相互傳訊，所以它們有種種不同作用和變化方式。一群人或許能擁有一套內含四種服務的訊息系統：電話、傳真、電郵和「牛步郵政」，但不見得所有人都兼採這四種訊息服務，來收發訊息並相互影響。你可以設想，費米子訊息系統也具有四種這類訊息服務，稱為四種力。另外還有一類粒子負責為費米子（有時也為自己）傳遞這類訊息：傳訊者粒子，比較正式的名稱是玻色子（boson）。很顯然的，宇宙間的所有粒子是費米子或玻色子。

重力（gravity）是自然界四種基本作用力之一。重力把我們拉縛在地球上，它可以被設想成是由一種叫「重力子」（graviton）的玻色子所傳達的「訊息」，重力子負責在你的身體原子和地球原子間傳訊，驅使這些粒子向彼此拉近。重力是四大作用力當中最弱的一種，不過稍後我們就會得知，這種力的作用距離非常遼闊，影響宇宙間的一切事物。整個累加起來，重力就成為其他所有力的主宰。

第二種力是電磁力（electromagnetic force），它是由一種叫做光子（photon）的玻色子所傳達的訊息，它會在原子核裡的質子間、質子和鄰近的電子間，以及電子和電子間往返傳訊。電磁力會讓電子環繞原子核運行。而從日常的經驗層次來看，光子則是以光、熱、無線電波、微波和其他波動的形態出現，全都稱為電磁輻射。電磁力的作用屬於長距作用力，而且比重力強得多，不過它只對帶有電荷的粒子產生作用。

第三種傳訊服務叫強力（strong nuclear force），它負責把原子核整個束縛在一起。

第四種傳訊服務叫弱力（weak nuclear force），會造成粒子的輻射，它在恆星中及早期宇宙中，都扮演著元素形成過程中的必要角色。

重力、電磁力、強力和弱力，這四種力的活動就是宇宙間所有費米子互傳訊息的源頭，也是費米子之間所有交互作用的原動力。沒有四力，所有的費米子（所有的物質粒子）都只會單獨存在，甚至根本不會出現，沒辦法接觸、影響其他費米子，對彼此也渾然不覺。講得明白一點，凡是依靠這四力之一不會發生的現象，就全都不會發生。若果真如此，那麼只要完整認識四力，我們就能認識宇宙萬象背後的根本原理。我們已經有一本極其精簡的規則手冊。

二十世紀物理學家從事的研究，大半著眼於更深入認識自然界四種作用力的運作方式，以及彼此之間有什麼關係。就我們人類的訊息系統而言，或許會發現電話、傳真和電郵，終究不是那麼涇渭分明，而是可以設想成同一件事情的三種不同表現方式。這項發現可以把三種訊息服務統一起來。相同道理，物理學家也致力謀求統一四力，而且也取得若干成果。他們希望最終能夠找出一種理論，以此來解釋四力是同一種作用，只是呈現方式不同而已。這種理論還有可能把費米子和玻色子統合併入同一家族，他們稱這種理論為統一理論（unified theory）。

能完整解釋宇宙的理論稱為統世理論，距離實現還有好幾步路程。其中一步特別吸引霍金，這必須解答一道問題：宇宙在初始的一剎那，在完全沒有時間流逝之前是什麼模樣？就這道問題，物理學家的問法是：宇宙的初始條件，或說宇宙初生的邊界條件（boundary condition）為何？由於這個邊界條件議題向來都是霍金的研究核心，這裡有必要花點時間討論。

邊界挑戰

假定你組裝一套鐵道模型布景，接著就該在鐵道上放置幾列火車，依你的意願調好轉轍器和節流閥來控制行車速度，而且都得在啟動電源之前完成。這樣你就制定了邊界條件。就你的列車組來講，這段期間的實相完全從這組事件狀態開始，其他狀態都不適用。你啟動電源五分鐘後，每列火車分別位於哪個位置，是否有列車互撞，大體都取決於這組邊界條件。設想你完全不干涉，讓列車跑十分鐘，這時一位朋友走進房間，於是你關閉電源。這時你就有第二組邊界條件：在你關閉電源的瞬間，事物在布景裡的確切位置。

假定你向這位朋友提出難題，要他努力想像，所有列車在十分鐘之前分別從哪些地點出發。這牽涉許多問題，不單是列車現況和節流閥、轉轍器的調節狀況之類的簡單事項，還包括：每列火車各以多高速率加、減速度？鐵道有沒有哪些段落的阻力比其他段落更強？坡度有多陡峭？電力供應穩定嗎？能不能肯定沒有東西干擾列車組運行：目前不再顯而易見的因素是什麼？這整套操練確實令人生畏，你那位朋友的處境和現代物理學家的情況有些雷同，都是試圖解答宇宙如何開始：時間起點的邊界條件為何。

在科學界，邊界條件不只適用於宇宙的歷史，它表示事情在某一特定時點的發展現況，好比實驗室某項實驗的起始狀況。然而考量宇宙的時候，情況就不像列車組或實驗室的實驗，這時邊界條件可不容許我們自行設定。霍金最喜愛的問題之一是，假定我們對物理定律的認識和了解都正確無誤，而且定律也始終沒有改變，那麼宇宙的初始有多少種起始的可能方式，可以在最後產生如今我們觀測的結果。他以「我們如今觀察宇宙所得結果」當成一種邊界條件，此外他還依循一種比較微妙的觀點，就是使用物理定律和定律始終沒有改變的假設，做為邊界條件。他想求得的解答，本身就是一道問題的答案：宇宙初生時的邊界條件為何？也就是要找出宇宙的初始條件：剛開始時的精確布局，包括當時必然已確立的最起碼的定律組，這樣才能在未來某個特定時候，產生我們如今所知的宇宙。霍金有些最有趣的研究，以及最令人驚奇的答案，正是在思考這道問題時產生的。

發展粒子和自然界四大作用力的統一描述，以及宇宙起源邊界條件的知識，會是了不起的科學成就，不過那不是統世理論。再者，這種理論還必須能闡明現有理論中被視為恣意元素（arbitrary element）的那些數值。

語言課程

恣意元素包括那些自然界常數，好比電子的質量和電量以及光速等。我們可以透過觀察得知數值的高低，卻沒有理論能夠解釋或預測這些數值。另一個實例：物理學家知道電磁力和弱力的強度。電弱理論是統一兩者的理論，卻沒辦法告訴我們，該如何計算兩種力的強度差異。強度差異是一種恣意元素，理論無從預測。我們從觀察得知那是什麼，於是我們以手工方式把結果納入理論。就理論來講，這算是一種缺點。

當科學家使用預測一詞，他們的意思並不是指預測未來。「這個理論能不能預測光速？」這個問句並不是在詢問，這個理論能不能告訴我們光線在下週二的速度有多快。這樣問的意思是，倘若靠觀察不可能看出光速，但有了這個理論，我們是不是就能算出那個速度？結果是，現有的理論都無法預測光速。那是所有理論的恣意元素。

當初霍金撰寫《時間簡史》（*A Brief History of Time*）得考慮好幾個要項，其中一項是必須清楚知道理論是指什麼。理論不是「真理」，不是規則，不是最後定論。你可以把理論想成一艘玩具船。要想知道船能不能浮，你就得把它擺上水面試航。若是船隻搖擺不定，你就要把它拿開水面做修改，或者借助這次失敗得到的教訓，從頭開始另做一艘船。有些理論是好船，能漂浮很久，說不定我們會發現幾處漏水，不過就實際用途而言，船隻都能讓我們稱心。有些讓我們十分滿意，而且還有實驗、測試一致支持，於是我們開始把理論當成真理。科學家心中明白，我們的宇宙是多麼複雜又多麼難料，所以不輕易稱理論為真理。儘管某些理論有許多實驗成果佐證，另外有些則不過是理論學家眼中乍現的微光（設計精巧的船隻，卻從來不曾下水試航），把當中的任何一種理論假想成絕對的基本科學的真理都很危險。

不過重點是，不要一直這樣猶豫不決，無緣無故不斷質疑基礎穩固的理論。因為科學要想進步，就有必要判定，是不是有某些理論已經足夠可靠，和觀察結果也充分吻合，可供我們做為基礎建材並繼續推展。當然，有時或許會出現某些新想法或新發現，威脅要把船隻鑿沉。我們在本書稍後就會見到一個例子。

霍金在《時間簡史》書中寫道：「科學理論不過是一種模型，用來描述宇宙或宇宙的一部分，以及一套規則，用以將模型裡的物理量和我們所觀察到的結果作連結。科學理論只存在於我們心中，它並不具有任何實相，不論這所謂的實相實際上是什麼。」要了解這項定義，最簡單的做法就是看看幾個實例。

有一段影片顯示，霍金靠著他的研究生助理幫忙向一班研究生授課，時間大概在一九八〇年代早期。那時霍金的說話能力已經嚴重惡化，除非和他很熟，否則沒有人能聽懂他說什麼。助理在影片中解釋霍金的含糊發言，說道：「現在我們這裡恰好有一種宇宙模型。」他接著把一個硬紙板材質的大圓筒豎直擺上講桌。霍金皺起眉頭，咕噥幾句只有助理明白的話。助理道歉的拿起圓筒，翻轉倒置立在桌上。霍金點頭嘉許，全場大笑。

當然，模型不見得都得像硬紙板圓筒或圖形那樣看得見或碰觸得到。模型可以是一種心理圖像，甚至是一段故事。數學方程式或創世神話都可以算是模型。

回頭看硬紙板圓筒，它和宇宙哪裡相像？要想從圓筒設想出完全成熟的理論，霍金就必須解釋模型和我們身邊實際所見的景象有何關聯，也就是說，如何與觀察結果（還有，當我們掌握更好的技術之後有可能觀察到的結果）連貫起來。不過，單憑某人在桌上豎起一個圓筒，講述它和實際宇宙有什麼關聯，並不表示我們就應該採信這就是宇宙的模型。我們應該斟酌考量，不能照單全收。這是一種概念，只存在我們心中。到頭來，那個硬紙板圓筒有可能是有用的模型。另一方面，說不定會出現某項證據確認模型無用。照理我們應該已經發現，棋盤和模型暗示的遊戲玩法略有不同。這是不是表示理論是「壞的」？不，這有可能從頭到尾都是非常好的理論，而且所有人在斟酌、測試、修改或放棄這項理論的時候，已經學到許多東西。想要把它駁倒，恐怕要發揮創意思維和革新實驗，造就更豐碩的果實，或者從其他方面落實才行。

那麼，一個理論該怎樣才稱得上好理論？再次引用霍金的說法：「好理論必須能夠根據一個只含少數恣意元素的模型，而能精確闡述大範圍的觀察結果，而且它還必須能對未來可能的觀測結果提出具體明確的預測。」

舉例來說，牛頓的重力理論能描述非常廣泛的觀察結果，能預測物體在地球上墜落、拋擲的行為，以及行星軌道。

不過我們務必記住，好理論不必完全出自觀察。好理論可以是一種離奇的理論，一種天馬行空的想像結果。霍金說明：「這種發揮直覺天馬行空的能力，正是優秀理論物理學家的特色。」然而，好理論不該和觀察的既有結果相左，不過，如果能夠提出令人信服的理由，說明為什麼看似相左，那就另當別論。超弦理論（superstring theory）是當前最令人振奮的理論之一，預測空間不只三維，這項預測看來和觀察結果肯定並不相符。為解釋個中差異，理論學家推想額外維度（extra dimension）也許都蜷縮得非常小，所以我們看不出來。

我們已經明白霍金的第二項要件，理論只含少數幾項恣意元素是指什麼。依霍金所見，理論的最後一項要件，必須提出未來觀察時預料該得出哪些結果。理論必須讓我們可以進行測試，它必須告訴我們，若理論正確，我們會觀察到什麼現象。它還應該告訴我們，哪些觀察結果可以證實理論錯了。舉例來說，愛因斯坦的廣義相對論預測，遙遠星光從太陽之類的大質量星體附近射過時會偏折若干程度。這項預測是可以測試的，而且測試結果也顯示愛因斯坦是對了。

有些理論，包括霍金的多數理論，都沒辦法以我們現有的科技來測試，甚至連可想像未來的任何科技，恐怕也辦不到。那些理論都以數學測試，必須在數學上和我們的知識與觀察結果相符。然而我們無法觀測到最早時期的宇宙以驗證他的無界構想（no-boundary proposal，稍後會加以討論）對或不對。儘管有人提出若干測試提案，期待能證實或推翻蟲洞，但霍金不認為能奏效。不過他曾經告訴我們，若是擁有那種技術就會有所發現，而且他深信自己的種種理論和我們迄今觀察所得全都相符。他曾就某些事例，冒險提出非常明確的預測，具體指出能拓展我們現有能力範疇的種種實驗及觀察結果。

倘若自然是完全統一的，那麼宇宙初生時的邊界條件，最基本的粒子和支配這些粒子的力，以及那些自然界常數，便是以某種完全相容的獨特方式交織在一起，而我們或許有辦法認出那種不可免、不容置疑，且不言自明的方式。要達到那個認識水準，肯定就得發現絕對包納一切的統世理論，甚至還得找出一個問題的答案：宇宙為什麼正符合這種描述？於是就如霍金在他的《時間簡史》書中所述：「我們才能明白上帝的心意。」後來霍金又在一本較新著作中提出沒有那麼戲劇性的措詞：「偉大的設計」，那本新書的書名也稱為《偉大的設計》（*The Grand Design*，譯註：二〇一〇年出版，中文版書名為《大設計》）。

撂下戰書

現在我們一切就緒，可以列出在一九八〇年霍金發表盧卡斯數學講座教授就職演說的時代，任何候選為統世理論都得面對的種種挑戰。而且各位也會適時得知，從那時開始，本清單某些要項又會出現哪些微妙變化：

- 理論必須提出一個模型來統一力和粒子。
- 理論必須解答宇宙的邊界條件為何，也就是在宇宙初始的那一剎那，還沒有時間流逝之前的狀況為何？
- 理論必須是有局限的（restrictive），只容許極少數的選項。比方說，理論應能準確預測粒子的類別數。若理論留下選擇空間，就得設法說明為什麼我們的宇宙現況如此，卻沒有出現略微不同的宇宙。
- 理論的恣意元素應該少之又少。我們寧可不要太頻繁去麻煩現實宇宙徵求解答。矛盾的是，統世理論本身就可能是一種恣意元素。少有科學家寄望統世理論能夠解釋，為什麼世上就該有理論或萬事萬物來讓它描述。統世理論不大可能回答霍金這個問題：「為什麼宇宙（或就此而言則是統世理論）要不厭其煩這樣存在？」

• 理論預測的宇宙，必須像我們所觀察的宇宙，否則就得提出令人信服的理由，說明為什麼其中存有差異。倘若理論預測光速等於每小時十英里，或者不容許企鵝或脈衝星出現，那麼我們就麻煩了。統世理論必須設法通過考驗，並應與我們的觀察結果兩相吻合。

• 理論應該很單純，不過也必須容得下極端複雜特性。普林斯頓物理學家約翰・惠勒（John Wheeler）便曾寫道：

在這一切的背後
肯定有個十分單純的概念
那麼美好
那麼令人信服，於是在
十年，百年
或千年期間
當我們領會了
我們都會相互表示
怎麼還可能有別的想法？
我們怎麼那麼笨

最深奧的理論，好比牛頓的重力理論和愛因斯坦的相對論，全都像惠勒描述的那麼單純。

- 這個理論必須解答該如何讓愛因斯坦的廣義相對論（解釋重力的理論），和量子力學（我們談其他三種力的時候，能成功發揮功用的理論）兩相結合的謎題。這是霍金決心面對的挑戰。接著我們就介紹那個問題。本章還會談到量子力學的測不準原理（uncertainty principle，譯註：另譯不確定性原理），後面我們還會討論廣義相對論，各位讀完之後就能更深入了解那個問題。

理論面對面

愛因斯坦的廣義相對論，是描述大物體和非常大物體（如恆星、行星和星系）的理論。這個理論完全能夠解釋，那個層級的重力作用方式。

量子力學則是描述非常細小事物的理論，這個理論描述自然界四大作用力就是費米子（物質粒子）間的交流訊息。量子力學也帶有令人灰心洩氣的事項：測不準原理，我們永遠沒辦法同時確切知道一顆粒子的位置和動量（其移動方式）。除了這個問題之外，量子力學就非常能夠解釋非常細小層級的事項。

有一種做法可以把這兩個偉大的二十世紀理論結合成一個統一理論，那就是沿用我們對其他三種力的解法，也把重力解釋成媒介粒子的一種交換作用，到目前為止，這種解法優於其他可能的方法。另一條途徑是從測不準原理入手，重新思索廣義相對論。

把重力解釋成媒介粒子的一種交換作用，會引來一些問題。當你心中設想，把你束縛在地球上的力，是你體內物質粒子和地球成分物質粒子之間的重力子（重力的媒介粒子）交換作用，那麼你就是採用量子力學的做法來描述萬有引力。然而，由於所有重力子本身也都互換重力子，所以從數學角度來看，這個差事還真麻煩。我們得到一堆無窮值，毫無數學價值的胡言亂語。

物理理論是無法真的去處理無窮值的。當其他領域遇上無窮值時，理論學家們常借助某種叫做重整化（renormalization）的做法。費曼發展一項理論來解釋電磁力時就用了重整化，不過結果他一點都不開心。「不管話說得多漂亮，」他寫道：「在我看來，總歸都是一種蠢笨的程序！」這當中得代入其他無窮值，讓無窮值相互抵銷。看起來是很曖昧，不過就許多情況，實際用起來卻似乎還真有效。這樣產生的理論，和觀察結果十分吻合。

重整化在電磁學情況奏效，在重力方面卻失去作用。重力作用的無窮值遠比電磁力的狀況棘手。它們不肯消失。二十世紀有兩種理論初露頭角，前景看好，一個是霍金在盧卡斯數學講座談到的超重力理論，另一個則是超弦理論，認為宇宙中的最基本物體並不是點狀粒子，而是纖小的弦或由弦所形成的弧圈，本書稍後還會檢視更有指望的後續發展。然而問題並沒有解決。

另一方面，假使我們縱容量子力學越界，侵入似乎由重力獨霸的非常大尺度研究領域呢？當我們重新思索廣義相對論，從我們對測不準原理的認識入手（根據這個原理，你沒辦法同時精確測知一顆粒子的位置和動量），重新思索這個理論告訴我們什麼事情，這時會出現什麼狀況？霍金依循這些路線進行的研究得出一些古怪的結果：黑洞不黑，而且邊界條件還可能無邊無界。

趁我們條列悖論的時候再提一個：真空空間並非真的空無。本書稍後會討論這個結論是如何得出的，眼前只需知道一點就夠了：測不準原理意味著，所謂的真空空間裡面充斥粒子和反粒子，科幻作品採用的物質與反物質就是常見的例子。

廣義相對論告訴我們，當空間中具有物質或能量時，時空就會受到彎曲，或稱扭曲（warp）。我們已經提到那種彎曲的一種結果：遙遠星光從太陽一類大質量星體附近射過時就會偏折。

底下兩點請銘記在心：（一）真空的空間中實際上是充滿著粒子和反粒子，會共同組成巨大的能量；（二）這份能量會導致時空的扭曲。

假使以上兩點都成立，那麼整個宇宙肯定就要捲成一個小球，但這種現象並沒有出現。當廣義相對論和量子力學攜手合作提出預測，結果似乎就完全錯了。廣義相對論和量子力學都是格外出色的理論，這兩項二十世紀出類拔萃的知識成就為我們開創偉大貢獻，不單從理論來看，還帶來許多實際用途。然而把它們擺在一起，卻產生無窮值和胡言亂語。統世理論必須想個法子來破除那種胡言亂語。

細部預測

再次設想，你是沒見過我們所處宇宙的外星人。儘管如此，有了統世理論，照理你應該有辦法預測宇宙的一切事物，對吧？說不定你有辦法預測恆星、行星、星系、黑洞和類星體。不過，你能不能預測明年的德貝馬賽冠軍是誰？你能做出多明確的預測？可能性不高。

要鑽研宇宙所有資料必須具備浩瀚的運算能力，那種電腦完全超出我們的想像力，此中差距判如天壤。霍金指出，即便以牛頓重力理論可以解出兩件物體的運動方程式，但遇上三件物體就無法精確求解，倒不是說牛頓的理論沒辦法解決，而是因為數學運算太過複雜。不消說，真實宇宙不只包含三件物體。

我們也沒辦法預測自己的健康，即便我們對醫學基礎原理、化學原理和生物學原理都有精深認識。問題同樣在於，真實的生命系統包含兆億枝節瑣事，數量實在太大，就算那個系統只是一具人體都力有未逮。

就算掌握統世理論，我們預測萬象的目標依然遠在天邊。就算根本原理很單純，我們也已深入認識，但原理作用方式卻仍複雜至極。這裡改一段廣告口號：「花一分鐘學習，花宇宙一世練成高手」，這句「花宇宙一世練成高手」嚴重低估真相。（註）

這會讓我們的處境變成怎樣？哪匹馬會贏得明年全國大賽冠軍，以統世理論是可以預測的，卻沒有電腦能夠存入所有資料或進行數學運算來完成預測。這樣講對嗎？

此外還有個問題。我們必須再檢視量子力學的測不準原理。

非常小尺度的模糊特性

到了非常小尺度層級（宇宙的量子層級），測不準原理還會局限我們的預測能力。

想想量子世界的所有古怪繁忙成員：費米子和玻色子，它們共聚組成令人印象深刻的粒子動物園。費米子類群含有電子、質子和中子，每顆質子或中子又分別由三個夸克組成，而夸克也是費米子。此外，我們還有玻色子：光子（電磁力的媒介粒子）、重力子（重力）、膠子（強力），還有W和Z（弱力）。曉得以下事項會很有幫助：所有的粒子和其他眾多種類都位於何方、它們要到哪裡去、它們多快可以抵達目的地。這些事項能查得出來嗎？

圖二－一的原子圖解是依照拉塞福的原子模型描繪而成。二十世紀早期，他在卡文迪什實驗室創立這套模型。圖示電子就像行星繞日那樣環繞原子核軌道運行。如今我們知道，量子層級的萬象始終不完全像是這樣。描繪電子軌道不能把電子當成行星，我們最好把電子設想成蜂擁原子核四周的一團雲霧。為什麼是一團朦朧？

測不準原理讓量子層級的生活變成模糊不清的不明確事物，不單就電子而言，對所有粒子也都如此。不論如何努力嘗試觀察事件現象，我們依然不可能同時精確看出一顆粒子的動量和位置。我們愈精確測知粒子的運動方式，對粒子位置的理解就愈不明確，反之亦然。這種作用就像蹺蹺板：一項測量的準確度提高，另一項的準確度必然下降。要想確定一項測量，唯一的做法就是放手讓另一項變得不那麼明確。

描述一顆粒子活動的最佳做法就是通盤研究所有的可能移動方式，接著計算一種方式和另一種的相對可能性。結果就是取決於機率：一顆粒子有這種機率，以那種方式移到這裡，或者有那種機

註：奧賽羅（Othello）棋盤遊戲的廣告口號是：「花一分鐘學習，花一世練成高手。」

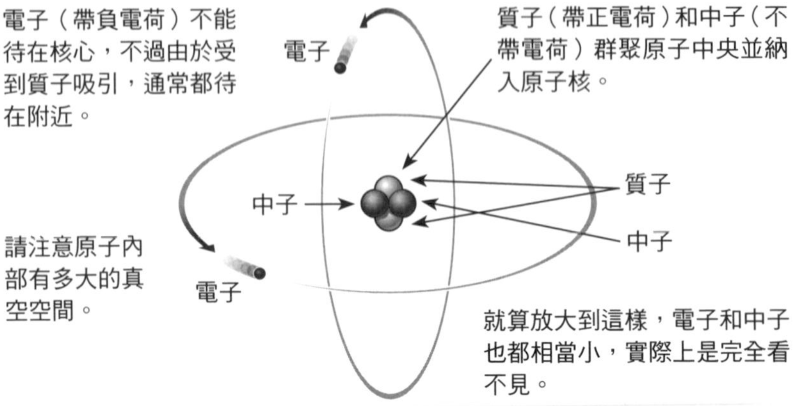
電子（帶負電荷）不能待在核心，不過由於受到質子吸引，通常都待在附近。
電子
質子（帶正電荷）和中子（不帶電荷）群聚原子中央並納入原子核。
質子
中子
中子
請注意原子內部有多大的真空空間。
電子
就算放大到這樣，電子和中子也都相當小，實際上是完全看不見。

圖二－一：根據拉塞福模型，一顆氦原子的電子就像行星繞日運行那般繞核運行。如今我們知道，根據量子力學的測不準原理，電子軌道並沒有明確界定的路徑，和這幅模型並不完全相像。

率位於此處。這類機率仍是非常有用的資訊。

這有點像是預測電子的結果。選舉時的民意調查專家的工作就是靠機率。處理的選民數量夠多的時候，就能算出統計數，他們不必知道每位選民想投給誰，就有辦法預測誰能贏得選舉，還有得票數相差多少。當量子物理學家研究粒子可能採行的大量可能路徑，這時粒子朝四面八方移動的可能機率，或者待在某處位置並不出現在他處的可能機率，也都成為相當具體的資訊。

民調專家並不諱言，訪問選民會讓那人更了解種種議題，結果就可能影響那一票。物理學家也得面對這種兩難：刺探量子層級會影響他們發現的結果。

到現在為止，預測選情和研究量子層級的對照似乎還不錯，但現在的情況即將瓦解：到了投票日，不管投哪邊，每位選民都分別投下明確的一票，縱然守密不宣，卻也毫不含糊。倘若民調專家在投票亭藏了攝影機（而且沒有被逮捕），就能查出每個人怎樣投票。這和量子物理學不同。物理學家設計巧妙的做法來刺探粒子，結果全屬徒勞。基本粒子的世界很難說得準，不完全是因為我們不夠聰明，而是還找不到能夠有效觀察的方法。不明確，不只是一種表象，而是實際上就是如此。難怪霍金在他的盧卡斯數學講座中稱量子力學是：「描述我們不明白也無從預測之現象的理論。」

把這項限制考慮進去之後，物理學家已經為科學重新確立目標：統世理論將會是一組定律，它可以在測不準原理所局限的範圍內來預測事件，也就是說，在許多情況下我們只能進行統計性的機率預測，而無法預測具體的細節。

霍金把我們的問題總結起來：萬事是不是都由統世理論或上帝預先決定？就這個問題，他的回答是肯定的，他認為就是如此。「不過也可能不是這樣，因為我們永遠沒辦法知道，哪件事已有定數。倘若理論判定我們會被吊死，那麼我們就不會溺斃。除了你有絕對把握，注定要隨著絞刑架登上扁舟，在暴風雨中航向大海。」他認為自由意志概念是：「一種非常出色、近似理論的人類行為。」

真的有統世理論嗎？

物理學家不見得全都相信真有統世理論，假如有，就有人找得出來。科學有可能成就一項又一項發現，持續改進我們的知識，開啟一個又一個層層套疊的盒子，卻永遠無法企及那最後一個盒子。另有人論稱，事件不見得完全都能預測，有些是隨機出現的。有人認為，在這個神造世界，上帝和人類都可以任意取捨妥協，那份自由遠遠高於決定論、統世理論所容許的程度。他們認為，這就像是偉大交響樂作品的演出，儘管音符都已經寫下來了，但演奏這些音符時，仍有可能發揮高度創意，而這個部分完全不是預先確立的。

不論我們是否能解釋宇宙的完整理論，或者永遠無從企及，有些人總是希望能動手嘗試。人類是堅忍無懼的生物，擁有永不滿足的好奇心。有些人，好比霍金，特別不那麼容易打退堂鼓。這門科學領域有位叫做默里．蓋爾曼（Murray Gell-Mann）這樣敘述這項探索：

> 在這趟人類史上最持久、最偉大的冒險當中，我們追求認識宇宙，了解宇宙如何運作和來自何方。很難想像在一個小小的星系當中，繞行一個不起眼恆星的小小行星上面，竟然有這樣一小群住民，致力通盤了解整個宇宙，神造世界的一個渺小塵埃，真以為自己能夠理解整體。

CHAPTER 3

挺身面對一切

霍金十二歲時，有兩位同學下注賭他的未來。約翰．麥克雷納罕（John McClenahan）賭史蒂芬永遠成不了大器；巴席爾．金（Basil King）賭他會變得很厲害。賭注是一袋糖果。

霍金小時候並不是什麼神童。有些報導稱他才氣橫溢卻毫無章法，不過霍金記得自己當年不過是個尋常的英國學童，很晚才學會閱讀，他的筆跡讓老師傷透腦筋。他在班上排名不超過中等程度，如今他則辯稱：「班上同學都非常聰明。」不過當時他非常有興趣學習時鐘、收音機的運作原理，也說不定有人從這點預測，往後他會在科學界或工程界求發展。他拆開那些東西鑽研個中道理，卻很少有辦法重新組裝回去。霍金的身體動作協調性始終不好，他也不喜歡運動或其他體能活動。除非萬不得已，學校的任何運動隊伍幾乎不會選他加入，所以麥克雷納罕有充分理由認為自己能贏得賭注。

至於金同學，大概只是表現朋友的忠誠，或者喜歡賭長期發展。也許他真的看出連老師、家長和霍金本人都沒有察覺的特長。雖然他沒有開口要那袋糖果，不過也該去拿了，因為經過那麼平庸的童年，如今霍金已成為當代出類拔萃的才智之士，也是最受景仰的時代英雄。這種轉變如何成型，個中謎團單憑傳記細節無從解釋。就此霍金表示：「我依然只是個從來沒有長大的孩子，還是繼續問『怎麼做』和『怎麼會』的問題，偶爾會找到答案。」

一九四二到一九五九年

一九四二年一月八日，史蒂芬・霍金誕生於牛津市。那是第二次世界大戰期間，一個充滿沮喪和恐懼的冬季，不是誕生人世的幸福時代。霍金回顧生日時總喜歡表示，那天正好是伽利略逝世三百週年紀念日。我們現在尊稱伽利略是現代科學之父，然而在一九四二年一月，卻沒什麼人想到伽利略。

史蒂芬的父親叫做法蘭克，母親是伊澤蓓爾，夫妻倆沒什麼錢。法蘭克的祖父住在約克郡，家境富裕，但因購買農莊土地拓展過度，結果在二十世紀初期因農業大蕭條而宣告破產。但是法蘭克的祖母堅韌不撓，在自家土地上創辦一所學校，挽救了家庭免致萬劫不復。從她採行這不尋常措施的能力和勇氣，足證這個家庭早已非常看重閱讀和教育。

伊澤蓓爾在家中七名手足當中排行老二，她的父親是格拉斯哥城（Glasgow）的一位家庭醫師，一家人在伊澤蓓爾十二歲時搬到得文郡（Devon）。

對兩個家庭而言，湊足錢送小孩上牛津大學很不容易，不過雙方都辦到了。尤其伊澤蓓爾的父母，要肩起這般沉重的財務負擔特別不簡單，因為在一九三〇年代很少有女性上大學。儘管牛津從一八七八年開始招收女生，卻直到一九二〇年才開始頒授學位給女性。伊澤蓓爾修讀的課程領域極廣，包括哲學、政治學和經濟學，而當時牛津學生的修習範疇，往往遠比美國文科學院或大學更為專精。

史蒂芬的父親是個一絲不苟、堅定果斷的人，十四歲起每天記日記直到晚年。他比伊澤蓓爾更早進入牛津，主修熱帶醫學。二次大戰爆發時，他人在東非進行田野研究，卻堅忍無懼的設法橫越大陸，搭船到英格蘭志願從軍，結果被奉派從事醫學研究。

伊澤蓓爾從牛津畢業之後從事了幾個工作，但都無法符合她的大學學歷和能力，其中一個工作是擔任稅務檢核員，當時她真是被惹火了，惱怒辭職不幹，前往漢普斯特得區（Hampstead）一家醫學機構當祕書，就在那裡結識了法蘭克·霍金，兩人便在二次大戰頭幾年結婚。

一九四二年一月，霍金夫妻倆住在北倫敦海格特（Highgate），當時那個地區幾乎每晚遭受空襲，於是在伊澤蓓爾懷孕後決定搬到牛津待產，因為德國人不轟炸牛津和劍橋這兩座重要的英國大學城，相傳英國因此回報不轟炸海德堡和哥廷根。伊澤蓓爾來到大學時期熟識的牛津市，生產前一週她都待在旅館，但隨著愈接近預產期，旅館人員卻緊張起來，伊澤蓓爾只好住進醫院，不過她依然有辦法外出散步殺時間。就在那樣悠閒的冬日，某天她踏入一家書店，拿一張圖書禮券買了一本天文圖集。日後她談起這件事，總是認為自己滿有先見之明。

史蒂芬在一月八日誕生後不久，父母就帶著他回到海格特。他們的房子沒有被戰火摧毀，不過一枚V－2火箭擊中相隔幾戶的鄰居，不但震碎霍金家裡的窗戶，還在牆上留下玻璃碎片，看來就像一柄柄細小匕首。看來他們避居牛津是正確的選擇。

戰後這家人住在海格特直到一九五〇年。一九四三年，史蒂芬的妹妹瑪麗就在那裡出生（當時史蒂芬還不到兩歲），一九四六年又迎來二女菲莉帕。後來這個家庭還在一九五五年領養了一個兒子叫做愛德華，那時史蒂芬已經是青少年了，他進入拜倫豪斯學校（Byron House School），日後史蒂芬怪罪那裡採用的「進步教學法」，害他直到離開那所學校之後才學會閱讀。而法蘭克・霍金醫師在專業領域上漸漸受到稱許，不但成為優異的領導人還當上國家醫學研究所（NIMR）寄生蟲學處處長，這時他們舉家搬到聖奧爾本斯（St. Albans）。

聖奧爾本斯怪家庭

霍金一家人關係親密，家裡滿是好書和好音樂，電唱機經常高音量播放華格納歌劇。法蘭克和伊澤蓓爾都深信教育的價值，子女教育相當程度都應該在家裡進行。法蘭克為子女奠定多方面基礎，包括天文學和測量學，伊澤蓓爾則經常帶他們到南肯辛頓（South Kensington）的博物館參觀，每個孩子喜愛的博物館各不相同，對其他人的愛好就沒有絲毫興趣。她會把史蒂芬放在科學博物館，瑪麗則是自然史博物館，接著就和菲莉帕（年紀太小，不能放她自己一個人）一起待在維多利亞和艾伯特博物館（Victoria and Albert）。過了一陣子，她再把所有孩子一一接回家。

霍金一家在聖奧爾本斯被當成具有高度才智的怪異家庭。他們對書籍的熱愛，發展成一種強制性的閱讀習慣，嚴重到讓史蒂芬的朋友都覺得古怪，甚至感到有些粗魯，怎麼那家人在餐桌上全不交談，只埋頭讀書。相傳那家人的車子是一輛二手靈車，其實沒這回事，霍金家換了好幾輛倫敦二手計程車，都是黑色廂型車款。

這讓他們顯得與眾不同，不單是由於車輛特色，也因為戰後不管哪種汽車都不容易取得，只有相當富裕的家庭才有辦法擁有汽車。法蘭克在計程車後車廂裝了桌台，安放在長條座椅和摺疊椅之間，這樣史蒂芬就可以和弟妹打牌下棋。他們一家去度假時，遊戲桌特別好用。他們還有一輛彩繪吉普賽篷車、一頂巨大的軍用帳棚，架在多實郡（Dorset）的奧斯明頓米爾斯（Osmington Mills）村內一處野地。霍金家的露營地離海灘只有一百碼（編註：約九十一公尺），那是一片岩灘，也是一段很有趣的海岸，因為那裡曾是走私客的地盤。

戰後幾年期間，家家生活簡樸，奢華的情況並不常見，也沒錢整修屋宇，不論基於對家人的慷慨或因財務拮据，常見不只兩代同堂共處。就霍金家庭而言，儘管他們在聖奧爾本斯的房子比許多英國住宅更寬敞，生活卻是簡樸至極，房子也嚴重失修。法蘭克在這棟格局古怪的三層樓紅磚住宅的地窖養蜂，史蒂芬的蘇格蘭祖父住在閣樓，他鋼琴彈得好極了，還不時為當地民族舞蹈伴奏。這棟房子在霍金舉家遷入時就亟需整修，結果卻始終保持原樣。按史蒂芬的養子弟弟愛德華表示：「那棟房子很大，很暗……真的很陰森，是夢魘的經歷。」

房子前門鑲鉛彩繪玻璃窗原本想必很漂亮，卻已經局部脫落。前廊只用一個燈泡照明，出自威廉．莫里斯（William Morris）設計的精美壁紙已經黯淡。腐朽門廊後方有一間溫室，每次刮風都有玻璃片脫落。屋內沒有中央暖氣，地毯只零星鋪設，窗子破了沒有更新。家裡書架滿屋，書本前後兩冊深深擺上書架，可以稍增保暖效果。法蘭克不允許家人抱怨，他認為冬天多穿點衣服就行了，但法蘭克卻經常在最嚴寒的月份離家前往非洲做研究。史蒂芬的妹妹瑪麗回顧：「我以為當爸爸的都像候鳥。他們在家過了聖誕節之後就失去蹤影，氣候變暖才又出現。」她覺得有些朋友的爸爸有點古怪，因為他們沒有消失。

這棟房子很適合縱情幻想種種冒險壯舉，史蒂芬和瑪麗也爭相進入想像空間，但其中有些空間實在太過隱密了，史蒂芬用上的十一個空間當中，瑪麗能找到的始終不超過十個。彷彿一棟這種房子還不夠，史蒂芬另外又想像出一棟，設在一個他叫做杜蘭（Drane）的虛構地點。看來他並不知道那是哪裡，只知道有那棟房子。他的媽媽有點惱火，他卻相當堅決，還搭上公車出去尋找，後來是在他們到漢普斯特希思公園（Hampstead Heath）參觀肯伍德別墅（Kenwood House）時，她才聽到史蒂芬宣稱這就是了，他在夢中見到的房子就是這棟。

史蒂芬的朋友稱霍金的家庭方言是「霍金話」。法蘭克本人有口吃，史蒂芬和弟妹在家講話速度快得連他們都會舌頭打結，於是他們自行發明了一套速簡型口語。按照史蒂芬母親的說法：他總是健談得不得了，用速簡口語也不改多話。他還非常有想像力，熱愛音樂和演出戲劇，而且相當懶散，卻從一開始就自修學習，就像一張吸墨紙全都吸收進來。他在學校之所以沒有特殊表現，部分原因是由於他不肯把心思耗費在已經知道的，或者他認定沒必要知道的東西。

儘管體格比多數同學瘦小，史蒂芬卻生性愛發號施令。他做事井然有序，還能讓別人也條理分明。他在別人眼中還是個滑稽的人物，被體型較大的男生推來打去並不會讓他惱怒，不過他也有自己的界線，而且一旦被逼得過頭，他也可能變得非常凶猛可怕。他的朋友西蒙・韓福瑞（Simon Humphrey）體格比他粗壯，不過西蒙的母親記得一次有人欺負他們，結果在那個令人難忘的場合，反倒是史蒂芬（不是西蒙）捏緊拳頭，揮舞對抗那群身材遠比他們高大的惡霸。這就是他的作風，他敢挺身面對一切！

史蒂芬八歲時在聖奧爾本斯進入的第一所學校叫做女子高校（High School for Girls），這個名字很怪，因為學校是招收還不到上高校年紀的幼小學童，而且學校的米迦勒之家（Michael House）也招收男生。那時有個名叫潔恩．懷爾德（Jane Wilde）的七歲女童，念的班級比史蒂芬稍低，她注意到隔壁班靠牆座位有個男童長了一頭鬆柔金褐色頭髮，不過並不認識他。而後來她會嫁給史蒂芬。

史蒂芬就讀那所學校只有幾個月，後來是法蘭克必須待在非洲比平常更久，於是伊澤蓓爾帶子女到西班牙東岸外海馬略卡島（Majorca）住了四個月。伊澤蓓爾讀牛津時的朋友蓓里爾，就和丈夫住在溫暖宜人的美麗馬略卡島，她的丈夫是詩人羅伯特．格雷夫斯（Robert Graves），而且那裡是個迷人的過冬地點。但霍金家孩子的教育並沒有鬆懈，那裡有位家教負責指導史蒂芬和格雷夫斯的兒子威廉。

田園式的休憩生活過後，史蒂芬回到聖奧爾本，進入拉德利特（Radlett）私立學校就讀一年，通過考試後進入招生嚴格的聖奧爾本斯學校。這也是一所私校，校風深受主教座堂影響。史蒂芬在聖奧爾本斯第一年的成績，全班倒數第三名，但他的老師發覺他的才智比在課堂表現更高。他的朋友給他起了「愛因斯坦」的綽號，部分原因是他比他們還要聰明，此外也因為他們覺得他很怪。史蒂芬的朋友麥可．徹奇（Michael Church）記得他有目空一切的傲氣，某種目空一切的識見，堅信世界該是什麼樣子。

「愛因斯坦」很快就進步到班上中等排名，有一年甚至贏得神威獎（Divinity prize）。史蒂芬童年時，父親就告訴他《聖經》的故事，母親伊澤蓓爾後來受訪時表示：「他精通宗教事務。」這家人喜歡討論、互辯神學，滿心歡喜的從正反角度議論上帝是否存在的問題。

儘管成績在班上排名不理想，但史蒂芬毫不畏怯，從八、九歲開始就認真考慮要當科學家。他迷上了事物如何運作的問題，而且致力尋找答案。他認為，在科學裡能夠找到的真相，不單是時鐘和收音機，也包括身邊萬事萬物。史蒂芬的父母打算在他十三歲時送他進西敏公學（Westminster School）。法蘭克認為，自己的發展之所以受挫，一方面是由於父母家境窮困，也因為他沒有進入有名望的學校所致。另有些人能力較低，不過如今的社會地位較高，這大概就是他的感受。他要讓史蒂芬得到更好的待遇。

然而，霍金夫妻付不起西敏公學學費，史蒂芬必須拿到獎學金才行。不幸在那個年齡，他一再發作低熱病症，診斷結果是淋巴腺熱，有時嚴重得讓他沒辦法上學，只能在家裡臥床。結果他運氣很壞，在獎學金甄試的時候病了。法蘭克的希望破滅，史蒂芬繼續留在聖奧爾本斯，不過他認為，在那裡受教和到西敏公學接受的教育一樣好。

霍金夫妻在一九五五年領養愛德華之後，史蒂芬就不再是家裡唯一的男孩。史蒂芬展現風度，接納他的新弟弟。按史蒂芬所述：「他對我們大概有好處。他這個小孩很難帶，不過你就是不由得喜歡他。」

繼續待在聖奧爾本斯，沒有動身前往西敏公學有個明顯的好處。這表示他能繼續伴隨一小夥摯友一道成長，他們會與史蒂芬分享種種興趣，好比在破爛溫室裡冒險製造煙火，發明種種複雜的棋盤遊戲，而且他們很喜歡一起討論包羅萬象的課題。他們的風險（Risk）遊戲牽涉到鐵道、工廠、製造業，還有自設證券交易所，得專心玩好幾天才能結束遊戲。還有一種封建遊戲，裡面有王朝和詳盡家譜。按徹奇所述，想像出這些世界並制定支配世界的規則，含有某種特別讓史蒂芬著迷的成分。

麥克雷納罕的父親有個工作坊，他讓約翰和史蒂芬在那裡製造模型飛機和船艇，後來史蒂芬還表示：「我喜歡製造能夠運轉而且可以由我控制的模型……從我攻讀博士課程開始，這個需求就由我的宇宙學研究來滿足。若是你能了解宇宙的運作方式，那麼從某個程度來講，你也就能控制它。」我們可以說，史蒂芬．霍金長大後創立的宇宙模型與真實宇宙的關係，和他童年時的飛機、船艇模型，與真實飛機、船艇的關係是相同的。模型帶來一種心安自適的控制感受，其實卻是代表根本沒有控制。

史蒂芬十五歲時得知宇宙會不斷膨脹。這讓他大感震撼，「我很確定絕對有哪裡出了錯，」他表示：「靜態宇宙感覺起來會自然得多。那種宇宙能以現況存在，還可以永遠存續下去，而膨脹宇宙卻會隨著時間改變。若是宇宙持續膨脹，最後就會變得根本什麼都沒有。」這很令人不安。

就像那個世代的青少年，史蒂芬和朋友也迷上超感知覺，嘗試以動念來左右擲骰子的結果，但後來他對超感知覺轉為憎惡，因為當時他去聽一堂課，講員曾著手調查美國杜克大學（Duke University）進行的超感知覺系列研究。講員告訴觀眾，每當實驗得到結果，實驗技術都有瑕疵，每當實驗技術沒有瑕疵，他們都得不出結果。史蒂芬歸結認定超感知覺是一場騙局。他懷疑心靈現象的態度始終沒有改變。照他的想法，相信這種主張的人還停滯在他十五歲時的層次。

宇宙的先行者

這個小團體的冒險成果中最棒的，大概就是製造出一台電腦，他們稱之為邏輯單動作選擇器計算引擎（Logical Uniselector Computing Engine），還引起聖奧爾本斯民眾的矚目和景仰。這台機器是以回收零件拼湊而成，取自時鐘等機械、電子裝置，還包括一台老舊的電話交換機，能執行簡單數學功能。只可惜，那台青少年傑作並沒有保留下來。不論機器殘存哪些部分，最後都在聖奧爾本斯的新任電腦部主管大掃除時被丟掉了。

邏輯單動作選擇器計算引擎的最先進版本，是史蒂芬和他那群朋友在上大學前最後一年完成的。當時他們必須下達艱難決定，選擇未來走向。法蘭克鼓勵兒子追隨自己進入醫學界。史蒂芬的妹妹瑪麗願意聽從，史蒂芬卻覺得生物學太不精確，不適合自己。他認為生物學家觀察、描述東西，卻沒有從根本層級來解釋事物。生物學還牽涉到細部作圖，而他又不擅長畫圖。他希望讀的學科能讓自己追根究柢，尋求明確的解答。假使他當時就知道分子生物學，說不定他的事業生涯就非常不同了。十四歲時他就決定未來走向，當時一位叫做塔塔先生（Mr. Tahta）的老師對他的啟發影響尤深，他想學的是數學、更多數學、還有物理學。

史蒂芬的父親認為這不切實際。除了教書，數學家還能做什麼事情？此外他也希望史蒂芬能進入他的母校牛津大學學院，而進了大學學院是不能讀數學的。史蒂芬聽從父親，開始準備牛津入學考試，專注在化學、物理學，至於數學就只點到為止。他申請大學學院打算主修物理學和化學。

一九五九年，史蒂芬離家上大學學院前最後一年，父親前往印度做研究，那項計畫耗時比平常更久，於是母親伊澤蓓爾帶了三個較小的孩子跟著去，而史蒂芬則留在聖奧爾本斯，在朋友韓福瑞的家中度過那一年。他依然花很多時間改進邏輯單動作選擇器計算引擎，韓福瑞醫師（Dr. Humphrey）不時現身打岔，堅持要他寫信給家人——這種事情若沒有人提醒，史蒂芬會很樂意略過。不過那一年的主要使命是溫書，準備預計在三月舉行的獎學金甄試。史蒂芬絕對要考出絕佳成績，他才有些微指望能夠獲得牛津甄選入學。

成績沒有進入班上前半段的學生很難進入牛津，除非有人暗中發揮影響力。由於史蒂芬的學業成績平庸，於是法蘭克認為自己最好發揮影響力。史蒂芬的聖奧爾本斯學校校長也不相信史蒂芬有機會獲准入學並拿到獎學金，於是他建議史蒂芬是否再等一年。他這時申請大學學院還算年輕，另外兩個打算和他同時應試的男生都比他年長一歲。不過校長和父親都低估史蒂芬的智商和知識，還有他挺身面對挑戰的勇氣。他的入學考試物理科幾乎考了滿分，在大學學院院長與物理科個別指導老師羅伯特．伯爾曼（Robert Berman）博士的面試表現出色，肯定沒問題能獲准入學修讀物理，還能拿到獎學金。史蒂芬得意洋洋去找家人，在印度共度一段時光。

不是庸才

一九五九年十月，十七歲的霍金前往牛津，進入父親當年就讀的大學學院。學院設在高街（High Street），位於牛津核心地點。這所學院在一二四九年創辦，是當今牛津眾多學院當中最古老的一所。霍金研讀自然科學，主修物理學。這次他不研讀數學有其他考量，因為數學不過是用來研究物理學並認識宇宙如何運作的工具。然而，他後來懊悔沒有多花精神通曉數學。

牛津的建築就像劍橋一樣，把中世紀迄今所有風格融於一爐，構成一種宏偉的大雜燴。但是那裡的知識與社會傳統比建築群出現更早，就像所有優異大學的傳統，是由正統的理智光輝、虛張聲勢與造假，以及天真愚蠢的舉動和純然墮落混雜而成。一個年輕人若對這些事有絲毫興趣，那麼霍金在新環境裡就有許多選擇。不過，入學後約一年半時間他既孤單又煩悶，有很多同學都比他年長，這不只是由於他提早入學，也因為其他人都曾休學上戰場。史蒂芬沒有藉著勤奮向學來排遣煩悶，因為他發現自己幾乎不必讀書就能混得比其他人好。

牛津的個別指導課往往名不符實，並不是一對一輔導，而是每兩三個學生安排一位個別指導老師。一位名叫戈登・貝里（Gordon Berry）的年輕人成為霍金的個別指導課搭檔。一九五九年米迦勒學期（秋季第一學期）進入大學學院主修物理的學生，含他們兩人總共只有四位。這個小小的新生團體：貝里、霍金、理查・布賴恩（Richard Bryan）和德里克・波尼（Derek Powney），大半時間都待在一起，和學院其他人不怎麼往來。

第二年過了一半，霍金才開始喜歡牛津的生活。多年後伯爾曼描述他時，字裡行間很難令人相信講的就是史蒂芬．霍金，因為早先幾年他看來是那麼普通，在牛津第一年又讓他那麼煩悶。伯爾曼說：「我想，他大概就是要努力屈就（其他學生的）水準，融入那群男生。如果你不知道他的物理學與某個程度的數學能力，那麼他也不會告訴你的……他非常受歡迎。」另有些人也記得霍金在牛津第二、三年的情況，他們描述他很有生氣，活潑又很能適應。他蓄留長髮，以機智著稱，喜歡古典音樂和科幻。

霍金記得，牛津當時的學生態度多半是非常反抗工作：「要嘛就是不必努力也很優秀，不然就是接受自己的限制，認命拿到第四等成績。靠著努力讀書來提高成績，會被看成是庸才的象徵，庸才是牛津語彙中最低劣的稱號。」霍金不受約束的獨立精神，還有他對讀書的率性態度，在這裡如魚得水。有一天上個別指導課時他解出一道習題，讀了一遍之後就滿臉不屑的把紙揉成一團，丟過教室拋進紙簍。

對於霍金這種能力的學生而言，物理是不需要關心都能順利通過的課程。霍金形容物理課程：「簡單得可笑。你只需要每週上一、二堂個別指導，不必去聽課就能及格。不必記得許多論據，只需記幾條方程式就夠了，而且不必花太多時間做實驗就能及格。」貝里和他發現好幾種做法，抄捷徑收集資料並完成各個實驗環節。「我們根本沒有認真投入，」貝里回顧：「而史蒂芬也是從頭到尾都沒有用功。」

波尼提起一段往事，談到他們四人拿到一份作業，必須回答電學和磁學習題。作業含十三道問題，他們的個別指導老師伯爾曼要求他們盡量在一週內多解出幾題，下一堂個別指導課時繳交。那一週結束時，布賴恩和波尼都努力解出一題半，貝里只解出一題，而霍金還沒動手解題。個別指導課當天上午，霍金缺了三堂課來寫那些習題，他的朋友都以為這下他要得到報應了，但中午時霍金陰著臉對他們表示，他只能解出十題。起初他們還以為他在開玩笑，後來才明白，他真的解出十題。依照波尼的說法是，霍金的朋友在那時都體認到：「我們不單是沒有住在同一條街上，根本是不住在同一顆星球上。就算進了牛津，依照史蒂芬的標準，我們肯定全都笨到極點。」

不單是霍金的朋友覺得他的才智令人讚嘆，伯爾曼博士和其他輔導老師也都認為霍金的頭腦實在優秀：「他和同年齡的人完全不同。大學部物理學完全難不倒他，他幾乎不用下功夫。真的，凡是能解的習題他都解得出來。對他來講，只需要知道某道問題有解，他都解得出來，也不必參考別人是怎樣解出來的。他手中有沒有書我不知道，不過他沒有太多書，而且他不做筆記。我可沒有自負得以為自己能教他什麼東西。」另一位個別指導老師表示，霍金是喜歡揪出教科書錯誤更勝解題的學生。

按照牛津物理科的課程編排方式，學生往往不會感到迫切需要下功夫。那是三年課程表，期間沒有考試，修到第三年結束時才舉行考試。霍金計算他平均每天約花一個小時讀書，三年約花一千個小時。「我並不會因為不需努力而感到自豪，」他說道：「我只是在說明我當時的態度，那時的同學也多半都有這種態度：那是一種煩悶，覺得沒有任何事情值得努力的態度。我這場病造成一項結果，徹底改變了那種處境：面對有可能早死的處境時，你就會了解生命值得存續，而且許多事情你都希望去做。」

霍金能在大學學院第二年就振作起來的一個主要原因，是他和貝里加入學院划艇俱樂部。他們兩人都不是體格魁梧，能成為槳手的類型，不過兩人都很輕盈，體格精壯又機敏，聲音威武有力，這些都是學院划艇俱樂部招募艇長時想找的特質。艇長面朝前方坐定，面對一列四或八名槳手，負責以舵柄操控方向。艇長的位置是負責控制船艇，霍金說過，模型船艇、飛機和宇宙都像這樣，很能迎合他的喜好：一個體格瘦小的人，面對八個肌肉男發號施令。

霍金投入學院划艇隊操舵的精力，遠超過在課業上下的功夫。在牛津有一種做法保證讓你融入團體當個圈內人，那就是加入學院划艇隊。倘若因極端煩悶，覺得沒有什麼事情值得努力時，到了河上就會完全不同了。槳手、艇長和教練於拂曉時分到船屋集合，先做高難度柔軟操，接著把賽艇抬到水中，就算河面結了一層冰也不例外。這種嚴苛練習風雨無阻，沿河上下往返，教練騎腳踏車在曳船道上一路督促艇員。比賽那幾天，大夥兒情緒高漲，喧鬧、加油人潮沿著河岸飛奔，努力趕上他們的學院船艇。有些日子起濃霧，參賽船艇像鬼魂般忽隱忽現，下雨時賽艇船內還會積水。划艇俱樂部會在學院會堂舉辦禮服晚宴，持續到深夜，最後眾人拿著沾滿紅酒的亞麻餐巾來一場餐巾大戰。

這一切都會增加一種非同凡響的感受，營造出身強體健、同袍情誼、全力以赴，還有大學學院生活精彩無比的氛圍。霍金成為划艇隊受觀眾歡迎的一員。他在學院間等級競賽表現良好，向來不擅長運動的他，這次的改變令人振奮。那個時代的學院划艇客（College Boatsman）諾曼・迪克斯（Norman Dix）記得：「史蒂芬是一種冒險的類型，你永遠不會知道他到底要怎樣做。」槳斷艇損並不罕見，因為霍金會操舵急轉彎，一有機會還做驚險的機動操控，這種動作其他艇長都會避開。

到了第三年尾聲，考試已猛然逼近，它的陰森身影比船艇更碩大，霍金險些亂了手腳。他已經選定以理論物理學做為專長，這意味著就讀研究所時有兩個領域可供選擇：宇宙學，研究非常大尺度的學問；或基本粒子學，研究非常小尺度的學問。霍金選擇了宇宙學，他說：「宇宙學看來比較刺激，因為這是真正牽連到那個大問題：宇宙是從哪裡來？」那個時代最著名的英國天文學家弗雷德・霍伊爾（Fred Hoyle）在劍橋，霍金曾在暑期和霍伊爾的出色研究生賈揚・納里卡（Jayant Narlikar）一同修課，從此他就衷心希望能和霍伊爾一起做研究。霍金申請劍橋的博士研究，劍橋也答應有條件的接受：只要在牛津拿到第一等成績就收他。

一千個小時的讀書準備時間，實在不夠拿到第一等。不過牛津的方式是，學生不必做完試卷的全部題目，而是可以自行選題。霍金很有把握能順利通過考試，他認為只要選擇理論物理學相關題目，避開需要知道事實論據的題目就行了。但是隨著考試日期逼近，他的信心動搖了。為了防範未然，他決定投考公務員，申請進入建築工程部工作。牛津考試前一晚，霍金太緊張了以致睡不著，試卷也回答得很糟糕，隔天上午的公務員考試又因睡過頭而缺考，最後只能寄望牛津考試成績。

霍金和幾個朋友提心弔膽的等待成績張貼出來，只有貝里有把握會考得很好，好得能拿到一等。貝里錯了，他和波尼拿到第二等，布賴恩表現令人失望，拿到第三等。霍金考出悲慘的成績，落在第一和第二等中間。

面對這種不上不下的成績，出題小組決定邀請霍金私下談談，來一場「口試」。他們詢問他有什麼計畫。儘管情況緊張，他的未來懸而未決，但是霍金總算發揮在朋友間出了名的言談風格，想出一段說詞：「如果我拿到一等，我就去劍橋，如果我拿到二等，我就得留在牛津，所以我指望各位會給我一等。」最後他拿到了一等。伯爾曼博士事後談起那些口試官：「他們的才智夠高，看得出那個和他們講話的人，比他們多數人都聰明。」

儘管有那場勝利，結果卻非一帆風順。霍金當艇長的冒險事跡、他的鼎鼎大名，但對考試的不安卻都隱藏某個問題，霍金在那年第一次注意到這個問題，然而問題始終揮之不去。他回顧：「我的動作似乎愈來愈笨拙，還莫名其妙跌倒一、二次。」接著，他划單人雙槳賽艇時開始遭遇困難，於是那個問題也干擾了他的河上幸福生活。在牛津最後一學期，霍金跌落樓梯、頭部著地，一時之間他的長短期記憶全部消失。朋友花了好幾個小時陪他熬過那段時間，堅持要他去找醫師確保沒有受到嚴重損傷，還鼓勵他去做門薩（Mensa）智力測驗，結果證明他的心智沒有受到影響。看來一切平安，不過朋友覺得很難相信霍金那次跌倒只是意外。

這次確實出事了，卻不是他跌落樓梯造成的，也和他的心智無關。那年夏天，他和一個朋友去伊朗時生了重病，大概是出自旅人腸胃適應問題，或是因旅遊而必須施打的疫苗產生過敏所致。從各方面來看，那趟旅行的確令人憂心，而且留在家中的親人比霍金本人還更擔憂。霍金和家人失聯了三週，那時伊朗還發生強烈地震。當霍金病得十分嚴重時，他搭乘的巴士又行駛在顛簸的道路上，他根本沒有注意到發生地震。最後他精疲力竭，病奄奄的回到家。有人推測，他出遊前施打的天花疫苗是不是消毒不當，才讓他在伊朗生病，也有人推測是他的肌萎縮脊髓側索硬化症所致，不過在更早期他就出現這種症狀。無論如何，由於他在伊朗生了病、症狀愈來愈令人煩心，一九六二年秋季米迦勒學期，二十歲的霍金搬進劍橋三一學堂（Trinity Hall）時，已經比前一個春季在牛津時更不安穩，也更虛弱。

霍金離家上劍橋前的夏天，潔恩．懷爾德在聖奧爾本斯和幾個朋友外出散步時看到他，她回憶：「當時他是個步伐笨拙的年輕人，他低著頭，臉上一副對世界漠不關心的表情，頭上一團雜亂的褐色直髮……沉浸在自己的思想裡，不看右也不顧左……懶懶散散的朝反方向走去。」潔恩的朋友黛安娜·金（Diana King）是霍金的朋友巴席爾·金的妹妹，她告訴朋友，她曾經和霍金約會，把朋友都嚇了一跳，她說：「他很怪，不過非常聰明。有一次他帶我去看戲，還參加禁止核彈的遊行。」

CHAPTER 4

得知染上不治絕症，可能在幾年內要我的命，實在讓人嚇一跳

大體而言，霍金在劍橋的第一年是一場災難。霍伊爾的研究生人數已經額滿，於是把霍金指派給丹尼斯．夏瑪（Denis Sciama）。夏瑪在物理學界名聲沒有霍伊爾那麼響亮。事實上，霍金從來沒有聽過這個人，不過其他人知道夏瑪是個好導師，非常關心學生，也遠比霍伊爾更常留在劍橋，學生更方便找到他，而霍伊爾是一位國際知名人物，許多時候都待在世界其他地區的天文台。夏瑪和霍伊爾都偏愛穩態（Steady State）宇宙論，這個理論就是霍伊爾協同赫爾曼恩．邦迪（Hermann Bondi）和湯姆．戈爾德（Tom Gold）聯手創立。

穩態理論承認宇宙膨脹現象，卻不要求宇宙必須有個時間起點，這點和大霹靂理論（Big Bang theory）不同。這個理論主張宇宙會膨脹，星系彼此愈離愈遠，新的物質出現來填補各方日漸擴大的間隙，最後便形成新的恆星和星系。宇宙本身的歷史和未來任何時刻的模樣，和在其他任何時間看來都大體相同。穩態說和大霹靂理論競逐終將潰敗，不過在一時之間，卻仍然是很有指望的出色對手。

對於霍金這種數學背景薄弱的人來講，研讀廣義相對論是個艱困歷程，很快他就懊悔，當初在牛津竟然任由父親左右，才疏忽了數學。夏瑪建議他專研天體物理學，不過霍金已有定見，堅持修讀廣義相對論和宇宙學。他勉力掙扎，下足苦功密集自修。邦迪在倫敦國王學院開了一門廣義相對論課程，霍金和劍橋的一些研究生都會定期去聽課。

修讀相對論和宇宙學風險很高，就算數學基礎深厚的人也如此。科學界對宇宙學都將信將疑，沒什麼好感。誠如霍金後來回顧所述：「宇宙學以往被當成一種偽科學，也用來保障老耄物理學家，那些人早年或許曾經開創有用的成果，如今老了卻變得神祕兮兮。」那時宇宙學的推測成分很高，觀察資料不足以約束或形塑學理推測。夏瑪本人在霍金認識他之前兩年才寫道：「宇宙學是一門極具爭議的學科，裡面簡直沒有公認的學說體系。」

霍金知道有這些難題，不過親身開疆闢土，冒險踏入新領地的挑戰誘惑令人無法抗拒。霍金說：「宇宙學和廣義相對論在當時都已經成熟卻被忽略，未給予開發。至於基本粒子則已經有明確定義的理論，而愛因斯坦的廣義相對論，當時大家都覺得難到極點。能夠找出方法求解（愛因斯坦的）場方程式（field equation），會讓大家很開心，而不問在物理學上有沒有重要性，或是價值何在。」

誠如霍金所示，愛因斯坦的廣義相對論確實是個定義明確的理論，把重力解釋為時空扭曲現象，不過夏瑪的宇宙學見解向來正確無誤。兩派理論依舊激烈交鋒，看誰能正確描述宇宙的歷史：是大霹靂理論或穩態理論。宇宙有沒有起點？到了二十一世紀，回想起來很難置信，但霍金在一九六二年成為劍橋研究生之時，那場競逐依然沒有解決。

霍金沒辦法請霍伊爾當他的指導教授，他的數學能力又嫌不足，這些都是挫敗，卻也不過就是研一新生常見的問題。他勤學廣義相對論，奮力彌補不足，尋思學通數學的必要手法來穿越數學迷津，就在這時，一個異乎尋常又殘酷無情的問題在一九六二年秋季向他襲捲而來，這個威脅幾乎讓他的努力成果化為泡影。霍金在牛津第三學年察覺身體笨拙的情況不斷惡化，初入劍橋第一個秋季，他發現綁鞋帶時感到吃力，有時講話也很困難。他說話變得含糊不清，第一次見到他的人都以為他有輕微的語言障礙。

劍橋第一學期結束，霍金回到聖奧爾本斯過聖誕節，那時他的身體問題已經太明顯了，瞞不過父母親。父親帶他去找家庭醫師，又被轉介到一位專科醫師，他們約好過節之後看診。

霍金在當年一月過完二十一歲生日，不久他就明白了，已經沒辦法回劍橋就讀四旬節學期（Lent term）的課程，卻得住進倫敦的聖巴托羅繆醫院（St. Bartholomew's Hospital）做檢查。有一點或許可以稍微安撫那種令人畏怯的處境，他的妹妹瑪麗打算繼承父志進入醫學界，當時正在該院受訓。霍金回絕父母安排，堅守他的社會主義原則，不肯按他們的心意住進專屬病房。院內專科醫師從他手臂採集肌肉檢體，為他插入電極，還把不會讓無線電波透過的液體注入他的脊柱，接著他們傾轉他躺臥的病床，照射X光來觀看液體上下流動狀況。兩週之後，他們讓霍金出院，含糊其辭的透露他染上的不是典型病例，也不是多發性硬化症。醫師建議他回劍橋繼續學業。「我推測，」霍金回想：「他們料想情況會繼續惡化，而且對此一籌莫展，只能給我維生素。我看得出，他們並不覺得維生素能有多大效果。我也不想多問細節，因為他們顯然都很壞。」

母親在第一時間並沒有得知兒子的病情有多嚴重，後來霍金和她一起出外溜冰跌倒站不起來，那時她才醒悟。霍金吃力地離開冰面，她連忙攙著他到一家咖啡館，逼問他身體出了什麼問題？醫師說了什麼？她堅持親自去找醫師商量，得到的回覆依然令人驚駭。

霍金染上的是一種無藥可醫的罕見疾病：肌萎縮脊髓側索硬化症，這種疾病在英國稱為運動神經元疾病，在美國則稱為盧．賈里格氏症。這種疾病會逐漸瓦解脊髓和腦中負責調節隨意肌活動的神經細胞，最早的症狀通常是衰弱和雙手抽動，有時還會出現口齒不清和吞嚥困難。神經細胞一旦瓦解，受它們控制的肌群也隨之萎縮，最後體內所有的隨意肌都會陷入這種處境：患者無法運動，講話或其他溝通方式會蕩然無存。儘管存活數十年的患者不只霍金一人，但幾乎所有人都會在二、三年內因呼吸肌群喪失作用而死於肺炎或窒息。這種疾病並不影響屬於心臟、排泄器官和性器官的不隨意肌群，而且腦子直到臨終依然完全清楚。對某些人來講這樣似乎很好，但對其他人而言卻很恐怖。患者經常在疾病末期施用嗎啡，不是為了鎮痛（全無疼痛），而是為了處理恐慌和沮喪。

對霍金來講，一切都不同了。他以典型輕描淡寫作風描述自己的反應：「得知染上不治絕症，可能在幾年內要我的命，著實讓人嚇一跳。這種事情怎麼會發生在我身上？為什麼我的生命就該這樣終止？然而在我住院期間，對面病床一位我只粗淺認識的男孩就死於白血病，那幅景象實在讓人不開心。顯然有些人的處境比我還糟糕，起碼我的狀況並沒有讓我覺得不舒服。每次自怨自嘆之時，我都回想那個男孩。」

不過，霍金一開始仍然陷入嚴重的消沉。他不知道自己該怎麼辦，往後會陷入哪種處境、多快就會惡化，也不清楚結果會是怎樣。醫師要他繼續攻讀博士，然而學業也進行得很不順利，心灰意冷的程度幾乎比得上他的疾病。繼續攻讀博士學位似乎毫無意義，反正他活不到拿學位那天。

以全神貫注的方法不讓心智懈怠，無非是一種愚蠢的做法，因為在此同時，他的軀體已逐漸趨近死亡。他悽慘的躲在三一學堂的學院宿舍，不過如今他卻堅稱：「雜誌報導我嚴重酗酒是誇大其詞。我有點覺得自己是個悲劇角色，開始聽華格納音樂。」

「我的夢想在那時大受干擾，」他回顧：「診斷出來之前，我對生活感到非常厭煩，完全沒有值得去做的事情。不過出院之後不久，我夢到自己就要被處決。我猛然醒悟，若是能夠獲判緩刑，許多很有意義的事情我都可以去做。還有個夢我做了好幾次，夢到我犧牲自己來拯救其他人。畢竟，倘若我橫豎都要死，倒不如就做點好事。」

他的父親法蘭克動用他的醫學人脈，聯絡可能與該疾病相關的所有專家，結果全都是枉然。霍金的醫師盼望他的狀況能穩定下來，然而疾病進展卻非常迅速，便向他透露只剩兩年左右可活。那時，法蘭克懇請夏瑪幫霍金提早完成論文，但夏瑪拒絕了，因為他知道霍金的潛能。

兩年過去了，病狀也減緩了。「我沒死。儘管未來依然烏雲籠罩，但我卻意外發現自己竟然比以往更能享受眼前的生活。」他必須拄手杖行走，不過狀況沒有那麼糟糕。儘管殘障和死亡仍屬必然，卻已延後到來。夏瑪建議，既然還要多活一陣子，他就必須完成論文。雖然霍金獲判「緩刑」但並不穩當，只能維持一時，不過寶貴的生命能從事很多有意義的事情。

一九六三年一月，就在霍金入院檢查之前，巴席爾．金和他的妹妹黛安娜在聖奧爾本斯辦了一場新年派對，霍金就在那裡認識了黛安娜的朋友，潔恩．懷爾德。潔恩才剛從聖奧爾本斯高中畢業，已經獲得倫敦大學韋斯特菲爾德學院（Westfield College）入學許可，來年秋天就要去讀語言學。後來潔恩形容她在派對上見到的霍金：「體格瘦小，在一角背向照明靠牆站著，手指細長，一邊講話一邊比手勢；頭髮垂過眼鏡遮著他的臉；穿一件灰黑天鵝絨外套，還打了紅色絲絨領結。」他口沫橫飛談起牛津那次口試（就是最後讓他拿到一等成績的那次），還講了一段故事讓她和一位牛津朋友樂不可支，他說自己是為考試小組安排機會，好讓他們把他送進敵對大學，就像派木馬進特洛伊城，就這樣引誘考試小組給他一等成績，讓他進了劍橋。在潔恩眼中，這位頭髮凌亂的研究生非常聰明、古怪又自負，不過很有趣，她喜歡他那種自我嘲諷的機智。他還說他讀宇宙學，但她不明白那是指什麼。

兩人在派對上互道姓名和地址，幾天之後，潔恩收到慶生會邀約：他的二十一歲生日，在一月八日舉辦。那次慶生讓潔恩頭一次領略霍金位於聖奧爾本斯希爾士德路（Hillside Road）十四號的古怪住家。儘管霍金的家人她都很眼熟，在聖奧爾本斯經常見到，不過和他們以及他們的朋友在一起，卻讓她感到自己生嫩得難堪，她當晚多半都待在壁爐附近角落，把霍金的弟弟愛德華抱在膝上，設法在這棟冰冷的屋子裡取暖。當晚對霍金來說也不是完全順利，他的身體問題已經掩飾不了，甚至沒辦法好好的倒飲料。

過了約一個月，潔恩無意中聽到黛安娜．金和一個朋友談起霍金的消息，說是他經過診斷發現染上某種恐怖的癱瘓性不治病症。有點像是多發性硬化症，不過並不是多發性硬化症，他們估算他大概只剩下幾年可活。黛安娜的哥哥巴席爾之前也去醫院探望他。

一週過後，潔恩在聖奧爾本斯鐵路月台上巧遇霍金，他看來和之前沒兩樣，不過穿著比較從俗，頭髮也剪得比較整齊。他們都在等去倫敦的列車，便坐下來聊天，潔恩提到聽說他住院的消息，心理覺得很難過，霍金則皺起眉頭沒說什麼。他問潔恩，週末他從劍橋回家時能不能請她一起去看戲。她答應了。

他們的第一次約會是在倫敦共進晚餐還去看戲，結果那天晚上開銷太大了，就在兩人搭上公車回火車站時，霍金發現他的錢已經花光了。那個時代還沒有自動櫃員機。那晚霍金招待這位年輕女子，安排了真正豪奢的第一次約會，接著卻必須問她，能不能請她出錢付公車車資。潔恩翻遍手提袋，卻找不到錢包，於是兩人展開第一趟冒險。

兩人倉皇跳下公車，不讓司機有機會向他們要車資。回到已經熄燈打烊的老維克劇院（Old Vic theatre），他們在後台門邊找到了入口。潔恩的錢包就掉在座椅底下，而且還在那裡，那時照明已經全滅，霍金握住她的手摸黑穿越後台從側門出去。當時潔恩心中暗自仰慕霍金。

霍金絕對不是吃比薩看電影類型的男人，他下一次邀約潔恩會安排參加三一學堂五月舞會（May Ball）。在倫敦共進晚餐欣賞戲劇加上劍橋五月舞會，肯定是女孩子心中期盼的最隆重、燦爛的約會。

到了六月（註），霍金接潔恩到劍橋，那時他的身體已經嚴重惡化，讓潔恩嚇了一跳。她心中遲疑：「這樣一個瘦小、虛弱、走路一瘸一拐的人，還得壓著方向盤來把自己撐高，才能從儀表板上方看出去。」那個人真有辦法開車到劍橋？結果那趟旅程的風險卻不是出自霍金的身障，而是他那種莽撞、高速的開車風格惹來的。後來他們平安抵達劍橋，但潔恩暗自發誓，寧可搭火車回家也不願再次經歷這種事情。

註：劍橋五月舞會通常在六月舉辦。

儘管三一學堂的規模比不上劍橋的其他學院，好比三一學院（Trinity College）和聖約翰學院（St. John's College），但他們的五月舞會絕對令人感受到頂尖五月舞會該有的魔法般體驗。燈火點亮草坪和花圃，浪漫照明一路綿延到河川和遠方後園（Backs）的草地，所有人都身著禮服，看來比平常亮麗耀眼。學院各區分別因應所有品味奏出種種音樂，鑲了高雅飾板的房間響起弦樂四重奏，會堂大廳有歌舞表演，一支爵士樂團，一支牙買加鋼鼓樂隊。香檳從浴缸舀出供應賓客，還備有豪奢的自助餐。歡樂延續到隔天清晨和早餐時分，第二天還安排搭船遊河。潔恩眼見霍金的朋友前一分鐘才和他惡言激辯某種知識課題，下一分鐘卻又有禮的關懷他的身體，剛開始她還困惑不解，後來就深感嘆服。盛會結束後，霍金卻把她惹惱了，他聽不進潔恩的話，不讓她搭火車，執意開車送她回去。潔恩受不了他那樣開車，到家時相當激動，她下車後就把霍金拋在路邊，大踏步走進家門。由於母親堅持，潔恩才回去邀霍金進屋喝茶。儘管約會時是這般揮霍，卻仍稱不上浪漫，不過霍金倒認為她是個非常可愛的女孩，那時波尼也想不透，他的老朋友怎麼突然有興趣讀約翰．多恩（John Donne）的輓歌，迷上那種淒美的細膩情詩。

後來在雙方家庭聚會場合上，潔恩又和霍金見了幾次面，暑期她就啟程前往西班牙遊學，這是她攻讀韋斯特菲爾德學院語言學位的一項必要條件。潔恩回來時，霍金已經離家回到劍橋，不久她自己也要離開聖奧爾本斯，搬到倫敦開始她的學業。直到十一月，潔恩才和霍金聯絡上。他要到倫敦見牙醫，邀她一道去華萊士藏品館（Wallace Collection，以藝術、家具、瓷器、武器和盔甲品項著稱的展館）共進晚餐，再去看華格納《漂泊的荷蘭人》歌劇，路過下攝政街（Lower Regent Street）時，霍金在路中央跌了一跤，潔恩攙扶他時注意到，即使他的步履愈顯蹣跚，但意念堅定且目中無人。這次約會時間和美國甘迺迪總統遇刺相隔不久，他表示對甘迺迪處理古巴飛彈危機的做法不以為然。

那年冬季，霍金經常前往倫敦參加研討會或看牙醫，而且不時有歌劇入場券，潔恩也經常在週末前往劍橋見他。這時，她肯定是愛上了霍金，還有他那缺德的幽默感，以及光彩、引人的眼神。她不願兩人只有短暫戀情，但不幸的是，霍金的未來時日短暫，而且他們的週末也並不開心。許多次，潔恩都哭著回倫敦，因為霍金對任何事都是口若懸河，卻不願意討論自己的病情和對生病的感受。儘管潔恩為此憂心忡忡，卻沒有追問霍金。直到多年後她才明白，當時兩人因不溝通而導致未來的煩憂。冬末某日，霍金依約前往哈利街（Harley Street）找他的醫師。隨後潔恩和他見面時問他結果怎樣，「他一臉嫌惡」告訴她，醫師說：「別費心回診了，因為他幫不上忙。」談話就此結束。

在韋斯特菲爾德第一年，潔恩不斷尋思屬靈的問題。原本她可能聽從那個絕頂聰明又富魅力的年輕人，信服他的不可知論或無神論，在他身邊，潔恩覺得自己像個笨拙的青少年。不過她從小接受母親教誨，對神的信仰已經根深柢固，況且她也深信，一切不幸都能滋生良善。她認定：「自己必須對我們兩人保持信心，肯定我們的悲慘境遇總會滋生良善。」儘管霍金從來沒有分享她的信念，卻欽佩她的活力和樂觀態度，也逐漸感到那些特質是會傳染的。

不是所有事情都呈上揚曲線，儘管兩人在冬季非常親密，然而在一九六四年春季潔恩到西班牙待了一個學期，她寄給霍金的信件都石沉大海。她回到聖奧爾本斯，不久又隨著家人前往歐洲夏季遊歷。待在家鄉的短暫時間，她發現霍金變得消沉又憤世嫉俗，他放大音量播放華格納，也不想費神改變作風掩飾心中的徒勞、挫敗感受，而且似乎決意和她疏遠。後來她接受訪問時表示：「他那時的處境非常悽慘，我想他是失去了求生意志，徬徨不知所措。」那年夏天，大半時候兩人都分隔兩地。霍金和妹妹菲莉帕到拜魯特城（Bayreuth）欣賞華格納的歌劇《指環》，再旅遊布拉格。

潔恩和她家人的歐洲之旅將近尾聲，到了威尼斯時，她在旅館收到霍金寄來的明信片。這實在太神奇了，沒想到他竟然寄來明信片，很令人開心，也得到一些訊息。明信片的照片是矗立在奧地利薩爾茲堡（Salzburg）的要塞，霍金提到薩爾茲堡音樂節、拜魯特城和布拉格。潔恩看著明信片，心中懷著迷濛浪漫情懷，一心渴望回英國見他。

潔恩返回聖奧爾本斯後發現，霍金的精神比之前好多了，儘管他曾在德國搭火車時跌倒，撞斷了幾顆前牙，當初在倫敦看過醫生的牙齒全都白費了。他的身體穩定下來了，也有勇氣放眼未來。

米迦勒學期才剛開始，霍金就在劍橋潮濕秋季的一天傍晚向潔恩求婚，潔恩答應了。「我希望找到自己的生命目標，」她表示：「我猜想，我從照顧他的念頭找到這個目標。不過我們相愛、我們結婚，這件事似乎沒有太多選擇，我就這樣決定自己想做什麼，於是我就做了。」他們心中明白，「兩人在一起，可以為我們的生命帶來某些有價值的事情。」

就霍金而言：「婚約讓一切都不同了。婚姻改變我的生命，為生活帶來目的，讓我決心活下去。若是沒有潔恩協助我，我就沒辦法堅持下去，也不會有這樣的意志。」

潔恩的父親同意讓他們結婚，條件是她必須完成大學學業，也不得讓她承擔不合理的要求。法蘭克．霍金顧及兒子的預期壽命短暫，提議他們盡快生孩子。他以自己的醫學背景向潔恩擔保，霍金的狀況並不會遺傳。

然而，他們的婚姻有一道障礙必須立刻克服。韋斯特菲爾德學院不准大學肄業生結婚，但潔恩的未婚夫情況特殊，若延期就有可能活不到結婚那天，學校最後破例特准，不過潔恩必須搬出學院，遷進倫敦私人住處。平日她就待在那個住處，週末才到劍橋見霍金。霍金也必須搬出學院宿舍，另找地方居住。

霍金恢復開朗的本性，他找到一種巧妙節費方法，打電話到倫敦卻只花劍橋本地的通話費，而且打長途電話交談時，「疾病話題只是不重要的背景刺激，我們談的主要都是工作前景、住家、婚禮安排，還有我們的第一次美國行……預計在婚禮之後短短十天就要啟程。」霍金的學業開始有些進展。他斷定自己實在太過幸運，不論疾病會如何癱瘓他的身體，卻永遠不會碰觸他的心智。往後做理論物理學研究，幾乎都是在他的腦子裡進行。他能夠選擇的行業當中，只有少數不受身體殘障妨礙，理論物理學研究就是其中一種。

這種態度看似充滿勇氣，然而霍金的這種說詞，連他自己聽了都覺得難為情。他認為，要刻意選擇這麼艱難的課程得鼓起相當勇氣，發揮強大的意志力量，然而事實卻非如此。他不過是採行唯一可行的做法。就如他所說：「一個人要成長到相當程度才能明白，生命並不公平。你只能因應本身處境，盡你所能去做。」在他看來，有關他的身體毛病是著墨愈少愈好，這點在一九六四年如此，到今天依然成立。倘若本書談論他的科學研究之餘，卻完全沒有提到身體疾病，是因為研究的成就對他來講是比多數人更難能可貴，省略身體疾病的描述更能符合他的情況，因為能夠從他身上學到的重要事項之一是，他的身障是多麼不重要。

稱他是病人並不正確。健康牽涉的事項遠遠超過身體狀況，依循這個更寬廣的觀點，他這輩子大半時期都是十分健康的人。從他本人的著作，還有從多數有關他的論述，全都清楚明確地傳達出這個訊息，而且當你和他共處，更能清楚看出這點。這就是霍金的形象，而且儘管我們應該認真看待他的警語：「你不該通篇相信你讀的內容」，那幅形象卻也不假。

在此同時，除非找到工作，否則他不可能結婚，而沒有博士學位他是找不到工作的，於是他開始尋覓構想來完成論文。

挑戰未來

一九六三年冬天，診斷結果確認後，霍金的生命就一直陷於混亂。不過，愈益惡化的身體與對潔恩日益增長的關注，卻不曾阻礙他對宇宙學的興趣。他在應用數學和理論物理學系的辦公室隔壁就是納里卡，霍金在進入劍橋之前的暑期課程上見過這個人。納里卡是霍伊爾的學生，由於新近觀察結果的穩態模型引人質疑，於是師生兩人合作研究廣義相對論有可能因應做出哪些改動。這項研究引起霍金的好奇心。

一九六四年六月，霍伊爾和納里卡的研究發表之前，霍伊爾先在皇家學會就此發表演說。霍金前往倫敦聽講。開放聽眾提問時，霍金拄著手杖起身，針對霍伊爾的一項結果提出質疑。霍伊爾錯愕地詢問霍金，他怎麼有辦法判斷結果是對是錯。霍金回答，他已經解出結果。霍伊爾和觀眾並不知道，其實先前霍金已經和納里卡多次討論這些結果，而且霍金也自己做了計算，大家還以為這個不知名的研究生是在聽演講時心算解出結果。觀眾大感嘆服，而霍伊爾則惱羞成怒。怪的是，霍金似乎沒有和納里卡絕交。不論如何，他的聰明、鹵莽大名從此不脛而走，而且他對膨脹宇宙相關計算與臆測的興趣也自此點燃。

霍金得知英國數學家暨物理學家羅傑．潘洛斯（Roger Penrose）所提出的一項理論，用以闡釋當恆星核燃料燒盡，受本身重力拉扯而塌縮時會發生的現象。潘洛斯的學說取法物理學幾位前輩，包括蘇布拉馬尼揚．錢德拉塞卡（Subrahmanyan Chandrasekhar）和約翰．惠勒等人的成果，指稱就算塌縮並非完全均勻、對稱，恆星依然會被壓縮成一個密度無限大，時空曲率也無限大的極微小點，此點即為黑洞中央所謂的奇異點（singularity）。

霍金從這裡起步，他逆轉時間方向，想像有個密度無限大，時空曲率也無限大的小點：奇異點，向外爆炸、膨脹。他主張，先想像宇宙就像這樣開始，想像原本蜷縮成一個無維度緻密小點的時空，透過我們所稱的大霹靂爆炸而膨脹成如今的模樣。那麼實情有可能真的如此嗎？或說實情一定要如此嗎？

霍金懷著這些問題，展開他的求知冒險，如今這段歷程已持續超過四十五年。就如他所說：「我這輩子頭一次開始努力工作，結果讓我驚訝，我發現自己很喜歡這樣，也許稱那是工作並不貼切。」

一九六五年

一九六五年冬日，霍金向劍橋大學岡維爾與凱斯學院（Gonville and Caius College）申請研究獎學金。當時潔恩仍然住在倫敦，繼續攻讀韋斯特菲爾德學院的學位，不過週末時她會過來與霍金共度。

霍金表示：「我還指望潔恩能幫我繕打申請書，結果她的手臂骨折，還裹著石膏。我必須承認，我並沒有充分表現該有的同情心。不過那是她的左手，所以她可以聽我口述，幫我寫申請書，然後找別人幫我打字。」

潔恩的手臂並不是霍金申請凱斯獎學金時遇上的最大挫敗，而是他必須提出兩位推薦人，夏瑪建議請邦迪。霍金在倫敦國王學院上過邦迪的廣義相對論課程，不過和他不熟，他說：「我見過他幾次，有一次他還幫我遞交一篇論文給皇家學會。我在劍橋他的一堂課後請問他：能不能幫我推薦。他面無表情看著我，接著就說，好，他會幫我。顯然他並不記得我，因為後來學院寫信請他寫推薦書，他表示沒聽過我這個人。」霍金大概沒指望了。就像今天有那麼多人申請研究獎學金，恐怕就是這個下場，不過他很幸運，「學院寫信告訴我，我的推薦人寫了那封令人難堪的回覆。我的指導老師聯絡邦迪，喚起他的記憶。接著邦迪又寫了封推薦函，而且大概對我溢美有加。總之我拿到了那項獎助。」

一九六五年春天，霍金的專業地位又一次推升。他參加私人贊助舉辦的重力研究獎競賽（Gravity Prize Competition）得到表揚獎。其實他原本有機會得到比表揚更高的獎項，只可惜他錯過交件日期，不過他快結婚了，能拿到一百英鎊是一件好事。同年春天，霍金出席在倫敦舉辦的廣義相對論暨萬有引力國際研討會，這是他生平第一次參加這種集會，會上他結識了加州理工學院的基普．索恩（Kip Thorne）。那時索恩已經拿到普林斯頓博士學位。索恩聽霍金談起他如何使用潘洛斯引進廣義相對論的技巧，還做點修改來探究宇宙的結構和歷史，對這個拄著手杖走路，步履有點蹣跚，講話有點結巴的年輕人留下深刻印象。從那次在研討會場一間小餐館的交流開始，兩人便建立一段終生情誼。索恩是霍金能夠就事論事坦白談論他陰鬱未來的少數朋友之一，說不定還是唯一的一位。

一九六五年七月十四日，霍金和潔恩結婚了，先舉辦一場民俗婚禮，隔天還在三一學堂的禮拜堂舉行宗教儀式。

理論物理學是充滿悖論的學科，出了一位這樣的偉大理論物理學家似乎也很合宜。這個人對生命的熱情，竟是由一場折磨、試圖奪走他性命的悲劇點燃，還有他如流星般竄起的科學生涯，剛開始時卻是為了現實需要，因為他需要論文題材才能找到工作，也才能結婚。霍金對那段經歷一筆帶過：「儘管有華格納、悲劇英雄的自我形象和種種夢想；消沉了一年，也許更久，然後我就比以往更快樂了。」

CHAPTER 5

最大的問題是，那時是不是有個起點？

霍金和潔恩結婚後因資金有限只能到薩福克郡（Suffolk）短暫度蜜月，接著便啟程橫越大西洋前往美國紐約上州康乃爾大學（Cornell University）教授廣義相對論的暑期課程，這個機會讓霍金能夠結識該領域的頂尖人物。然而，那次經驗在他記憶中卻是一個錯誤：「那次給我們的婚姻帶來很大壓力，尤其是我們住的宿舍，有許多夫妻帶了吵鬧的小孩子。」

在康乃爾的夏季某天晚上，霍金和一群朋友在夜空下閒聊，儘管時值暑夏，但那裡的夜晚卻依然清冷，霍金突然窒噎發作。他自己早料到會出這種事情，然而因堅決不肯和潔恩討論他的問題，因此潔恩沒有心理準備，也完全不知道該怎樣幫他。最後他做手勢要她用力搥打背部。就這樣解決了眼前的問題，然而那次經驗讓潔恩大受震撼，也察覺兩人要面對的是哪種處境：「那種疾病以它的惡靈本質宣告自己來了。」

到了十月，二十三歲的霍金在凱斯展開他的研究員生涯，潔恩還得再上一年倫敦大學課程才能完成學業。按照計畫，霍金在平日得照顧自己，潔恩則在週末和他相聚。但霍金沒辦法走遠路，也不能騎車，他們必須住進離他系所很近的劍橋寄宿處所。他們在赴美之前已經申請市集廣場上一棟新建公寓的房間，但沒有人告訴他們，那批公寓房間的所有人是霍金就讀的學院，如果事前知道就有利於他們申請。知不知道都已經無關了，因為秋季時公寓無法備妥房間供房客遷入。

凱斯財務主管之前便告訴霍金，學院的政策是不幫研究員找住處。他只稍稍讓了一步，願意提供他們夫妻一個研究生旅舍客房，不過由於週末他們兩個人都會住進來，因此收他們雙倍費用。住進旅舍客房三天後，他們發現小聖瑪麗巷（Little St. Mary's Lane）內一間小房子會空出三個月沒有人住。那是一間別致的獨棟房屋，和其他漂亮小屋並列小巷一側，側面則是小聖瑪麗教堂和教堂院落。那棟房子和應用數學暨理論物理學系的銀街（Silver Street）新建系館只相隔一百碼（編註：約九十一公尺），霍金在那處系館和另一位年輕物理學家布蘭敦．卡特（Brandon Carter）共用一間辦公室。那段距離霍金走得到，而且他還弄來一輛三輪小車，偶爾他得去離城不遠鄉間的天文學研究所（Institute of Astronomy），到時那輛車就可以派上用場。當年晚秋，三個月租期將屆，霍金夫妻得知巷子裡另一棟房子空著沒人住，一位鄰居熱心協助，幫他們找到住在多實郡的屋主，還斥責她任令自己的房子空著，而一對年輕夫妻卻沒有地方住。屋主同意出租。

窒噎發作日益頻繁。霍金的妹妹瑪麗當時還在倫敦大學攻讀醫學學位，她建議哥哥接觸比較溫暖、乾燥的天氣，對他會有幫助。十二月米迦勒學期結束時，霍金夫妻便把握機會再次橫越大海。霍金到邁阿密參加天體物理學研討會，再前往德州奧斯汀（Austin）和研究所朋友喬治．埃利斯（George Ellis）伉儷共處一個星期。他們及時回到英國過聖誕節，還搬進日後待得比較久的小聖瑪麗巷第二處住家。

婚後第一年，夫妻倆的行事曆都排得十分緊湊。霍金依然深刻感受自己的數學背景太弱，他的母親曾說過：「史蒂芬是個自修型的人。」於是他決定使用一種由來已久的研究生做法，一邊賺錢，一邊提升自己的知識：如果你希望或有必要學習一項學問，就去教那門課。所以除了準備博士論文，霍金還指導大學部數學課。潔恩則設法每週通勤，完成自己的大學學位、籌備搬遷新家，還幫霍金繕打博士論文。

一九六六年三月霍金拿到博士學位，除了此事還有另一件值得慶祝。早先霍金曾投稿論文〈奇異點和時空幾何學〉（Singularities and the Geometry of Space-Time），競逐名望崇高的亞當斯獎（Adams Prize），那個獎項由劍橋聖約翰學院頒授，名稱得自海神星發現人約翰．亞當斯（John Couch Adams）。得獎人必須是在英國的年輕研究人員，而且作品必須達到國際水準。霍金的論文和潘洛斯的參賽作品同時獲獎。夏瑪十分得意，他告訴潔恩，照他看來，霍金的事業生涯大有可為，能與牛頓相提並論。即便身體毛病重重，前景一片黯淡，但那段日子卻過得相當順心：對於具有霍金這些興趣的人來說，一九六〇年代的劍橋是一處令人振奮的地方。一切似乎都有可能成真，結果也令人稱奇，確實大半成真！

那年春天，潔恩迫切想保持自己的學術身分和個人目標，決定攻讀倫敦大學博士學位，以早先發表的中世紀西班牙文本當作論文題目。選定這個題材，她只需前往圖書館做研究，不必從第一手資料來構思。即便如此，決定攻讀博士依然是大膽的一步，因為霍金需要愈來愈多的照顧，而且就在這個時候，夫妻倆決定孕育新生命。一九六六年秋天，潔恩懷了第一胎，而霍金的手指頭開始蜷曲，幾乎沒辦法提筆寫字。這時英國物理學會做出非比尋常的舉動（背後功臣是夏瑪），出資讓霍金兩週一次在家接受物理治療。

霍金夫妻的第一個孩子在一九六七年五月二十八日出世，命名羅伯特。從當初醫師告訴霍金只有兩年可活，到這時已經四年了，他依然活得好好的，還當上了父親。潔恩回顧：「這顯然給史蒂芬帶來一股強大的新動力，因為他造就了這個小生命。」

羅伯特仍在襁褓時，就在雙親悉心呵護下一道前往美國，還第一次到西岸。霍金到華盛頓州西雅圖參加七週暑期學程，接著兩週在柏克萊加州大學。他逐步實踐幫他贏得亞當斯獎的國際水準名聲。他們這趟旅程最後還躍過北美大陸，去找霍金的童年朋友雷納罕（就是打賭霍金永遠成不了大器的那個朋友）以及霍金的妹妹（當時在美國東部行醫）瑪麗相聚。逗留美國近四個月後，一家人在十月回到劍橋，及時趕上米迦勒學期。那時凱斯學院已經頒給霍金兩年獎學金。

有些人還記得，霍金在一九六〇年代中期到晚期的活動情形，他們回顧，他在應數暨理論物理系是如何拄著手杖，扶著牆壁，在各處通道行走，講話語調就像有語言障礙的人。他們還記得，在舉世極負盛名科學家出席的講習會上，霍金是如何莽撞無禮。他在一九六四年頂撞霍伊爾建立的聲名，到這時更為鞏固。其他年輕研究員謹守分寸保持沉默，霍金則是出人意表大膽提出種種尖銳問題，但他的發言內容都經過深思熟慮。有關「才子」和「另一個愛因斯坦」的評論就在這時出現。儘管霍金具有機智又討人喜愛，但那種聲望和身體毛病卻讓他和系裡部分人很疏遠。有個熟人告訴我：「他總是非常友善，然而有些人卻也感到難為情，不想找他去酒吧喝啤酒。」難怪霍金覺得，這個問題總是讓別人沒辦法認為他只是一個普通人。

一九六〇年代晚期，霍金的身體狀況又開始惡化。他必須使用丁字拐杖，後來連拄上丁字拐杖都很難行動。他奮起對抗，不肯就此失去獨立自主。有個訪客記得，自己眼看他堅決不讓別人幫忙，花了十五分鐘拄著丁字拐杖爬樓梯上床。他的決心有時似乎顯得頑固。霍金不肯對疾病讓步，即便這樣讓步有時是顧及現實，可以讓他好過一些，也讓他不致對旁人造成太大負擔。但這是他的戰役，他要按自己的做法來打這場仗。他的打法是把所有讓步都看成屈從，全都是認輸的表現，他盡可能拖長抵抗時間。「有人說那是果斷，有些人說是頑固，」潔恩表示：「這兩種稱法我在不同時候都用過，我猜想他就是這樣才能堅持下去。」約翰・博斯勞（John Boslough）在一九八〇年代早期寫了一本談霍金的書，他稱霍金為：「我這輩子所認識的最強悍的人。」就算染上重感冒或流感，霍金都很少休息一天不上工。霍金不肯向疾病讓步，潔恩則學會不對他讓步。這是她的對抗方式，也是為了讓他的生活盡可能保持正常的戰役。

博斯勞還形容霍金是個和善又有機智的人，可以很快讓你忘了他的身體問題，那種和善機智能克服一切愚昧、做作的舉止，霍金對他本人、他的問題，甚至他熱衷的科學都輕鬆看待，那種本領令人嘆服。這點讓別人更能喜愛他，而且多半時候還能隱蔽差異性的感受。對某些人而言，他是系裡最有趣，最好相處的人。露易莎・梅・奧爾柯特（Louisa May Alcott，編按：《小婦人》作者）的母親曾在面對困頓煎熬之時，告訴家人要懷抱希望並保持忙碌，霍金大概沒有讀過這段記述，不過看來他是一直奉守這項勸戒。

霍金要面對的威脅，溝通問題比喪失行動能力更嚴重。他講話愈來愈含糊，也更不容易聽懂，到頭來劍橋大學凱斯學院只能面對現實，明白他沒辦法常態授課。他的研究獎助金在一九六九年又要到期，夏瑪再次出手救援，這次還靠了邦迪幫忙。謠傳街道那頭的國王學院打算提供霍金高級研究員獎助金，沒有人知道這是從哪裡傳開的，也或許真有其事。凱斯想出一種方法來留住他：為他特別設計一份六年合約，叫做「科學優異表現獎助金」。霍金漸漸成為一位重要的物理學家，他的價值不容忽視。

科學研究佔據霍金的全部心思，遠遠超過對手杖、丁字拐杖和樓梯的掛慮。他對科學研究幾乎達到沉迷的喜樂，也為他的生活確立了基調。一九六〇年代晚期，他披露宇宙的可能相貌，以及最早有可能是如何開始：他形容那是在玩宇宙遊戲。要了解當時他如何沉浸在工作中，我們就必須回到三十五年前。

宇宙遊戲

今日大家都同意，我們的棲身處是個帶花邊的螺旋圓盤星系（銀河系），除此之外，宇宙間還有眾多形貌約略相仿但相隔於浩瀚空間的其他星系。這在二十世紀早期並不是所有人都能接受。當初是美國天文學家愛德溫．哈伯（Edwin Hubble）在一九二〇年代闡明，除了我們的銀河系之外，宇宙間確實還有眾多星系。這些星系有沒有任何運動模式？哈伯成就百年間最富革命性的發現之一，從而證明確有其事：遙遠星系全都離我們遠去，宇宙正逐漸膨脹。

哈伯發現，和我們相隔愈遠的星系，退離速度也愈高：兩倍距離，兩倍速度。我們觀察發現，有些極遙遠星系的退行速度高達三分之二光速。這是不是表示，宇宙間所有恆星全都離我們遠去？不是。我們附近的鄰星都朝四處徘徊，有些逼近，有些退行。逐漸開展的是各處星系團之間的空間。要設想宇宙膨脹現象，最好的做法是想像萬物之間的空間逐漸膨脹，不是萬物彼此愈離愈遠。這樣講顯得過於簡化，不過想像一塊葡萄乾麵包在烤爐裡面膨大。當麵糰隆起，葡萄乾也彼此遠離。「兩倍距離，兩倍速度」適用於星系，也同樣適用於葡萄乾。

倘若星系退行遠離我們，也彼此相隔愈遠，那麼除非在這整個進程當中，在某個時點有若干事情出現重大變化，否則從前的星系間距就應該靠近得多。在過去某個時點，所有星系是否曾經位於同一處地點？宇宙間那麼龐大數量的物質，也曾全都壓擠成密度無窮大的單獨一點？

膨脹宇宙的可能歷史不只這一種。或許曾有個宇宙有點像我們這個，後來那個宇宙收縮，所含星系全都相互靠近，看來彷彿都沿著碰撞路線行進。不過星系和恆星，還有另一方面就原子和粒子而論，除了吸引彼此對頭接近的運動之外，還有其他運動方式。舉例來說，行星繞行恆星。於是到頭來那個宇宙或許沒有匯聚成無密度無窮大的一點，裡面的星系，或者組成星系的粒子，都彼此交錯而過，於是那個宇宙再次膨脹，最後就變成如今這個樣子。事情可不可能就是這樣？當初是出現哪種狀況？這些就是霍金寫博士論文時開始思索的問題。「最大的問題是，」霍金說道：「那時是不是有個起點？」

他開始積極求解，這段歷程我們在第四章曾提及，起點是潘洛斯在一九六五年擬出的一個構想。潘洛斯的構想牽涉到某些恆星的可能終結方式，這種結局在三年之後就會由惠勒冠上一個精彩的名稱，叫做「黑洞」。這個概念把我們對重力的認識，以及我們從廣義相對論得知的光的行為整合在一起。後來霍金的朋友索恩回顧認為，一九六五到八〇年是黑洞研究的黃金年代。在當時的輝煌成就當中，霍金佔了先導地位。

我們對重力和光有什麼認識？

重力是四力當中最熟悉的一種。我們在早期就已得知，當你吃冰淇淋不小心掉下弄髒地毯，或者當你邋鞦韆摔落地面，罪魁禍首都是重力。若有人問你，重力是非常微弱或非常強大的力量，你大概會回答：十分強大，那你就錯了。重力是四力當中強度最弱的一種。對我們日常生活產生這般明顯影響的重力，就是我們這顆龐大笨重行星棲所的重力，也就是地球所有粒子之重力的合力。各個粒子貢獻的分量都無限小。日常小型物件之間的重力吸引力，得用上靈敏儀器才感測得到。然而，由於重力是引力，沒有排斥作用，因此先天會相互累加。

物理學家惠勒總愛把重力想成某種宇宙民主體系。每顆粒子都有一票，能影響宇宙間其他粒子。當粒子束縛在一起，共組投票集團（好比構成恆星或我們的地球），它們就能發揮較大影響力。大型物體（好比地球）所含個別粒子的重力吸引力都非常微弱，累加起來就構成一股強大的力量：深具影響力的投票集團。

構成一件物體的物質粒子愈多，該物體的質量也愈大。質量並不等同於尺寸，質量是判定一件物體含有多少物質的測量值，也用來衡量投票集團含有多少選票（不論物質緻密程度高低），還有物體抗拒外力影響意圖，維持原本速度或方向的程度。

牛頓發現一組重力定律，能解釋重力大致在一般的常態下如何運作。牛頓曾在一六〇〇年代擔任劍橋盧卡斯數學講座教授，後來霍金也坐上同一個教席。依牛頓的觀點，宇宙間的物體並不是靜止不動。物體不單是靜候某種力量來推、拉才會移動，接著等力量耗光又回復靜止不動。相反的，若一個運動中的物體完全不受干擾，它就會沿著一條直線以不變定速持續運動下去。最好的觀點就是認為宇宙萬物全都運動不絕。我們可以測量到我們和宇宙間其他物體間的相對速率或相對方向，但卻無法測量出它們在絕對靜止座標中的位置，或者測量出它們和絕對東、南、西、北，或上、下方的相對關係。

舉例來說，倘若我們的月球是單獨位於太空，它並不會靜止不動，而是沿著一條直線以不變定速移行。當然，倘若月球果真獨自存在，我們就沒有東西可以比對其運動，也就無從判定它是否如此移動。不過月球並不是獨自存在。有一種號稱重力的作用會影響月球，改變其速度和方向。那種力是哪裡來的？那股重力源自附近的粒子投票集團（大質量物體），稱為地球。月球會抗拒改變，設法保持沿直線移行。至於能抗拒到什麼程度，就得看它含有多少票數，質量有多大而定。在此同時，月球的重力也會影響地球，最明顯的結果就是海洋潮汐。

牛頓的理論告訴我們，一個物體的質量多寡，能影響它和另一件物體之間的重力吸引力強弱。當其他因素保持相等，則質量愈大，引力也愈強。倘若地球質量為現今的兩倍，則地球和月球之間的重力吸引力，就為現今強度的兩倍。地球或月球質量出現任何改變，都會改變相互之間的重力拉扯強度。牛頓還發現，物體相隔愈遠，彼此拉力就愈弱。倘若月球和地球相隔現今距離的兩倍，則地球和月球的相互重力吸引力就只為現今強度的四分之一。牛頓的理論一般都記述為：物體彼此相吸，其引力的大小與物體間的質量成正比，並與物體的距離平方成反比。

牛頓的重力理論是一項極為成功的理論，歷經兩百多年都沒有經過任何改進，到現在我們依然沿用，不過如今我們知道這項理論在某些情況下就會失靈，好比當重力作用變得極端強大（好比靠近黑洞之時），或者當物體以近光速移動的時候。

二十世紀早期，愛因斯坦便看出牛頓理論有個問題。若兩物體之間的重力強度和彼此的間隔距離有關，那麼假使有人挪動太陽遠離地球，則地球和太陽之間的重力強度也應該會立即改變。真有可能這樣嗎？

愛因斯坦的狹義相對論認定，不論你在宇宙中哪個地方，也不管你如何運動，所量到的光速測定值全都相等，而且沒有任何東西能移行超越光速。太陽發出的光，約需八分鐘才能射抵地球。我們眼中的太陽，都是八分鐘之前的模樣。所以，當挪動太陽遠離地球時，地球在之後的八分鐘內並不會發現這個現象，也不會察覺該變化的任何影響。我們在此時間仍會繼續繞行八分鐘，彷彿太陽並沒有移動。換句話說，一件物體對另一件物體的重力作用不可能即時改變，因為重力的傳播速度沒辦法超越光速。有關太陽距離多遠的資訊，也不可能跨越空間即時傳播。這個傳播速度不可能超過每秒約三十萬公里。

那麼當我們討論物體在宇宙間移行等相關事項，若是只從三維空間角度來談，顯然就不切合實際。假使沒有資訊能以超光速傳播，那麼除非把時間因素納入，否則位於天文距離之外的東西，對我們來講也就完全不存在了，而且它們相互之間也有相同現象。以三維來描述宇宙，就像以二維來描述立方體，同樣都不適切。我們必須另謀他途，體認時間維度，承認確實存有四維，並討論時空議題。

愛因斯坦投入數年功夫發展重力理論，期能以此來處理他鑽研光和近光速運動得出的相關發現。一九一五年，他提出廣義相對論，指出我們不該把重力想成物體之間的作用力，而是要從四維時空本身的形狀（或就是曲率）來設想。就廣義相對論而言，重力是宇宙的幾何現象。

德州大學布萊斯．德威特（Bryce DeWitt）建議我們從頭開始設想這種曲率，想像有個人認為地球是平的，也設法在地表畫出一席網格：

> 這結果在每個晴天從飛機上俯瞰北美大平原耕種帶時都能見到。土地以東西和南北走向的道路隔開，細分為平方英里區段。東西向道路通常持續延伸許多英里沒有中斷，至於南北向道路就不是這樣了。順延北向道路前進，每隔幾英里就會向東或向西突然偏轉。這樣偏轉即是受到地球曲率的影響而不得不然。若是把這些偏轉去除，那這些南北方道路就會向北方擠在一起，隔出小於一平方英里的區段。就三維的情況而言，我們可以想像如何以等長直桿，分採九十度和一百八十度的精確角度接合，在空間中搭蓋出一具龐大的鷹架。倘若空間是平坦的，那麼搭建鷹架就能順利進行，不會遇上問題。倘若空間是彎曲的，那麼遲早我們會需要縮短或拉長直桿才能將之繼續順利嵌入。

依愛因斯坦所述，曲率是質量或能量造成的。所有具質量的物體，都會促成時空彎曲現象。宇宙間一切「筆直前進」的東西全都被迫採行彎曲路徑。設想有張彈簧床（圖五－一），床中央擺一顆保齡球，把橡膠席墊壓出一個凹痕。這時拋出一顆高爾夫球，想辦法讓它順沿直線行經那顆保齡球。高爾夫球遇上保齡球壓出的凹痕的時候，肯定就會稍微改變方向。說不定還不只如此：甚至還可能畫出一個橢圓形，接著就朝你這邊滾回來。當月球設法繼續順沿直線路徑行經地球之時，同樣也

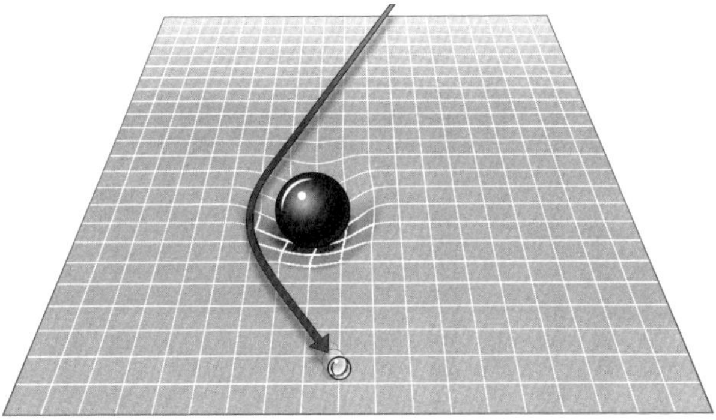

圖五－一：橡膠席墊上擺一顆保齡球，放球的位置就會被壓凹。若是你拋出一顆較小球體，讓它滾過保齡球，那顆小球遇上保齡球壓出的凹痕時，行進路徑就會彎轉。相同道理，質量也會彎曲時空。時空中的物體遇上更大質量物體造成的彎曲現象時，行進路徑就會彎轉。

會發生這種現象。就像保齡球扭曲橡膠席墊，地球也會扭曲時空。月球的軌道是扭曲時空中最接近直線的形貌。

愛因斯坦和牛頓描述的是同一種現象。就愛因斯坦而言，大質量物體會扭曲時空。對牛頓來講，大質量物體會發出一種力。兩邊的結果都是改變了第二個物體的運動方向。根據廣義相對論，「重力場」（gravitational field）和「曲率」（curvature）是同一件事物。

倘若你採用牛頓的理論來計算我們太陽系的行星軌道，接著再使用愛因斯坦的理論來計算，結果就能得出幾乎完全相同的軌道，唯一例外是水星。由於水星是行星當中最靠近太陽，因此比其他行星都承受更大的太陽重力作用。根據愛因斯坦的理論預測，這種近接特性會帶來的一種結果，和牛頓的理論預測結果略有不同。觀察結果顯示，兩種預測以愛因斯坦和水星軌道比較相符。

愛因斯坦的理論預測，位於月球和行星旁邊的事物，都會受到時空扭曲的影響。光子（光的粒子）必須沿著扭曲路徑前行。假定一道光束從遙遠恆星射來，而且傳播路徑會來到太陽近處，則太陽附近的時空扭曲就會導致光束路徑略朝太陽偏轉，個中道理就如同我們的模型當中那顆高爾夫球的路徑，會朝保齡球偏轉。光束路徑經過這樣偏折，最後說不定就會射中地球。

太陽太亮了，除非遇上日食，否則我們完全看不到這種星光。倘若我們在日食期間見到星光，卻不知道太陽已經讓星光路徑彎轉，那麼我們就無法正確得知那束光線是從哪個方向射來，還會誤判那顆恆星在太空中的真正位置（圖五－二）。天文學家會利用這種效應，他們測量太空中星體讓遙遠星光偏轉的程度，然後藉此來判定該星體的質量。該「偏轉光星體」的質量愈大，偏轉程度也愈大。

到現在我們都是從大尺度觀測角度來談重

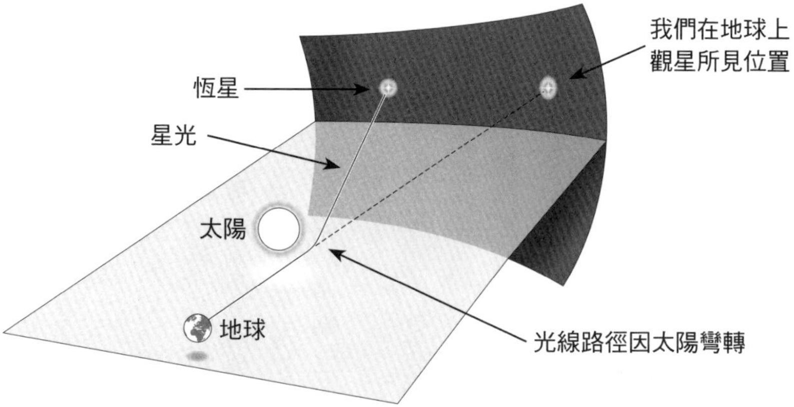

圖五－二：由於質量會造成時空彎曲現象，遙遠星體傳來的光線，行經太陽這種大質量星體的時候，路徑就會彎轉。請注意，我們在地球上見到的恆星位置，和它真正的位置是有差別的。

力。當然，重力在那個尺度：恆星、星系甚至全宇宙，會變得相當顯眼，而那也是霍金在六〇年代晚期投入處理的尺度。不過別忘了第二章也曾談過，重力還可以從非常細小的量子層級來檢視。事實上，除非我們能深入鑽研，否則我們永遠沒辦法讓重力和其他三力統一起來，況且其中兩種還只在那個層級運作。要採量子力學途徑來檢視地球和月球之間的重力吸引力，就得具體設想，這是兩個星體的組成粒子之間的重力子（重力的玻色子或媒介粒子）交換現象。

背景建置完成，接著我們就來欣賞一小段科幻情節。

地球浩劫日

請你想想在地球上承受重力是什麼感覺（圖五－三A），接著就假想你出發上太空度假。就在你離開時，地球發生劇變：整顆星球被擠壓成只剩一半尺寸。地球質量保持不變，不過所有質量都受擠壓，變得緻密得多。當你度假回來，搭乘的太空船在地球受擠壓之前的原有地面高度滯空一陣子。你在那裡感覺的體重和出發之前是相等的。由於你的質量和地球的質量全都沒有改變，同時你和地球重心的距離，也和之前的間距相等，因此那裡的地球重力拉力仍保持不變（回想牛頓），月球依然如前在你的外側繞軌運行。然而當你在新的地表著陸（半徑已經小多了，和地球重心的距離也靠近許多），在那片新地表上的重力，比你記憶中擠壓前的地表重力強度多四倍。你覺得體重增加許多（圖五－三B）。

倘若這時發生更戲劇性的事情又會如何？假使地球被擠壓到一顆豌豆大小：若是地球的幾十億

公噸質量，全都被擠壓進那處細小空間呢？作用在表面的重力就會變得十分強大，於是脫離速度就會超過光速。就連光都無法脫離，地球會成為一顆黑洞。然而在太空中，在先前地球還完全沒有被擠壓之時的半徑表面位置，我們感受的地球重力拉力，依然和今天的地表拉力強度完全相等（圖五－三C）。月球依然如前繞軌運行。

就我們所知，這段故事是不可能發生的。行星不會變成黑洞，不過有些恆星就很可能如此。讓我們重述這段故事，這次是有關一顆恆星。

故事從一顆質量約太陽十倍的恆星開始。恆星半徑約三百萬公里，約為太陽半徑的五倍。脫離速度約為每秒一千公里。這樣的恆星壽命約為一億年，期間一場生死搏鬥就在裡面上演。

爭鬥一方是重力：恆星內所有粒子對其他一切的引力。當初那顆恆星就是靠重力把氣體粒子拉扯在一起才能形成，如今那股拉力還更強大，粒子聚集更為緊密。重力試行要讓恆星塌縮。

恆星內所含氣體會施壓對抗重力。這股壓力源自該恆星所含氫核互撞，融合形成氦核時釋出的熱量。這股熱能讓恆星發光，並產生十足壓力來與重力抗衡，也讓恆星不致於塌縮。

這場爭鬥在一億年期間持續進行，接著恆星燃料燒盡：再也沒有氫可以轉換成氦。接著有些恆星就把氦轉變成較重的元素，不過這只能讓它們暫時倖免。一旦不再有壓力來與重力抗衡，恆星就要收縮。於是重力也隨著收縮變得愈來愈強，就如同收縮地球故事情節，地表重力所發生的狀況。這樣收縮不見得都會達到豌豆大小並變成黑洞。當一顆「10」太陽質量（solar mass）之恆星的半徑縮至約三十公里，其表面的脫離速度就提增到每秒三十萬公里，也就等於光速。當光線不再逸出（escape），恆星就變成一個黑洞（圖五－四）。（註）

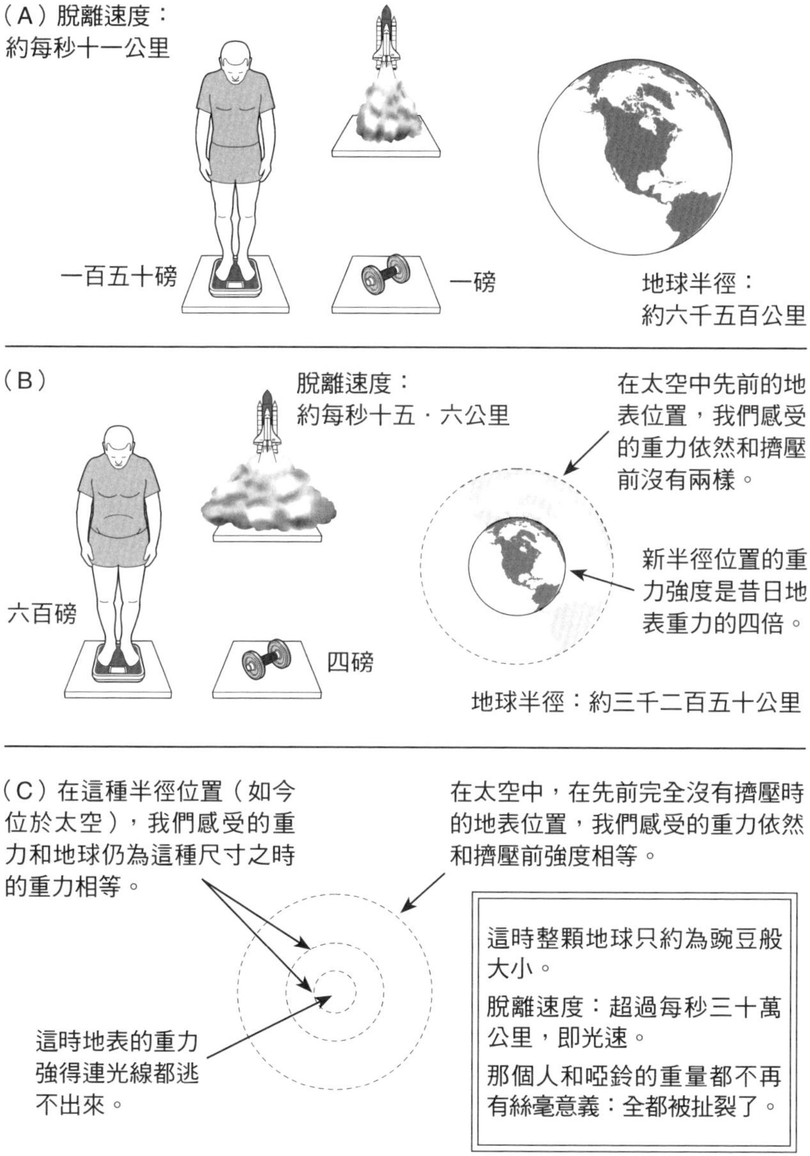
（A）脫離速度：
約每秒十一公里
一百五十磅
一磅
地球半徑：
約六千五百公里
（B）
脫離速度：
約每秒十五．六公里
在太空中先前的地表位置，我們感受的重力依然和擠壓前沒有兩樣。
六百磅
四磅
新半徑位置的重力強度是昔日地表重力的四倍。
地球半徑：約三千二百五十公里
（C）在這種半徑位置（如今位於太空），我們感受的重力和地球仍為這種尺寸之時的重力相等。
在太空中，在先前完全沒有擠壓時的地表位置，我們感受的重力依然和擠壓前強度相等。
這時整顆地球只約為豌豆般大小。
脫離速度：超過每秒三十萬公里，即光速。
那個人和啞鈴的重量都不再有絲毫意義：全都被扯裂了。
這時地表的重力強得連光線都逃不出來。

圖五－三：地球擠壓縮小那天。

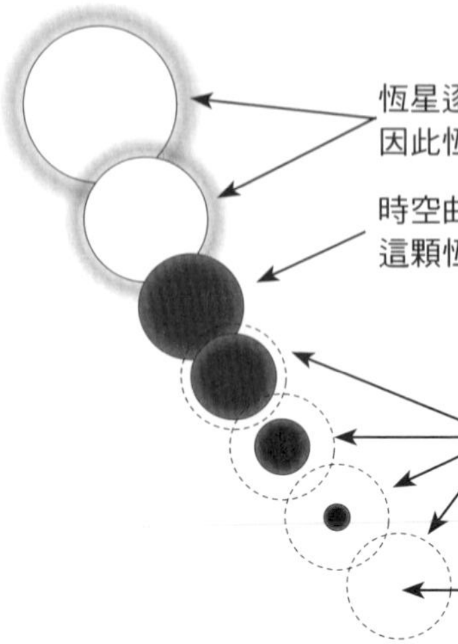
恆星逐漸收縮，不過仍有光線脫離，
因此恆星依然可見。
時空曲率已經高得連光線都不再能夠脫離，
這顆恆星不再能夠見到。事件視界形成。
事件視界是黑洞的邊界，隨著界內
恆星持續收縮，視界尺寸依然保持
不變。
恆星縮成一個奇異點，其密度和
時空曲率都為無限大。

圖五－四：恆星塌縮變成黑洞。

在恆星表面的脫離速度超過光速之後，我們就不必再問恆星是否持續收縮。就算不再收縮，我們眼前依然是個黑洞。請回想地球收縮的故事內容，在原始半徑位置上的重力，會永遠保持不變。不論我們那顆恆星是否繼續收縮到密度無窮大的程度，或者只收縮到使脫離速度恰達到光速的半徑內側就停頓，只要那顆恆星的質量保持不變，在那個半徑上所感受的重力，總會是一樣的。在那個半徑位置上的脫離速度是光速，而且會保持等於光速。從恆星發出的光會發現根本無法脫離。從遙遠星體來到近處的光束不只會彎轉，還有可能蜷繞黑洞數次，隨後就向外脫離或者墜入黑洞（圖五－五）。光線一進入黑洞就無法脫離，沒有東西能夠凌駕光速。我們這種「燈光管制」，管制得還真徹底。沒有光，沒有反射，沒有絲毫輻射（無線電波、微波、X光等），沒有聲音，沒有影像，沒有太空探測器，完全沒有資訊能夠向外脫離。果真就是個黑

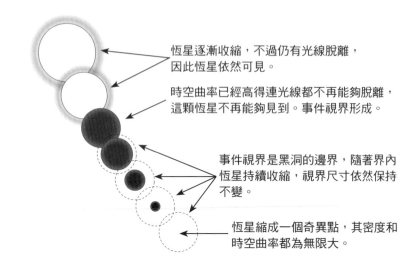

洞！

這個脫離速度等於光速的半徑，即成為黑洞的邊界，是個無法回頭的半徑：「事件視界」（event horizon）。一九六〇年代晚期，霍金和潘洛斯建議把黑洞定義為宇宙間的一片地帶，或「一組事件」，從這裡任何事物都不可能逸出遠距之外。如今這項定義已經廣受採納。黑洞以事件視界為外緣邊界，形狀像球體，若是個旋轉黑洞，則形狀就像鼓脹球體，而且從側邊看來（假定你看得到它）便呈橢圓形。事件視界是光線路徑在時空中標出的界限，那裡的光線在緊貼該球區外緣邊界處徘徊，沒有被拉進去，卻也無法脫離。那處半徑位置的重力強得讓光線無法脫離，卻也不足以把光線拉回去。那麼你會不會看到一顆大球在空中閃現微光？不會。倘若光子沒辦法逸出那個半徑，它們也就無法進入你的雙眼。一個東西射出的光子必須進入你的眼簾，你才見得到那個東西。

古典黑洞理論告訴我們，黑洞只會透露三件祕密：它的質量、電荷（若有的話），還有它的角動量或轉速（若黑洞旋轉的話）。惠勒總愛在黑板上畫圖來輔助教導學生，他畫出許多東西落入黑洞，好比一台電視機、一朵花、一張椅子、已知粒子、重力波和電磁波、角動量、質量，甚至尚未檢測得知的粒子，他把黑洞畫成漏斗，接著除了質量、電荷和角動量之外，就沒有東西從漏斗底部落出。惠勒總結說：「黑洞無毛」，後來霍金在一九七〇年代早期完成的部分研究，還更進一步闡明這點。

黑洞的大小由質量來決定。計算黑洞半徑（事件視界形成的半徑位置）時，你可以把黑洞的質

註：低於「8」太陽質量的恆星大概不會一路收縮到變成黑洞，只有較大質量恆星才會變成黑洞。

量以我們的太陽作為單位（某恆星塌縮形成的黑洞，除非在塌縮較早階段失去質量，否則質量便與原來那顆恆星相等），然後將該數字乘以三即為該半徑之公里數。結果就會發現，「10」太陽質量的黑洞（也就是質量為太陽十倍的黑洞）之事件視界的半徑為三十公里。顯然若質量改變，事件視界的半徑位置也會改變，黑洞尺寸會改變。稍後我們還會談到這種可能現象。

事件視界簾幕拉上

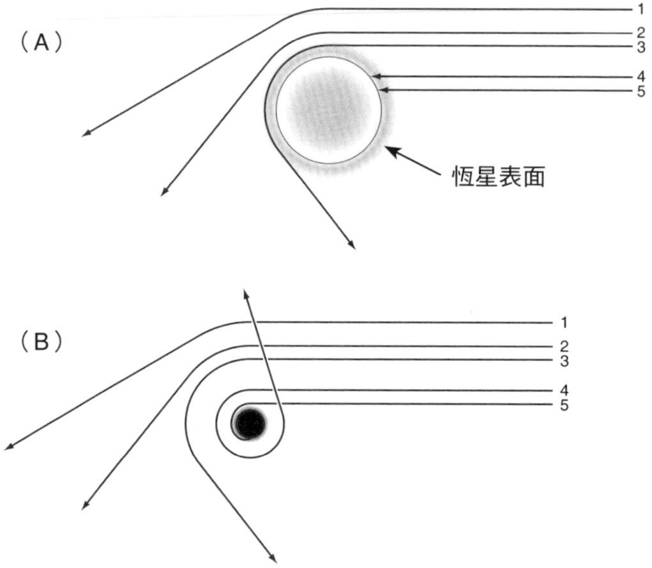

圖五－五：依（A）所示，太空中一群粒子朝向一顆恆星移動。粒子「1、2和3」行經恆星時，路徑都有彎轉現象。距離恆星愈近，彎轉幅度也愈大。粒子「4和5」射中恆星表面。從（B）我們見到這同一批粒子，朝向已經變成黑洞的同一顆恆星移動。粒子「1、2和3」的路徑，都一如前例出現彎轉，這是由於恆星外側的時空，和等質量黑洞外側的時空是一樣的（請回想收縮的地球。）粒子「4」繞行黑洞隨後脫離，該粒子有可能繞行許多圈，粒子「5」被黑洞捕捉。

之後，星體便完全隱身，發出的光也全都被拉回去（否則就會映現出它的身影，在宇宙其他地方也就能見到該星體形貌。）早先潘洛斯就希望得知，恆星會不會繼續塌縮，或者它究竟會發生什麼現象。他發現，若有顆恆星按照我們所述那樣塌縮，其所有質量就會受本身重力約束，困陷在本身表面內部。就算塌縮作用並不是完全勻稱並呈球形，恆星仍會繼續塌縮。到最後，表面就會收縮到零尺寸，所有物質依然困陷內部。接著我們那顆「10」太陽質量的恆星就不只是被拘禁在三十公里半徑（事件視界所處位置）範圍內，真正來講還會困入一個零半徑範圍：零體積。數學家和物理學家稱這個為奇異點。這個奇異點的物質密度為無限大，時空曲率為無限大，光束不只會捲曲環繞：光線會無窮緻密的纏繞著。

廣義相對論預測有奇異點，然而在一九六〇年代早期，仍鮮少有人認真看待這項預測。物理學家認為，質量大得會經歷重力塌縮的恆星，說不定會形成奇異點。潘洛斯則闡明，倘若宇宙服從廣義相對論，那麼就屬於必然。

CHAPTER 6

我們從前有一個奇異點

潘洛斯發現，一顆恆星只要質量大到會經歷重力塌縮，就必然形成奇異點，這種現象點燃霍金的興致。他和羅伯特・杰勒西（Robert Geroch）與潘洛斯著手把奇異點概念擴充到其他物理學和數學事例，他確定那項發現和宇宙的初始有重大牽連：「這項研究令人振奮，心中覺得很光榮，整個領域簡直完全歸我們所有。」霍金了解到，倘若他逆轉時間走向，讓塌縮變成膨脹，潘洛斯理論的所有事項依然都能成立。倘若廣義相對論告訴我們，凡是塌縮超過某一程度的恆星，最後必定都得變成奇異點，那麼該理論也同時告訴我們，一切擴張宇宙的初始必定都是個奇異點。這點若要能成立，則宇宙就必須如同科學家所稱的弗里德曼模型（Friedmann model）。弗里德曼宇宙模型是什麼？

宇宙類別選項

哈伯還沒證明宇宙逐漸膨脹之前，學界對於靜態宇宙（大小保持不變的宇宙）都深信不疑，甚至當愛因斯坦在一九一五年擬出廣義相對論，而理論又預測宇宙不是靜態的，那時連愛因斯坦都十分肯定宇宙是靜態的，於是他修改自己的理論。他擺進一個宇宙常數（cosmological constant）來抵銷重力影響。沒有宇宙常數，廣義相對論就會預測出如今我們已知為真的結果：宇宙尺寸會持續改變。

俄羅斯物理學家亞歷山大．弗里德曼（Alexander Friedmann）決心拿掉宇宙常數，就按照字面意義來解讀愛因斯坦的理論。結果他預測出後來哈伯在一九二九年發現的現象：宇宙正在擴張。

弗里德曼從兩個假設入手：（一）不論你朝哪個方向觀察，宇宙看來大體都相同（不過銀河系或太陽系等鄰近事物的形狀除外）；（二）不論從宇宙哪處觀看，你眼中的宇宙都是這副模樣。換句話說，不論你上太空旅行到哪裡，還有朝哪個方向觀察，宇宙看來依然大體相同。

弗里德曼的第一項假設相當容易接受，第二項就不行了，我們沒有任何科學證據來支持或駁斥假設。霍金說道：「我們只是本於謙遜才相信它。倘若我們周遭的宇宙朝四面八方看來全都一樣，換成宇宙其他位置，周遭的情況卻非如此，這就太讓人驚訝了！」說不定你會認為，或許令人驚訝但卻非全不可能。基於謙遜便相信某件事情，並不會比基於自豪更合邏輯。然而，物理學家比較傾向認同弗里德曼。

弗里德曼宇宙模型裡面的星系全都彼此漸行漸遠。兩座星系相隔愈遠，彼此遠離的速度就愈高。這和哈伯的觀察結果吻合。根據弗里德曼所述，不論你在太空旅行到哪裡，你都會發現，所有星系依然全都離你遠去。為理解這點，請設想一個氣球上面爬了一隻螞蟻，而且球面畫了相隔等距的點陣。你必須假想那隻螞蟻看不到「向外」的維度，無法朝球面之外觀看，也不知道氣球有內部，那隻螞蟻的宇宙只牽涉到氣球表面。朝任意方向觀看，球面都是相同的。不論螞蟻爬到哪裡，在牠眼中，前面和後方的點數全都相等。若是氣球變大，螞蟻就會看到所有小點全都遠離，不論牠站在哪裡都是如此。氣球「宇宙」和弗里德曼的兩項假設相符：朝所有方向觀看宇宙，模樣全都相同；不論你在宇宙何處，宇宙模樣全都相同。

此外，我們還能怎樣描述那個氣球宇宙？它的尺寸並非無限大，那處表面和地球表面同樣有我們能夠測量的幾個維度，沒有人會推想地球的表面尺寸無限大。然而，球面也沒有邊界，沒有盡頭。不論那隻螞蟻爬到表面何處，牠永遠不會遇上任何障礙，也找不到表面任何終點，更不會從邊緣跌下去，最後牠仍會回到起點。

按照弗里德曼的原始模型，空間就像這樣，不過具有三個維度而非二維。重力讓空間向本身彎曲蜷繞。宇宙尺寸並非無限大，卻也沒有任何盡頭或任何邊界。太空船永遠無法在太空中航抵宇宙的終點位置。這恐怕很難理解，因為我們往往認為無限的意思就是沒有盡頭。兩邊的意義並不相同。

霍金指出，儘管你繞行宇宙最後就會來到你的起點位置這種想法，可以發展出很棒的科幻作品，卻無法實現，起碼就這種弗里德曼模型而言是不行的。你必須打破宇宙的最高限速（光速），才能在宇宙終結之前完整繞行一圈，然而光速是不容打破的。這個氣球大極了，我們這群螞蟻小極了。

根據這種弗里德曼模型，時間就和空間一樣，同樣不是無止境的。時間是可以被測量的，時間就像空間一樣沒有邊界：起點和終點。請看圖六－一Ａ。兩星系在時間起點的間隔距離為零，接著它們相互遠離。膨脹十分緩慢，宇宙所含質量又很充裕，最後萬有引力便制止膨脹，並促使宇宙收縮。星系又彼此聚攏。到了時間的終點，兩星系的距離又變成零。說不定這就是我們這個宇宙的相貌。

圖六－一B和C顯示另兩種可能的模型，兩種都符合弗里德曼的假設（朝所有方向觀察，宇宙看來都相同，而且不管你在宇宙何處觀察，宇宙看來也都相同。）圖六－一B所示，膨脹速度快得多了，重力制止不了，卻也減緩了一些。就圖六－一C所示，宇宙的膨脹速度恰好足夠防範塌縮，不過不像圖六－一B所示那麼快。星系相互分離的速度愈來愈慢，卻仍持續彼此分離不止。倘若宇宙就像這兩種模型當中一種，那麼太空就沒有止境。太空不會朝本身反轉蜷繞。

哪種模型和我們的宇宙吻合？宇宙會不會有塌縮的一天，或者會永遠膨脹下去？其結果取決於宇宙間有多少質量：整個民主體系有多少選票。讓宇宙終結所需質量遠多於我們目前觀察所得。這樣說起來非常簡單，不過底下你就會見到，這項議題其實還更複雜。

潘洛斯有關恆星塌縮變成奇異點的理論，只適用於空間漫無止境，而且會永遠膨脹下去的宇宙（如圖六－一B和C），不適用於塌縮宇宙（如圖六－一A）。霍金首先著手證明，空間無止境的宇宙，不只黑洞中有奇異點，宇宙的初始也必定就是個奇異點。他完成博士論文的時候，信心十足寫下這句話：「我們從前有一個奇異點。」

一九六八年，霍金和潘洛斯以一篇論述時間起點的文章，贏得重力研究基金會論文獎（Gravity Research Foundation Awards）第二名，然而問題依然懸而未決：倘若弗里德曼的第一種模型是對的，假使宇宙空間並非漫無止境，而且最終仍要再次塌縮（圖六－一A），這時又當如何？那種宇宙的初始是否必定就是個奇異點？到了一九七〇年，霍金和潘洛斯已經有辦法證明宇宙必然如此。他們針對這項課題的最後論斷刊載在一九七〇年《皇家學會論文集》（*Proceedings of the Royal Society*），在

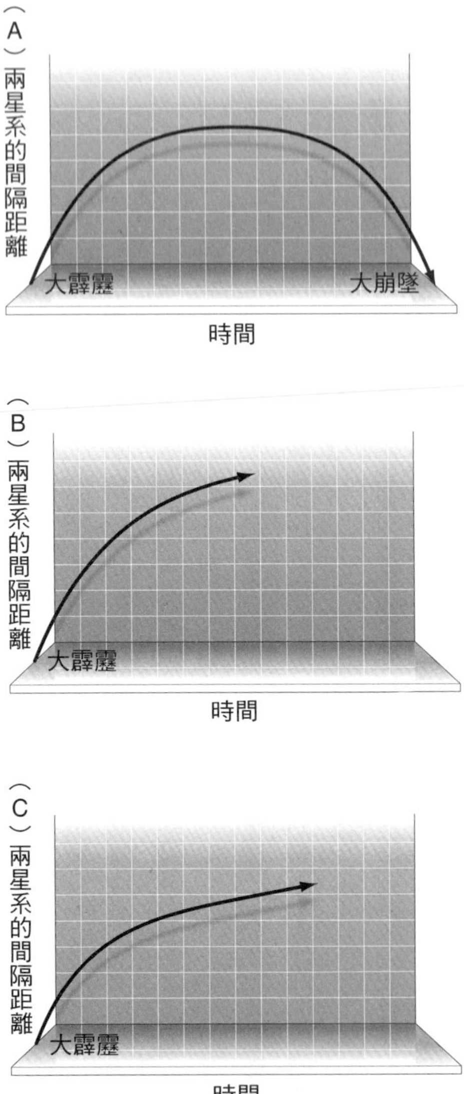

圖六－一：三種宇宙模型，全都服從弗里德曼假設：朝任意方向觀看，我們所見的宇宙大體都相同；以及，不論你在宇宙何處觀察，宇宙看來大體都相同。

那篇合著論文當中，他們證明若宇宙服從廣義相對論，而且符合弗里德曼模型之一，同時倘若宇宙所含的物質量和我們所觀察到的一樣多，則宇宙的初始必定就是個奇異點，在那裡面全宇宙的質量全都擠壓至密度無窮大、時空曲率無限大，而且萬物間距全都為零。

物理學理論實際上並不能處理無限數。當廣義相對論預測有密度無窮大的奇異點和無限曲率的時空，其實預測本身也就要瓦解。事實上，我們的所有科學理論遇上奇異點都要瓦解。我們不再有辦法預測，也沒辦法使用物理定律來說明，奇異點會萌生出什麼事物。那有可能是任何種類的宇宙。此外，奇異點之前有什麼現象，這個問題又該如何回答？甚至連這個問題代表什麼意義都不清楚。

宇宙的初始有個奇異點，意味著宇宙的初始超乎我們的科學之外，也超乎一切號稱統世理論的範疇。我們也只能說時間開始了，因為我們觀察到這點，然而那本身也是個非常大的恣意元素。奇異點賞了我們一個閉門羹。

床邊故事

大家都知道，物理學家從頭到尾都沉溺於他們的物理學。霍金的情況比他的多數同事更甚，部分也是他的身體障礙帶來的結果，不管在什麼時候，他到哪裡都可以把研究工作帶著走，因為他的研究幾乎全部在他腦中進行。索恩便曾這樣描述，他發展出非常少見的能力，能熟練操作種種心像，好比物體、曲線、表面和形狀，而且不只採用三個維度，還在時空四維中運作。

霍金的工作模式，經常出現他在《時間簡史》書中記述的那種床邊發現的事例：「一九七〇年十一月某晚，我女兒露西誕生後不久，我一邊準備就寢，一邊開始思索黑洞。由於我有身障問題，這個過程也就相當緩慢，因此我有很多時間。」換了其他物理學家，或許就會奔向書桌，提筆塗寫筆記和方程式，霍金卻是在腦中產生他事業生涯最重要的發現之一，而且那時他已經躺在床上，於是整晚他都醒著，急切等待黎明破曉，他才可以打電話給潘洛斯，告訴他這項新洞見。霍金堅稱，潘洛斯早先就想到這點，卻沒有領會這其中的意涵。

霍金浮現的想法是，黑洞永遠不會變得更小，因為事件視界的面積（無法回頭的半徑，這裡的脫離速度會變得超過光速）永遠不會縮減。

簡短複習一下，塌縮恆星會收縮到脫離速度等於光速的半徑。恆星塌縮跨越那個半徑之際，它發出的光子會發生什麼事情？那裡的重力太強了，不容光子脫離，卻也不足以把它們拉入黑洞，光子就待在那裡徘徊。那個半徑就是事件視界。一旦恆星繼續收縮，隨後它發出的一切光子，也全都要被拉進內部。

霍金想到的事情是，在事件視界徘徊的光線路徑，不可能是彼此趨近的光線留下的路徑。彼此趨近的光線路徑最終會撞在一起，接著就墜入黑洞，不再徘徊。事件視界的面積想要縮小（也就是讓黑洞縮小），則其上的光線路徑就必須彼此接近。然而一旦發生這種事，它們就會墜入內部，而事件視界也就不會變小。

還可用另一種思考方式，就是了解到黑洞其實可以變得更大。黑洞的尺寸由本身的質量來決定，所以每當有新東西墜入並增添原有質量，黑洞都會變大。倘若沒有東西能脫離黑洞，它的質量就不可能縮減。黑洞不可能變小。

後來霍金的這項發現便稱為黑洞動力學第二定律：事件視界（黑洞邊界）的面積有可能保持不變或增加，但永遠不會縮減。倘若兩顆或多顆黑洞互撞，形成一顆黑洞，新的事件視界就等於或大於先前兩處事件視界之累加的和。不論遭受多麼猛烈轟擊，黑洞都不可能變小，也不可能被摧毀或分成兩個黑洞。霍金的發現聽起來滿耳熟的，這就像物理學的另一種第二定律：熱力學第二定律，談的是熵（entropy）。

熵是一個系統的無序程度，即亂度。亂度會一直增大，永遠不會減小。把拼好的拼圖小心擺進盒子，經過推擠碰撞，零片就可能混合，毀了那幅拼圖。不過若是碰撞盒子讓一堆沒有拼好的零片全部就定位，拼成一幅拼圖，那就令人大吃一驚了。我們宇宙間的熵（亂度）會一直增大。破碎茶杯永遠不會自行組合起來，髒亂的房間永遠不會自己變得整潔。

假定你把茶杯補好，或把房間收拾整齊，這時確實東西會變得更有秩序。熵有沒有減小？沒有。你處理時燃燒的心理和物理能量，把能量轉化成比較沒有用的形式，這就表示宇宙間的秩序量減小了，而且減量超過你增多的秩序量。

從另一個角度來看，熵也很像黑洞的事件視界。當兩個系統合併，結合而成的系統的熵，便等於或大於兩系統的累加的熵值。有個常見的例子，描述的是盒中氣體分子。設想分子是一種纖細小球，彼此互撞或撞擊盒壁便會反彈。盒子中央有個隔板，一半（隔板一側）填滿氧分子，另一半裝滿氮分子，把隔板挪開，氧、氮分子便開始混合。很快的，兩半邊盒子就全都混合得相當均勻，不過和隔板仍在原地時相比，這是一種比較沒有秩序的狀態：熵——亂度——提增了（熱力學第二定律不見得總能成立：有個大海撈針般千億萬分之一的機率，氮分子在某時候會全部回到自己那半邊盒子，氧分子則全都待在另一半。）

假定你把那個盒子拋進某個黑洞，連同盒內的混合分子，或其他任何具有熵的事物，也都隨手拋擲進去。你大概會想，不過就這麼一點熵。黑洞之外的熵數量比之前少了。你這樣做是不是就違反了第二定律？或有人論稱，（黑洞內外的）整個宇宙並沒有失去任何熵。然而事實卻是，凡是進入黑洞的一切事物，完全都從我們的宇宙流失。真的是這樣嗎？

惠勒有個普林斯頓研究生，叫做第米特律奧斯・克里斯托多羅（Demetrios Christodoulou），他曾指出，根據熱力學第二定律，一封閉系統的熵（亂度）只會增多，永遠不會減少，相同道理，不論黑洞發生什麼事情，其不可約化質量（irreducible mass）也永遠不會減少（克里斯托多羅所指稱的不可約化質量是把黑洞的質量及轉速進行某種形式的數學結合）這種雷同特性只是巧合嗎？克里斯托多羅的概念或霍金的較一般性、較有力陳述（事件視界永不縮減的面積），和熵與熱力學第二定律有什麼關聯？

逃脫黑洞？

一九七〇年十二月，霍金首度向科學界發表有關黑洞的事件視界永遠不會變小的觀點，當時他在德州相對論天體物理學研討會（Texas Symposium of Relativistic Astrophysics）上堅稱，儘管事件視界面積增大和熵增大確實相仿，兩邊卻也只是一種類比。

惠勒另一位叫做雅各布．貝肯斯坦（Jacob Bekenstein）的普林斯頓研究生，則有不同見解。貝肯斯坦堅稱黑洞事件視界的面積不只是像熵，那就是熵。當你測量事件視界的面積，同時也是在測量黑洞的熵。倘若你把熵拋進黑洞，你並不會摧毀熵。黑洞始終有熵，你只是增加熵的量。當某件事物落入黑洞，好比一盒分子，它就會增添黑洞的質量，於是事件視界也跟著變大。同時，它還會增添黑洞的熵量。

這一切把我們帶進一場困局。若某件事物有熵，意思就是它有溫度，不是完全寒冷的。若某件事物有溫度，它就必定散發能量。若某件事物散發能量，你就不能說沒有東西從那裡出來。照理說，是不會有東西從黑洞出來的。

霍金認為貝肯斯坦錯了。他很惱怒，覺得貝肯斯坦誤用了他有關事件視界永遠不會增大的發現。一九七二和七三年期間，他和詹姆斯．巴丁（James Bardeen）與卡特兩位物理學家聯手合作，結果似乎真的該認輸了，他們做出足足四個黑洞力學定律，而且「只要我們把『視界面積』一詞拿掉，把『熵』換上，再把『視界表面重力』換上『溫度』」，看來也就和熱力學四項著名定律幾乎如出一轍。不論如何，三位作者依然強調這些都不過是類比，然後他們還在最終版論文重申，他們的四項黑洞力學定律和熱力學四項定律雷同，卻又有所區別。儘管熵和事件視界的面積有眾多相似之處，然而黑洞並不放射出任何東西，因此不可能有熵。貝肯斯坦是沒辦法反駁這個論點的，不過即便他以一個研究生，隻身對抗三位地位穩固的物理學家，他依然不信服。到頭來仍是霍金、巴丁和卡特錯了，最後是由霍金親自說明個中原委。

一九六二年，霍金開始攻讀劍橋研究所，那時他選擇研究非常大尺度的宇宙學，而不是研究非常小尺度的量子力學。但到了一九七三年，他決定轉換陣地，透過量子力學的眼界來檢視黑洞。這是史上第一次，有人認真嘗試結合二十世紀兩大理論：相對論和量子力學，並成功讓兩者融於一爐，這種融合（你應該記得第二章也曾著墨）就是邁向統世理論的艱難路障。

一九七三年一月，霍金三十一歲。他的第一本大部頭書籍就在這新的一年發表，新書由他和埃利斯合寫，題獻給夏瑪。霍金形容那本《時空大尺度結構》（*The Large Scale Structure of Space-Time*）是「高度技術性，而且相當難讀」的著作。如今學術書店仍有那本書，若是你抽出那本書，而你也不是學有所成的物理學家，大概就會贊同他這句話。儘管那本書的銷售量永遠比不上《時間簡史》，卻已經成為那個領域的經典論述。

當年八月和九月，就在劍橋放長假之時，霍金和潔恩聯袂前往華沙，慶祝哥白尼五百歲冥誕，隨後又轉往莫斯科。由於索恩當時和蘇俄幾位物理學家合作研究已有五年，也深知蘇聯內情，於是他們要求索恩一道前往。霍金希望和雅可夫．澤爾多維奇（Yakov Borisovich Zel'dovich），以及他的研究生亞歷山大．斯塔羅賓斯基（Alexander Starobinsky）討論。這兩位俄羅斯物理學家已經有辦法闡明：從測不準原理可以推知，旋轉黑洞能生成、釋出粒子，而促成這種現象的是黑洞的轉動能量。這種輻射應該是發自事件視界外側接壤位置，而且會減緩黑洞轉速，到最後就不再轉動並停止輻射。霍金認為，澤爾多維奇和斯塔羅賓斯基確實能夠做出重要成果，不過他也覺得他們的計算還不夠好。回到劍橋之後，他決意設計一種更好的數學處理做法。

霍金期許自己的計算結果能夠驗證俄羅斯物理學家的預測，顯示旋轉黑洞確實發出輻射。結果他的發現還更搶眼：「結果讓我驚訝、煩惱，我發現，就連無旋轉黑洞顯然也應該以穩定速率生成、發出粒子。」起初，他以為自己的計算肯定是哪裡出了錯，於是花了許多時間查核。霍金特別在意的是，別讓貝肯斯坦知道這項發現，免得被他拿來當成佐證，用來支持自己的事件視界和熵的論點。然而霍金思索愈深，愈覺得必須承認，自己的計算絕對不會離譜。關鍵在於發出的粒子頻譜，完全就是你心目中一切熱體都該有的樣式。

貝肯斯坦對了：你拿黑洞當成大垃圾桶，把具有熵的物質拋進黑洞，並不能讓熵減少，讓宇宙變得更為有序。具有熵的物質進入黑洞，事件視界的面積就會變大：黑洞的熵增多，宇宙（包括黑洞內、外）的總熵量並沒有絲毫減少。

不過這時霍金還鑽研一個更大的謎題。倘若沒有東西能夠逸出事件視界，黑洞又怎麼可能有溫度並發出粒子？他在量子力學裡面找到了這個答案。

我們認為空間是真空的，這種想法並不完全正確。我們已經明白，空間永遠不是完全真空。現在我們就來找出原因。

測不準原理指稱，我們永遠沒辦法同時完全準確得知一顆粒子的位置和動量。這項原理的意涵還不只於此：我們永遠不能同時完全準確的知道一個場（好比重力場或電磁場）的場值，以及該場隨時間的改變率。我們愈確切知道一個場的場值，就愈不能準確知道該場的時變率，反之亦然：像是一種蹺蹺板。結果是一個場的測量值永遠不會是零。零是個非常準確的測量值，就場的場值和時變率而言都是如此，測不準原理不容許出現這種情形。除非所有場都完全等於零，否則你就不會有空無空間：沒有零，沒有真空空間。

沒有真空空間，外面不是真正的真空，我們多數人的假定都錯了，事實上，談到一個場在真空空間的場值究竟為何，我們只有最低度不確定性，還有點模糊不清。我們能以一種想法來思索場的這種場值擾動，這種從零略朝正負兩方左擺右晃，永遠不落在零點的現象，這個想法如下：一對對粒子（好比一對對光子或重力子）會不斷出現。每對兩顆粒子剛開始時都在一起，接著才分開。經過一段倏忽無從想像的極短時間，它們再次重聚並相互湮滅，雖短暫卻也精彩的一生。量子力學告訴我們，這種事情無時無刻不斷發生在空間真空中的每個角落。這些或許不是「實」粒子，使用粒子探測器是探測不到的，然而它們卻也不是虛構的。就算這些不過就是一種「虛擬」的粒子，我們卻測得出它們對其他粒子的影響，因此我們知道它們是存在的。

有些配對是物質粒子（費米子），在這種情況下，配對當中的一顆就是反粒子。反物質是幻想遊戲和科幻作品的常見物質（它還驅動星艦企業號），卻不是純粹虛構。

你大概聽人說過，宇宙的總能量保持不變，不可能有突然憑空出現的事情。但我們該如何為這條常規自圓其說，解釋這種新生成的粒子對？那是非常短期的能量「暫借」現象促成的，沒有絲毫永久性事物。粒子對的一顆帶正能量，另一顆帶負能量，兩邊平衡抵銷，所以宇宙總能量沒有絲毫增加。

霍金推想，許多粒子對會從黑洞的事件視界附近出現。他設想的情景是，一對虛粒子出現，接著這對粒子還沒有機會重逢、湮滅之前，其中帶了負能量的那顆就跨越事件視界被吸入黑洞。這是不是表示，那顆正能量搭檔，就必須尾隨那顆不幸的夥伴，好與它相遇並相互湮滅？不。黑洞事件視界的重力場，強到可以對虛粒子做出驚人舉止，連那批帶負能量的不幸粒子也不能倖免：它可以讓那對粒子從「虛擬的」變成「真實的」。

這種變換讓那對粒子改頭換面，它們不再執著於相互尋覓彼此湮滅，存活時間都可以長許久，還可以分開過活。當然，帶正能量的粒子同樣有可能落入黑洞，卻不一定得要這樣。它已經脫離合夥關係，能夠脫逃。在遠方觀測人眼中，那顆粒子彷彿就是從黑洞冒了出來，其實它是來自緊貼視界的外側。同時，它的搭檔則帶著負能量進入黑洞（圖六－一二）。

黑洞以這種方式發出的輻射，如今稱為霍金輻射（Hawking radiation）。隨著霍金輻射還有他的第二項黑洞相關著名發現，霍金證明，他的第一項著名發現，黑洞力學第二定律（說明事件視界的面積永遠不會減小），不見得永遠成立。霍金輻射意謂著黑洞有可能變小，最後就會完全蒸發。這在當年實在是個激進的概念。

霍金輻射怎麼能讓黑洞變小？隨著黑洞把虛粒子變換成實粒子，同時也失去能量。若是沒有任何東西能逃出事件視界，又如何會發生這種事情？黑洞怎麼能失去任何東西？答案有點像變戲法：帶了負能量的粒子攜帶這股負能量進入黑洞的時候，黑洞內部的能量也跟著變少。「負」就是指「減」，減了就代表少了。

霍金輻射就是這樣奪走黑洞的能量。當某件事情能量減少，它的質量也自動變小了。回想愛因斯坦的方程式E＝mc^2。式中E代表能量，m代表質量，c代表光速。當（位於等號一側的）能量減少（就如黑洞中發生的情況），等號另一側的某件事物也得跟著變小。光速不可能改變，變小的必定是質量。所以，當我們說黑洞的能量被奪走，也就是說黑洞的質量被奪走。

把這點記在心中，並請回想牛頓的重力相關發現：物體質量出現任何變化，都會改變它施於另一件物體的重力拉力強度。倘若地球的質量減少（這次不是變小，而是質量減少了），則從月球繞

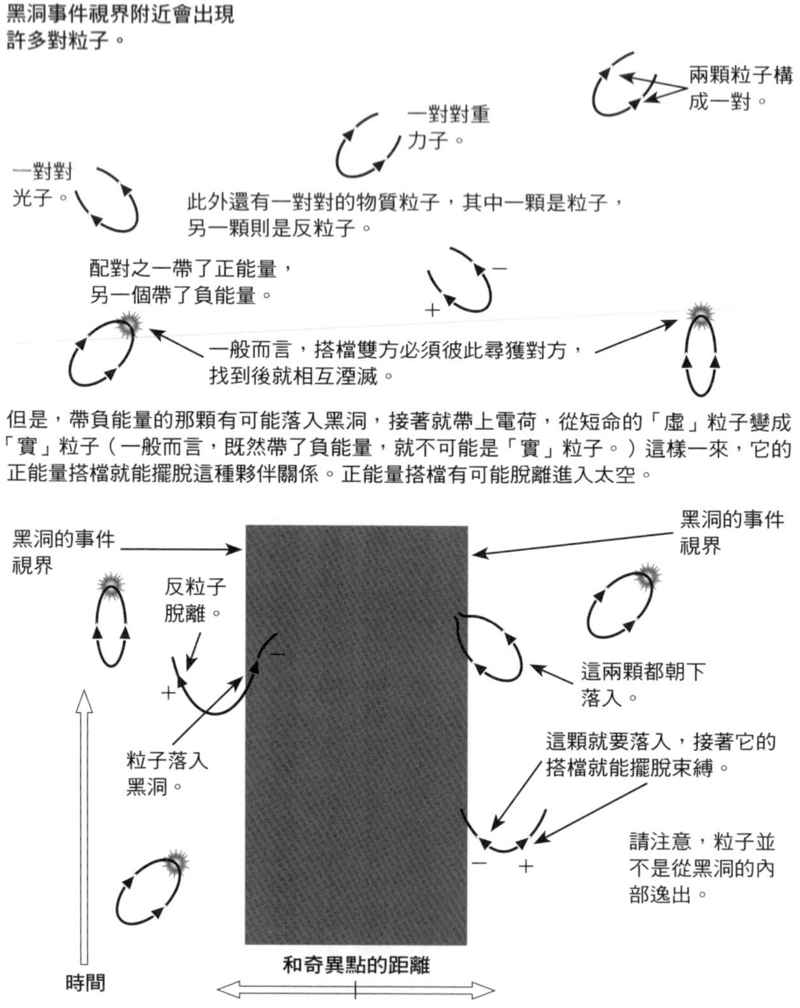
黑洞事件視界附近會出現
許多對粒子。
兩顆粒子構
成一對。
一對對重
力子。
一對對
光子。
此外還有一對對的物質粒子，其中一顆是粒子，
另一顆則是反粒子。
配對之一帶了正能量，
另一個帶了負能量。
−
+
一般而言，搭檔雙方必須彼此尋獲對方，
找到後就相互湮滅。
但是，帶負能量的那顆有可能落入黑洞，接著就帶上電荷，從短命的「虛」粒子變成「實」粒子（一般而言，既然帶了負能量，就不可能是「實」粒子。）這樣一來，它的正能量搭檔就能擺脫這種夥伴關係。正能量搭檔有可能脫離進入太空。
黑洞的事件
視界
黑洞的事件
視界
反粒子
脫離。
−
+
這兩顆都朝下
落入。
粒子落入
黑洞。
這顆就要落入，接著它的
搭檔就能擺脫束縛。
−
+
請注意，粒子並
不是從黑洞的內
部逸出。
和奇異點的距離
時間

圖六－二：霍金輻射。

行軌道感受到的地心引力也會跟著減弱。倘若黑洞失去質量，從原本的事件視界（無法回頭的半徑）位置所感受到的黑洞重力拉力也會減弱。於是那處半徑位置的脫離速度就會低於光速，這時脫離速度等於光速的半徑已經變小。新的事件視界會向內靠，因此事件視界收縮了。只有靠這種做法，我們才能得知黑洞有可能變小。

倘若我們測量（恆星塌縮形成的）大型黑洞發出的霍金輻射，結果就會讓我們失望。這般尺寸的黑洞，表面溫度比絕對零度超出不到百萬分之一度。黑洞愈大，溫度愈低。霍金說明：「我們那顆『10』太陽質量的黑洞，有可能每秒射出幾千顆光子，然而它們的波長應該就如黑洞這般尺寸，能量這麼少，我們恐怕沒辦法感測得到。」這當中的運作方式是，質量愈大，事件視界的面積就愈大；事件視界的面積愈大，熵就愈多；熵愈多，表面溫度和放射率也愈低。

爆炸黑洞？

然而，早在一九七一年，霍金便曾提出黑洞可能有第二種類型：細小的黑洞，最有趣的一類約為原子核般大小。這種類型肯定充斥輻射。黑洞愈小，表面溫度愈高。霍金談起這類細小黑洞時宣稱：「這類黑洞根本不夠格冠上黑（之名），其實它們是燦白熾熱的。」

原生黑洞（primordial black hole，霍金給它們起的稱號）不會是恆星塌縮形成的，它們應該是非常早期宇宙殘留下來的，在那時候，壓力會把物質擠壓得極端緻密。如今原生黑洞應該更比剛開始時縮小許多，它的質量流失時間已經持續很久了。

霍金輻射對原生黑洞的狀況應該有非常劇烈的影響。隨著質量減少，黑洞變小，事件視界的溫度和粒子發散率也隨之提增。黑洞的質量流失速率愈來愈高。質量愈少，溫度愈高：惡性循環！

這段故事會怎樣收尾？霍金猜想，細小的黑洞最後就會像數百萬枚氫彈那樣爆炸，噴發出最後一陣龐大的粒子放射。大型黑洞可不可能爆炸？早在黑洞達到那個階段之前，宇宙就會走到盡頭。黑洞有可能變小，最後還會爆炸，這種觀點徹底顛覆一九七三年所有人對黑洞的一切信念，導致連霍金也高度質疑自己這項發現。他接連幾週都閉口不提，在腦中驗算結果。倘若他自己都很難相信，科學界其他人士會怎樣看待這項結果，想起來就覺得可怕。沒有科學家願意看到自己日後遭人揶揄。話說回來，霍金知道，假使他對了，他的發現就會讓天體物理學改頭換面。有段時間，他把自己鎖進浴室思索這道問題：「整個聖誕假期我都在擔心這件事情，卻找不出令人信服的做法來拋開這些發現。」

霍金請他的親密合作夥伴來測試這項概念，但反應好壞參半。他在劍橋研究所認識的朋友馬丁．里斯（Martin Rees），跑去找以前的論文指導教授夏瑪，感嘆說道：「你聽說了嗎？史蒂芬改變了一切！」夏瑪加入支持霍金，慫恿他發表這些發現。霍金說，潘洛斯打電話給他，語氣充滿熱忱。當時是一九七四年，霍金生日的當天，才剛就坐準備享用鵝肉就接到電話，他很感謝潘洛斯那麼興奮。霍金表示，兩人一談起這個課題就滔滔不絕，聊到他的晚餐都涼了。

霍金同意在二月宣讀論文，公開他的古怪發現，發表地點在牛津南邊的拉塞福－阿普爾頓實驗室（Rutherford-Appleton Laboratory）。夏瑪是那次會議（第二屆量子重力研討會）的籌辦人。霍金稍微做了避險安排，他在論文標題打上一個問號：〈黑洞爆炸？〉（Black Hole Explosions?），不過在前往牛津途中，他依然心煩，後悔不該決定公開他的發現。

發表時間很短，包括方程式幻燈片，結果現場一片沉寂，後來就變得令人尷尬，提問的人也稀稀落落。霍金所提論據，超出現場眾多其他領域專家的理解範疇。不過所有人或多或少都很清楚，他提的東西和眾所採信的理論完全相左。真正聽得懂的人都大感震撼，猝不及防，無法和他爭辯。燈光重新扭亮。會議主席約翰．泰勒（John G. Taylor）起身，只聽那位德高望重的倫敦大學教授朗聲說道：「抱歉，史蒂芬，這根本就是垃圾。」

隔月，霍金發表那篇「垃圾」，刊載在聲名卓著的《自然》（*nature*）雜誌。泰勒和保羅．戴維斯（Paul C. W. Davies）也在同期雜誌發表一篇論文，提出和霍金相左的見解。不到幾天，全球各地物理學家都在討論霍金的驚人理念。澤爾多維奇起初抱持保留態度，不過當索恩下一回來到莫斯科，就接到緊急邀約，請他來見那位蘇聯物理學家。索恩抵達時，澤爾多維奇和斯塔羅賓斯基雙手高舉相迎，彷彿他們是在舊時的美國西部，而索恩則像是持槍對準他們：「我們投降！霍金對了，我們錯了！」

那時有些人稱霍金這項發現，是多年來理論物理學界最重要的成果。夏瑪表示：「那篇論文是物理學史上最美的一篇。」惠勒擅長運用文字，他表示：「談起霍金的美好發現，就像糖果在舌上滾動。」索恩則認為：「當史蒂芬的雙手失去作用，就發展出他可以在腦中以圖像來構思的幾何論據……一套功用非常強大，卻沒有其他人真正擁有的工具組。倘若世界上只有你一個人能夠純熟運用這批新工具，這就表示，某類問題只有你才能解決，旁人都辦不到。」情勢確實看好。

霍金投入更多時間，更仔細整理他的發現，寫成第二篇論文。他在一九七四年三月把論文投遞給《數學物理學通訊》（*Communications in Mathematical Physics*），結果那份期刊卻把他的論文搞丟了，於是他重新遞交，最後才在一九七五年四月刊出。同時，霍金和他的同事則從不同角度，繼續研究「霍金輻射」。四年後，霍金和吉姆・哈妥（Jim Hartle）在一九七六年發表一篇合著論文，這時霍金輻射已經廣為理論物理學界接受。多數人都同意，霍金開創了一項重大突破。他用虛粒子的活動，來解釋一種從相對論浮現的事物：黑洞。他朝著相對論和量子物理學的結合踏出了一步。

第二篇

大霹靂挑戰

一九七〇至一九九〇年

CHAPTER 7

這些人一定以為我們習慣了天文等級的生活

一九七〇年十一月二日，露西誕生時，霍金夫妻才剛把他們租住的小聖瑪麗巷房屋買下。霍金的父母先前曾經提供一筆錢來修繕房屋，好讓他們符合抵押貸款資格。最後整修工作是在潔恩懷孕八個月時完成。

霍金依然堅持自行拖著身子上下樓，早上自己著裝、晚上自己脫衣。他說過，準備上床的時候，他有許多時間思索黑洞事件視界的光子，除了這段評述之外，他不曾坦承每件事情做起來其實極緩慢又費力。然而走路已變得相當危險，於是他同意使用輪椅。他掙扎以雙腳行動的戰役失敗了。朋友看了都很感傷，不過霍金並沒有失去幽默感和堅定意志。

霍金的雙手喪失功能，表示再也不能書寫文字、草擬方程式或描畫圖表。不過這並不是一夕之間就發生，而是歷經多年逐漸喪失，因此他有時間適應，並如索恩所言：「能訓練心智採行有別於其他物理學家做法的思考方式。以直覺心理圖像和心理方程式來思考，對他而言，這種新方法已經取代紙筆圖像和書面方程式。」聽霍金自己的說法，你會覺得他相信即使能夠使用雙手，自己依然會選擇以這種方式工作：「方程式只是數學的無聊部分，我寧可從幾何角度來看事情。」霍金輻射這項發現的相關運算，幾乎都在他腦中完成。

露西誕生了，潔恩也忙得團團轉，幾乎喘不過氣，一邊努力完成博士論文，同時還得照料霍金和幼兒羅伯特，現在又加上新生女嬰。潔恩的媽媽和鄰居保姆，一有空就幫忙照顧兩個孩子。小聖瑪麗巷那棟小房子充滿歡樂。兩個孩子都長大了，露西也走得很好，她跟著哥哥到巷子對側的小聖瑪麗教堂院落，在花木和古石墓碑中玩耍。潔恩還記得，夏天時打開窗戶會聽到孩子的快樂笑語，在教堂院落中迴盪。

一九七一年一月，霍金角逐重力研究基金會年度論文獎，以〈黑洞〉一文獲得首獎，那筆獎金讓霍金家有錢買一輛新車。霍金的收入包括凱斯發的薪水，還有應數暨理論物理系和天文學研究院的獎助金。不過家庭預算依然吃緊，等羅伯特成長到就學年齡，他們還是支付不起他的私校開銷，於是他在當地一所好學校就學。十五年後，我自己的女兒也上那所紐納姆克羅夫特小學（Newnham Croft Primary School）。羅伯特似乎也步上他父親的後塵，數學表現突出，閱讀學習進度很遲緩，不過時代已經不同，閱讀學習進度遲緩不再為人接受，必須採取積極措施才行。潔恩懷疑那是閱讀失能症。夫妻倆指望私校可以為羅伯特提供比較專業的協助，於是霍金的父親出面幫忙，為他們買了第二棟房子來收租金。羅伯特七歲時轉學到劍橋的佩斯學校（Perse School）就讀。

一家人不斷努力讓霍金的病症繼續隱身生活幕後，不讓疾病成為家庭的重要事項。他們養成習慣，不去瞻望未來。就外界眼中所見，他們表現得還相當好，於是當潔恩提到，那些困境有時候變得多麼嚴重，大家聽了還覺得訝異。有次接受訪問時，潔恩談起自己丈夫接受的種種榮譽，她表示：「我可不認為這無與倫比的高度成功，可以讓整個黑暗面都有回報。我覺得我們經歷的大起大落，這般從黑洞深淵擺盪到所有光彩獎項高峰，在我心中是永遠沒辦法調和的。」從霍金字裡行間研判，他幾乎沒有注意到這是什麼深淵，只有在最沒有戒心的情況下才可能談起這些事情。即便如此，這對他來講依然算是落敗讓步，還可能減損無視自己這些毛病的堅毅決心。多半時候，他總是不肯討論自己的疾病，對潔恩也閉口不提，然而在她看來，禁口也不能讓麻煩減少分毫。

潔恩還記得，霍金覺得很難過，因為他沒辦法幫助孩子，或者陪他們活動玩耍。她教導羅伯特，後來也教露西和小提姆打板球（她得意揚揚的說：「我可以讓他們出局！」），她還調侃丈夫，說她和其他太太不同，當他顯現自己終究是無力處理家中事務、照顧孩子，她並不會感到驚訝，也不覺得幻想破滅。

霍金在實務上完全無用的處境，變成他這個疾病的一個正向副作用。或許他得花很久時間才能上樓、上床，不過也不必處理雜務，省了居家修繕、割草、安排旅遊、整理手提箱和規劃授課行事曆，而且在應數暨理論物理系和凱斯學院也都不必耗費時間擔任行政職務。這類事情都留給同事、助理和他的太太處理。他可以全時間投入思索物理學，這種奢侈享受讓他的同事豔羨。

潔恩早就料到，這種日常生活職掌，絕大部分要落在她身上。甚至在一九六〇年代結婚之前，她也早已判定，他們兩人只有一個能建立事業，而且那個人肯定就是她的丈夫。到了一九七〇年代，或許部分是由於有關婦女角色的態度逐漸改變，她已經比較不能接受這種犧牲。她原本認為，鼓勵、協助霍金能夠為她的生命帶來目的和意義，然而這卻不能給自己一個身分，即使是母親的角色也如此。依她所述，儘管她鍾愛孩子，也不願意把他們托給其他人照顧，但是住在劍橋這個地方，倘若妳唯一的身分就是孩子的媽媽，日子會很不好過。

這裡要為那個大學社區講句公道話，你在劍橋每次提起霍金大名，多半人都會表示，其實潔恩比霍金更出色。然而，潔恩並不覺得那是她的名聲。在她眼中，劍橋給你的壓力是要你在學術上功成名就。這當然就是她決心回大學攻讀博士的理由，然而她的論文草稿卻閒置書架多時。

一九七〇年代，潔恩有十足的理由感到自豪。羅伯特和露西都成長得很好；霍金的物理學家事業如日中天；霍金克服逆境的故事已經成為傳奇，大家都知道，他這個人面對不利劣勢，依然不屈不撓又富幽默感；而且她也開始在學術界留下印記。同時她也愈來愈感到，自己在霍金成功故事當中扮演的巨大、吃重角色，卻大半都無人聞問。她這個問題，對於有本領讓事務顯得很簡單的人士來講並不罕見：旁人開始假設，這些事情對他們而言都很簡單，卻不能體察這當中牽涉的犧牲和心力。潔恩和她的丈夫都明白，要不是有潔恩，他的一切成就都不可能成真，甚至活不下來，然而現實情況卻不容她分享這份勝利的果實。在霍金的相片當中，潔恩的身影有時會被剪除，旁人誤以為潔恩是幫霍金推輪椅的看護。她也沒辦法領會他的數學推理，分享其中的樂趣。不過她也說過：「史蒂芬的成功令人非常開心也非常興奮。」她不後悔當初決定嫁給他，然而回報卻沒有紓解的日復一日，應付運動神經元疾病的愁慘困境。

儘管處境艱困，霍金夫妻仍然分享了許多樂趣。他們兩人都全心照顧孩子，都愛古典音樂，一起去聽演奏會、看戲劇演出，在聖誕節帶羅伯特和露西去看啞劇，也常常招待親友看戲。唐・佩奇（Don Page）畢業後以研究生研究員身分住進霍金家三年，擔任霍金的助理，他記得：「潔恩非常直率……是她丈夫的重要專業資產。」常見她到市場採購六十人份的宴會食物，因為霍金家以好客出名。

他們兩人還非常有興趣投入促進大眾對身障人士需求的認識，明白他們仍有希望正常過日子，甚至有機會過著璀璨、成功的活躍生活。這在一九七〇年代還稱不上英國文化的重要一環，比不上當今的發展。英國早在一九七〇年已經通過慢性病人與身障人法案（Chronically Sick and Disabled Person's Act），施行進度卻非常遲緩，偶爾潔恩會義憤填膺起身抗議。有次他們前往劍橋附近對外開放的安格爾西修道院（Anglesey Abbey），參觀那裡的大修道院和庭園，結果院方卻不准霍金家的車子停在建物附近，堅持要他們停到半英里外的停車場，於是她寫信向主管那處修道院的國家信託（National Trust）理事會投訴。不久之後，她原本就嫌太長的活動清單，又增添了一項身障人士權益運動。

霍金一家爭取輪椅通行權打贏若干戰役。經過冗長的官僚爭辯，討論費用該由誰支出，隨後應數暨理論物理系建築的後門入口處便鋪設了一條坡道，藝術劇院（Arts Theatre）開始保留輪椅使用空間，藝術電影院（Arts Cinema）也騰出位置；此外，設於倫敦大劇院的英國國家歌劇院（English National Opera at the Coliseum）也安排讓輪椅得以通行。沒有這種通行設施的地方，附近的人都會被召來把霍金和他的輪椅抬上、抬下樓梯。劍橋研究部學院克萊爾學堂（Clare Hall）的天文學研究群（Astronomy Group），經常有人在他們的聚會前後奉召肩起這項職掌。這種做法不見得安全，譬如科芬園皇家歌劇院（Royal Opera House in Covent Garden）沒有輪椅通道，只能靠觀眾幫忙，有次他們抬霍金上一道階梯時，卻失手害他墜地。

對上帝的信仰和物理學定律

回顧一九八〇年代晚期，潔恩認為她是秉持對上帝的信仰，才能撐過那麼多年，應付婚姻那麼反常又相當艱困的生活：不指望有長遠快樂的未來生活。她說：「沒有信仰我就沒辦法在這種情況下過活，當初也就不可能嫁給史蒂芬，也不會有那種樂觀態度熬過來，而且也不會有辦法堅持下去。」

這樣大大支持她的信仰，在她丈夫身上卻找不到。他的部分物理學同事也有這種信仰，然而潔恩並不常和他討論信仰課題。即便霍金力拒身障、對抗早死威脅的經驗，帶有某種宗教或哲學內涵，但他從來沒有公開談起這些事情。然而，根據他的《時間簡史》和《偉大的設計》兩本著作，顯然上帝始終不曾遠離霍金的內心。他在一九八〇年代一次受訪時表示：「討論宇宙的初始很難不提到上帝這個概念。我的宇宙起源研究位於科學和宗教的接壤地帶，不過我設法待在邊界的科學這一側。上帝的作為，很可能沒辦法以科學定律來描述。不過這種課題我們也只能憑依個人信仰。」依他的想法，他的科學是不是和宗教分庭抗禮？就此他答道：「若是抱持那種態度，虔信宗教的牛頓也不會發現重力定律。」

霍金說他並不是無神論者，不過他寧可用上帝一詞來指稱物理定律的具體展現：「你不必求助上帝就能為宇宙制定初始條件，不過這也不能證明就沒有上帝，這只表示祂是透過物理定律來行事。」不過霍金肯定不相信位格神（personal God），他不認為神會照管每個人並和他們共處，還發揮強大影響來改變人類並顯現奇蹟。「我們是這麼不起眼的生物，住在一顆小小行星上頭，繞著一個星系邊緣一顆非常平凡的恆星打轉，而星系總數又高達萬億。所以很難相信真有個上帝會關心我們，甚至注意到我們的存在。」愛因斯坦的看法和霍金雷同。其他人，包括霍金的部分物理學同事則認同潔恩的識見，並稱這種上帝觀點淺薄可悲，他們指出，有那麼多明智、理性的人（包括相當多科學家）都說他們曾有位格神經驗，很難相信這些人都莫名其妙受了矇蔽。霍金和潔恩的雙邊見解，最能彰顯這般判如天壤的差異觀點，也很難再有其他更搶眼的事例了。

潔恩回顧：「以往聽史蒂芬直言他不相信有位格神，我都會覺得相當難過。」後來她在一九八八年一次受訪時表示：「他鑽研的領域確實都會左右有思想的人，而且這樣對人產生的影響，還可能非常令人不安。他有一個思想層面讓我愈來愈苦惱，也愈來愈受不了。他那種感覺就是，既然一切都化約為一種理性的數學公式，那肯定就是真理。」在她看來，丈夫心中已經容不下一種可能結果，說不定他的數學顯現的真相並不是真相的全貌。過了一年，她的觀點卻已經略有不同：「一個人年齡增長之後，看法就會比較寬廣。我想，他眼中的全貌和其他人是相當不同的，這是由於他的狀況和情境使然，身為一個幾乎完全癱瘓的天才……沒有人能夠明白，他抱持什麼樣的上帝觀，還有他和上帝之間有什麼樣的關係。」真理或許必須和數學相符，至於物理學，在霍金看來卻不是生命的全部。「物理學，」有次他在受訪時表示：「是非常好的學問，卻是完全冰冷的。我的人生不能只靠物理學來過日子，就像其他人一樣，我也需要溫暖、愛和情感。」

非凡的資產

一九六〇年代晚期，霍金的學院和大學系所對他稱得上大方，願意留任這樣一位沒有多少時日可活，而且就講學授課方面，對系所可能做不出什麼貢獻的年輕物理學家。應數暨理論物理系從一開始就免除霍金的繁重教學職掌，放手讓他專注於研究，並指導幾個研究班的學生。到了一九七〇年代中期，凱斯學院和大學都已經明白，他們是幫了自己一個大忙。霍金已經成為學校的重要資產。

然而，劍橋有不少出色的才子，各系所不時有人嶄露頭角，這是滋養天才的優良環境。不論一個人在外界如何受人景仰，進了大學社區，大家多認為這不過就如家常便飯。即便在一九七〇年代晚期，霍金成為傳奇之後，他和他的特種裝備：會翻書的奇巧器具，有特殊控制裝置，可以當成黑板的電腦終端機，依然得和另一位研究員共用一間狹小的辦公室。

他的溝通問題變得愈來愈嚴重。在一九七〇年代早期，仍然可以和霍金正常交談，但到了一九七〇年代晚期和八〇年代早期，他講話已經太過含糊，只有家人和親近的朋友才聽得懂，「通譯」工作經常落在研究生身上。後來代表《紐約時報》訪問霍金的麥可．哈塢德（Michael Harwood）這樣形容通譯過程：「唐．佩奇坐在他身邊，俯身貼近傾聽模糊語句，逐句重述確認他聽懂了，還經常暫停請他再講一遍，有時覆誦詞句請霍金確認或由他自己改正。」另一位來訪人士則記得，他經常以為霍金一句話已經說完了，聽了「翻譯」之後卻發現，原來他才講了一個詞。霍金寫論文時，都以這種乏味做法口述，由他的祕書記錄。不過他逐漸學會以最精簡字詞來說明理念，寫科學論文和交談時也都能直接切入重點。

他寥寥數語講述的內容廣受舉世矚目。霍金發表他的爆炸黑洞發現之後不久，獎項和嘉評便接踵而來。一九七四年春天時，他獲邀加入舉世最受景仰的科學家團體之一：皇家學會。他三十二歲就獲此殊榮，年紀算很輕。學會的授銜儀式沿用久遠，可以追溯至十七世紀，新會員得走到台上，在名冊上寫下他們的大名，同一本名冊先前頁面還有牛頓的簽名。出席霍金就任儀式的人士還記得，學會的會長、諾貝爾生物學獎得主艾倫．霍奇金（Alan Hodgkin）爵士打破傳統，帶著名冊下台走到坐在前排的霍金那裡。霍金當時仍能寫下他的名字，不過也耗費了相當力氣，花了許久時間，但與會的傑出科學家恭敬等待。霍金寫好，抬頭露出燦爛笑容，這時他們全都起立熱烈鼓掌。

同一年春天，霍金一家喜獲邀約，到索恩任教的美國加州理工學院度過一九七四至七五學年。霍金以謝爾曼費爾柴爾德傑出學者（Sherman Fairchild Distinguished Scholar）身分赴約。報酬含優渥薪水、一棟房子、一輛汽車，甚至還有一台簇新的電動輪椅。所有醫療費用全額支付（英國全民健保並不支付境外滋生費用），還加上羅伯特和露西的就學費用。

當年春天邀約傳達之時，距離霍金夫妻購買並整修小聖瑪麗巷住屋已經將近四年。截至那時為止，霍金上下樓梯都只靠自己雙臂出力，他抓著欄杆的柱子，一階一階的把自己拉上樓梯，來到二樓。這一度是很好的物理治療方式，但最終他無法辦到了。凱斯學院決定在住宿上提供更大協助，給予霍金夫妻勝過新婚時期的待遇。新任財務主管從學院所屬一棟磚樓，抽調一戶寬敞的一樓住屋分配給他們，那棟公寓位於西路（West Road），和國王學院的後門相隔不遠。這棟房子在當年劍橋是常見的建築，低樓層住教職員家庭，室內相當雅致，不過有些部分稍微破舊，樓上各層房間都住研究生。凱斯提供的公寓天花板很高，還有大型窗戶，只需要些許修改整理就很適合霍金一家進住，也方便輪椅移動。這項工作可以趁霍金一家待在加州時完成，等他們回來時就可以遷入了。那棟房子除了前方碎石停車區之外，周圍都是庭園，由凱斯學院園丁負責照料，而且他們也樂意聽取潔恩的建議和園藝規劃。那裡會是霍金家小孩的理想住處。

即便無法走樓梯，霍金仍能自行進餐、上下床，然而這些動作也都變得愈來愈艱難。潔恩依然必須付出許多精力，讓霍金在身體不斷惡化的狀況下仍然可以過正常的生活，也可以繼續研究工作，羅伯特和露西也不會失去正常的童年生活，偶爾她還能抽出時間撰寫論文。不過霍金夫妻都知道，情況必須有所改變。

復活節假期即將來臨，潔恩為加州行程預作計畫，她提出一個新做法來解決霍金的照顧問題。這個方法他可以接受，不會感到這代表折損士氣的潰敗和讓步。他們從此便養成一種習慣，請一位研究生或博士後研究生，來和他們一起生活、旅行。學生得到的回報是免費吃住，還能得到霍金的額外關照，那位學生能幫他打理就寢、起床事宜。當霍金一家啟程前往加州，他的一位研究生，柏納德·卡爾（Bernard Carr）也隨他們同行。

潔恩預訂好航班，由卡爾幫忙打包並搬運物品，之後就領著兩個孩子、丈夫和特殊裝備，跨越半個世界來到南加州，效率高得讓她的朋友稱奇。

陽光普照的地方

一九七四年八月，索恩開著一輛閃閃發亮的簇新美式旅行車，來到洛杉磯機場和霍金一家見面。這輛新車在他們逗留期間都歸他們使用。那趟旅程從倫敦飛越北極，時間很長，不過一家人抵達美國時是由索恩駕車，浸浴在南加州慵懶氣息之下，倦怠頓消。他們沿著高速公路一路前行，穿越綿延市區的摩天樓和高聳嚇人的棕櫚樹，來到洛杉磯鬧區東北十英里處的帕薩迪納市（Pasadena）。

他們抵達落腳處時天色剛暗，住宅早為他們安排妥當。那是一處可愛的住家，外覆白色護牆板，每扇窗戶都隱約透出燈光。那棟房子座落在加州理工學院校園對街，看得到山景。潔恩在第一天就寫信回英國給父母，描述那處住家，她寫道：「房子外觀漂亮，裝潢優雅。這些人一定以為我們習慣了天文等級的生活，其實他們什麼都不知道呢！」

霍金、潔恩和孩子們發現露台上有蜂鳥，院子裡有一棵巨大的加州橡樹可供攀爬，還有一台電視機和好幾間浴室。附近校園內有一座游泳池，從那裡可以輕鬆開車到迪士尼樂園。霍金最先進的電動輪椅等著他使用，就像賽車手試駕操控性能更好、速度更快的新型車款，霍金駕著輪椅四處飛馳，了解其性能表現，不時停下讓工程師做些調校。

霍金一家在加州才剛安頓下來，他們早就料到的不安新體驗也開始出現，大地微震頻繁，還偶發相當駭人的地震。他們的鄰居也是理工學院的同事，對這種現象似乎都不以為意，還要他們夫妻放心，因為小地震頻繁出現才比較不會爆發危險強震。後來那棟房子和霍金一家都毫髮無損的度過那年。

羅伯特和露西上的學校叫做帕薩迪納城鄉學校。三歲的露西非常喜歡那裡，頭一天就下定決心不要只上半天，要改上全天課。母親去接她時，露西躲得不見蹤影。一位教員慌亂尋覓，結果發現她在午餐教室，平靜的和較年長學童共進午餐。羅伯特發現了一個新角色，成為母親寶貴無比的領航大師，他那顆七歲的小腦袋中似乎裝了一套精密地圖，指導她使用洛杉磯的高速公路系統。卡爾則熱情投入加州理工學院的學生生活，送霍金就寢之後，幾乎每晚都外出參加派對。派對過後，他就整晚不睡，看恐怖電影。所幸霍金也沒有早起的習慣。

潔恩熱衷社交活動，家裡常常賓客如雲。潔恩在加州理工學院的經驗，在劍橋十分罕見，除了以社交馳名的克萊爾學堂之外，其他學院都不大可能有教職員配偶這般頻繁在社交場合現身。她覺得這種改變相當令人振奮，或許也帶來些許疲憊。除了當地新朋友之外，海外親友也紛紛來訪，包括潔恩的父母和霍金的母親和阿姨。霍金的妹妹菲莉帕當時定居紐約，也曾經來訪。霍金的住家離校園很近，方便舉辦派對，經常成為加州理工學院相對論研究群（Caltech Relativity Group）的宴會場所。加州人自動自發的率直本色令人訝異，對潔恩而言則是一種可喜的改變，這和他們在英國習見的扭捏不安，有時則乾脆避開的情況大為不同。由於霍金有講話的問題，和他們不熟的人很難和他們夫妻持續交談，不過加州人似乎比較願意嘗試。來到加州理工學院之時，霍金已經是他那個領域的國際知名科學家，也應獲得明星般待遇。但講句公道話，假使他到劍橋初上任時已有這般名望，那麼大學社交圈迎接他們的態度可能大為不同，說不定能體驗類似在帕薩迪納的特殊關注。

就出國度學術休假年的大學教授而言，離家這段時間，通常不只能夠為他（她）大幅提升創造力，增長知識能量，就家中其他成員來講也是個分水嶺。霍金一家也是如此。羅伯特由一位八歲大的電腦鬼才朋友引領，進入一個令他振奮的領域：資訊科技，最後還就此開拓他的生涯事業。另一位教職員妻子邀請潔恩加入晚間合唱班，她們每週聚會一次，練習一部大型合唱作品。潔恩第一次接觸歌唱活動，成為往後讓她熱情投注的嗜好。

霍金擁有一間附空調的辦公室，加州理工學院也在校園四處鋪好坡道。他沉浸於其他卓越研究人員的溫暖情誼，還接受各「學生之家」邀請擔任晚宴貴賓。加州理工學院是舉世最出色的物理學進修、研究重鎮之一，當時如此，於今亦然，這處學院的規模比劍橋、牛津都小，卻從世界各地延攬了眾多出類拔萃的學者，和各領域公認的領導者來此任教。就霍金而言，那裡有眾多新同事和能激發思想的種種新概念，把他的興趣引向先前從未探索的範疇，還帶他認識嶄新途徑，以新鮮手法應付先前已投入鑽研的問題。霍金還在那裡結識佩奇，當時佩奇仍在加州理工學院研究所就讀，往後會在霍金的研究上扮演要角。那年佩奇和霍金合寫一篇論文，推想原生黑洞爆炸時可以觀測到伽瑪射線爆發現象。傳說中的學界死敵費曼和蓋爾曼也都在加州理工學院，霍金還去旁聽他們授課。他們兩位都是頂尖粒子物理學家，不是宇宙學者，不過霍金察覺自己從事的黑洞研究，愈來愈需要粒子物理學專業，而這裡正好有個寶貴的機會。不久他就沿用費曼的「歷史求和」（sums-over-histories）構想並創新手法，用來鑽研種種描述宇宙起源的可能學說。霍金在劍橋認識的哈妥，當時人在加大聖塔芭芭拉分校（University of California - Santa Barbara），那年他也來到加州理工學院待了一段時期，兩人合作發展出本書第六章討論的霍金輻射描述。

那年霍金在帕薩迪納並非心無旁騖。接近聖誕節時，他和朋友暨同事喬治·埃利斯（George Ellis）一道前往達拉斯參加研討會，四月時又獲邀前往羅馬，由教宗保祿六世親頒教宗庇護十二世勳章，獎勵「一位年輕科學家的傑出成就」。霍金渴望到梵蒂岡圖書館參閱伽利略的相關文件，看他如何在極大壓力和拷打威脅下撤銷先前發現，不再堅稱地球繞日運行。霍金趁此機會遊說天主教會，為三個半世紀之前那般惡劣對待，向伽利略正式致歉。時隔不久教會果然致上歉意。

霍金就是在加州開始認真思索一個問題，結果讓他和若干同事陷入多年紛爭：黑洞會流失資訊。稍後我們還會檢視，這裡所說的「資訊」是指什麼。就眼前而論，就把它想成是黑洞形成之時納入的一切組成成分，還有以後落入其中的一切事物之相關資訊。這種損失將會不可挽回？對我們認識宇宙、提出預測的能力又會產生什麼影響？這是否真能代表物理學的崩潰？這就是他為自己在那年寫的一篇論文下的標題：〈重力塌縮和物理學的崩潰〉（Breakdown of Physics in Gravitational Collapse）。最後文章在一九七六年十一月刊出，那時他已經把標題改了，除非你靜下來思索，否則新的標題並不會那麼駭人聽聞：〈重力塌縮和可預測性的崩潰〉（Breakdown of Predictability in Gravitational Collapse）。

當然還有索恩，這位出力協助促成這次來訪的親愛朋友和同事。索恩和霍金畫押（霍金摁上大拇指印）簽署一份文件，記錄他們的第一場著名賭局，兩人打賭天鵝座X－1雙星系統是否是黑洞。

拿《閣樓》賭《偵探》

索恩和霍金這場賭局的前傳從一九六四年開始，當時連惠勒都沒有創造出黑洞名稱。那年澤爾多維奇和他就讀莫斯科應用數學研究所（Institute of Applied Mathematics）的研究生奧克塔伊・侯賽因諾夫（Oktay Guseinov）開始爬梳清冊，徹底檢視天文學家先前觀測、編列的好幾百個雙星系統。他們尋找的星體質量都極大，也都極端緻密，除了黑洞就別無可能。搜尋黑洞候選星體的作業啟動，這可不是簡潔明瞭的使命。就本質上來講，這種候選星體以光學望遠鏡是看不見的。

為了解雙星系統是什麼、為什麼這裡是尋找黑洞的良好地點，請設想惠勒描述的一幅景象：在一處燈光黯淡的舞廳，所有女士都身著白色禮服，男士則有人也穿白衣，不過另有幾位穿黑色正式服裝。從上方陽台俯瞰樓下一對對華爾滋舞者，我們知道每對都有兩人，不過部分情況卻只能看到其中一人，就是身著白衣的女士。

雙星系統由相互環繞公轉的兩顆恆星共組而成，就像惠勒描述的一對對舞者，也是由一男一女共組而成。某些雙星系統只能見到一顆恆星，我們怎麼知道那裡有兩顆星體？就舞廳的例子而言，只要觀察見得到的那位女士的動作，就能清楚知道她肯定有個舞伴。相同道理，只要研究某些恆星的運動，同樣有可能斷定它們並不是單獨運行。

見到一顆恆星外表上是隻身一個，運行方式卻彷彿有個搭檔，不見得都表示那裡就有個黑洞。看不見的搭檔有可能是顆黯淡、低溫的小型恆星：白矮星或中子星。這種星體的質量計算相當複雜，然而當你試行判定某種星體是不是黑洞，這時質量就是關鍵的統計量。

這裡只消說明，這同樣是天文學家從一九六〇年代開始發揮巧思，根據可見星體的運動方式點滴蒐羅的資料。

一九六六年，澤爾多維奇和他另一位同事伊戈爾．諾維科夫（Igor Novikov）判定，必須同時動用光學望遠鏡和X射線檢測器，才能辨識出黑洞的強勁候選星體。若觀察發現X射線，這就顯示那裡有個強大的能量源頭來驅動射線發射，而且就我們所知，讓物質朝黑洞或中子星墜落，正是最佳的能量釋放方式之一。就雙星系統的情形，當那顆非常緻密的星體或黑洞吸走伴星的物質之時，就

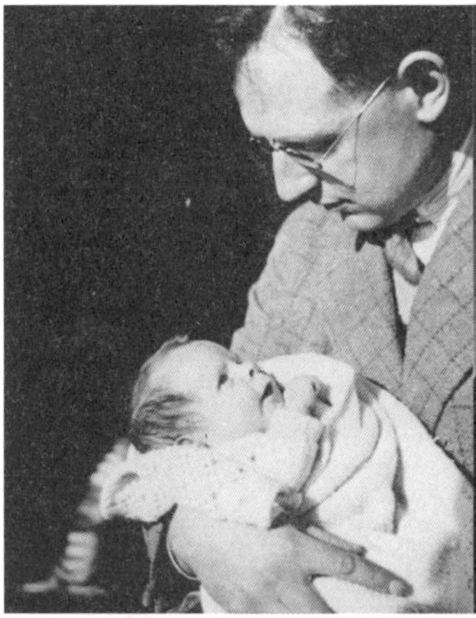

1 2
3
4

「平凡的英國童年」：
海格特區和聖奧爾本斯。

[1]法蘭克·霍金和新生兒史蒂芬；[2]史蒂芬和妹妹菲莉帕與瑪麗；[3]得到新腳踏車的得意神情；[4]度假時在自家吉普賽篷車台階上與菲莉帕和瑪麗合影。

「不是庸才」：牛津大學部就讀時期。

1
2

[1]擔任學院划艇艇長在河上取勝；[2]在划艇俱樂部一次聚會時起鬨（史蒂芬捏著手帕揮舞）。

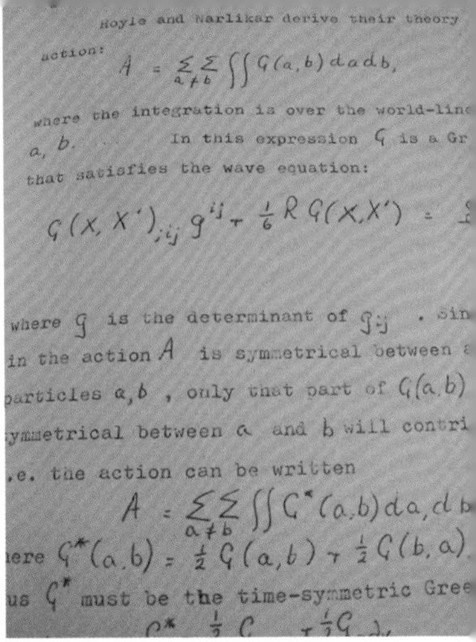

Hoyle and Narlikar derive their theory

action: $A = \sum_{a \neq b}\sum \iint G(a,b)\, da\, db,$

where the integration is over the world-line

a, b. In this expression G is a Gr

that satisfies the wave equation:

$G(x,x')_{;ij}\, g^{ij} + \frac{1}{6} R\, G(x,x') =$

where g is the determinant of g_{ij} . Sin

in the action A is symmetrical between a

particles a,b , only that part of G(a,b)

symmetrical between a and b will contri

.e. the action can be written

$A = \sum_{a \neq b}\sum \iint G^{*}(a,b)\, da\, db$

ere $G^{*}(a,b) = \frac{1}{2}G(a,b) + \frac{1}{2}G(b,a)$.

us G^{*} must be the time-symmetric Gree

「比以往更快樂」：
劍橋生活，一九六〇年代早期。

[1]拿雨傘當手杖和母親伊澤蓓爾合影；[2]他的博士論文一頁，方程式都是他親筆書寫；[3]小聖瑪麗巷的教堂院落和住屋；[4]史蒂芬和潔恩在結婚日合影；[5]史蒂芬抱著兒子羅伯特。

1 2 3 4 5

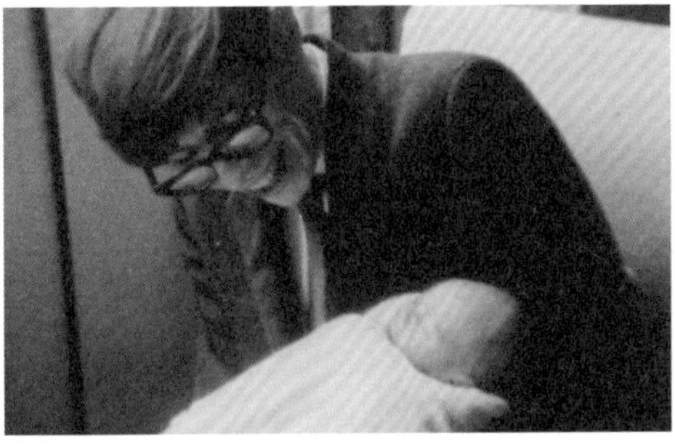

「我擁有美好的家庭」：攝於一九七○年代。

[1]西路住家；[2]坐著最先進輪椅在門口留影；[3]和露西、潔恩與羅伯特合影；[4]和羅伯特下棋。

1	2
3	4

1
2

[1]提姆，家庭沙坑的新增成員，和羅伯特、露西、史蒂芬與潔恩合影；[2]潔恩的新愛好：音樂。

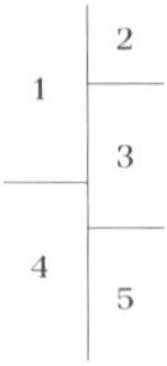

「國際水準」

[1]佩奇隨他回家時穿越國王學院；[2]在劍橋和同事、學生茶敘；[3]一九八三年春天，在他喪失說話能力之前不久，旁邊是研究生克里斯．赫爾。赫爾凝神專注要聽懂他的意思。

[4]雨中在國王大道和看護伊蓮．梅森合影；[5]和助理茱蒂．費拉在劍橋應數暨理論物理系他的辦公室合影。

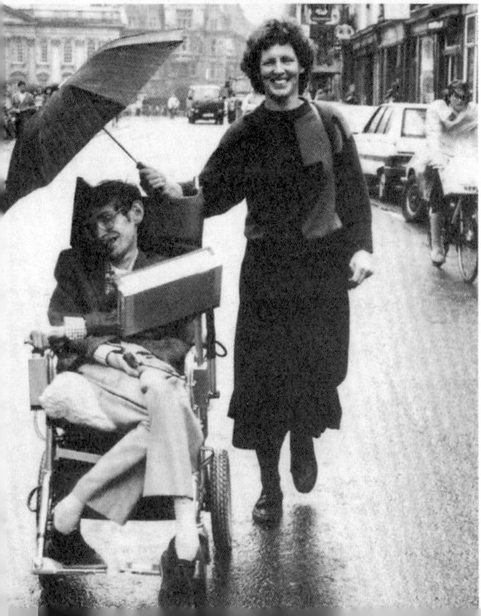

「我寫了一本暢銷書」：攝於一九八〇年代中期

[1]芝加哥的霍金粉絲俱樂部慶賀《時間簡史》問世；[2]和同事在加州柏克萊一間酒吧，展示他的第一版電腦語音程式（螢幕只用膠帶黏貼）；[3]和潘洛斯與索恩合影。

「站在巨人的肩上」：攝於一九八〇年。

盧卡斯數學講座教授，在劍橋三一學院和該講座前任教授牛頓的雕像合影；(上圖)獲頒夢寐以求的以色列沃爾夫獎。

會出現這種情況。所以研究人員著手檢視雙星系統，看有沒有哪顆伴星在光譜可見頻段顯得很亮，在X射線頻段卻黯淡無光；同時，另一顆伴星則在光譜的可見頻段黯淡無光，在X射線頻段卻相當明亮。

天鵝座X－1是個非常有指望的候選天體。那是個雙星系統，裡面有顆以光學觀察很亮，同時以X射線看來卻很黯淡的恆星，圍繞一顆以光學看來很黯淡，同時以X射線觀察卻很明亮的伴星運轉。這個系統位於我們的星系內部，距離地球約六千光年。這兩顆星體每五．六天環軌繞行一周。以光學望遠鏡觀看，那裡似乎有顆藍巨星，太黯淡了，肉眼看不見。針對那顆星光的都卜勒頻移研究顯示，該星體肯定有顆伴星。天鵝座X－1就是那顆伴星。用光學望遠鏡完全看不到它，不過以X射線觀測，它卻是全天空最燦爛的星體之一。X射線發射漫無條理，強度劇烈擾動，正是預想當物質朝黑洞或中子星墜落時該有的現象。天鵝座X－1的質量至少為太陽質量的三倍，說不定還高於七倍，最可能的數值約為「16」太陽質量。一九七四年十二月，就是由於它的質量計算有這種不確定成分，霍金和索恩才會下注打這個賭。天鵝座X－1是個絕佳黑洞候選天體，不過當時的學界約只有八成的信心認為那是顆黑洞而非中子星。

賭局議定書列出以下條款：若最後證實天鵝座X－1是一顆黑洞，霍金就為索恩訂購一年份《閣樓》（*Penthouse*）雜誌。若最後發現那不是黑洞，索恩就為霍金訂購四年份《偵探》（*Private Eye*）雜誌。霍金這種賭法令人詫異，竟然賭天鵝座X－1不是黑洞，他說：「這樣做是要買一張保單。我在黑洞身上下了許多功夫，假使最後發現黑洞並不存在，那一切都白費了。不過這樣一來，我就能贏得賭注，心理會比較好過。」賭局議定書裝了框，掛在索恩的加州理工學院辦公室牆上，靜候科學進步發展。

不幸的是，隨著旅居加州一年進入尾聲，當初在劍橋時一度讓潔恩飽受折磨的感受又湧現：抑鬱、無能和自尊心低落。她開始重新評估那年在帕薩迪納市目不暇給的社交活動，認為那是為逃避這些問題的狂亂手段。她覺得自己當時太過輕信婦女解放運動的堅決主張，認為女性沒有家庭之外的工作，就該認定自己毫無用處，欠缺個人成就。潔恩斷定，她認識的無工作教職員夫人，確實普遍存有這樣的感受。這時在她心目中，和她們一道出遊，前往藝術博物館、畫廊參觀，到劇院看戲，似乎都只是這些女性（和她本人）為了補償陰鬱生活，排遣煩悶的可悲嘗試。一位心思細密、敏銳的朋友，認定潔恩本身就是個傑出女性，也或許察覺她自己無力體認這點，於是在霍金獲頒教宗勳獎那天也致贈她一支珍珠胸針，並說：「潔恩這個人，也應該得到一件東西。」

CHAPTER

8

科學家假定過去、未來在因果之間都有獨特連結，一旦喪失資訊，這種連結就不存在了

霍金一家從加州回到劍橋之後，住進位於西路的新家。就霍金而言，坐了一年電動輪椅，享受了室內戶外兼用和高速性能，他完全不可能再回頭使用老舊的款式。他向英國衛生署申請一台他在加州時使用的那種輪椅，結果遭到駁回，於是霍金花光積蓄自己買了一台。

有了這台嶄新交通工具，他每天約花十分鐘就能抵達位於銀街的應數暨理論物理系。他不走最短路徑，而是沿著比較舒適，交通流量較少的路線前行。他依循一條蜿蜒林蔭小徑穿越國王學院，在「後園」一路通行，越過放牧牛群的牧草區和修剪平整的草坪，來到國王學院禮拜堂後側，駛上一道拱弧石橋越過康河（River Cam）。來到這裡就可以選用不同的路線，他可以使用國王學院側邊入口，走一條使用不太頻繁，名叫王后巷（Queens' Lane）的偏僻小徑，從王后學院高聳的中世紀大門陰影底下穿過來到銀街，或者也可以從國王學院的正面大門駛出，走上繁忙的國王大道（King's Parade），接著右轉來到銀街。兩條路線都必須冒險越過繁忙的狹窄幹道，跨街帶來些微風險和刺激，為這趟原本平和的路程帶來高潮。繞到他的系館後方就能見到坡道，他預估會在十一點左右抵

達，有時候新任研究生助理艾倫・拉佩茲（Alan Lapades）會隨他同行，不過霍金通常都獨自前往，因為那台最先進輪椅能為他帶來最高自主能力。

到了一九七五年秋天，霍金的凱斯傑出科學獎助六年期滿。儘管他沒辦法講課，卻是一位非常優秀的指導老師，很樂意和學生聚首討論，投入的時間多得連同事都想不透，他怎麼還有辦法完成自己的工作。傳言霍金有可能移居美國，劍橋大學採取行動終結傳聞，晉升霍金為高級講師，還派給他一位祕書茱蒂・費拉（Judy Fella）。費拉為應數暨理論物理系增添了活力元氣和迷人風采，也是霍金和潔恩的天賜貴人。霍金有了自己的祕書，潔恩就能卸下重擔，不必再親自幫霍金安排所有行事曆和行程預定事項。潔恩又一次回頭處理她荒廢的論文，還開始上聲樂課，更進一步追尋她的音樂新興趣。

一九七五年夏天，英國廣播公司（BBC）的電視攝影車轟隆轟隆的駛上霍金家的西路前院，電纜蜿蜒拉進屋內，為《開啟宇宙的鑰匙》（*The Key to the Universe*）紀錄片拍攝史蒂芬鏡頭，隨後還移師銀街應數暨理論物理系拍攝一堂研討課。媒體往後還有多次像這樣恣意闖入，悍然不顧同事、學生、教職員和家庭的作息。多年來，這已經變成一種困擾，不過頭幾次還非常令人興奮。

潔恩安排研究生助理住進家中的計畫進展順利，霍金也迫切希望在加州理工學院結識的佩奇能夠到劍橋擔任這個工作。佩奇不單和霍金結為好友，還是一位大有可為的物理學同行。他就要拿到博士學位了，正在考慮博士後的出路，而霍金可以幫忙安排一份三年合約獎助。一九七五年聖誕節前夕，這位身材異常高大，聲音洪量有力的年輕人來到西路，加入這戶人家。

對霍金這位近乎無神論的不可知論者，選中佩奇相當令人意外。佩奇擁有極高學術才華，恪遵倫理道德，還有虔誠信仰，而且會坦率表現出來。他在往返銀街路上並不死守物理學課題，往往還離題改談當天早上讀《聖經》的內容。霍金總是見招拆招，以友善的語氣質疑戲謔，卻也尊重佩奇的見解和信仰。佩奇在這段助理生涯結束後許久，依然與霍金交相往來，也始終是一位非常寶貴的學術合作夥伴。

有了費拉在辦公室協助，佩奇在家中輔佐、照顧霍金，潔恩的部分責任便能卸下。多年來第一次，霍金沒有潔恩伴隨而外出旅行，一九七七年夏天，佩奇隨他重訪加州理工學院數週。

大約就在這個時候，霍金和另外幾位較年輕的研究員獲邀前往倫敦，參加查爾斯親王的皇家學會入會典禮。親王對霍金的輪椅深感好奇，於是霍金飛快運轉來展示性能，卻不小心輾過查爾斯親王的腳趾。不久之後謠言傳開，說是輾過腳趾不見得就是意外，最後還傳言霍金這輩子的最大遺憾，就是沒有機會輾過柴契爾夫人的腳趾。據說只要有人把他惹火了，不管是誰都會變成目標。霍金堅稱：「那是惡毒的謠言，再有人講這種話，我就去輾他。」

一九七七年秋天，霍金升任高級講師短短兩年之後，劍橋大學便晉升霍金擔任重力物理學教席，還為他加薪。這時霍金已經是一位教授，這個頭銜在劍橋和英國多數大學都是殊榮，比美國的教授職位更為難得。

一九七七年十二月，潔恩加入巴頓路聖馬可教堂（St. Mark's Church）唱詩班，練唱聖誕佳節慶音樂，也就在那時，她第一次遇見一位名叫喬納森．瓊斯（Jonathan Hellyer Jones）的年輕人。喬納森是那裡的風琴師，深具音樂才華，年紀比潔恩和霍金小幾歲。不久之前，他結褵才一年的妻子罹患白血病去世。霍金家變成他的避風港。潔恩和霍金都是他的精神支柱，不過來到霍金家，喬納森也不是只做自己份內事：坐在七歲大的露西身邊教她彈鋼琴，他還自願幫忙照料霍金的吃喝拉撒需求。潔恩加入聖馬可教會之後終於能夠騰出時間，開始認真撰寫論文的最後一章。

潔恩努力兼顧看護者、家庭主婦、博士班學生和母親的角色，就在左支右絀之際，這名年輕人、潔恩的天賜貴人，已親暱、大方地涉入她的生活，分享她的信仰和對音樂的愛，他再也不單單是伸援手的朋友。潔恩和喬納森的關係發展成戀情，不過她秉持本身典型坦率作風，並沒有守密不讓霍金知道。霍金顯然只能接受現狀，他什麼都沒說，只要求如潔恩筆下所述：「只要我依然愛他，他就不會反對。」從此以後，兩人就很少再提起這件事，在往後很長一段期間，潔恩和喬納森都只維持一種柏拉圖式的關係。他們決定「在史蒂芬和孩子面前謹守行為分際，不表現出親密情感。」他們沒有搬出去同居，「喬納森和我都深感良心不安，而且我們也認為，更大的良善，也就是這個家庭的存續，史蒂芬在家中和這個家庭共同生活的權益，還有孩子的幸福，比我們的關係還更重要。」他們嚴守祕密，只有一小群親朋好友知道這段戀情，同時，即使潔恩和喬納森有可能（或者沒有）讓霍金蒙受傷痛，但他都隱忍吞下。

一九七八年秋季，潔恩又懷孕了。這時除了佩奇和費拉之外，還有喬納森也在旁幫忙，她決心為自己的論文設定最後期限，要趕在來年春季分娩之前完成。現在不做就太遲了。她在那個冬季只短暫放下工作，籌辦一場慈善音樂會，為新成立的運動神經元疾病協會（Motor Neurone Disease Association）籌募基金，霍金也出資贊助，從那時起潔恩便成為劍橋音樂界一股重要力量。

霍金的第三個孩子在四月復活節週日誕生，取名提姆。此外，為了紀念愛因斯坦百年華誕，霍金和韋爾納・伊瑟瑞（Werner Israel）打算編纂一本書來呈現廣義相對論的最新研究，於是他們邀請同行投稿共襄盛舉，一同祝賀愛因斯坦冥誕（一八七九年三月十四日）。那本書的緒論預示了霍金的盧卡斯數學講座教授就職演說講題，針對愛因斯坦以一個完整、一貫的理論，來統一所有物理定律的夢想提出論述。

一九七〇年代中期到晚期，霍金獲頒好幾項國際重大獎項和榮譽博士學位，包括皇家學會頒獎嘉許他在自然科學領域成就一項原創發現，為廣義相對論在天體物理學上的應用帶來傑出貢獻，還有美國劉易斯和蘿莎史特勞斯紀念基金會（Lewis and Rosa Strauss Memorial Fund）也在一九七八年頒授他夢寐以求的愛因斯坦論文獎。這個獎項並不是每年頒發，而且對物理學家來講，這是美國名望最高的獎項。他的一項榮譽博士學位得自牛津大學母校，對霍金的未來影響最深遠的榮譽由劍橋大學頒授，在一九七九年秋季為他冠上盧卡斯數學講座教授崇高的職銜。他終於得到一間私人專用辦公室。隔了一年多，供大學新任教學人員簽名的厚重名冊送到他面前。這道程序先前因疏忽而忽略了，霍金回憶：「我費了很大的力氣才簽上名字，那是我最後一次提筆簽名。」

一九八〇年，霍金爭取自主的努力遭逢危急關頭。那時候，里斯已經就任劍橋另一個崇高職務：普魯密安天文學教席（Plumian Professorship of Astronomy）。他和霍金在兩人都還未婚的時候就認識，這時他也近距離目睹了霍金的科學成就快速崛起，還有他的身體無可挽回的惡化狀況。冬末或初春某個時間，里斯邀請潔恩到英國物理學會和他聊聊。那年初冬，霍金因一場重感冒導致病情加劇，連潔恩也生病了。夫妻兩人復元緩慢，家庭醫師建議他們住進療養院調養，等康復後再回去。里斯擔心這種情況往後還會一再發生，到時霍金的經濟是沒辦法應付的，於是表示願意代尋資金來支付居家護理費用。

霍金是不能接受這種安排的，接受了，就等於對自己的疾病讓步，還會為生活帶來沒有人性的干預。他會變成一個病人。不過斟酌考量之後，他改變了心意。這樣的安排會有好處，他可以更自由地外出旅行，不再依靠妻子、朋友和學生。起初在他眼中會喪失自主的安排，反而有可能帶來好處。

N＝8超重力理論

本書開頭就提到霍金在一九八〇年四月二十九日發表盧卡斯數學講座教授就職演說的題目是〈理論物理學是否終點在望？〉，他選定N＝8超重力理論為統世理論的第一候選學說。這不是他自己的理論，不過在他和眾多物理學家眼中，那項理論大有可為。超重力理論產生自超對稱性觀點：超對稱理論推想。我們所知的一切粒子都有超對稱伴子，即質量相等，但「自旋」互異的粒子。

霍金在《時間簡史》書中提出，我們最好把自旋的意思設想成，當一顆粒子轉動時看起來會是什麼模樣。自旋「0」的粒子就像一個點。不管你從哪個角度觀看，也不管你怎麼轉動它，那顆粒子看來全都相同。自旋「1」的粒子就像一支箭：你必須讓它旋轉一整圈（三百六十度角），模樣才會和剛開始時相同。自旋「2」的粒子看來就像一支雙頭箭（箭柄兩端各有一個箭頭）：只有當你讓它旋轉半圈（一百八十度），這時看來才會相同。到目前為止看來還相當簡明，不過我們要談稍顯奇異的情況：自旋「1/2」的粒子。這種粒子必須旋轉兩圈才能回復原有的構型。

我們在第二章提過，就我們所知，宇宙間的所有粒子要嘛就是費米子（構成物質的粒子），不然就是玻色子（媒介子）。我們已知費米子全都具有自旋「1/2」。舉例來說，電子必須轉完兩圈才能回復原有的構型。就另一方面而言，玻色子全都具有整數自旋。光子和W、Z玻色子以及膠子都具有自旋「1」，旋轉一周就能回復原始構型（單頭箭）。理論上，重力子具有自旋「2」（雙頭箭），旋轉半圈就能回復最初的構型。

超對稱理論推想物質和自然界四大作用力是可以統一的，理論提出這些粒子各別具有「超對稱伴子」，其中每顆費米子各有一顆玻色伴子，每顆玻色子也各有一顆費米伴子。這有點像是老式婚禮分列式，雙方家庭原本各排各的隊伍，進行到最後就統合為一，每位女儐相分別挽著對方親族一位男儐相的手臂出列。

玻色伴子的歐美命名方式帶了一種拉丁風格。歐美稱光子為「photon」，其理論性超對稱伴子則名為「photino」（譯註：中文逕自冠上「伴」字，稱為「伴光子」。）歐美稱重力子為「graviton」，其超對稱伴子則名為「gravitino」（譯註：中文稱「伴重力子」。）就費米子而言，所有超對稱伴子的歐美命名都是添了前綴「s」即可（譯註：中文則是在費米子名稱之前冠上一個「超」字。）因此我們才有超電子（selectron）和超夸克（squark）的稱法。

超重力理論在霍金發表盧卡斯數學講座教授演說的時代，已經出現好幾個版本。N＝8超重力理論有一個優點，只有它才能在四個維度內運作（三個空間維度和一個時間維度），而且儘管理論需要許許多多尚未發現的粒子，所需類型卻也不是為數無窮，其他種種量子重力理論嘗試，就必須有漫無止境的不同粒子。冠上N＝8名稱的道理在於，這項理論裡面的重力子不只具有一種超對稱伴子，而是有八種。列隊走教堂通道時會有點麻煩，不過理論安排八種效果很好。

霍金發表盧卡斯數學講座教授演說過後不久，他和其他人就明白，原本前景這般看好的理論，實際做任何計算時竟然都極度艱難。除了重力子和八種伴重力子之外，還有一百五十四款粒子。總括結論是，就算你使用一台電腦完成一項計算，仍約需四年時間：必須確保所有粒子都計算在內，搜尋依然潛藏在某處的無窮值，還得有把握不犯任何錯誤。

另一個問題是，從來沒有人觀察到超對稱伴子，看來往後也不大可能見到。理論說明，這類伴子的質量和它們的「正常」伴子相等，然而這種（我們在世界上觀察得到的）對稱性是「破滅的」，於是這類超對稱伴子的質量才會高達數百倍，甚至數千倍。要在實驗室中發現這類粒子就得投入龐大的能量，我們在其他章節還會再談這個「對稱性破滅」（symmetry-breaking）課題。

希格斯場（Higgs field）由愛丁堡大學彼得．希格斯（Peter Higgs）在一九六四年提出，就理論而言，這種場瀰漫於全宇宙，還是造成對稱性破滅的起因，所以要在實驗中發現超對稱伴子才會這麼困難，而比較熟見的粒子也才具有這麼大的質量。倘若理論無誤，希格斯場的面貌就應該是一種自旋「0」的希格斯粒子。希格斯粒子本身具有極大質量，而且始終不曾見過，若果真有這種粒子，那麼動用歐洲核子研究組織（CERN）設於日內瓦邊界處的大型強子對撞機（Large Hadron Collider）的高強能量便有可能發現。霍金最有名的賭局之一是：根本不會有希格斯粒子現身。他對於一種可能的前景則興趣日增，說不定大型強子對撞機能發現若干超對稱伴子，也或許能造出一個迷你黑洞。

一九八〇年春季，霍金發表盧卡斯數學講座教授演說時，潔恩也在準備博士論文口試，排定在六月應試。她通過了，但沒有人覺得驚訝。她要等到一九八一年四月才能正式畢業，不過大概已能取得學位，於是她開始教當地孩童法文，還在劍橋第六學級教學中心（CCSS）兼職，協助學生預備第六學級考試，取得大學入學資格。不久之後她拿到學位，成為第六學級的老師。她歷經多年艱辛才完成論文，結果專業生涯剛起步就有點雷大雨小。儘管潔恩擁有高度智慧，然而拿來和她丈夫的顯赫成就相比，雙方差距令人洩氣。不過，「這能實現我的部分抱負，」她說道：「我覺得這部分長久以來受到壓抑，其實這和家中事務完全可以兼容並蓄。」

提姆已經開始學步，羅伯特在佩斯學校表現優異，露西已經成為她那所小學的寵兒。我最早一次聽聞霍金家人的事情，是出自紐納姆克羅夫特小學校長，她說我的六歲女兒讓她想起露西。這樣講的用意顯然是要誇獎我女兒。後來見到露西時，我也發現確實如此。當時她已經畢業，只是回校幫忙照顧操場上的小朋友。她是一位容光煥發，輪廓鮮明的十六歲金髮女孩，展現高度智慧和個性，還有超乎年齡的周延思慮和沉穩舉止。她說，她的父親是劍橋物理學家，不過她倒是希望讀牛津，因為她在劍橋住了一輩子，希望換個環境。露西接受訪問時表示：「我和父親不一樣，我不擅長科學，甚至數學都表現得一無可取，這讓人有點難為情。」不過她是好學生，大提琴拉得不錯，不大可能會有人拿一袋糖果賭霍金家的孩子成不了大器。

在閣樓惹出的麻煩

一九七四至七五年間，霍金在加州理工學院待了一年，在他和校方的眼中，那段期間的成果非常豐碩，於是他幾乎每年都到那裡待一個月，加州理工學院更以謝爾曼費爾柴爾德傑出學者身分邀請他駐校。

到了一九八〇年，索恩注意到霍金的研究態度出現了轉變，後來霍金向他說明：「我寧可先求正確再求嚴謹。」這句相當難解的陳述意指，大多數數學家心中所求，無外乎以一項牢靠的數學證明來確認他們正確就心滿意足。霍金在一九六〇和七〇年代都抱持這種態度。這時他卻說，那種嚴謹不見得就是落實「正確」的最佳方式。這有可能讓人見樹不見林。他變得比較投機，一件事有九成五左右的把握他就開心，然後就進行下一步。「頑固憑依直覺」，《紐約時報》專欄作家丹尼斯・奧弗拜（Dennis Overbye）這樣形容霍金。儘管霍金的直覺都八九不離十，對他來講，要求明確結果已經改為追求高機率，並迅速朝向了解宇宙本質之最終目標前進。

霍金的加州經驗更加豐富了，已經不局限於洛杉磯和帕薩迪納市。他喜歡舊金山的陡峭街道，也愛那裡為摩托輪椅玩命客帶來的機會。這時他的駕駛習性和一九六三年開車載潔恩到三一學堂，參加五月舞會時同樣莽撞。他的同事李奧納特・蘇士侃（Leonard Susskind）回顧，當時他在一處斜坡的最陡峭路段丘頂就定位，那裡的坡度陡得讓汽車駕駛都要發抖，唯恐煞車失靈，或是車子會向前翻滾跌落，但霍金對著同伴露出淘氣的微笑，接著就衝下坡，像自由落體般消失在他們眼前。同伴趕緊跟上，直到坡底才追上，只見他坐在那裡滿意的咧嘴微笑，還要他們帶他去更陡峭的斜坡。

一九八一年，同樣在舊金山，霍金宣布了一件事，讓他的物理學同事大感不安的程度，遠勝之前無視舊金山街道風險的鹵莽行徑。事發地點在韋爾納・艾哈德（Werner Erhard）的宅第閣樓。這件事說古怪都嫌輕描淡寫。當時艾哈德開辦了一門通俗心理學課程，叫做強化性支持治療法（EST），目標對象是覺得自己嚴重欠缺自信，願意付出好幾百美元求助的民眾。

每次多達千人齊聚旅館大廳接受兩週密集講習，而且治療程序有可能相當強勢、冒犯，還會遭受口頭辱罵和凌虐。據稱參加講習的民眾能暫時體驗一種個人轉變，走出大廳後會自覺茅塞頓開、自信和開朗。對某些人而言，這的確有效。

這套課程讓艾哈德賺了大錢。他因為熱愛物理學，於是運用財富和理論物理學家結交，這群朋友都是專業頂尖人物，完全不欠缺自信，包括費曼。艾哈德為他們舉辦精緻美食晚宴，還裝修閣樓成為物理學小型研討會的場地。儘管論者稱他創辦的通俗心理學雖然過於做作、暴烈，但卻是一位討人喜愛、有趣又極聰明的人，物理學界的精英也不嫌他的爭議，願意接受他的奉獻。

一九八一年，霍金在艾哈德的閣樓發表聲明之時還能依稀表達，不過幾年後，除了認識他最深的人之外，根本沒有人能聽懂他的意思。在那次場合幫他傳譯的人是馬丁·羅切克（Martin Rocek）。羅切克當時是應數暨理論物理系的初級研究員，後來在物理學界以弦論和超對稱研究闖出名號。羅切克隨霍金前往加州，他辛苦聆聽，也能理解霍金說些什麼，接著就為旁人清楚轉述他的意思。從相關的錄影片段可以看出，擔任這種轉述工作會耗費極多心神。包括盧卡斯數學講座教授演說在內的多數演講，霍金的講詞都是由研究生助理宣讀，而霍金就坐在旁邊，學生講錯時才簡短補充評述。不論這種過程多麼錯綜複雜，霍金在艾哈德家閣樓宣布的事項卻十分清楚。

當時他專注研究黑洞已經十五年左右，擬出許多簡單、明晰又優雅的方程式，因此他覺得這些成果肯定正確無誤。到了一九八一年，已經沒有人把霍金輻射當成一種可疑的概念。不過，早在一九七四至七五年間，從霍金待在帕薩迪納市度過學術休假年開始，他漸漸明白，這項方程式的樞紐核心潛藏一個悖論，會侵蝕物理學的根基。這個悖論和黑洞資訊流失現象，以及資訊流失對物理學基本信條帶來的威脅有連帶關係，那就是資訊守恆定律（the law of information conservation）：規範資訊永遠不會從宇宙流失的定律。

這裡有必要了解，這段文字所說的「資訊」是指什麼。讀者可以把這種流失的資訊想成，起初投入製造黑洞，以及後來墜入的所有事物的相關資訊。不過理論物理學家所說的「資訊」是指什麼？線索就藏在「編碼寫進宇宙之組成粒子的資訊」這段文字裡。

這裡從黑洞研究史舉出一個實例，來協助闡明理論物理學家心中設想的「資訊」是指什麼：蘇士侃在他的《黑洞戰爭》（*The Black Hole War*）書中講述一種愛因斯坦式的臆想實驗，那是貝肯斯坦尋思黑洞的熵問題時進行的實驗（你應該還記得，貝肯斯坦在一九七二年的幾項提議，對霍金構成了挑戰），很難想像還有哪種東西墜入黑洞的時候，能比單一光子攜帶更少量資訊進入，然而一顆光子攜帶的資訊其實是相當多的。貝肯斯坦認為最重要的是，光子會把本身落入黑洞的地點資訊帶進去。

貝肯斯坦希望他的臆想實驗權衡的資訊，還能少於那個分量。他希望把資訊量減少到一個位元，也就是惠勒所提的具有宇宙間最小可能尺寸的資訊單位：二十世紀早期由馬克斯．普朗克（Max Planck）算出的一量子距離。為達此目的，貝肯斯坦運用海森堡的測不準原理，設想光子的墜入地點「塗抹開來」（smearing out，譯註：稱為「敷開」）。他想像有顆光子由於波長極長，其墜入點的機率便延展於整個事件視界，於是它的不確定性便達到最高，也因此只攜帶單獨一個位元資訊：光子實際上是位於黑洞內部。有了那顆光子就會增添黑洞的質量，而且當然也會擴增事件視界的面積，不過數量極微，於是貝肯斯坦著手計算這個微小數量。

顯然以上所述「資訊」指稱的東西，會比你我所想的日常「資訊」更微妙。那不單是「惠勒的電視墜入黑洞時轉到哪個頻道」那種資訊。

資訊進入黑洞會消失不見，外界再也無從取得，這種觀點對研討會上所有人來講都不新鮮。像這種守密不宣的資訊，並沒有違反資訊守恆。固然黑洞內的資訊對外界所有人而言都無從取得，資訊卻依然留在宇宙間。霍金思索的是比較極端的現象。當黑洞終於把本身質量放射盡淨、消失不見，那時投入構成黑洞還有後來墜入的所有事物，究竟會發生了什麼事情？

若是你一路細心研讀本書，或許你就會舉手發言，指出所有事物全都循環利用變成霍金輻射。當然，那種輻射看來不會像是倒楣墜入的太空人，不過無論如何，那會不會就是這個問題的答案？畢竟，根據資訊守恆定律，編碼寫進宇宙間萬物之組成粒子的資訊，全都可以打亂、切碎、摧毀。然而，若是我們如今所知的物理基本定律都正確無誤，那麼資訊也就始終可以從萬物之組成粒子重新取得。原則上，手中掌握了資訊，一切都可以回復原貌。

舉例來說，你把這本書燒了。或許你會認為，你永遠沒辦法把這本書讀完了。然而純就原則而言，只要你能細心研究燃燒過程，追溯書本轉變成灰燼的所有分子互動，那麼只需逆轉這個歷程，你就可以重新取回這本書。當然出門另買一本會輕鬆許多，不過原則上你是可以重建的。

霍金完全沒有這種想法。他堅稱，霍金輻射不能當成逃生載具，困陷黑洞的資訊無法藉此返回外界宇宙。假使你把本書拋進黑洞，這種重建就全無指望。霍金輻射並不是「灰燼」，也不是墜入黑洞的事物遭打亂或切碎的殘跡。請回想霍金輻射成對粒子當中，「脫離」的那顆（根據第六章的說明）並不是出自黑洞內部，而是源自外側邊緣。脫離的粒子完全沒有帶著任何相關消息，它不會透露黑洞裡面有沒有裝滿太空人、落單的襪子，或者小熊維尼的祖母的蜜罐。這些它都不知道。霍金輻射和最早投入構成黑洞，還有此後墜入的任何東西，全都沒有直接關聯。有些物理學家心懷指望，認為這種資訊因故編碼寫進霍金輻射，但霍金卻不是他們當中的一員。他認為資訊不會逃脫，而且會在黑洞蒸發的時候完全喪失。你沒辦法恢復原貌，連原則上都不行。霍金把他提出的這項兩難推論命名為「資訊悖論」（information paradox）。

這個問題看來還有可能延伸到黑洞之外。蘇士侃在二〇〇五年接受ＢＢＣ《地平線》（*Horizon*）節目訪問時，回顧當時他心中的震撼。他在艾哈德的閣樓聽了霍金那次宣告，也明白倘若霍金所述成立：倘若資訊真的喪失在黑洞中一去不返，那麼會喪失資訊的地方就不只是那裡而已。宇宙肯定有某些片段遺失了。我們可以把可預測性忘掉，忘了因果相依關係。我們自以為是的科學認識，沒有一種可以相信。

霍金察覺，現場大概只有蘇士侃能夠完全了解他這項宣言的意涵。他回顧：「李奧納特・蘇士侃心煩意亂。」科學家以及其他人都仰賴過去和未來，以及因果之間的連帶關係。一旦資訊喪失，那種連帶關係也就不存在了。「那麼我們就沒有辦法預測未來，也不再能確信過去的歷史，史書和我們的記憶都可能只是假象。我們是誰得靠過去來告訴我們，沒有這點，就失去我們的身分。」

索恩指出，當時已經有人推測比原子還小的黑洞，有可能在任何地方現身，並點滴蠶食資訊。

看來這個問題對你、對我，也不是那麼悽慘。沒錯，任何事物墜落黑洞之時，確實都帶著資訊一同進入。幾隻落單襪子的顏色和尺寸？或許是那位不幸太空人的身量尺寸？不是你我會感興趣的或必不可少的資訊。然而這種資訊仍屬必要，即便對於量子力學所容許的較有限預測而言，也是如此。

霍金追查是誰提出能夠預測未來或過去的相關討論，結果發現是出自十八世紀晚期至十九世紀初期的數學家，皮埃爾—西蒙．拉普拉斯（Pierre-Simon de Laplace）。拉普拉斯的著名提議涉及一個全知生命，他認為，只要擁有無限計算能力，懂得宇宙種種定律，知道宇宙間萬物在任意給定時間的狀態（也就是宇宙間所有粒子的位置和動量），那個生命就能算出，宇宙間萬物在過去或未來任意時間的狀態。儘管沒有人否認，但要實際掌握這種知識、進行所有計算的駭人難度，拉普拉斯的科學決定論依然是十九世紀到二十世紀早期的不易信條。我在劍橋聆聽霍金針對這個課題發表演說之時，他以法語引述拉普拉斯的見解，還告訴我們，由於我們是劍橋聽眾，他就不做翻譯，以免侮辱我們的智慧。不過他依然在幻燈螢幕上偷偷映現譯文。

拉普拉斯的全知生物，必須知道宇宙間所有粒子的位置和動量。襪子腳趾部位裡的粒子你也不能略過。襪子墜入黑洞之時，那筆資訊就從我們所處宇宙範圍流失。倘若黑洞永遠存續，那太好了，流失的資訊並不是徹底喪失。資訊無法取得，卻依然在那裡。若是黑洞蒸發，從宇宙消失不見，那就麻煩了。

霍金和他在閣樓的同事知道，「資訊悖論」並不是最早向拉普拉斯式科學決定論提出挑戰的觀點。一九二〇年代中期，韋爾納．海森堡（Werner Heisenberg）發表他的「測不準原理」，在那時看來，一切賭局肯定都要落空，不過只持續了一陣子。往後多年期間爭議不絕，針對測不準原理的詮釋和個中牽連的相關課題吵嚷不休，物理學界最優秀的人才也加入戰局，不過等到霍金投入研究黑洞時，大家已經有相當共識，認為就連拉普拉斯的全知生命，也不可能同時準確知道一顆粒子的位置和動量。

然而，最後測不準原理卻沒有憾動科學決定論不易信條的信仰根基。情況很快明朗，規範宇宙量子層級的定律都是決定論法則，只是型式有別。你可以預測出所謂的「量子態」，從這裡就可以同時算出位置和動量，而且結果還精確到一定程度。拉普拉斯的全知生命得知宇宙任一片刻的量子態，也了解科學定律，因此能夠預測宇宙過去或未來之其他任意時間的量子態。（註）

到這時候，霍金已經發現一個新的問題，而且看來還相當嚴重。他之前的研究已經顯示，黑洞不會永遠存續。隨著霍金輻射繼續發送，黑洞還會變得更小，最後就不再有黑洞。他堅決認為，不論最初是什麼東西投入構成黑洞，接著有什麼東西墜入，相關資訊到後來都要喪失並無從取得。

話說回來，資訊喪失為什麼這麼令人不安？少了些許這種相當神祕的資訊，難道宇宙就過不下去了嗎？

不行，看來是沒辦法。這個宇宙就不再是我們心中設想的模樣了。資訊守恆定律是物理學的基本原理之一。資訊永遠不會喪失。資訊可以混合、打亂、轉變，把它改得面目全非，和你剛開始時的資訊完全兩樣，卻永遠不會喪失。假使這個定律錯了，那麼宇宙就等於是對著拉普拉斯和向來都假定他正確無誤的所有人士嗤之以鼻。

依蘇士侃所述，儘管當時在艾哈德閣樓的同事都錯愕迷亂呆立在那裡，他們多數人和其他理論物理學家卻都堅決認定，現在是從過去演變而來，而且還會繼續演變化為未來，因果關係會繼續運作，而且追查事件進入過去和進入未來是有意義的，還有檢視粒子加速器中的對撞殘骸，可以告訴你對撞時發生了什麼事情：彷彿霍金從來沒有在這些假設上空，高懸一柄達摩克里斯之劍（Sword of Damocles，譯註：象徵戰戰兢兢的王權生活），不過霍金堅決不肯讓步，資訊悖論也沒有就此消失。他繼續強調，當黑洞蒸發，資訊就真的喪失了，而這就表示我們的預測能力更低落了，甚至連我們自認為以量子論為本的預測能力都比不上。

量子力學是否仍有美中不足之處？這門完善、可靠領域的根基，是否必須轉移了？霍金認為是有必要。誠如索恩評論所述，霍金頑固堅持他的自然運作觀點，而且喜歡挑戰別人，要他們證明他錯了。霍金撂下戰書。蘇士侃回顧在艾哈德閣樓時：「史蒂芬臉上有種史蒂芬式的神情，以一抹淡淡微笑表示：『你容或不相信它，不過我是對的，這點可別搞錯。』我們絕對肯定史蒂芬錯了，卻看不出是為什麼。」

註：霍金的想法並不是一九八〇年代唯一嚴重威脅決定論的觀點，另有個同等重要的構想出自混沌理論。伊利亞．普里高津（Ilya Prigogine）和伊澤蓓爾．史坦格斯（Isobel Stengers）在兩人合著的《混沌滋生的秩序》（*Order Out of Chaos*）書中提出這項挑戰，他們寫道：「一旦面對這類不穩系統，拉普拉斯那個全知生命和我們同樣無能為力。」

CHAPTER 9

孕育我們這種生命的宇宙，是極不可能出現的

一九八一年對霍金而言是劃時代的一年，不只是因為他提出引人注意的資訊悖論，而是他採用新做法處理宇宙是如何開始、往後會如何終結的問題。

當年九月的梵蒂岡研討會上，教宗若望．保祿二世（Pope John Paul II）向霍金等科學家發表演說時表示，人類探究創世片刻的嘗試恐怕終歸徒然，因這項知識「得自上帝的啟示。」（註）基於當時的知識水準和理論狀況（大都出自霍金的貢獻），推斷宇宙是從一個奇異點開始，也沒有人能反駁教宗的說法。霍金等多數科學家或許只能勉強同意教宗的第一部分陳述，但卻懷疑上帝到底會不會攤牌。不久之前，霍金才告訴作家約翰．博斯勞（John Boslough）：「從大霹靂一類事件生成我們這種宇宙的機率，實在太低了。我想，每當你開始討論宇宙起源的問題，顯然都帶有宗教意涵。」

教宗以及向他簡報科學現況的人士都漏了一點，他們沒有考慮霍金有顛覆自己早先發現的傾向。霍金在梵蒂岡研討會上發表的論述，標題為〈宇宙的邊界條件〉（The Boundary Conditions of the Universe），而且事前並沒有透露，他要提出宇宙有可能並無「起點」：宇宙無「邊界」，於是就不再需要造物主的角色或地位了。假使教宗和他的科學顧問事先知道這點，或許就能掌握充分資訊，

下達明智抉擇，判定教宗應該拿霍金的觀點來比擬猶太教與基督教的某項概念〔出自猶太哲學家亞歷山卓的斐洛（Philo of Alexandria）和基督教哲學家聖奧古斯丁（St. Augustine）〕，那種概念認為上帝的存在是超乎時間之外，例如《聖經》裡常提的「我是……」就上帝而言，起點、盡頭或我們的前後時序都是不存在的。有關時間的這種觀點，後來成為霍金的無界構想的主要部分。這在哲學或宗教界並不新鮮，但就物理學而言卻是新觀點。

一九六〇年代晚期，霍金在進行博士論文和日後所完成的工作都證明，宇宙的初始是一個奇異點，那是密度和時空曲率都無限大的小點。我們的物理定律到了那個奇異點都要失靈，而探究創世片刻的嘗試，恐怕也如教宗所想的終歸徒然。任何形式的宇宙都有可能從奇異點萌現，要預測出現的正是類似我們的宇宙，肯定是辦不到的。霍金就是在這種情境下發言表示，討論宇宙起源問題，不免都帶有宗教意涵。

人本原理

我們多數人都深信太陽、行星和其他一切都不環繞地球運行。科學還告訴我們，從任何有利位置來觀察宇宙，看來或許全都相同。地球（和我們這群獲得它青睞的乘客）並不是任何事物的中心。

註：霍金在《時間簡史》書中評註教宗的說法是，科學家不該探究創世片刻，這要嘛就是引述錯誤，不然就是錯譯教宗的用詞。

然而，隨著顯微及宇宙層級的發現愈多，我們愈會受到一種印象的震撼：宇宙必然是經歷某種難以置信的細微調校，才演變成我們得以生存的地方。一九八〇年代早期，霍金便曾說道：「若是我們考量到有機會出現的種種可能常數和定律，孕育我們這種生命的宇宙，是極不可能出現的。」

許多事例都能顯現這種神祕的微調現象。霍金指出，若電子的電荷稍有些微改變，恆星要嘛就不會點燃並帶來光明，不然就不會爆炸化為超新星，並把原料拋回太空，從而重新生成太陽這類的恆星或地球之類的行星。倘若重力強度低於現況，則物質就不可能凝聚成恆星和星系，而且若非重力同時也是四力當中最弱的一種，則星系和太陽系也就無法成形。我們現有的理論，沒有一種能預測重力的強度或電子的電荷。這些都是恣意元素，只能藉由觀察來發現，然而所有的要素似乎都經過細微調校，於是我們所知的生命也才得以孕育成形。

我們該不該驟下定論，認為有某個人或某種現象在設定事項之時，心中懸念著我們？宇宙是不是就像天文學家霍伊爾的說法，是「一個密謀」，為了造就出智慧生命的一種偉大謀略？或者我們是否遺漏了其他可能解釋？

「我們所見的宇宙呈現這種相貌，是由於我們的存在。」「萬物一如現況，是由於我們一如現況。」「倘若宇宙並非如此，我們也不會在這裡注意到個中差異。」這種種論述都是用來說明所謂的「人本原理」（Anthropic Principle）。

霍金就人本原理解釋如下：設想眾多互異的不同宇宙，或同一宇宙的不同區域。其中多數宇宙或者同一宇宙的多數區域，並不具有能夠讓智慧生命發展成形的條件。然而，這當中另有非常少數具有這類條件，恰好可讓恆星、星系和太陽系成形，從而讓智慧生物發展成形，隨後就鑽研宇宙並詢問，為什麼宇宙就如我們所觀察的相貌？根據人本原理，他們所提問題的唯一解答或許就是，倘若宇宙不是這個樣子，我們就不會在這裡提出那個問題。

人本原理是否真能解釋任何事情？有些科學家不以為然，認為這只證明看似經過微調的結果，說不定是機緣湊巧碰上一點好運氣。這就像是讓猴子打字的老故事。根據機率定律，只要猴子夠多，其中一隻就會打出莎士比亞《哈姆雷特》的前五句台詞。就算這類宇宙不可能成真，但只要出現足夠的宇宙，其中之一就有可能和我們的宇宙十分相像。

人本原理能不能把上帝排除？不能。然而由此卻能證明，就算沒有上帝，宇宙仍有可能像是為我們量身打造而成。

惠勒認為，我們還可以把人本原理向前推進一步。他推想，除非有人觀察並設想出物理定律，否則說不定根本沒有這種定律。就這樣看來，所有另類宇宙也都不會出現，因為凡是不容孕育觀察者的宇宙根本不會生成。

若果真如此，這是不是表示一旦我們滅絕了，宇宙也就跟著消滅？最後一名觀眾離開劇院之時，舞台工作人員是不是就會現身來拆解布景？事實上，假使沒有我們來回憶宇宙曾經存在，那麼宇宙是否真正存在過？經過我們觀察宇宙的短暫存在畫面，是否就能賦予宇宙繼續存在的能力，並在我們消失之後存續下去？

好幾位物理學家都喜歡把「觀察者相依型」宇宙（observer-dependent universe）和東方神祕玄想（含印度教、佛教和道教）的某些觀點牽扯在一起。霍金對那些人並不以為然，他說：「東方神祕玄想的宇宙是一種幻象。若有物理學家意圖拿它和本身研究扯上關係，就等於背棄了物理學。」

儘管人本原理並不是霍金的發明，那項觀點卻經常和他牽連在一起，此外也往往令人聯想起其他同行，特別是在一九六〇年代中期和霍金共用辦公室的布蘭敦・卡特。卡特還曾在一九七二年和霍金合作，試圖駁斥貝肯斯坦有關黑洞和熵的觀念。霍金和其他多數物理學家都希望，我們不必回頭再以人本原理為唯一詮釋，來說明我們的宇宙為什麼是這種類型，而非其他樣式。「難道這一切都只是機緣？」霍金問道：「如果那樣就顯得自暴自棄，那是否定我們認識宇宙潛在秩序的一切指望。」後來這段話卻一語成讖。

教宗也曾說過，那是辦不到的。人本原理則說，那不過是擲骰子（幾乎無窮次數當中的一次）拋出對我們有利的結果。另有些人論稱，上帝有能力改變。祂能隨心所欲改變心意、調整諸般事項，包括宇宙的定律，不過霍金不認為全能的上帝有必要改變祂的心意，他相信在我們所稱的初始（或稱創世）之時，有作用的定律已經出現：讓我們的宇宙發展出現況，而非其他樣式，而且我們有辦法了解它們。他希望知道那是哪些定律，這表示他得想方設法劈開終結死結，那就是奇異點。

霍金又花了好幾年，才終於想出該如何實現那項壯舉。一九八一年十月，就在梵蒂岡之行結束後不久，他忙著透過一項新理論來檢視宇宙的起點，那項理論稱為「暴脹理論」（inflation theory）。

大霹靂挑戰

回溯一九六〇年代，在偏好大霹靂理論的人士眼中，一切事項似乎明朗了。一九六四至六五年間出現了令人振奮的發展，帶動宇宙史求知歷程，也讓我們更能判定兩種分庭抗禮的模型（大霹靂理論和穩態理論）孰是孰非。那段故事已經成為經典，在科學界出現資料產自無人尋覓的罕見事例中，這是其一。當時在紐澤西州貝爾實驗室設計一具角錐天線，用來搭配回聲一號（Echo I）和電星（Telstar）通訊衛星的功能。當時的太空信號研究進行不順，起因是天線會收到大量背景雜訊。運用天線做研究的科學家都必須動手調整，還得認命只研究比雜訊更強的信號。那種干擾多數人都覺得可以置之不理，不過有兩位年輕科學家，阿諾·彭齊亞斯（Arno Penzias）和羅伯特·威爾遜（Robert Wilson），卻認真看待那種雜訊。

彭齊亞斯和威爾遜注意到，不論他們把天線朝哪個方向，雜訊等級都保持不變。倘若那是地球大氣生成的雜訊，結果就不該這樣，因為水平指向的天線，面對的大氣會比朝向正上方的天線更多。雜訊肯定是來自大氣之外，不然就是出自天線本身。彭齊亞斯和威爾遜認為，禍首有可能就是在天線裡面築巢的鴿子，然而趕走鴿子並清除鳥糞之後，情況卻沒有改善。

另一位名叫柏納德·柏克（Bernard Burke）的無線電天文學家，聽說了彭齊亞斯和威爾遜的天線謎團，而且他還知道，有另兩位科學家正從事尚未得知結果的新研究，一位是普林斯頓的羅伯特·迪克（Robert Dicke），正依循一九四〇年代一項研究建議，動手建造一台天線來搜尋從宇宙早期殘存迄今的輻射。提出那項建議的人，是生於俄羅斯的喬治·伽莫夫（George Gamow）與拉爾夫·阿爾菲（Ralph Alpher）和羅伯特·赫爾曼（Robert Herman）兩位美國人。他們提議搜尋的輻射，源自宇宙才剛誕生不久，而且（倘若大霹靂理論是對的）宇宙依然非常熾熱的時期。伽莫夫、阿爾菲和赫爾曼推論，那種輻射應該是存在的，但到了我們這個時代，溫度應該已經下降到約比絕對零度高五度。柏克邀集彭齊亞斯、威爾遜和迪克三人，他們歸結認定彭齊亞斯和威爾遜偶然發現了迪克一直希望找到的輻射。

那項發現（過沒多久就命名為「宇宙微波背景輻射」）成為大霹靂理論的絕妙佐證，因為宇宙顯然一度遠遠比現在更為熾熱又更為緻密。霍金和他的朋友埃利斯在一九六八年寫了一篇論文，強調這項證據是如何強烈支持大霹靂。然而它卻也為那個理論帶來一項問題。研究人員反覆朝所有最遠方向測量，結果發現輻射溫度全都相等，而且宇宙微波的背景輻射並沒有微幅變異，然而這樣一來，也就無法生成我們如今眼中所見的結構。

這些問題先擱置一旁，大霹靂佐證不斷出現。一項發現顯示，類星體只出現在距地球極端遙遠的地方，當時理論學家逐漸了解，那種星體有可能是在早期形成階段的星系。倘若穩態理論是對的，星系彼此不斷愈離愈遠，相隔空間也漸漸由新形成的星系填補。同時，假使類星體是星系形成歷程的一環，那麼我們就應該發現類星體都相當均勻分布在宇宙遠近各處。結果卻非如此。類星體和地球之間都由浩瀚空間（基於那項論據與時間）區隔開來，這表示，它們肯定都只存在於宇宙遠比現今還更年輕的時期。那個星系形成階段肯定只發生在遙遠的過去，在宇宙歷史較晚的時代從未出現，而且如今也沒有發生那種現象。

把穩態理論送進棺材的另外一擊出現於一九七三年，柏克萊在那時進行系列氣球實驗，結果發現宇宙微波背景輻射的頻譜，與大霹靂理論預測的頻譜相符。同時，有關銀河系與其他星系各種元素豐度（abundance of element）的研究，也顯示大霹靂就這些豐度所提預測全都正中目標。

不過在一九七〇年代，大霹靂理論仍有險阻必須克服。儘管霍金已經轉而研究黑洞，但宇宙如何開始的問題，仍舊在他的腦海裡盤繞；然而，大霹靂擱置未解的問題該如何解決，依然是他高度關注的課題。這些問題後來分別稱為「視界問題」（horizon problem）、「平坦問題」（flatness problem）和「平滑度問題」（smoothness problem）。

視界問題關乎宇宙微波背景輻射均向同性的觀察結果，朝所有方向觀測宇宙各區，輻射強度全都相等，然而那些區域彼此相隔太遠，輻射不可能相互穿行，連在大霹靂後最早期的瞬間都辦不到。那些偏遠區域的輻射強度極為相近，簡直完全吻合，彷彿各方因故能夠交換能量而彼此達到熱平衡。怎麼會這樣？

平坦問題關乎宇宙為什麼呈現平坦的問題，宇宙並沒有再次塌縮，陷入一場大崩墜（Big Crunch），也沒有經歷失控膨脹導致重力不足，把物質拉到一起形成恆星。一個宇宙因此能保持不偏不倚，就如我們所處的宇宙相貌，這種機率實在低得令人難以想像。擴張的能量（出自大霹靂）和重力的力量必定彼此平衡吻合、相等，於是在大霹靂之後不到十的負四十三次方秒（化為分數則分子為「1」，分母為「1」後面跟著四十三個「0」）之時，兩邊偏離相等的差距還不到「1」除以「10」的六十次方（「1」後面跟著六十個「0」）。

平滑度問題就是，根據宇宙微波背景輻射來判斷，早期宇宙肯定相當平滑，沒有任何隆團、叢塊、稜脊等不規則現象。後來這個問題成為天體物理學的首要挑戰——大霹靂思想的「遺失環節」（missing link）：為什麼宇宙誕生過後三十萬年，在發出微波背景輻射朝我們射來的時代，整個看來是那麼勻稱，然而這些年下來，卻又變得那麼千變萬化又團塊叢生，結成恆星、星系、星系團和行星，甚至還有你我這般細小的物質團塊？為什麼從宇宙微波背景輻射見不到那種分化作用，連最隱約的源頭都看不出來？

若說這最後一項看來並不成問題，就請想想惠勒的民主理念：粒子相隔愈近，它們感受的重力相互拉力就愈強。倘若宇宙間所有物質粒子全都相隔等距，而且沒有任何區域的粒子會彼此聚攏，哪怕就少數幾顆稍微緻密一些，這樣一來，每顆粒子從各方感受的拉力便全都相等，也不會有哪顆推移朝其他任一粒子靠近。研究人員發現，早期宇宙似乎就呈現這種僵局，那時宇宙間的物質看來分布得相當均勻，永遠不會產生當今宇宙那種明顯的結構。

一九七〇年代中期，霍金初訪加州理工學院的時候，還沒有理論學家成功跨越其中任何一道絆腳石。

暴脹理論出手相救！

一九七〇年代晚期，加州史丹佛線性加速器中心（Stanford Linear Accelerator）一位名叫艾倫．古斯（Alan Guth）的年輕粒子物理學家，就宇宙學家迄至當時所寫成的宇宙史提出大幅改版。他當下就體認到自己遇上了一件好事，於是在他的筆記簿寫下「了不起的領悟（SPECTACULAR REALIZATION）」，還畫了兩個同心方格把那幾個字框起來。他的領悟為大霹靂理論依然頑抗不屈的問題，提出精闢的解答，同時也點出宇宙當初有可能採行的做法，如此一來就毋須那般細針密縷來選定初始狀態，卻仍有可能展現當今宇宙的相貌。

古斯主張，宇宙最早有可能短暫經歷一段驚人快速增長，之後才穩定下來，並以我們在這個時代發現的速率繼續膨脹。就是這個「穩定下來」讓他的觀點與眾不同。其他人求解愛因斯坦方程式，找到的答案都會生成一種在整段存續期間不斷加速膨脹的宇宙，另有些則膨脹起初會先減速，接著就開始加速並永不停息。古斯的宇宙只在極早期萌芽階段，才短暫迸發加速膨脹。

古斯構思了一種歷程，說明在大霹靂後不到十的負三十次方秒（化為分數則分子為「1」，分母為「1」後面跟著三十個「0」）的某個時點，宇宙承受了極大斥力，於是在這段極其短暫的期間，其舉止就如愛因斯坦當初排斥的宇宙常數。在短得不可思議的毫微瞬間，這種力就讓膨脹急遽加速，致使宇宙尺寸猛烈失控暴脹，從不到原子核內質子尺度，膨脹到約高爾夫球大小。

從古斯最早提出構想之後三十多年期間，物理學家紛紛為他的理念增修潤飾，想出種種新式版本，嘗試找出這種歷程為什麼行得通，以及當初有可能如何實現。要了解這項研究，你就必須先懂得一些術語。

首先是對稱性破滅：舉個簡單的例子，拿根棍子以一端立地，棍子可以朝任意方向倒地。拉倒棍子的重力是對稱的；重力對棍子朝哪個方向倒地並無偏好，所有方向的機率全都相等。不過棍子倒地時，總是傾向一個方向，不會同時倒向各方。棍子倒地時，對稱性就破滅了。霍金在《時間簡史》舉了另一個例子：設想一個輪盤賭輪，莊荷轉動賭輪，鋼珠轉了一圈又一圈。這種情況是對稱的，不過賭客下了注，倒是有可能從這次輪轉取得有利的結果，這種情況的物理學並沒有偏好的結果。賭輪減緩，鋼珠的速度（高度能量）遞減，最後珠子就落入賭輪的一個珠槽裡面，對稱性破滅了。

「假真空」（false vacuum）和「真真空」（true vacuum）：也都和暴脹有關。為闡明這兩個術語的意思，物理學家一般都愛設想那是一頂男帽，就是四周帶了帽簷，頂部凹陷的那種。把一顆彈珠擺進帽頂凹處，它就會在最低點位置落腳。這並不是彈珠能在帽子上落腳的最低位置，卻是帽頂的最低點。相同道理，元素粒子也能「落腳」在幾處暫時性能量等級。這種休憩處所就是「假真空」。推撞帽子或讓彈珠滾動互撞，於是彈珠就有可能從帽頂滾落到帽簷部位。這項比喻裡面的帽簷就代表「真真空」，我們可以確認那就是這個系統裡面的最低可能能量等級。

當初宇宙冷卻之時，很可能就是發生了那種現象。部分物質開始朝一種新的較低能量狀態轉移，在這期間還釋出重力斥力，從而促成暴脹高度加速現象。不過再回頭談那項比喻，彈珠說不定不是同時一起滾落。彈珠如何滾動，其滾動速度，還有它們如何翻越帽頂邊緣，或者穿透帽頂邊緣（或者暴脹是否依循全然不同的方式落實），這些問題已經讓宇宙學界忙了好幾十年。不過幾乎所有學者都同意，暴脹真有其事，暴脹已經成為標準模型的一部分。另一個有用的詞彙是相變（phase transition）。水的凍結就是相變的日常實例（也同樣牽涉到對稱性破滅）。水呈液態時是對稱的，任何位置和所有方向全都相同。大幅降低溫度就會形成冰晶，這時就不再是一切事物全都相同。結晶體有特定位置，其他位置行不通，而且還固定朝某個方向列置，其他方向就不行。對稱性破壞了。然而，倘若你非常小心降低水溫，水就有可能低於冰點卻仍不結冰，也沒有發生對稱性破滅。這種現象叫做「過冷卻」（supercooling）。這也發生在自然界，當冬季刮起風暴，液態雨滴下落，這時即便氣溫低於冰點，雨滴仍依然保持液態，直到碰觸東西（樹木、人行道）才立刻凍結。

古斯的推論理念根基在於，宇宙在大霹靂之後瞬間的溫度極高，所有粒子都以高能量狀態非常快速移行。第二章討論的自然四力（重力、電磁力、強力和弱力）在那時也依然統合為一，形成一種沒有分化的單一超力。宇宙稍微膨脹，稍微冷卻。粒子的能量略減，接著當宇宙冷卻，四力便區隔分成互異作用。它們的初始對稱性破壞了，四力逐一「凍結出來」。不過由於出現「過冷卻」作用，因此並非同時發生。當時出現一種相變，宇宙區塊分別經歷這種轉變，各區形成空泡，溫度降到某個數值（類似水溫降到冰點以下的情況），不過這時各力的對稱性並沒有出現破滅。結果就是宇宙進入一種不穩定的過冷狀態，所含能量也很高，超過各力對稱性出現破滅之時的狀況。

空泡、彈珠、帽子、凍結的水……霍金說明，早期暴脹理論的根本要點在於，在這段期間，宇宙所有區域（包括所含粒子數高於或低於均值的區域）都是以凌駕光速的極高速率膨脹。於是就算物質粒子數高於均值的地方，即便你預期那裡的重力會把粒子聚攏在一起，那種現象依然不可能出現。隨著物質粒子分隔愈遠，最後生成的宇宙依然持續膨脹，所含粒子也變得十分稀疏。膨脹會撫平不規則現象，代表宇宙現有的平滑、齊一狀態，有可能是演變自形形色色的不同初始狀態。膨脹速率後來就自動逼近臨界速率，這樣一來就解決了「平坦問題」，也毋須精心選擇初始速率。

那麼膨脹又是如何減緩下來？就像抗拒結冰的雨滴最終仍要凍結，宇宙也必須完成先前驟然停頓的相變。古斯的原始提案說明，過冷卻現象出現之時，這種對稱性完整無損的大環境，也隨之出現破滅對稱空泡，接著這種空泡就會膨脹並彼此結合，直到其他一切事物全都進入一種新的破滅對稱性相位，到那個時候，宇宙的膨脹速率也就約略和我們如今發現的速率相當。

這個觀念一開始時遇上一個問題。空泡膨脹速率極高，快得發生互撞，產生許多不規則現象和巨大變異，包括密度，以及從宇宙一區向另一區膨脹的速率。這種狀況永遠不可能發展成我們的宇宙。

不過，古斯仍著手發表他的理論。理論前景實在看好，不該只遇上一個小毛病就放它自生自滅，況且他有把握，往後他或旁人總能解決那個問題。他那個理論為大霹靂理論的若干問題提出解答：我們的可見宇宙，很可能出自一處十分微小的區域，於是才有機會在暴脹之前就達到平衡。那裡的膨脹能量和重力收縮力量的失衡現象，有可能在這段失控暴脹期間一掃而空。理論還有一項特別看好的預測：暴脹能產生密度稍有高低落差的不同區域，從而萌生未來的星系、超星系，和後來在宇宙間演變出的其他結構。當時觀察宇宙微波背景輻射的技術，尚不足以披露這類「密度擾動」（density perturbation），不過從六〇年代中期，威爾遜和彭齊亞斯發現了宇宙微波背景輻射以來，霍金等人都持續思索那種現象與平滑度問題：暴脹可不可能為宇宙學家帶來解答？

就像古斯本人，霍金對暴脹理論同樣不滿意。霍金之所以排斥那項理論，並不是因為空泡不能生成平滑的宇宙，反而會互撞造成大動盪，而是由於宇宙在暴脹階段會過度膨脹，導致破滅對稱空泡永遠無法相互結合。他認為，即便空泡都以光速增長，四散分離速度依然太高。這樣生成的宇宙，就會出現某些區域四力破滅，某些則否的處境，肯定也不是我們的宇宙現況。一九八一年十月，霍金心中惦著這點，啟程前往莫斯科。

莫斯科舌戰現場

俄羅斯物理學家安德烈．林德（Andrei Linde）當年三十三歲，畢業於莫斯科大學和莫斯科列別傑夫物理研究所（P. N. Lebedev Physics Institute），在莫斯科那場研討會上，他就要在怒目切齒的情境下，第一次和霍金交手。

古斯發展、發表暴脹模型之前數年，林德也曾依循相同路線思索，不過他看出這類理論本身有一些問題。古斯不像林德那麼謹小慎微，當然他也看出同樣問題，不過他毅然決然動手發表論文，而且事實證明那樣做相當明智，讓他搶先一步打敗林德。儘管遭受挫敗，沒多久林德就迎頭趕上，在宇宙學暴脹理論研究領域力爭上游，攀登頂峰。而且到了一九九〇年之後，他會在史丹佛以妙手魔術、雜技和催眠名聞學校同事，不過在一九八一年莫斯科研討會上和霍金見面時，林德依然顯得生嫩，在西方仍罕有人知，也從來沒有去過美國或歐洲。霍金則是一位深受敬重的知名貴賓。

林德和霍金都發表論文。霍金談起他最近的發現，表示暴脹會造成密度擾動過劇，沒辦法生成我們如今所見的宇宙。林德則說明，前一年夏天他已經想出一個方法，能解決他和古斯的原始暴脹模型遇上的一些問題。由於在蘇聯發表論文得先通過審查，程序曠日費時，林德的新暴脹（new inflation）論文要等到一九八二年初才能發表，因此在研討會上沒有機會和霍金討論他的構想，不過兩人在會後機緣湊巧聚在一起。二〇〇二年，霍金六十歲慶生會上，林德生動描述第一次會面時的傷痛，還有之後的成功經歷。

先前莫斯科斯騰伯格天文學研究所（Sternberg Astronomy Institute）已經邀請霍金在研討會後隔日發表演講，而他也選定以古斯暴脹理論遇上的問題做為講題。到了最後一刻，英、俄語都很流利的林德獲邀擔任翻譯。在那個時期，依慣例霍金都要他的學生代為發言，自己在旁聆聽，偶爾打斷發表評述或做糾正。這次演說安排卻因故沒有沿襲舊例。林德回顧那種冗長的兩階段翻譯：霍金以含糊聲音講一些事情，霍金的學生費勁理解內容，接著就以英語清晰複誦，再由林德譯為俄語。整個步驟慢得像冰河移動。不過，由於林德深諳那個課題，於是以俄語補充說明。霍金說一段話，學生複誦所述，林德詳細解釋，這樣霍金就不必費事再解釋他說過的內容。霍金似乎沒有反對，整個過程也進行順暢、迅速得多，起碼他們在談論原版暴脹理論的時候都沒問題。

不過演講到一個階段，林德愕然聽聞那個學生（代表霍金）談到：「最近安德烈・林德提出一種有趣做法來解決暴脹理論的問題。」林德開心的把那段陳述翻譯成俄語。俄國頂尖物理學家就要聽到霍金說明他（林德）的理論！看來他在理論物理學界前程似錦，光明在望，結果卻只持續幾秒鐘。隨後霍金就嚴詞批判林德的新暴脹情節。接著在痛苦、難堪的半小時，林德為霍金翻譯，向所有人解釋相關問題，還有為什麼它沒有作用。演說結束，林德鼓起非凡勇氣告訴聽眾，他翻譯了霍金的話，卻不贊同他的見解，並說明理由。接著他提議，就讓他和霍金私下繼續討論。霍金以為林德是要站出來再說一遍，結果並不是那樣，霍金和林德找到一間空辦公室，談了兩個小時，接著又轉到霍金的旅館繼續辯論，研究所則驚慌動員搜尋這位神祕失蹤的知名英國科學家，不過隨後林德的情勢轉好，「他開始拿家人的照片給我看，還邀請我去劍橋。就此展開一段美好的友誼。」

霍金對林德的「新暴脹」不滿意並沒有錯。林德先前提出一項做法，來解決破滅對稱空泡沒辦法相互結合的問題：假定空泡尺寸夠大，可以把後來演變成我們這個宇宙區域的範圍全部納入。這種假設要能成立，空泡中對稱性轉變為破滅對稱的過程，就必須大幅減緩才行。霍金的反對理由是，林德的「新暴脹」空泡尺寸肯定過大，而且比所有現象發生之時的整個宇宙還大。況且依照該理論的預測，微波背景輻射的溫度變動程度，也依然遠高於觀察所得。

莫斯科研討會後不久，霍金動身前往費城，接受富蘭克林學會（Franklin Institute）頒授班傑明・富蘭克林物理學獎，並發表得獎演說。演講時他偏離純科學議題，談起他本人和潔恩兩人從結婚迄今都十分關注的事情：蘇聯和美國核武庫存逐日擴增，對地球生命造成的嚴重威脅。回溯一九六二年，潔恩聽黛安娜．金談起：「他參加禁止核彈遊行。」多年後霍金依然秉持此信念。

不過，回到劍橋之後不久，霍金便回頭加入暴脹討論。他的郵箱來了一封《物理快報》（*Physics Letters*）信函，請他審閱林德的暴脹論文，評估是否適於發表。儘管事實上霍金和林德都認定其中存有瑕疵，他仍建議發表。那篇論文很重要，應該讓大家廣泛閱讀，況且若是林德還得做必要修訂，再通過蘇聯審查作業就會耽擱太久。同時霍金也和一位名叫伊恩．莫斯（Ian Moss）的研究生共同投稿了一篇論文，針對暴脹時期的結束方式，提出比較令人滿意的見解：倘若對稱性破滅現象不只（仍舊如林德所提那般緩慢）發生在空泡內部，而是同時遍布所有地方，結果就會生成的均勻宇宙。既然所有構想都懸而未決，霍金和他的應數暨理論物理系同仁蓋瑞．吉本斯（Gary Gibbons）便決定籌辦一場專題研討會討論暴脹，預定在來年夏天舉行，由霍金的祕書、本領超強的費拉負責。

一九八二年一月，霍金年滿四十，那是他原本不指望能過的生日。另有其他事也值得慶賀。霍金榮登新年勳獎名單，獲頒不列顛帝國司令（CBE）勳章。二月二十三日，羅伯特在白金漢宮授勳儀式上擔任父親的助理。這下霍金就可以在姓名後面添上不列顛帝國司令的頭銜。

讓暴脹啟動

從一九八二年六月二十一日到七月九日，研究暴脹的高手齊聚劍橋，參加「納菲爾德非常早期宇宙專題研討會」（Nuffield Workshop on the Very Early Universe）。林德從俄羅斯過來，古斯人已在那裡，賓州大學物理學家保羅·斯泰恩哈特（Paul Steinhardt）也出發了，他和同事安德烈亞斯·阿爾布雷希特（Andreas Albrecht）早先也獨立設想出一種「新暴脹」理論，和林德的理論非常相似，也約略同時出現。（註）霍金也投稿要在那次會議發表，闡明為什麼宇宙的暴脹期溫度有可能免不了要促成小幅密度擾動。

霍金在那個夏天稍後又飛到加州，這次是前往聖塔芭芭拉，在加州大學新成立的理論物理學研究所待幾週。那裡是哈妥的地盤，兩人在霍金逗留期間討論了一九八一年九月他在梵蒂岡引進的觀念。「無界構想」在暴脹理論所有討論中都算是冷板凳角色，不過霍金從未停止認真思索那個觀點。接下來兩年，他和哈妥便擬妥那項構想。

註：林德、斯泰恩哈特和阿爾布雷希特三人，現在被譽為「新暴脹模型」的共同發明人。

CHAPTER

10

我四處旅行，卻始終沒辦法跌出世界的邊緣

霍金有關黑洞會發出輻射的推論，在一九七四年發表之初曾引來質疑，不過我們已經見到，多數物理學家很快都認同，原來那終究不是胡言亂語。如果我們有關廣義相對論和量子力學的其他觀念都沒有嚴重違背常理，那麼黑洞和一切熱體便同樣都該有輻射作用。迄今還沒有人找到原生黑洞，不過若是找到一顆，物理學家就會驚見它並沒有傾瀉發射伽瑪射線和X光。

回頭想想黑洞放射的霍金輻射。一對粒子在事件視界現身，帶負能量的粒子落入黑洞，既然能量是負的，表示我們得減除黑洞的能量。那股能量出了什麼事？（別忘了，我們不認為能量會從宇宙消失。）隨著正能量粒子帶進太空（見第六章）。

你應該還記得，結果就是黑洞喪失質量，事件視界也跟著縮小。就原生黑洞而言，整段故事最後就以黑洞完全消失告終，同時還可能上演一齣精彩的煙火戲碼。倘若沒有東西能夠逸出黑洞，又怎麼可能有某種東西逸出黑洞？這貨真價實就是有史以來最神祕的「密室祕案」之一，破案人也是「S．H．」，卻不是Sherlock Holmes（夏洛克．福爾摩斯）。

黑洞內奇異點的物質不必然就是來到時間的絕對盡頭，這種觀點令人心生疑惑，猜想是否還有

另一種奇異點：霍金早先便已判定，這種奇異點是位於時間的絕對起點。量子論提出一種嶄新的可能性：說不定大霹靂奇異點（Big Bang singularity，就如霍金的說法）是「敷開」的，說不定我們終歸是沒有吃上閉門羹。

霍金指明，量子理論也出現過雷同狀況，那個問題和拉塞福的原子模型有關，不過在我們這個世紀已經解決：「原子的結構出過一個問題，照講原子應該由幾顆電子繞行中央核心共組而成，就像行星繞行太陽。」（請參見圖二－一）先前的古典理論預測，每顆電子都因本身運動而放射光波。光波會帶走能量，導致電子螺旋內移，最後就會撞上原子核。這幅圖像肯定有誤，因為原子不會這樣塌縮。

量子力學配備了測不準原理，此時我們沒辦法同時知道一顆電子的確切位置和確切動量，「一顆電子若是靜靜擺在原子核上，它就具有確切位置和確切速度，」霍金指出：「然而量子力學卻預測，電子並沒有確切的位置，找到它的機率遍布在原子核附近的某處範圍。」電子並不螺旋內移撞上核心，原子並不塌縮。

根據霍金所述，古典理論（我們會在原子核上找到電子）的預測，和古典廣義相對論有關大霹靂應該有個密度無窮大之奇異點的預測十分雷同。依理論得知，萬物在大霹靂時都位於一個密度無限大的定點或者黑洞裡面，這樣的測量值太過確切，不見容於測不準原理。按照霍金的想法，這項原理應該讓廣義相對論預測的奇異點「敷開」，道理和它讓電子的位置敷開並無二致。原子不會塌縮，他猜想在宇宙初始和黑洞內部都沒有奇異點。那裡的空間應該非常擠迫，不過也許並沒有壓縮成密度無窮大的一點。

依照廣義相對論所做的預測，黑洞內部和大霹靂瞬間的時空曲率都會變成無限大。倘若沒有那種現象，那麼霍金希望能設想出：「若是沒有化為曲率無限大的一點，則空間和時間還可能展現哪種形貌？」

當時間就是時間，空間就是空間

假使你覺得底下討論難以理解，就別遲疑，只瀏覽略讀就行了。就算你不一定看懂每字每句，也能體察霍金的理論，不過若能讀懂會比較有趣。當然，霍金用來描述的數學，還有你我要想徹底了解他所需的知識，都遠比你在這裡能找到的簡單數學更為複雜。

相對論把空間和時間接合成四維時空：三個空間維度和一個時間維度。檢視一下時空圖的模樣。圖十－一是以前我畫我女兒凱特琳從教室走到午餐室的情形。左側垂線代表時間流逝狀況，底下水平線代表空間維度。在這幅時空圖中，每個定點分別代表一個空間位置和一個時間片刻。讓我們看看這有什麼作用。

圖十－一的起點是凱特琳坐在教室座位上，時間是正午十二點。她靜坐不動，在時間中向前行進，不過在空間中全無移動。圖上有凱特琳在時間中向前行進的一段小小條帶。十二點零五分鐘響。凱特琳向午餐室移動（她的書桌繼續在時間鐘向前行進，在空間中則全無移動。）凱特琳在時間和空間中都有移動。十二點零七分，她停步把運動鞋帶重新繫好。這一分鐘期間，她在時間中向前行進，在空間中卻沒有移動。十二點零八分，她又動身向午餐室前進，比之前走得稍快一些，這樣食

物才不會在她走到時全都沒了。按照物理學家的講法，我們是標繪出凱特琳的世界線。

這幅時空圖製作得非常簡略。物理學家描畫時空圖時，通常會使用空間和時間的一種共通單位。好比他們也許會使用一碼，來做為空間和時間的基本單位（一碼時間非常小，只有幾十億分之一秒。那是當光子以光速行進，移動一碼所需的時間），假定在那種時空圖裡面，有某件事物在空間中移動四碼，在時間中也移動四碼，則其世界線便描出一道四十五度角軌跡，那是以光速行進的某件事物（好比光子）的世界線（圖十－二）。

倘若某件事物在空間中移行三碼，並在時間中移行四碼，則該事

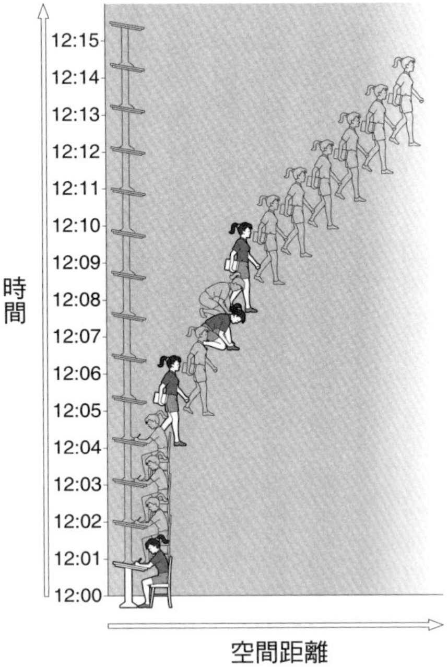

圖十－一：時空中的凱特琳。

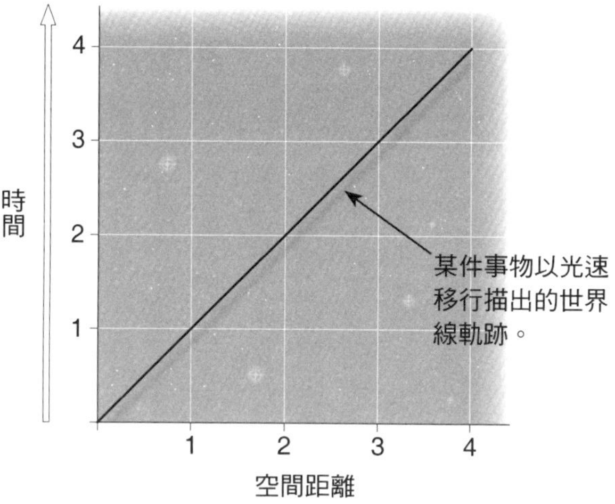

圖十－二：以一碼為空間和時間共通單位的時空圖。倘若某件事物在空間中移行四碼，在時間中也移行四碼，則其世界線便在時空圖上描出一道四十五度角的軌跡，那是一顆光子（或其他一切以光速移行之事物）的世界線。

物便是以四分之三光速移行（圖十－三A），假使某件事物在空間中移行四碼，在時間中則為三碼，則其速度便高於光速，這是不容許的（圖十－三B）。

圖十－四顯示同時發生的兩起事件。兩邊在事發當時都不可能得知對方事件，因為它們要知道對方事件，資訊的世界線就必須和時間線呈九十度夾角。要想沿著這種世界線移動，就必須超過光速，但沒有東西能以超光速移行，光線也沒辦法在圖上描出大於四十五度的夾角。

現在我們就來談談世界線的長度。我們該怎樣說明世界線的長度是什麼：把所有四個維度全都計算在內的長度？

讓我們檢視某一移行速度遠超過凱特琳的事物的世界線。圖十－五所示物體移行跨越四碼空間和五碼時間：五分

(A)

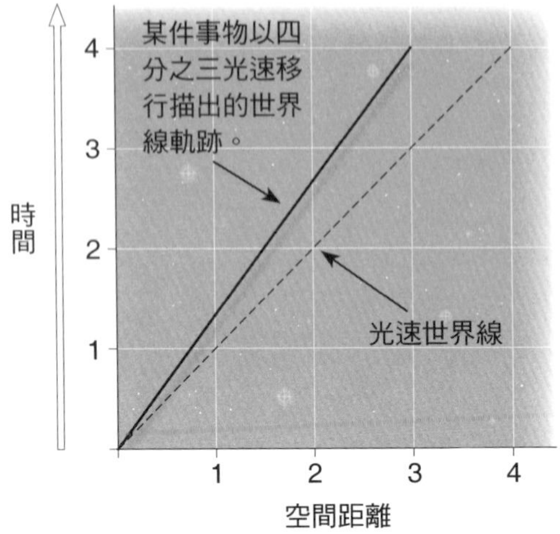

圖十－三A：本時空圖所示世界線軌跡代表某件事物在空間中移行三碼，在時間中則移行四碼：四分之三光速。

(B)

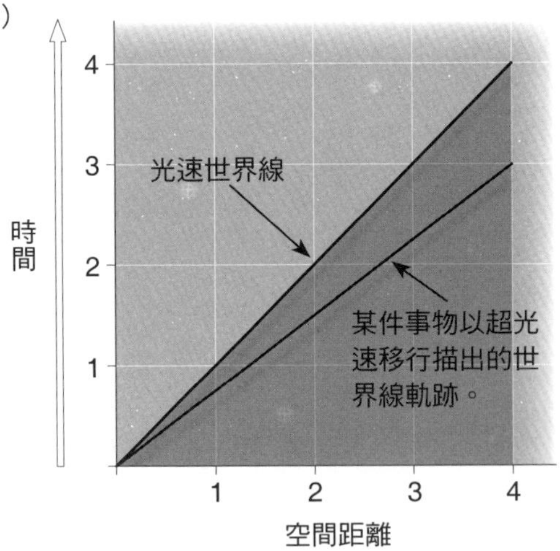

像這種和時間線夾角大於四十五度的世界線是不容許的，這和底下說法如出一轍：起點位於空間線零點且移行貫穿陰影區的世界線是不容許的。要描出這種世界線軌跡，移動速度就必須超過光速。

圖十－三B：某件事物在空間中移動四碼，且在時間中移行三碼時描出的世界線軌跡。當移行的空間距離大於時間距離，好比本例情況，該物體便凌駕光速（這是不容許的）。

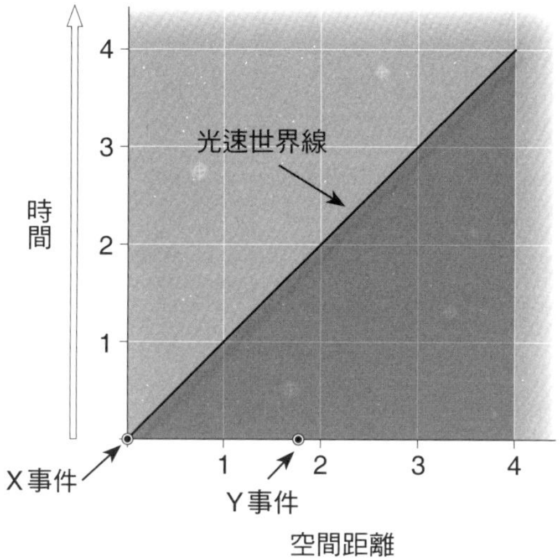

圖十－四：此時空圖顯示同時發生，但相隔一段空間距離的兩起事件（X和Y）。兩邊在事發之際都不能得知對方事件，否則從一起事件向另一起傳遞的資訊，就必須沿著和時間線夾角大於四十五度的世界線移行。移行速度必須高於光速，才能描出夾角大於四十五度的世界線。這在我們的宇宙中是不容許的。

之四光速。設想它在圖上空間方向移行的距離為某三角形之一邊（A邊）。設想它在圖上時間方向移行的距離，為該三角形之第二邊（B邊），這就構成一直角三角形的兩邊，該移動物體的世界線就是那個三角形的斜邊（C邊）。

我們多半都曾學過，直角三角形的斜邊平方等於另兩邊的平方和。（A邊）四的平方等於十六，（B邊）五的平方等於二十六，十六和二十五的和等於四十一，於是C邊（斜邊）的長便等於四十一的平方根。

不必費心試解平方根值，那是另一個課題。假使我們做的是耳熟能詳的學校幾何學，就會是下一道難題。不過事物在時空中有不同的作用方式，斜邊（C邊）的平方不等於另兩邊的平方和，那個數值等於另兩邊的平方差。我們的物體在空間中移行四碼（三角形的A邊），並在時間中移行五碼（B邊）。四的平方是十六，五的平方是二十五，二十五和十六的差等於九，九的平方根為三。所以我們知道，三角形的第三邊（C邊，也就是我們那件移行物體的世線之時空長度）等於三碼。

讓我們假定那個物體是個戴手錶的人。手錶以時間來顯示那段長度（三碼）。圖十－六中的蘿倫在空間保持不動，她的手錶則測得五個小時。她的孿生兄弟提姆以五分之四光速移動，他的手錶則只測得三小時。提姆轉身回來，再次測得三小時，蘿倫則測得五小時。下回兩人相逢時，提姆

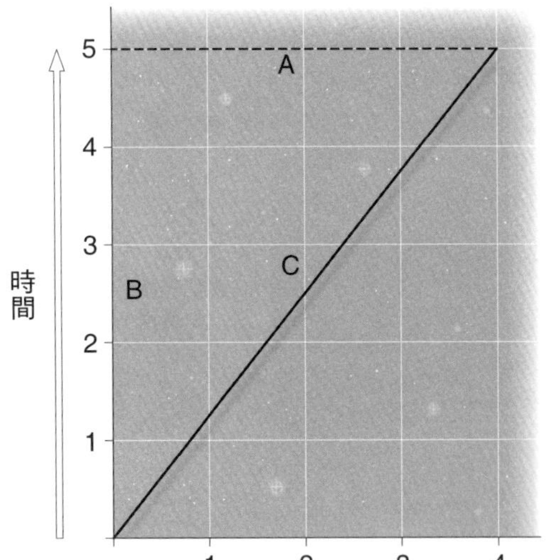

就我們的學校幾何學，C邊（斜邊）的平方等於A、B兩邊的平方和。

就時空幾何學，C邊（斜邊）的平方等於A、B兩邊的平方差。

圖十－五：在圖上空間方向移行的距離為三角形的A邊，在圖上時間方向移行的距離為該三角形的B邊，該移動物體的世界線就是三角形的斜邊C。

就比蘿倫年輕一些。這是愛因斯坦教導我們有關宇宙不可置信的奇事之一。

現在讓我們考量另一些較小物體（基本粒子）的時空圖和時間線。

歷史求和，或探訪金星的可能性

回顧我們前面談過，原子模型的電子位置是敷開的。電子的位置之所以「敷開」，是由於我們沒辦法同時準確測知任一電子的位置和動量。費曼擬出一種做法來應付這道問題，我們稱之為「歷史求和」。

想像你斟酌權衡小紅帽從家裡前往外婆家小屋，有可能採行的所有不同路徑：不只是烏鴉的最快飛行路線，也不單是盡可能避開受野狼侵擾林區的最安全路徑，而是她能走的所有可行路徑。有可能採行的路徑多達無數億兆種，最後你就會得到一幅模糊不清的龐大圖像，描畫出她同時依循所有路徑踏上旅途的狀況。然而，其中某些路徑肯定比其他更有可能成真。假使你研究她採行每條路徑的不同機率，結果就能判定，不論在任何時候，她都極不可能從住家前往外婆家的中途來到金星。不過按照費曼所述，你也不能完全排除她有可能經過金星。採行那條路徑的機率極低，卻不等於零。

相同道理，物理學家也依循歷史求和手法，算出某特定粒子在時空中可能採行的每條過往移行途徑，也就是那顆粒子有可能經歷的過往歷史。接下來就有可能算出一顆粒子取道某處定點的機率，就像前面計算小紅帽取道金星踏上旅途之可能機率的做法（不過，可別以為粒子會選擇途徑，

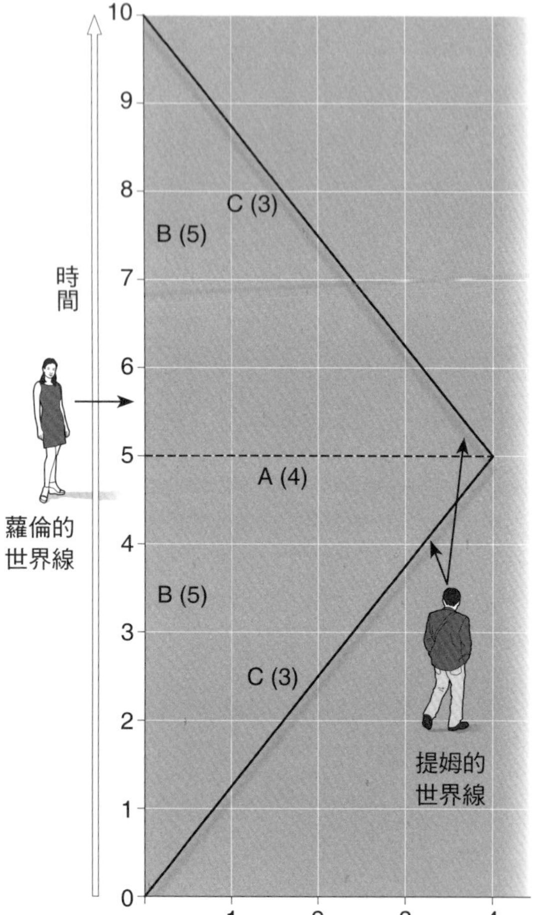

提姆以五分之四光速向外行進三個小時（依他手錶所示），他的孿生姊妹蘿倫待在家裡沒有做空間移行，蘿倫以她的手錶測得十小時，提姆則測得六小時。他回家和孿生姊妹相逢時，已經比蘿倫年輕四小時。

圖十一六：孿生子悖論。

這樣想就把那個比喻推得太過頭了）。

霍金決定拿歷史求和來發揮另一種用途，由此研究宇宙有可能經歷的所有不同過往歷史，還有其中有哪些機率高於其他歷史。

接著你就有必要知道，儘管相對論教導我們把三個空間維度，和一個時間維度想成四個時空維度，空間和時間依然存有幾種實質差異，其中一種牽涉我們如何測量時空中兩點的間距：前述三角形的斜邊。

圖十－七A顯示一幅時空圖解的兩起獨立事件（X和Y），兩件事情以一條（和時間線夾角大於四十五度的）世界線相連。任何資訊除非高於光速，否則就完全無法在這兩起事件之間傳遞。就這類事例，由於兩起事件的空間距離大於時間距離，我們這個三角形的斜邊（C邊）平方就為正數。依照物理學的講法，事件X和Y的「四維間距」之平方值是正的。

圖十－七B也顯示兩起事件。兩件事情的時間距離大於空間距離。串連兩起事件的世界線和時間線的夾角小於四十五度。資訊以低於光速傳播仍能從Y傳抵X。當這點成立，我們那個三角形的斜邊（C邊）平方值就是個負數。物理學家說，事件X和Y的「四維間距」之平方值是負的。

前面兩段話你大概讀得糊里糊塗。如果沒有的話，你腦中大概就會靈光一閃：一個數的平方值不可能是負的。我們的數學沒有這種情況。假使一個數的平方值是負數，那麼那個數的平方根又有可能是哪個數？舉例來說，負九的平方根等於什麼？就我們的數學來講，任意數（不論是正是負）的平方值永遠是正的：三的平方等於九；負三的平方也是如此，我們不可能得出負九。任何東西的平方值都不可能是負數。

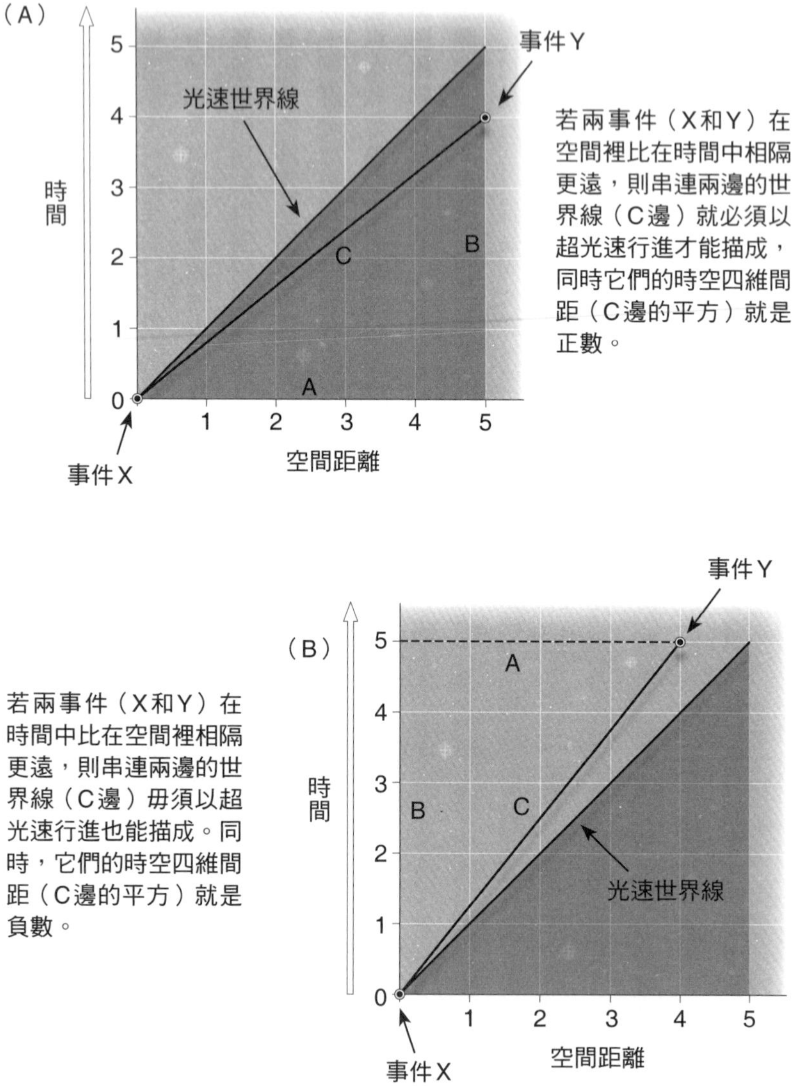
（A）
時間
空間距離
事件X
事件Y
光速世界線
A
B
C
0
1
2
3
4
5
若兩事件（X和Y）在空間裡比在時間中相隔更遠，則串連兩邊的世界線（C邊）就必須以超光速行進才能描成，同時它們的時空四維間距（C邊的平方）就是正數。
（B）
時間
空間距離
事件X
事件Y
光速世界線
A
B
C
0
1
2
3
4
5
若兩事件（X和Y）在時間中比在空間裡相隔更遠，則串連兩邊的世界線（C邊）毋須以超光速行進也能描成。同時，它們的時空四維間距（C邊的平方）就是負數。

圖十－七：空間和時間的一種差異。

霍金和其他數學家與物理學家有辦法避開這個問題：想像有些數自乘時確實得出負數，接著就看看會有什麼情況。好比，虛數一自乘得負一，虛數二自乘得負四。接著就使用虛數來計算粒子的歷史求和，以及宇宙的歷史求和。計算時使用虛數，不用實數。圖十－七B從點X前往點Y所需時間是虛時間（負九的平方根），虛數三。

虛數是一種數學手段（你也可以說那是一種伎倆），用來協助算出原本毫無意義的答案。「虛時間」讓物理學家有辦法以較佳做法，從量子層級來研究重力，還賦予他們一種嶄新視角來檢視早期宇宙。

敷開光速？

朝非常早期宇宙的行進追溯，隨著空間愈來愈擠迫，一顆粒子在某一給定瞬間的可能不同處所（它的位置）也跟著愈來愈少，那個位置變成一種愈來愈準確的測量結果。根據測不準原理，那顆粒子的動量也因此變得愈來愈不準確。

首先讓我們就比較尋常的情況來檢視光子，也就是光粒子。光子每秒行進三十萬公里，因此光速就等於每秒三十萬公里。現在我必須告訴你，這不見得永遠成立（讀到這個階段，你也已經習慣這種逆轉說法！）我們已經見到，找到一顆電子的機率擴散遍布原子核附近的某處範圍：在某個距離的可能性高於其他，卻肯定是非常瀰散的事例。光子就像電子，也不可能同時精準確立其位置和動量，起因就在測不準原理。

正是如此，費曼等人已經告訴我們，一顆光子以每秒三十萬公里行進的機率，有可能擴散遍布光速上下的某個速度範圍。從一個角度來設想，這也就相當於說明，一顆光子的速度，多少都是在我們所說的光速上下增減起伏。行進漫長距離之後，機率就會彼此抵銷，這樣一來光子的速度就為每秒三十萬公里。然而，就量子層級的極短距離而言，光子卻有可能以略低或略高於這個速度來移行。這類增減起伏不能直接見到，不過光子在時空圖上的移行途徑（我們畫成一個四十五度角）卻變得有點模糊不清。

當我們研究非常早期的宇宙，由於空間非常擠迫，那條線就會變得非常模糊。根據測不準原理，我們愈準確測得一顆光子的位置，能測得的動量也就愈不準確。當我們說，非常早期宇宙所含萬物，全都壓縮成將近無限大密度（不是個奇異點，不過也接近了），這時我們對光子一類粒子的位置就可以測得極端準確。當我們測定位置準確到那個程度，我們對動量測定的不準確程度就大大提高。當我們接近無限大的密度，若問一顆光子的速度為何，也會得到接近無限多的可能結果。這時我們的時空圖會出現什麼情況？請看圖十－八。一顆光子在比較正常情況下原本呈四十五度角的世界線，在這時就會嚴重敷開，它會掀起劇烈的擾動和波紋。

這裡另有一種方式來設想，造成這種波紋起伏的起因為何，這種想法可以把它和本書其他概念更緊密連貫起來。朝非常早期宇宙的行進回溯，就像把自己縮小到無法想像的微小尺寸，於是我們就可以從極小層級來檢視發生了什麼事情。想像這種情況：你看本書頁面似乎很平滑，可以把這一頁稍微捲起來，結果依然很平滑。相同道理，儘管我們周圍的時空帶有些許曲率，看來依然平滑。話說回來，倘若用顯微鏡來觀察這個頁面，你就會看到彎曲和隆起。相同道理，倘若從一顆原子的一般而言，在時空圖上一顆光速行進光子的世界線通常都標示為四十五度角。

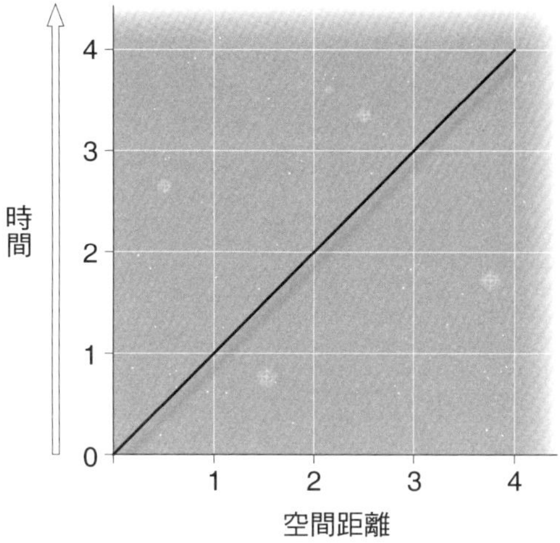

在非常早期宇宙，由於空間非常擠迫，測不準原理的敷開作用會導致光子世界線瘋狂擾動。我們失去空間和時間的基本分際。

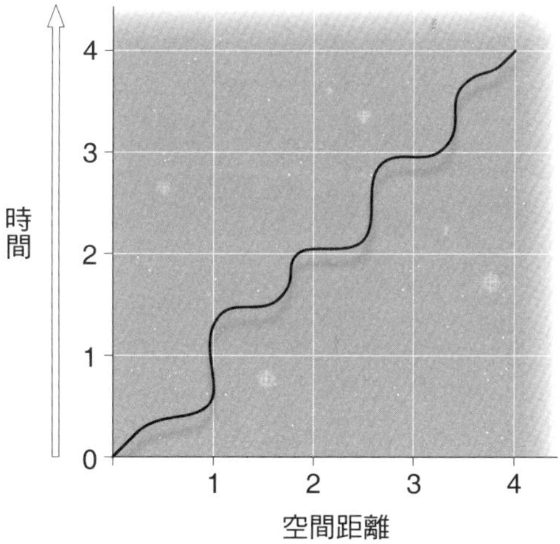

圖十－八：早期宇宙的測不準原理。

無數億兆分之一的極端微小層級來檢視時空，你就會發現時空幾何出現劇烈擾動（圖十－九）。第十二章還會討論這點，到時我們就能知道，這有可能造就出一種號稱「蟲洞」的事物。就眼前來講，重點是我們可以在非常早期宇宙找到這種劇烈擾動現象，因為那裡的所有事物，全都給壓縮成那般極端細小。

我們該如何解釋這種狂暴、混亂的景象？這次我們同樣求助測不準原理。我們在第六章看到，測不準原理也就意味著我們不可能確切得知一個場（好比重力場或電磁場）的場值，以及該場隨時間的改變率。零是個確切的測量值，所以任意場的場值不得為零。在真空空間，所有場的測量值都必須恰好為零。所以，沒有零就沒有真空空間。如果沒有真空空間，那我們有什麼？所有場的場值全都不停擾動，從零點朝正負方向略微擺盪，平均起來得零，個別卻不為零。這種擾動現象可以想成霍金輻射的成對粒子。在時空彎曲最嚴重，變動最快速的地方，粒子對的生成數量也最多。因此我們預期在黑洞的事件視界，可以找到相當多粒子對。

在非常早期的宇宙，我們會發現那時的時空曲率極高，而且曲率還以高速變動。所有場（包括重力場）的量子擾動都變得非常劇烈，重力場出現劇烈擾動就相當於時空曲率出現劇烈擾動。我們不是在講海洋浪湧那種大幅彎曲，我們講的是種種不斷變動的皺摺、波紋和漩渦。在這種狂暴怪誕的環境裡面，一顆光子的世界線會發生奇特的事情（參見圖十－八和十－九）。

不論我們偏愛哪種解釋，重點在於時間方向和空間方向的分野消失了。當時間看來就像空間，則我們熟悉的情況也就不復存在，時間方向不再永遠朝向四十五度角，而空間方向也不再永遠落在這個角度之外。

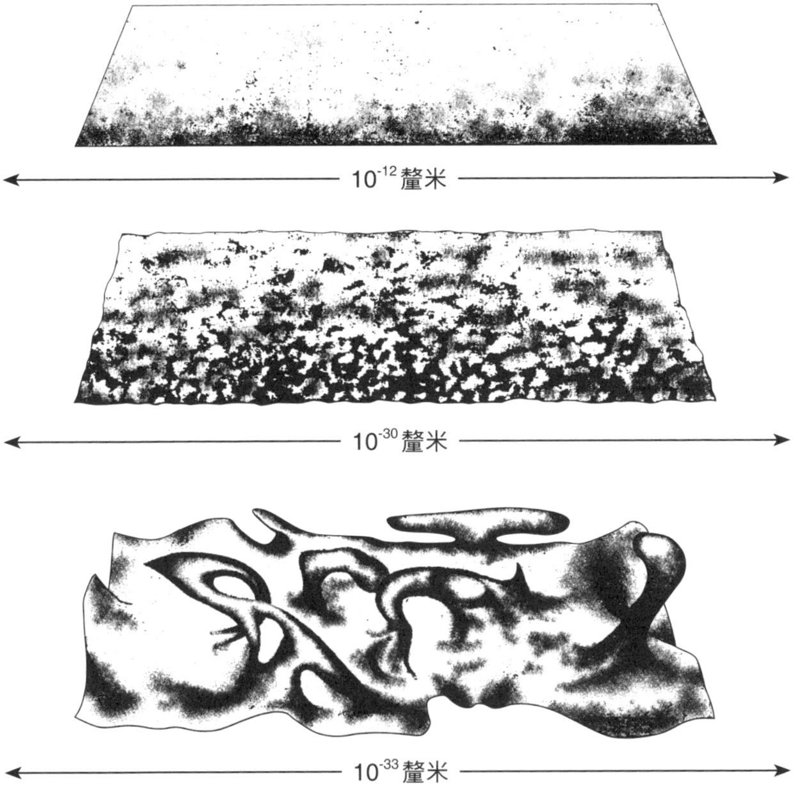

圖十－九：量子真空。依惠勒在一九五七年設想的相貌，當你審視較小空間範圍，量子真空就會變得愈來愈混亂。原子核尺度（上）的空間看來依然非常平滑。再大幅貼近觀看（中），我們就會開始見到粗糙崎嶇狀況。接著觀察範圍再縮小千倍（下），曲率就會經歷劇烈擾動。

霍金總結我們剛才討論的課題：「在非常早期的宇宙，空間還非常擠迫，於是測不準原理的敷開作用就會改變空間和時間的基本分際。」倘若各定點相隔的時間距離大於空間距離，則各點的四維時空分離間距（我們那個三角形的斜邊）平方值就不再必然是個負數。「在某些情況下，（該）分離間距之平方值就有可能變成正的。出現這種情況的時候，空間和時間剩下的差異就會消失。於是我們可以表示，時間變得完全空間化了，這樣一來，比較精確的說法就不是時空，而是四維空間。」

當時間化為空間

這會變成什麼模樣？這種古怪的四維空間狀況，該如何與我們所知的時空（裡面的時間就如時間流逝）妥善融合？這時用了虛時間就能設想出四維空間的風貌，我們心中設想的時間在那裡並不存在，時間會彎曲盤繞，形成一種封閉面，一種沒有邊緣或邊界的表面。假使你認為自己能設想出這種四維空間事項，那麼你要嘛就想錯了，不然就是你的腦部發展站上了嶄新的演化等級。我們多數人注定都只能以較少維度來設想這種處境，採用較少維度會比較容易具體設想出某種沒有任何邊緣或邊界的東西：一個球面或者地球的表面。

根據弗里德曼的第一種宇宙模型，宇宙並非無限大，其尺寸是有限的。不過那種模型的宇宙，同樣是沒有邊際。那個宇宙沒有邊界，沒有空間邊緣，就像一顆球的表面：沒有邊緣，尺寸卻非無限大。霍金認為宇宙的空間和時間都可能是有限的，同時卻也都沒有邊際。時間有可能沒有起點，也沒有終點。整個時間盤繞形成一個封閉面，就像地球的表面。

這讓我們束手無策。我們可以具體設想地球的表面，也同意地表是有限的，而且是沒有邊際的，不過空間和時間都沒有邊際的有限宇宙，又是什麼模樣？我們很難在心中把球體形狀和任意有意義的四維宇宙概念連結在一起。稍稍想一下，我們就會覺得自己彷彿瞎子摸象。且讓我們看看，還有哪些相關的說法有可能幫得上忙。

首先，讓我們談談宇宙不會是什麼模樣。那裡不會有邊界條件：初始起點的萬物風貌，因為那裡沒有起點，也沒有邊界，整件事物完全彎曲盤繞。霍金建議我們照本宣科：宇宙的邊界條件就是沒有邊界。宇宙沒有起點也沒有盡頭，不管哪裡全都一樣，所以連問都別問了。不過在那之前呢？這就好像問道，南極的南方是什麼？指向南方的路標擺在南極就毫無意義。當時間維度變成一種離奇空間，指示朝向過去的時間箭頭也就沒有意義了。

假使依時間維度並沒有宇宙之前和之後，那麼依空間維度，這種宇宙有沒有任何他方、任何其他地方或任何外界？霍金的模型沒說沒有。既然沒有邊界，你還能有外界嗎？就球體模型，根據一種見解我們可以說有。道理就在第六章氣球表面那隻螞蟻朝哪邊看，倘若牠從表面向外看，那個方向就是了。不過你應該記得，螞蟻辦不到這點。對那隻螞蟻而言，那個維度並不存在，然而這也不必然表示那個維度果真就不存在。這裡提出兩種想法，一種是在空間裡有「他方」，在時間中卻沒有（沒有之前和之後），第二種則是我們身處的時間是種暫時變異，實際上那是空間的第四個維度，兩種想法十分契合。

既然這一切似乎都複雜得不具絲毫意義，那麼就讓我們採行另一種比較實際的檢視做法。再問一遍，空間和時間都沒有邊際的有限宇宙是什麼模樣？計算作業極端困難。不過結果顯然告訴我們，像那樣的宇宙，有可能就像我們這個宇宙。霍金也就此描述：

> 根據預測，宇宙肯定是從一種十分平滑、均勻的狀態開始。接著就經歷一段所謂的指數膨脹或「暴脹」時期，期間宇宙尺寸以非常大的倍率增長，然而密度卻依然保持不變。接著宇宙就變得非常熾熱，而且會膨脹到我們如今所見的狀態，同時還會一邊膨脹一邊冷卻。宇宙就非常大尺度而言應該是非常均勻，而且朝的方向看來都相同，不過在局部的區域裡則有不平整現象，發展出恆星和星系群。

就我們在「實」時間（我們身處的時間）裡面看來，宇宙的起點和黑洞內部依然存有奇異點。

霍金和哈妥在一九八三年向物理學界提出他們的無界構想。當時霍金經常強調，那只是一種構想。這類邊界條件並不是他從哪項原理推演出來的，而這個模型很能迎合他的想法。他認為：「這其實就是科學的礎石，因為這樣陳述，其實也就是說，科學定律不管在哪裡都能成立。」沒有會讓定律失靈的奇異點，這種宇宙自成一體，我們有必要解釋宇宙是如何生成的嗎？宇宙真的必須創造生成嗎？「宇宙就是這樣存在，」霍金寫道。

那麼造物主立足何處呢？

這引來好些棘手的哲學問題。誠如霍金所述：「倘若宇宙並沒有邊界，卻又自成一體……那麼上帝也就不會有任何自由來選擇宇宙是如何開始的。」

霍金沒有說，無界構想是否認上帝的存在，他只說，就宇宙如何開始這一點而言，上帝不會有任何選擇餘地。其他科學家並不認同，他們不認為無界構想能嚴重約束上帝。倘若上帝沒有選擇餘地，我們仍會納悶，是誰決定上帝不會有選擇餘地。物理學家卡雷爾・庫查爾（Karel Kuchar）推想，這說不定就是上帝做出的抉擇。佩奇也抱持類似觀點，他曾為《自然》雜誌撰寫《時間簡史》評論文章，當然他在一九七〇年代晚期還曾經擔任霍金的研究生助理。後來佩奇繼續發展並當上加拿大艾德蒙頓（Edmondton）亞伯達大學（University of Alberta）教授。他和霍金仍是好朋友，也繼續合作發表科學論文，霍金也深知佩奇大有可能想出某些論述，來駁斥有了無界構想就不再需要造物主的見解。結果他確實辦到了。

針對霍金的問題：「那麼造物主立足何處呢？」佩奇的答案是，依循猶太教與基督教的共通觀點：「上帝創造、維繫整個宇宙，不只及於初始。不論宇宙有沒有起點，都與宇宙創世的問題全無關聯，這就好比，不論藝術家畫的線是不是有始有終，或者是否畫成一個沒有終點的圓圈，都與是否畫了那條線的問題全無關聯。」當上帝存在於我們的宇宙和我們的時間之外，祂的創世作為也就不需要起點，然而在我們眼中，從我們這處「實」時間觀測位置看來，創世彷彿就有個起點。

霍金自己也在《時間簡史》書中推想，造物主或許依然扮演一個角色：「統一理論是不是令人信服，能夠造就它本身的存在？」若非如此，「那麼又是什麼事物為方程組吹燃火苗，生成一個供它們描述的宇宙？」後來霍金還在他的《時間簡史續篇》（*A Brief History of Time: A Reader's Companion*，搭配《時間簡史》紀錄片出版的書）表示，倘若無界構想是對的，那麼他也就成功發現宇宙是如何開始的，

「不過我仍然不知道宇宙為什麼開始。」他打算深入研究，探清個中原委。

這一切都讓我們心生警惕：儘管理論物理學家提出富挑戰性的尖銳問題，還為我們帶來令人振奮的構想和理論，卻沒有宣稱他們有辦法為我們帶來最終解答，即便如此，霍金後來出版一本合著的副書名卻隱指他們辦得到。最好的科學發展都是先提出答案，接著就拆解、反駁那些答案。看來最大膽又最富想像力的科學家，彷彿就是先放出他們的玩具船，接著就極力設法讓船沉沒。

霍金的研究就是最佳實例。首先，他證明宇宙起初必然就是奇異點，接著他提出無界構想來為我們闡明，為什麼說不定根本沒有奇異點。同時他告訴我們，黑洞不可能變小，接著他又發現，原來是可以的。他的大霹靂奇異點研究，原先看似與《聖經》創世觀點相符，然而他的無界構想卻讓造物主丟了工作，或者起碼改變了工作說明。他在《時間簡史》書中推想，我們畢竟仍有可能需要造物主，同時，人類理性的最終勝利就是明白上帝的心意。霍金很能啟迪思想，心胸又很開闊，正是歷來偉大思想家都具有的特性。他能歸出定義清楚、佐證確鑿的結論，接著在下一片刻卻毫不留情的質疑、瓦解那些結論。他會毫不遲疑的承認先前某項結論不對或不完備。他的科學（或許也包括所有的好科學）就是這樣向前推進，而物理學之所以充滿悖論，這也是其中一項因素。

在這當中，霍金還提出可供引述用來支持對立哲理觀點的金章玉句。信仰上帝和不信上帝的人，都曾引用、誤用他的語句。在雙方陣營眼中，他是英雄也是惡棍。然而，仰賴他的陳述（或其他科學家的陳述）來支持本身信念或懷疑的人卻得冒風險，因為他們見不得人的祕密隨時有可能曝光。

儘管在我們看來，霍金提出無界構想根本是顛覆他自己的學理，但他卻不那樣想。霍金表示，有關他的奇異點研究，最關鍵要點是，結果顯示重力場必須強得讓你不能忽略量子效應。此外，當你不再忽略量子效應，你就會發現宇宙的「虛」時間有可能是有限的，然而它卻又沒有邊界或奇異點。

暴脹陷入混沌

一九八三年，也就是霍金和哈妥發表無界構想的那一年，林德以一項新的推想，解決了當時依然困擾學界的幾則暴脹理論問題。頭一位聽他提起「混沌暴脹」（chaotic inflation）的西方人就是霍金。霍金聽得興致勃勃。

新舊兩種暴脹理論同樣假定，暴脹只是宇宙早期歷史的短暫中間階段，而且在暴脹啟動之前，宇宙原本處於一種熱平衡狀態（意思是宇宙各處溫度全都相等），均質性相當高，尺寸也已經夠大，能存續至暴脹歷程開始進行。林德的混沌暴脹情節拋棄了這些假設，因為熱平衡在他的情節裡面並非要件，而且暴脹的起始點還可以提早到比較接近大霹靂的時候。

進入暴脹期之前，宇宙有可能處於一種混沌狀態。只要那片混沌有若干纖小部位能夠暴脹，同時也隨之變得更為平滑且均向同性（isotropy，指稱朝所有方向全無二致的特性）就行了，這就如同氣球起初也是一團皺縮的橡膠，最後就變成平滑的球體。就我們所知，那片混沌只有一處纖小部位暴脹，然而實情很可能並非如此。不論如何，我們的氣球暴脹時，也把其他細小暴脹區段推開，遠遠超出我們視野可及範圍。宇宙的其他區域或許依然混沌，也說不定所有地方的一切事物都很平滑。

混沌暴脹情節完全沒有相變（phase transition）或過冷卻現象。事實上，在宇宙的某些區域，某種場的場值很大，其他區域則無此現象，按照林德的說法，這就彷彿是「僥倖遇上造物主疏忽」所致。依照林德當時的設想，具有大場值的區域所含能量，應該足夠促成一種相斥的重力作用，導致各區以暴脹方式膨脹，至於該場場值太小的區域，也就不會出現這種事情。實際發生暴脹的區域，都會從原始混沌狀況產生出龐大的均質孤立區，各區都比我們的可觀測宇宙更大。就這些區域而言，場的能量都會緩慢遞減，而且其中部分到最後還會讓膨脹達到我們如今觀察的膨脹速率。只要這類區域的數量夠多，我們就大有可能找到一處條件合宜，能夠生成我們所知這種宇宙的區域，而且那裡的自然界常數（在我們的理論組合當中都屬於恣意元素），最後還恰好得以讓你我現身。說不定只有那麼一處（照這樣講），那一處也就是我們的宇宙。

這種解法很令人滿意，不過故事還沒有結束。混沌暴脹理論預測當時還有一段「第二階段暴脹」，發生時間大幅後推：宇宙加速膨脹現象，或許就發生在我們這個年代。那個想法在八〇年代早期還宛如科幻小說，就連林德和霍金也這樣認為。我們在後面章節就會看到，那個想法在世紀末就不再是科幻理念了。

同時，當初暴脹理論在一九八〇年代早期才剛構思成形之時，最引人矚目的層面就是，即便當時各方理論對於暴脹發生方式依然分持不同觀點，卻也一致贊同，如今我們所知的整個可見宇宙在起始之初，質、能的不規則性有可能微小到超乎任何人的想像。誠如約翰．達羅（John Darrow）在《宇宙之書》（*The Book of Universes*）書中所述：「其實並沒有根絕（不規則性），暴脹只把它們推掃到當今宇宙的可見視界之外。不規則性肯定依然存在遠方某處，不過我們的整片可見宇宙，全部映現當初經歷暴脹的那處纖小空間斑點之高度均向同性和平滑性。」

當然，我們的宇宙並不是完全平滑。我們有太陽系、星系和星系團。即便在暴脹才剛結束之際，那處細小斑點，也就是最終膨脹成我們這處可見宇宙的那個小點，肯定也不是完全平滑，有別於我們從想像中那個暴脹氣球推想的模樣。那處斑點會延展，程度卻嫌不足，仍不免要保有細小變異，而當初就是這類變異播下種子，最後才得以滋長出這一切驚人結構。確切而言，也就是當今的大尺度密度變異。

早在一九八二年夏季，當霍金和吉本斯籌辦劍橋研討會之時，與會學者便已明瞭，暴脹會生成一種很特別的變異模式。這會在宇宙微波背景輻射當中顯現一種可辨識的變異模式，當年的觀察結果還沒有辦法驗證那種模式。不過就暴脹說的正反論據而言，儘管永遠沒有人能親眼目睹我們所處宇宙的起始事件，或許有一天仍有希望出現某種證據，可以用來檢驗暴脹理論學家所述是否正確。

CHAPTER

11

往下到底全都是烏龜

一九八二年春季，十一歲的露西即將從紐納姆克羅夫特小學畢業。之前她和父母親已決定中學就讀劍橋的佩斯學校女子部。她的哥哥羅伯特七歲時就已進入佩斯學校男子部就讀。一九六〇年代，霍金必須工作才能結婚，這項現實的需求讓他動手搜尋奇異點。這一次是因為必須賺錢支付露西的學費，他得投身新事業，然而這項工作卻對全世界的讀者產生深遠影響。這一切都得從霍金決定寫書賺錢開始，他想寫一本談宇宙的書，卻不是學術書，而是以沒有科學教育背景的一般民眾為對象。

當時已有介紹宇宙和黑洞的通俗書籍，不過霍金認為沒有一本能充分討論最有趣的幾道問題，也就是讓他想要研讀宇宙學和量子理論的問題：宇宙是從哪裡來？宇宙是如何、為什麼開始？宇宙會不會終結，如果會，又如何結束？有沒有哪項理論能完整說明宇宙和裡面所含的萬物？我們是不是要找到那項理論？宇宙需要造物主嗎？

他覺得這些問題不只吸引科學家，也會吸引所有人。然而，科學的技術性和專業性都發展得太前端了，一般民眾無法加入討論。撰寫這樣一本書，就是要讓非科學背景的大眾也能了解，這表示不能用數學公式描述宇宙。他著手動工口述，並在一九八四年完成初稿。

口述這麼厚一本書十分費神，但霍金希望此書能觸及大眾。他先前幾本書都交給享譽全球學術界的劍橋出版社發行，不過這次他拿新書提案和他們討論，聽取他們的預測銷售數字，結果估計每年全球銷售可達兩萬冊，最後霍金決定交給偏向大眾市場的出版社發行。他希望能在機場書攤見到這本書，但美國代理商給他澆冷水：大學師生會買那本書，表示大眾市場接受度就不高。可是霍金不以為然。

好幾家英國出版社婉拒他的提案（後來他們都懊悔不已），不過仍有幾家提出報價，最令人驚訝的是班騰出版社（Bantam）。霍金不顧代理商勸阻，執意選擇他們。班騰固然不是科學書籍的專業出版社，卻在各處機場賣了許多書籍。美國的班騰出版社付二十五萬美元買下美國版權，英國的班騰環球（Bantam-Transworld）則支付三萬英鎊買下英國版權。花那麼多錢買科學書版權等於下注賭博，對這兩家出版社而言，這是歷來最划算的賭局之一。

岌岌可危的一年

對霍金一家來講，一九八五年是相當艱困的一年。霍金打算在那年夏天前往日內瓦，到歐洲核子研究組織待一個月。他期盼進行幾件事情，其中一項是鑽研佩奇和雷蒙·拉弗拉姆（Raymond LaFlamme）和時間箭頭有關的最新計算結果，探究個中蘊含。霍金和他的護理小組以及祕書蘿拉·根特里（Laura Gentry），還有幾位學生一道離開劍橋前往瑞士，而潔恩、喬納森、露西和提姆走的路徑比較迂迴、大膽，他們露營旅行，跨越比利時和德國，前往拜魯特音樂節（Bayreuth Festival）和霍金會合，洗去一身露營塵土、換上正式服裝，出席華格納的《指環》歌劇演出。那時大家比較擔心的是羅伯特，因為他參加資深童軍探勘活動，健行橫跨冰島，還到該國北海岸划獨木舟，而霍金是待在安全、穩健的瑞士，大家比較放心。

就在潔恩一行抵達拜魯特城前夕，她在曼海姆（Mannheim）找到公共電話，撥到瑞士找他的丈夫，共商隔天行程。接電話的是祕書蘿拉，她心慌意亂，催促潔恩立刻趕到日內瓦，因為霍金染上肺炎住進醫院，情況不樂觀。潔恩趕到時發現，蘿拉那麼悲痛確實事出有因：霍金接上生命維持系統，陷入昏睡狀態，命懸一線。

醫師知道霍金患有肌萎縮脊髓側索硬化症，生命前景黯淡，卻不知道他擁有極端堅定的求生意志，於是他們要潔恩做決定，要不要拔除他的生命維持系統讓他死亡。這項抉擇讓她左右為難。若要挽救他的性命，唯有進行氣管切開術，手術後就不會再有咳嗽和窒噎的問題，但他再也沒辦法開口講話，也發不出任何語音。這種代價太恐怖了。霍金講話很慢，很難聽懂，卻依然是開口講話，而且是他唯一的溝通方式。他不能開口就無法延續事業，連交流都辦不到了。這樣活著對他有什麼意義？儘管滿心悲悽難堪，潔恩依然要求讓他活下去。「未來前景非常、非常黯淡，」她回顧時表示：「我們不知道該怎樣才能活下去，或者說，他能不能活下去。那是我的決定……不過我有時也會想到，我這是在做什麼？我讓他陷入什麼樣的生命處境？」

霍金恢復微弱的體力後，劍橋大學便付費安排救護專機載他回到劍橋，住進阿登布魯克醫院（Addenbrooke's Hospital）加護病房。醫師做最後努力，嘗試不動手術而能救治，然而每次拔掉人工呼吸器，窒噎又再次發作。氣管切開術是唯一可行途徑。霍金回顧那段期間，他做了一個鮮明的夢，夢中的他搭著熱氣球飛翔。他認定這是希望的象徵。

霍金在醫院緩慢復原，不再以口鼻呼吸，而是透過喉部一個永久性開口，高度大致位於襯衫領口部位。他的唯一溝通方式是靠一張拼字卡，由旁人伸手指點卡片上的字母，指到正確字母時，他就揚起眉毛。

霍金接受重症照護好幾週後就獲准每週日下午回家一趟，潔恩決定不讓霍金住進護理之家，他得住在家裡，和孩子與喬納森待在一起。從一九八〇年開始，霍金的朋友里斯安排的護理人員，每天早上都上門一兩個小時協助潔恩、研究生助理和喬納森。然而從此開始，霍金有生之年都需要全天候護理人員。所需費用令人咋舌，遠非霍金家所能負荷。英國的全民保健服務是由公共資金給付，含括護理之家的費用，居家照護則只提供幾小時的護理照顧，加上協助沐浴。潔恩認為：「我們絕對籌不到錢支付居家護理。」不單是霍金的物理學家生涯，連一切有意義的生命也似乎就此終結。他們早就預見會有這種結局，況且實際還遠比預期的更久，然而這一切依然不會讓痛苦減輕。

潔恩說：「有時我們的情況看來無望，但接著就從重重危機中冒出另一種狀況。」她重拾從結婚開始就懷抱的樂觀態度。索恩在加州聽到霍金的消息，便立刻和潔恩聯繫，指點她向約翰與凱塞琳麥克阿瑟基金會（John D. and Catherine T. MacArthur Foundation）提出資助申請，另一位朋友，粒子物理學家蓋爾曼正巧擔任該基金會的董事，基金會同意幫忙，但剛開始只撥款支付護理照顧費用。霍金入院三個多月後，在十一月初回到西路家中。

這時曙光意外乍現，照亮陰鬱的地平線，加州一位電腦專家沃爾特．窩爾托茲（Walt Woltosz）為身障岳母寫了一套電腦程式，也寄來一份給霍金。等化器程式讓使用人從電腦螢幕選字，此外還有內建語音合成器。霍金的學生設計一件裝置，有點像是滑鼠，當時霍金還能做細微的動作，可以藉由這件裝置操作程式：手持開關出力擠壓。萬一使用失靈，他還可以用頭、眼動作來啟動開關。

由於身體太過虛弱，病情也不容他重返研究崗位，霍金便趁機練習使用電腦。他想方設法讓電腦以合成語音發出「哈囉」，這句日後注定傳遍全球的問候語，隨後擬出第一則訊息，吩咐他的研究生助理布萊恩．惠特（Brian Whitt），幫忙寫完他那本通俗作品。那項工作得等他更熟練運用等化器之後才能落實，不過不久之後，他每分鐘就能講出十個單字，不是非常快，卻也好得讓他深信自己可以繼續研究事業。「速度有點慢，」霍金說：「不過我思考也很慢，所以和我還滿能匹配的。」後來他的速度加快了，有一陣子每分鐘能講出超過十五個單字。

現在的等化器跟以往比較起來，除了幾項修改之外仍大同小異，當時的處理程序是：寫進電腦程式的字彙表約有兩千五百個單字，其中約兩百個是專業科學術語。滿螢幕的單字顯現出來，分上、下兩半輪替增強亮度，直到霍金見到他想要的單字出現，而且那半幅螢幕也增強亮度，這時他摁壓手中開關，選定那半幅螢幕，接下來那半幅螢幕的字行逐一增強亮度，當他想要的單字所屬那行亮起來，霍金就再次摁壓開關，接著那行所含單字便逐一亮起。當他想要的單字亮起，他就再次壓下開關。他偶爾會漏過單字或字行，這時就必須從頭再來。電腦含幾個常用語句，好比「請翻頁」、「請打開桌上型電腦」，還有字母系統用來拼寫沒有納入程式的單字。我還聽說裡面有一個咒罵語句檔，不過我從來沒見過霍金開檔使用。

霍金逐一選字編組成句，列在螢幕下半部分。他可以把結果送到語音合成器，讓機器大聲發音朗讀，或者經由電話講述〔這個程序有個奇怪的毛病，它發不出光子的英語「佛倘」（photon）的發音，卻發成「佛騰」（foe-t'n）。〕他還可以把語句存入磁碟，供日後列印或修訂。他使用一套排版程式來撰寫論文，而且他寫方程式是直接打出語句，再由程式解譯成符號。

霍金以這種方法撰寫演講稿並存進磁碟。他可以預先聽取語音合成器朗讀演說詞，並做編輯潤飾。面對聽眾時，他每次一句，把講詞輸入語音合成器，同時由助理放映幻燈片，在黑板上寫下霍金的方程式，並回答問題。

霍金的合成電腦語音會改變聲調，聽起來並不像單調的自動機，這個特色對他極其重要。剛開始時，他希望電腦能發出英國腔，不過一陣子之後，他變得十分認同那種腔調，而且「就算我能得到英國口音，也不會想要改變。否則我就會覺得自己變成另一個人。」電腦給他的到底是哪種口音並不明確，有人說那是美式或北歐口音，我覺得那是東印度腔調，或許是由於聽起來略帶樂音抑揚轉折。霍金沒辦法把感情注入語音，結果就顯得慎重、深思但不帶感情。霍金的兒子提姆認為，父親的語音和本人很相稱。在所有孩子當中，提姆對於霍金自己的聲音是什麼樣子，印象最淺。他在一九七九年出生時，霍金已經沒剩下多少聲音了。

這樣和霍金交談會不會覺得他就像是機器人，像是科幻小說寫的異類？其實只有剛開始才會，很快的就會忘掉這一回事。霍金對這種古怪處境泰然處之，旁人不耐煩時，他自己倒是很有耐心。當我手持書稿供他逐篇審閱本書內容時，他並沒有指示我不必等他點選「請翻頁」，反而是他的看護建議我這樣做，否則他就必須在電腦螢幕上執行好幾道動作。看護說，霍金開始點按時，我就可以翻頁，幫他省掉麻煩又能省時。那時他遷就我的做法已經一個半小時，也沒有表示我這樣做給他帶來不便。好巧不巧，接下來霍金再次「點按」，而我也翻了書頁，結果他是有意見想講，並不是要我翻頁。

霍金的幽默感會感染旁人，而且是隨時冒出來。不過有次霍金接受訪問時，對方表示：「你還沒有透露要講笑話時，聽眾就先料到了，」這肯定讓人感到洩氣，霍金也坦承：「我經常發現，等我寫出一些東西的時候，大家已經換了話題。」不過當他露出燦爛微笑，你很難相信這個人遭遇許多困境。霍金的咧嘴笑容相當有名，而且他的笑容也顯現自己多麼身愛這門學科。他的笑容告訴我們：這一切都非常令人嘆服又非常嚴肅，不過卻也很有趣！

霍金能做出這些成就，能活到現在，完全是一種奇蹟恩賜。不過當你和他見面，感受到他的智慧和幽默，你就會注意到，他對自己的情況似乎都能泰然處之，你就不再會那麼認真看待他的反常溝通方式，與他嚴重的身體問題。這就是他期望的狀況，他選擇忽視困境：「不去思考我的處境，也不去懊惱這讓我沒辦法做什麼事情，況且也沒有那麼多事情可做。」他期望旁人也抱持這種態度。

一九八五至一九八六年

一九八五年夏季，霍金有了等化器程式就可以繼續發展事業。他著手完成通俗書籍的希望提高了，潔恩和蘿拉也雇用一組全天候護理人員，讓居家生活得以成真。當時安排一日三班，看護必須是受過醫學訓練的專業人士。植入他喉嚨的管子必須定期用迷你真空清潔器抽吸乾淨，分泌物才不會在他肺部累積。那台迷你真空清潔器本身就是可能的感染源，使用不當會造成傷害。她們面試的人不見得全都想要從事這麼繁重的工作，還有幾位是一開始就不該來的。

應徵者當中有一位很想得到這份工作，也願意長期投入，她叫做伊蓮．梅森（Elaine Mason）。那位女士體格健壯，行動敏捷，還有可笑的幽默感，更以一頭紅髮誇示她的獨特色彩品味。潔恩覺得這個人很有愛心。伊蓮出嫁前全名叫伊蓮．希碧兒．勞森（Elaine Sybil Lawson），出生在赫勒福郡（Hereford），是虔誠的福音派基督徒，父親是英格蘭國教會牧師，名叫亨利．勞森（Henry Lawson），亨利的母親擁有醫學學位。伊蓮曾在孟加拉一家孤兒院工作四年，回到英國後嫁給名叫大衛．梅森（David Mason）的電腦工程師。他們育有兩個兒子，一個約略與提姆同齡。

我家的孩子和梅森夫妻的兩個兒子就讀同一所學校，所以他們一家人我都認識，不過有一次家長日，我參加湯匙盛蛋比賽跑贏伊蓮。她的好強爭勝相當著名，不過從那項運動比賽卻看不出來。她似乎是毫不自抑又不受羈絆的清新女子。

霍金和潔恩雇用伊蓮是出於偶然，因為她的丈夫幫霍金調整一台小電腦和語音合成器，並把機器裝上輪椅。原先霍金只能用他的桌上型電腦來跑等化器程式，現在不管到哪裡，他都可以隨身帶著「聲音」。梅森和他的太太一樣為霍金全心付出，他說：「一看他揚起眉毛，你就得全力以赴。」

霍金一家起居隱私大減，還出現種種新的張力，這些他們都適應了，家裡就像一所小規模醫院，每天二十四小時都有陌生人出入。霍金恢復了體力，等化器程式也運用純熟，他得在聖誕節前回辦公室上班。他不再隻身跨越後園，會有一位看護伴隨前往。從各方面來看，許多事情都逐漸好轉。他的兒子羅伯特參加普教高級程度考試，各項成績都很出色。隔年秋天劍橋就會收羅伯特入學，而且他也修讀自然科學，和他父親當初就讀牛津時相同。

到了一九八六年春季，生活安定下來了，眼前的新局令人相當樂觀。這時卻出現一個悲痛缺憾，霍金的父親法蘭克在三月時過世。霍金的媽媽伊澤蓓爾談起她這個兒子時表示：「父親死亡讓他大受打擊，那件事情相當難受。他非常喜愛他的父親，不過兩人相當疏遠，最後那幾年也沒有經常見面。」霍金當然咬牙面對，堅持下去。不久他又開始離家遠行。第一趟旅行是前往瑞典參加研討會，從多方面來講他這次的表現都相當成功。蓋爾曼也出席那次會議，親眼目睹霍金全場參與的活躍表現，證明凱塞琳麥克阿瑟基金會的資助很正確。潔恩在十月申請展延資助批准通過，基金會持續支助醫療開銷和護理費用。

攻佔機場書店

純熟運用等化器程式之後，霍金便在一九八〇年春天回頭撰寫他的通俗書籍。沒多久，他一如往例不再認為身體的障礙是苦難，反而把它當成優勢。「事實上，」霍金表示：「現在我比喪失聲音之前更能與人溝通。」這句話經常被引用當作英勇面對逆境的榜樣，其實這是事實，從此他講話就不再需要口述或靠「通譯」了。

班騰出版社早在一九八五年夏天就收到霍金的初稿，卻由於他的嚴重健康問題，計畫始終沒有推展。不論如何，推展進度總歸不會是簡單的事項。班騰堅持就若干部分進行修訂，到最後霍金幾乎把他的初稿徹底改寫。

他知道，就算以非專門用語撰寫，多數人也不容易明白他書中的概念。霍金本人也稱他並不是特別喜歡方程式，即便大家總把他在腦中處理方程式的能力，拿來和莫札特在心中譜寫交響曲的本領相提並論。儘管有等化器程式幫忙，寫方程式時可以用文字表達，再讓程式以符號改寫，但這對他來講依然是一件難事。霍金對方程式沒有直覺感受，索恩也曾指出，其實霍金喜歡用圖形來思考。實際上以這種方法來寫這本書還非常好用：以文字來描寫他心中的圖像，同時以熟悉的比喻和幾幅圖解來輔助。

霍金和他的研究生助理惠特的作業方式已形成一種模式。霍金先以科學語言解釋某事，若是發現這樣寫讀者不會懂，兩人就設法想出某種比喻，不過不會胡亂使用比喻，而是確定運用貼切才行。為了確保比喻貼切，就得進行冗長的討論，霍金總是思考該如何清楚解釋又不會太深奧。有些複雜難懂的事情是否應該一筆帶過，不多做說明？解釋太多會不會造成混淆？最後霍金做了大量解釋。

負責的編輯名叫彼得．古札爾迪（Peter Guzzardi），他不是科學家，認為自己看不懂的部分必須全部改寫。對此，霍金的學生和同事偶爾也會抱怨：霍金經常從一種想法跳到其他觀點，還誤以為旁人也能看出個中關聯，得出的結論往往令人感到意外。有些人認為這是由於霍金必須精簡用詞，不過實際原因還更深遠，而且他的科學同行也有同樣體驗，層次還遠比古札爾迪所指更為深奧。惠特說，有時霍金會告訴他，「就我了解」某件事情應該如此，卻不是由於他能證明，或解釋他如何得出那個立場。這時惠特就會做運算，有時還必須向霍金回報他錯了，但霍金不肯相信。接下來就是思索、討論，之後惠特就會明白，說到底霍金才是對的：「他的直覺比我的計算更好，我想那就是他的心智非常重要的一個層面：有能力超前思考，不必按部就班；有辦法跳過單純計算，直接得出結論。」不過就古札爾迪看來，他這樣跳過結論之間的關聯性，以一本通俗的著作而言是不能被讀者接受的。有時儘管霍金覺得自己的解釋已經十分簡潔，古札爾迪卻依然覺得深奧難懂。有次出版社提出建議，讓有經驗的科學作家幫霍金寫書，但霍金強烈反對，於是修訂過程變得令人生厭。每次霍金交出一章改寫篇幅，古札爾迪總會送回一張冗長清單，列出他的異議和疑點。霍金相當煩躁，不過最後他承認他的編輯沒錯，他表示：「這樣做出的書好多了。」

劍橋大學出版社見過霍金提案的編輯曾提出告誡，他每用上一則方程式，都會讓書本銷量減半。古札爾迪同意這點。最後霍金決定，他只要納入一則方程式：愛因斯坦的 $E=mc^2$。兩人就書名也有不同意見，這次古札爾迪贏了。當時霍金對書名用上「簡」字很感不安，古札爾迪答道，他非常喜歡那個字，看了讓他露出笑容。那個論點取勝，書名《時間簡史》。二校稿終於在一九八七年春天完成，從他們開始作業到此時已經過了一年。

那時候，霍金再次全心投入物理學界，延續他的研究生涯，也累積更多榮譽和獎項。一九八六年十月，他獲任命為教廷宗座科學院（Pontifical Academy of Sciences）院士，同時霍金全家也晉謁了教宗。他獲頒英國物理學會第一屆狄拉克獎章（Paul Dirac Medal）。一九八七年六月和七月，《時間簡史》的定稿完成，劍橋舉辦一場國際研討會，慶祝牛頓發表《自然哲學的數學原理》三百週年，緬懷科學史上這本極端重要的書籍。霍金幫忙促成這件大事。當時另有個相關活動，他和伊瑟瑞向重力相關領域領導專家徵稿，彙總編成一部精彩好書：《萬有引力三百年》（*300 Years of Gravitation*）。

一九八八年春季，《時間簡史》即將發行之際，一份樣書寄到佩奇手上，供他為《自然》雜誌撰寫評論文章之用。佩奇駭然發現，內容錯誤百出：照片和圖解放錯地方，圖說也標記錯誤。他急電班騰，編輯決定回收書籍並全數銷毀，接著密集修正，趕上四月在美發行日期。這時佩奇手中握有的少數樣書，大概相當珍貴。

霍金總愛指出，《時間簡史》美國版的發行日期是一九八八年四月一日愚人節。英國版在六月十六日皇家學會一場午餐會上推出。霍金一家驚喜發現，那本書毫不費力登上暢銷書榜首。接著還跌破眾人眼鏡在榜上駐留一週又一週，接著是一月又一月，不久美國總銷售量達到百萬冊。英國的出版商簡直沒辦法備足庫存，上架因應銷售需求。其他語言譯本也很快跟進。那本書確實陳列在機場書店明顯位置，而且等到霍金和他的書都登上《金氏世界記錄大全》，他還得面對一道難題，因為霍金沒辦法讓語音合成器發出「金氏」一詞。機器老是發成「蓋氏」。「也許因為那是美國製的，」霍金口出妙語：「但願我有愛爾蘭製品。」

也許應該感謝那位堅持不懈的編輯，霍金才能成功的讓這本書遵循他的邏輯思維逐步鋪陳（卻不見得很容易），甚至有時還能領先他一步。這是一本必須精讀的書，倘若你沒有科學背景，就別快速閱讀。投入努力會有收穫，而且讀起來也很有樂趣。霍金的幽默讓《時間簡史》獨具風格，開開心心、快速走過時間的歷史，可別在放聲大笑會令人尷尬的場合閱讀本書，那樣做很不安全。

史蒂芬·霍金很快成為家喻戶曉的名字，他也成為舉世眾望所歸的英雄人物。粉絲在芝加哥組成一個俱樂部，還印製霍金圓領衫。其中一名成員坦承，同學認為他圓領衫上的霍金人像肯定是搖滾明星，甚至還有人自稱擁有他的最新專輯。

評論者都給這本書正面評價，有一篇文章還拿本書與《禪與摩托車維修的藝術》（*Zen and The Art of Motorcycle Maintenance*）相提並論，但潔恩大為反感，而霍金則公開表示他很榮幸，因為這表示他的書讓人覺得，不見得要與理智與哲理等重大問題隔絕開來。

買那本書的人真的展讀並了解內容嗎？有些書評推想，買那本書的人多半沒有閱讀，就算他們嘗試研讀也不可能讀懂，他們只是想在自己的茶几上擺上一本。就此霍金在《時間簡史續編》的前言強力反擊：「我想有些書評相當趾高氣揚、自命不凡，他們覺得書評都是非常聰明的人，如果沒辦法完全讀懂我的書，那麼普通百姓就更沒有指望了。」他不怎麼擔心書本擺上茶几和書架只用來展示，他認為，《聖經》和莎士比亞的作品也面對相同的命運好幾個世紀。不過他相信許多人都讀了他的書，因為他收到如雪片般信函談起那本書。許多人提問並詳細論述見解。上街時，經常有陌生人把他攔下，表示他們多麼喜歡那本書；這讓他歡喜至極，卻也讓他的兒子提姆感到困窘。

霍金的名流地位和書本宣傳需求都日漸高漲，而他也因此比以往更有機會遠行。霍金來訪通常會讓主人精疲力盡。紐約洛克菲勒研究所（Rockefeller Institute）就是可以見到這種場面的地點。研究所在全天發表演講、公開露面之後，還舉辦一場盛宴向霍金致敬。霍金喜愛這種活動，還當眾表演嗅聞、品評葡萄酒。晚餐和發言結束之後，派對人馬移師俯瞰東河的堤岸。所有人都戰戰兢兢，唯恐霍金翻落河中。所幸他沒有出事，大家才放下心來，不久他們就讓他動身，平安返回他的旅館。旅館大廳外側舞池依然開放，裡面有一場舞會。霍金堅決不肯就寢，他要當個不速之客。他們勸阻不了這位任性的上賓，於是那群學者只能無奈同意，儘管他們從來沒有做過那種事情。霍金駕著輪椅在舞池四處急轉，舞伴換了一個又一個。樂團不斷為他奏樂直到夜深時分，即使那場派對老早就結束了。

霍金會不會為他的書寫一本續集？經常有人提這個問題，他的回答是：「可能不會。我該起什麼書名？《時間長史》？《時間盡頭之外》？《時間之子》？也許就叫做《時間簡史二》，或許還可以擺在機場書店！」他會不會動筆寫自傳？除非他錢用光了，付不起他的看護費用，他大致就是這樣告訴我。但這種狀況短期內不大可能出現。一九九〇年八月，《時代》雜誌宣布《時間簡史》已經賣了超過八百萬冊，而且依然持續銷售。假使他當初把那一則方程式拿掉，那就太好了！

有些人指控班騰利用霍金的處境來銷售那本書。他們不齒這種行徑，認為他的聲望和受歡迎程度就像狂歡節餘興表演，還怪罪霍金讓那麼一張誇張過頭的怪誕照片印上封面。霍金回覆表示，依照他的合約條款，他對封面絲毫沒有掌控權。不過他倒是說服出版商，發行英國版時改用比較好的照片。

就好的一面，媒體曝露讓霍金得以為世界帶來寶貴貢獻，而且價值起碼及得上他的科學理論，此外還告訴民眾，宇宙大概不是「往下到底全都是烏龜」。（註）這不只讓數百萬人見識到他對研究的熱情，還提醒大家很重要的一點：超脫疾病的邊際之外，還有一種完滿的健康形式。

就霍金而言，書本大賣不只改變了他的財務狀況，還讓他成為《劍橋校友雜誌》（*CAM Magazine*）所說的：「最罕見的一種現象，一個選票投給工黨的千萬富翁。」多年以來，霍金夫妻和子女都在身障陰影和死亡威脅下過日子。誠如潔恩所述：「就某種意義來講，我們一直生活在峭

註：霍金在他的《時間簡史》中重述那段故事，說是有個老太太在一場科學講座結束時起立向講員表示異議，堅稱世界是一個盤子，由一隻巨大烏龜用後背撐起。講員問她，那隻烏龜是站在哪裡，她認為他這樣問非常聰明，不過，其實往下到底全都是烏龜。

壁邊緣，最後你也在峭壁邊緣落地生根。我想，我們就是這樣過來的。」現在他們發現自己「面對另一種威脅，出自身為名流的誘惑和需求，還有必須實踐世界性童話形象的駭人前景。」

到了一九八〇年代中晚期，霍金遠行時往往由伊蓮伴隨，而且雙方好感與日俱增，這點從伊蓮的朋友，紐約攝影師米麗安姆．柏克萊（Miriam Berkeley）拍的系列照片看得十分清楚。不幸的是，伊蓮對霍金的極度忠誠，她的保護作風，還有她維護雙方關係的嫉妒表現，加上她的強悍個性，全都開始和旁人扞格不入，包括他的家人，他的其他看護和照護人，還有應數暨理論物理系的同事和職員。不過她和霍金的關係相當特別，那層關係短期內是不會消散的。此外，其他人都很稱職，也合霍金的心意，不過他希望多點時間共處的人是伊蓮。

CHAPTER

12

嬰宇宙領域依然身處襁褓期

早在一九七〇年代，雜誌報導和電視專題都已經開始講述霍金的故事。到了一九八〇年代晚期，《時間簡史》發行之後，全球所有期刊幾乎都曾刊載他的傳略，記者和攝影師紛紛向他問候。新聞標題大肆宣揚〈英勇物理學家明白神意〉。他的照片登上《新聞週刊》封面，並在點點星群和星雲的精彩背景上頭大書「宇宙之魂」（MASTER OF THE UNIVERSE）橫幅文字。一九八九年，他和家人接受美國廣播公司《二〇／二〇》節目專訪，同時英國還推出電視特別節目：《宇宙之魂：史蒂芬．霍金》。他不再只是成功的知名人物，他已經成為偶像、超級巨星，被歸入運動健將和搖滾樂手的類別。

潔恩談到：「我感到滿足，我們始終有辦法維持完整的家庭，孩子們都有一流表現，而史蒂芬也依然能夠住在家裡，做他的工作。」全世界完全不知道喬納森或伊蓮的事情，而且看來也最好保持這樣。

學術獎項不斷湧入，多了五項榮譽學位和七個國際獎項。其中一項是以色列沃爾夫基金會頒發的一九八八年沃爾夫獎，這個獎項在物理學界被視為僅次於諾貝爾獎的殊榮。另一位劍橋之光，克里斯多弗·波爾吉（Christopher Polge）也在同一年贏得沃爾夫農業獎，而且他和太太奧莉弗還經常與霍金夫妻在宴會場合現身。有一次霍金接受訪問時表示：「我不信上帝，我的宇宙容不下上帝。」這段說詞讓潔恩很難過，因為他們那時是在耶路撒冷，而那座城市對她又別具深刻的精神意義。

到了這個時候，羅伯特已經上了大學，主修物理學並加入劍橋學院（基督聖體學院）划艇隊。有一部電視特別節目報導他在河上比賽，其他家人都在岸上喝采，連霍金也以他的合成語音出聲加油。露西考慮進影劇界發展，她參與劍橋青年劇團的得獎製作，登場演出一九二〇年代的蘇聯政治諷刺劇《狗郎心》（*The Heart of a Dog*）。那齣戲還到愛丁堡和倫敦演出。結果倫敦場次和她的牛津入學考試撞期，露西大膽決定不去應考，任憑她的申請全靠面試表現和普教高級程度考試成績來評定。最後她獲准進入牛津。至於十歲的提姆，霍金表示：「我所有小孩裡面，最像我的大概就是他了。」他和提姆喜歡一起下棋。霍金下西洋棋通常能贏，提姆則經常贏大富翁。提姆宣稱：「所以我們都有很擅長的事情。」一九八八年，美國攝影師史蒂芬·薛姆斯（Stephen Shames）拍到他們即興玩躲貓貓的鏡頭。那場遊戲提姆贏了，他從輪椅的嗡嗚聲就能聽出父親接近了。

露西上《二〇／二〇》節目時透露：「我和父親相處得很好，不過我們兩人都很固執。事實上，我經常和他起爭執，這點我要承認，而且我們沒有一個願意讓步。我想，許多人並不了解他有多麼固執。每次在心中想到一個點子，他都會堅持到底，完全不顧任何後果。他不讓任何事情半途而廢……不管想做什麼事情，不論其他人必須付出什麼代價，他都會去做。」這樣講似乎很刻薄，不過當我和露西談到這點，情況卻非常清楚，她非常喜愛父親，也非常尊重他的意見。她接受美國廣播公司訪問時表示，她認為以他的情況，一定得固執才行。這對他來講是生存的必要手段。他的意志力讓他無視嚴苛的身體處境，日復一日繼續工作，咧嘴微笑，講出有趣的雋語。縱然偶爾會讓他顯得恃寵而驕又自我中心，似乎也完全有理由原諒他。有關他的健康和害怕他死亡，露西表示：「我總是想，『喔，他不會有事的』，因為不管遇上什麼事情，他總是可以度過危機。像這麼脆弱的人，你總忍不住要擔心。他離家的時候我會非常擔心。」露西很早就學會該怎樣處理這種恐懼。露西還很小的時候，媽媽就嘗試對她解釋肌萎縮脊髓側索硬化症是什麼。那時露西哭了，心中認定隔天他就要死了。

就學術界方面，物理學家持續對霍金表現出極高度的尊重，然而見了媒體大肆報導後，卻有些不知所措。不必動用高等數學也能把那本書的百萬等級銷售數字相乘，得出總數超過露西的學費。偶爾也出現一絲酸葡萄味道，傳來耳語：「他的研究和其他物理學家並沒有兩樣，只因為他的處境才讓他顯得有趣。」一位同事評述：「列出本世紀（二十世紀）前十二大理論物理學家，史蒂芬還遠遠排不上名。」這樣講也算是事實，畢竟活在二十世紀的物理學家不勝枚舉，列出來多得嚇人，而且霍金也會認同，但是「遠遠排不上名」或許就有點刻薄。不過貶抑之詞畢竟是少數。他若到企業上班，表現應該不是只有稱職，而且所有人都知道這點。再者，他的同事都喜愛他。哈佛的西德尼・科爾曼（Sidney Coleman）不單在物理專業上和霍金較勁，還是他的課堂搞笑對手，他很高興霍金的名流聲望，讓他愈來愈常到美國，還頻繁前往新英格蘭地帶。還有些物理學家偶爾被霍金搶了鋒頭，卻沒有責怪他。

不過單憑霍金的科學成就，他絕對不可能攀登這等名流地位，還賣出數百萬冊書，這樣想也不是沒有理由。有人表示，他是利用自己的可悲處境，靠著坐輪椅才名利兼收，這種說法對嗎？事實是，儘管霍金寧願不是這樣，但非物理學界的人士之所以欣賞他，或許是基於他的精神，卻較少出自他的科學成就。世上不只霍金能夠力挽頹勢，身處逆境依然抱持正面態度，不過還有誰能以這等迷人風采，成就這等豐功偉績？

超過了四分之一世紀，霍金始終秉持這種樂觀精神和堅定毅力，因為這樣做對自己才好，在這當中或許曾有偏廢，不過我們也不會知道。他必須這樣才能夠活下來並取得成功，不過當初這份責任只是針對他本人和家人。到了一九八〇年代晚期，這份責任就擴及全球各地受他鼓舞的數百萬民眾。許多人（不只是身障人士）都期望他和他的妻子持續證明，儘管面對悲劇，生命和世人依然可以是美妙非凡。不過我們不該感到驚訝，為什麼霍金遲疑看待擺上雙肩的更重大責任。他說，他不過是個單純的人。後來霍金談起這點時還說明，他不覺得自己很悲慘或者帶有浪漫色彩，就好像：「一個完美的心靈，卻住在有缺陷身體裡面。我對自己的智慧深感自豪，卻仍須接受身障也是我的一部分。」霍金已經成為身障人士的絕佳角色楷模。不過，拿他取得的成就來和多數人自許能夠實現的程度相比，個中差距有時會令人喪氣。除了疾病之外，就多數事例來講，霍金向來都非常幸運。

潔恩曾指出，假使她的丈夫是個默默無聞的物理學老師，她也沒辦法說服任何基金會捐款超過一年五萬英鎊看護費用，也不會有電腦程式，他會遠離家人枯坐療養院，一天過了又一天，沉默孤立成了廢人。她對全民保健服務沒有照顧他們極感不滿，於是投身改革運動來幫助有相同問題的人，設法讓全民保健服務贊助居家照護，別再拆散家庭。霍金的形象鼓舞各大學改裝學生宿舍設施，好讓有全天候護理需求的學生也能受到照顧。霍金的辦公室檔案櫃上擺了一個迷你型抽象玻璃雕塑，那是布里斯托大學（University of Bristol）「霍金之家」宿舍送的禮物。劍橋也建造一處相仿設施。

不論在世界何地產生什麼影響，霍金總歸在一九八九年辦到了，他擊敗了劣勢。女王頒給他名譽勳位，把他納入由女王本人和其他不到六十五人共同組成的榮譽位階。這是女王能夠頒賜的最高勳獎之一。劍橋大學做出罕見決定，頒給自己的教員榮譽博士學位。霍金從大學校長菲利普親王手中接下學位，接著就參與盛典，在合唱器樂聲中往返大學評議會大樓（Senate House），負責伴唱、伴奏的有國王學院和聖約翰學院兩支合唱團，以及劍橋大學銅管樂團。「這是史蒂芬所有成就綻放無比榮耀的一年，」潔恩表示：「我想這讓他非常高興。」霍金熱愛自己的工作，他表示：「我擁有美好的家庭，我做事很成功，我還寫了一本暢銷書。人生夫復何求。」他贏得這等聲譽，而且他也喜歡成名。對一個在二十一歲就自以為沒有理由活下去的人來講，這種結果確實令人陶醉，這是對命運開的美妙玩笑。

他那本書雖然造就空前成功，不過卻帶來明顯的負面結果：從事科學研究的時間少了。學生嘆息：「霍金老師的業外活動太多了。」即使訪客很多，但霍金卻很少拒見。邀約太多了，他卻沒有辦法回絕。遠行太頻繁了，他卻排定愈來愈多行程。郵件太多了。起初幾封談《時間簡史》的來信他都親自回覆，後來就辦不到了，改由他的研究生助理和祕書回覆信件。

盛名遠播不見得都很好，「這顯然能幫我促成一些事情，也讓我有能力協助其他身障人士，」霍金告訴一位記者：「不過這也表示，我到世界各地都沒辦法隱藏身分。不論到哪裡都有人認出我，上前表示他們多麼喜愛那本書，還有能不能和我合照。他們這麼熱情令人滿心喜悅，不過有時候我寧可私下活動。」他想出一個辦法，他編寫程式讓語音合成器說明：「大家經常誤以為我是那個人。」或者：「經常有人誤以為我是史蒂芬‧霍金。」但沒有人受騙。

霍金就這樣面對愈來愈應付不了的活動行程，同事也開始擔心他會疏忽科學研究。不過霍金的科學研究依然持續。一九九〇年六月，他再次前往加州理工學院，還把一個延宕日久的小問題解決了。早先他曾和索恩打賭天鵝座X－1是不是黑洞，相關證據在這十六年間出現了，結果顯示天鵝座X－1有九成五把握正是黑洞。霍金認定，這時也該和索恩做個了斷。由於打賭憑據就裝框收藏在索恩的辦公室內，於是霍金趁索恩前往莫斯科，由幾位「刑事共犯」幫忙闖入他的辦公室，在憑據上寫下賭輸聲明。霍金在聲明憑據上摁了大拇指印來代替簽名。

一九八〇年代晚期，霍金以名流身分遊遍全球，然而他在心中遊歷的距離，讓那幾趟行程相形見絀。早先惠勒便曾在一九五六年引進一種量子蟲洞（quantum wormhole）觀點，這時霍金更試行穿越這類蟲洞，行險深入更特異的地帶，他要進入嬰宇宙（baby universes）。讓我們隨他站在空間和時間之外，從更好的角度審視。

宇宙氣球新風貌

霍金要我們想像一個龐大的氣球以高速膨脹。那個氣球就是我們的宇宙，球面的小點是恆星和星系，小點讓表面凹陷或起皺摺。根據愛因斯坦的預測，當物質和（或）能量出現，時空也隨之扭曲。

當我們以一台倍率不高的顯微鏡來檢視宇宙氣球（cosmic balloon），表面儘管遍布皺摺，看來卻仍相當平滑。改用倍率高的顯微鏡，我們就會察覺表面終究並不平滑。球面看來彷彿劇烈顫動，形成一團朦朧模糊的景象（圖十－九）。

前面我們也見過這種模糊景象。測不準原理讓量子層級的宇宙變成非常模糊，一顆粒子的位置和動量，永遠不可能同時明確得知。我們能以一種設想來描繪出這種量子不確定性的相貌，想像每顆粒子都不斷顫抖並表現隨機細微的振動。我們愈貼近觀察，顫抖也愈劇烈。全神貫注詳細審視量子層級，我們充其量只能表示，一顆粒子有這個機率出現在這裡，或有那個機率像那樣移動。宇宙氣球的表面也同樣無法預測。若以夠高的倍率來觀看，量子擾動就會變得極度混沌，於是我們就可以說，那種擾動有可能正在進行任何事情。

霍金認為這種「任何事情」有可能是指什麼？他在一九八〇年代晚期曾經投入思忖，宇宙氣球裡面生成一個細小凸起的機率為何。就我們比較熟悉的派對氣球而言，若球面有一點脆弱部位，那裡就會鼓起。通常派對氣球一出現這種情況就會立刻爆裂，不過偶爾會出現罕見事例，表面鼓出一個細小氣球。假使你能見到我們的宇宙氣球出現這種情況，那麼你就見證了一個嬰宇宙的誕生。

這看來相當壯觀：一個宇宙的誕生。我們有沒有機會目睹這種事件？不可能。首先，那不是一種發生在「實」時間的現象，而是發生在第十章討論的「虛」時間。還有個理由讓我們見不到它：霍金表示，因為若有任何東西真正稱得上從小開始，那就是宇宙了。我們的宇宙和新生嬰兒之間的連接通道（稱為臍帶亦無不可），寬約只為十的負三十三次方釐米。若想寫成分數，你可以在分子處擺個「1」，分母則寫上「1」後面跟著三十三個「0」。那是相當小。開口處（號稱蟲洞）就像細小的黑洞，閃爍現形倏忽消失，間隔短得無從想像。我們前面談過另一種壽命極短的東西（第六章的霍金輻射），那時我們見到，可以把能量場的擾動現象想成一對對非常短命的粒子。蟲洞同樣是構思這種擾動的一種方式，不過這次擾動的是時空紋理：宇宙氣球的表面。

霍金的設想是，附著於這種臍帶的嬰宇宙有可能並不短命，同時，開頭很小也不見得永遠保持很小。他的想法是，到頭來新生宇宙就有可能膨脹成像我們的宇宙這般模樣，延伸跨越數十億光年。就像我們的宇宙，裡面什麼都沒有？不盡然。霍金指出：「任何尺寸的宇宙都有可能從重力能量生成物質。」接下來就有可能形成星系、恆星、行星，說不定還有生命。

嬰宇宙和成年宇宙都為數眾多嗎？宇宙會不會從任意地方分支出來？從廚房洗碗槽內？從你體內？霍金說：會！新生宇宙有可能在我們周遭不斷生成，甚至從我們體內各點現形，我們的感官卻完全察覺不到。

你說不定會感到納悶，我們的宇宙初生之時，會不會就是另一個宇宙的側邊凸起。霍金宣稱是有可能的。我們的宇宙有可能是處於宇宙無邊迷宮的一環，各個宇宙分支出現彼此結合，就像無窮無盡的蜂巢，裡面不只有嬰宇宙，連成年宇宙也在其中。兩處宇宙有可能在不只一處定點生成蟲洞連接管道，說不定有好些蟲洞與我們自己這處宇宙的其他區域相連，或者連往其他時間（圖十二－一）。

在量子篩網裡面過日子

讓我們盡情發揮想像力，從一顆電子的視角來觀看這一切現象。假定宇宙任何定點都有千兆顆黑洞閃爍生滅，那麼一顆電子所面對的事物，也就類似龐大一鍋瘋狂沸騰的濃粥。在裡面通行，就像在一道不斷變動的篩網裡面穿行同樣棘手。一顆電子在這種環境裡面試行採直線移動，肯定是要遇上蟲洞，落入其中，接著就被射出，進入另一處宇宙。這樣講似乎十分可疑，物質彷彿會從我們的宇宙消失，而這是不容許的。然而根據這項理論，物質安全無虞，不會消失。另一顆一模一樣的電子會從其他地方冒出來，回到我們的宇宙。

難道我們不會注意到這種電子替換現象？我們不會這樣看待這種事情。在我們眼中，這種事件就像一顆電子沿著直線行進。

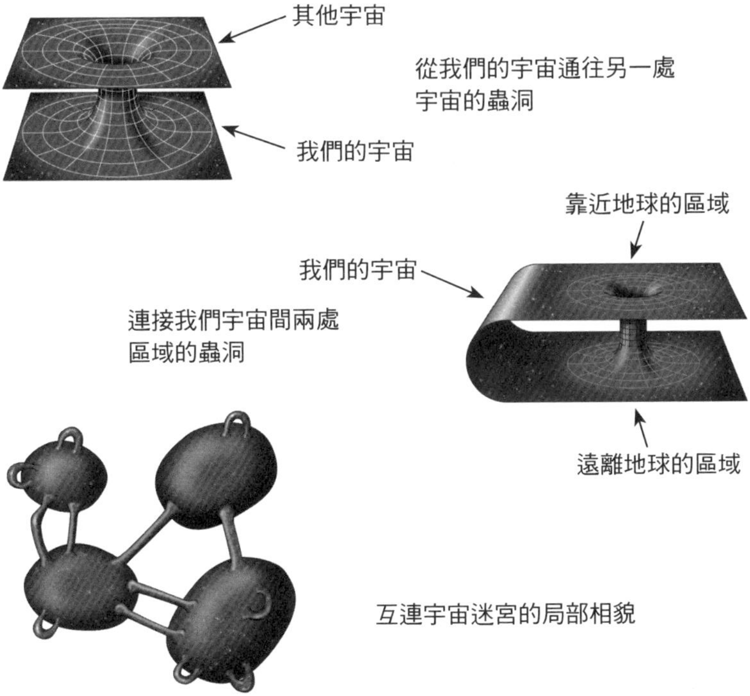

圖十二－一：蟲洞和嬰宇宙。

然而當蟲洞出現，霍金的想法是，這時所有的移動電子，彷彿都像具有較大質量，超過沒有蟲洞的情況。所以，倘若我們試行以任意理論來預測粒子的質量，這時就有必要知道，是否真有所謂的蟲洞。

依理論所述，若一顆電子由一顆光子伴隨一道墜入蟲洞，看來就毫無異常之處。我們只會觀測到電磁交互作用的媒介子正常交換，其中一顆電子會發射一顆光子，再由另一顆予以吸收。霍金的推想是，或許所有粒子的質量和所有粒子的交互作用（在宇宙全境永不停息的四力作用力活動），都可以用這種進出蟲洞的現象來解釋。

讀到這裡，或許你要合理質疑，粒子怎麼有可能穿過蟲洞。蟲洞遠比我們所知的任何最小粒子都小。誠如霍金輻射的情況，不論我們如何試行構思全貌都行不通的事例，在量子力學卻有可能成真。

霍金投入計算蟲洞對粒子（如電子）的質量會產生什麼影響，初步計算結果指出，粒子質量遠比我們實際觀察所得還大。後來他和其他研究人員，設法求得比較合理的數值。不過到了一九八〇年代末期，霍金便提出質疑，不肯定蟲洞理論能不能預測我們所處宇宙或其他宇宙的粒子質量。如第二章所述，當某種狀況必須直接測定，無法以理論來預測，這種狀況就稱為恣意元素。就迄今所有人設想的理論來講，粒子質量和所有力的強度，完全都是這種恣意元素。蟲洞理論恐怕無法稍減這類事物的任意特性，卻有可能解釋為什麼它們恰好都是任意的。霍金的想法是，粒子質量和其他自然界常數（fundamental numbers in nature），說不定根本都是量子變數（quantum variable）。這也表示，它們說不定都是不明確的，好比粒子路徑，或如發生在宇宙氣球表面的現象。每個宇宙的這類數量，都會在創世之際隨機訂定。可以這麼說，若是擲了一把骰子，這類數量就在那個宇宙拍板敲定，不過從理論不能知道骰子會開出什麼結果，說不定連哪種結果比較有機會出現，都沒辦法判定。蟲洞理論是不是也有這種情況，這點霍金沒有把握。不過，後來他又回頭思索另一種觀點，那就是自然界常數，甚至還包括自然定律，說不定是因宇宙而異，而非普適全體所有宇宙的基本原則，這點往後他在其他文獻還會提及。

嚴重扭曲的宇宙

霍金說：「眼前有個重大謎團，量子擾動為什麼沒有把時空扭曲成一顆細微小球。」別忘了，這就是理論學家追尋統世理論時必須解答的一個謎題。

這個所謂的真空中的能量問題，物理學家稱之為宇宙常數問題。各位應該記得，愛因斯坦曾經推出某種號稱宇宙常數的東西，以此來抵銷重力，這樣宇宙才不會改變大小。後來他稱之為：「我這輩子最大的錯誤。」那個術語後來意思稍有改變，指稱另一種相關現象。如今科學家使用宇宙常數一詞來指稱一個數值，由此我們就能得知，這種真空能量緻密到什麼程度：真空的能量密度。常識告訴我們，真空中完全不得有任何能量，不過前面我們也見到，測不準原理闡明，「真空」空間並非真的空無。那裡有翻騰洶湧的能量。宇宙常數〔真空能量密度（the energy density of the vacuum）〕肯定異常龐大，而且廣義相對論告訴我們，這種質量（能量）應該要讓宇宙捲曲起來。

然而，不論測不準原理和廣義相對論如何顯示，我們並沒有捲曲的宇宙。事實正好相反，就在霍金發展蟲洞理論之時，根據學界想法以及觀測結果，宇宙常數之量值早經認定為趨近於零。這是根據星系相互遠離之觀測速率，以及我們本身存在之實據推斷而得。霍金指出：「若宇宙常數很大，不論正負都會讓宇宙不適合生命發展。」宇宙常數值就是我們在第九章見到的「細微調校」範例之一。底下就會見到愛因斯坦稱之為「大錯」說得太早了，不過在一九九〇年代早期並沒有人知道這點。

既然理論告訴我們，宇宙常數值應該非常大才對，為什麼觀察結果卻顯示，那個數值竟然是那麼小？請再回想一下，霍金輻射的對對粒子。根據霍金在盧卡斯數學講座教授就職演說時提到的超重力理論，真空中有對對費米子（物質粒子）帶來負能量，把對對玻色子（媒介子）的正能量抵銷掉了。這說不定正能解釋真相，或起碼提出局部說明，不過個中道理複雜難解。首先，這類粒子並不是只和重力互動。不過就算我們有許多正負能量兩相抵銷，若說所有一切都會這樣抵銷為零，委實有點過頭，令人難以相信。就如當初和霍金同樣對蟲洞投注熱情的科爾曼所述：「零是個很可疑的數字。想像你在十年間花了好幾百萬美元，同時卻從來不去看你的薪水，最後拿你花掉的和所賺得的金額做比較，結果卻兩相抵銷，分毫不差。」宇宙常數要抵銷到零更不可能。

蟲洞能不能破解這個謎團？霍金認為，蟲洞從任意定點分支出來，從而產生出宇宙常數（真空能量密度），或是粒子質量一類的量子變數。這有可能是任何數值。結果趨近於零的機率有多高？想像一個宇宙就像嬰兒一般，從某個現存的宇宙分支誕生。依據蟲洞理論所述，宇宙為數繁多，其中有些比我們所處宇宙的當今規模更為龐大，另有些則不到原子那麼大，小得令人無從想像，還有兩端之間的種種不等尺寸。嬰宇宙本身的宇宙常數值，必須從其他某處宇宙複製而來，或許可以說是繼承取得。一個人是否繼承音樂才能，在嬰兒階段並不重要；只有當那個嬰兒長大一些，這點才變得重要。一個宇宙繼承的宇宙常數值是否趨近於零，在嬰兒階段並不重要。除非宇宙發展到相當程度，否則其宇宙常數值根本無從測定。然而，在這大小不等的繁多宇宙當中，唯有當所有真空正負能量全部抵銷為零，這時嬰宇宙才最有可能透過蟲洞連通管道，從其他較大、較冷的宇宙繼承取得宇宙常數值。科爾曼鑽研任一依蟲洞理論所述之宇宙的宇宙常數趨近於零的機率：我們這類宇宙的出現機率，結果他發現，任意其他類型的宇宙全都不可能出現。

蟲洞和統世理論

蟲洞和嬰宇宙讓許多物理學家迸發想像力，他們開始做出反應，就種種觀點爭執不休，還提出其他不同版本。這始終是好現象。「嬰宇宙領域依然身處襁褓期，」霍金妙語戲稱：「卻也長得很快。」蟲洞和嬰宇宙能不能為尋覓宇宙完整理論做出貢獻？

首先，我們已經見到，這項理論似乎能提供一種新穎手法，來審視宇宙常數問題，也就是真空能量密度理當讓宇宙縮小，實則不然的棘手難題。霍金認不認為，蟲洞就是能解決廣義相對論和量子力學間這種歧異的理論？「我可不會推得那麼遠，」霍金表示：「沒有根本上的歧異，不過有些技術問題是蟲洞幫不上忙的。」

其次，倘若你依循蟲洞理論回溯到起點，這個理論也不會失效。換成愛因斯坦的理論，倘若你依循事項回溯到大霹靂，你就會來到一個奇異點，到了那裡，我們所知的物理定律都會完全失靈。

霍金的無界構想闡明，在虛時間中不會有奇異點。依蟲洞理論推想，在虛時間中，我們的宇宙起初有可能是從另一處宇宙分支生成的嬰宇宙。

第三，蟲洞理論以一種令人滿意的幾何方式，把量子理論和相對論充分串連起來，於是我們就可以認定，量子擾動、量子蟲洞和嬰宇宙，以及天文學等級的時空扭曲和黑洞，兩邊並沒有太大不同。我們所處宇宙的種種基本數，好比粒子的質量和電荷，以及宇宙常數，說不定都是一組互連宇宙迷宮的幾何造型產生的結果。

其他理論都沒辦法預測粒子的質量和電荷。根據那些理論，這些都屬於恣意元素。就不曾見過我們這處宇宙的外星生物而言，除非小量品嚐「實」宇宙，否則單憑那些理論，完全沒辦法算出這些基本量值。我們已經見到個中相關爭議，包括蟲洞能不能讓我們得以認識、算出這些基本數，還有蟲洞會不會讓這類數值更不可能以任何理論來預測。

根據超弦理論，宇宙的基本物體根本不是點狀粒子，而是一種纖細的振動弦，這派理論學者期望他們的理論，到最後有可能預測出粒子質量和電荷。但霍金並不看好：「倘若這幅嬰宇宙寫照是對的，我們預測這些量值的能力就會減弱。」假使我們知道外面有多少處宇宙、它們的大小為何，那麼情況就不同了，不過我們並不知道，甚至看不出它們是不是連上我們的宇宙，或從這處宇宙分支出去。我們沒辦法得知這一切的精確全貌，只知道，倘若宇宙確實相連或分支生成，則粒子質量和電荷等一類量值的表觀數值也會因此改變。到最後，我們的預測值不確定性，也就會變得很小卻又相當明確。

霍金不會太擔心這類研究能不能帶領他找到統世理論。他的策略是，專注於他了解的領域，點滴處理眼前問題，闡明把相對論和量子力學擺在一起會發生什麼事情，還有事物如何運作。他認為，不論統世理論最後是由誰發現，呈現哪種相貌，以他這種方式來研究宇宙，產生的發現應該都能成立。他構思的寫照，應該能夠納入成為一個更大，或者更基本寫照的一環。

維護歷史完整

比粒子還大的東西，有沒有可能穿越蟲洞，前往另一處宇宙，或者抵達我們所處宇宙的另一區，這裡若是不著眼討論這點，恐怕科幻迷都要大失所望。許多科幻作品都採用這種構想。從表面看來，這種旅行方式似乎肯定相當可行。一九八五年，科學幻想和科學推測攜手合作，索恩和他的幾位研究生，因應卡爾．薩根（Carl Sagan）所請，投入鑽研一種可行性。薩根必須想出辦法，讓他的《接觸未來》（*Contact*）小說女主角不花任何時間，就能前往非常遙遠的地點。問題是，尺寸大得夠讓你、我或薩根的女主角通過的蟲洞會很不安穩，相當危險。就算是我們在旁現身這般輕微的干擾，都會把蟲洞連同裡面的我們一併摧毀。最後索恩認為他找到答案了，那種做法是使用具有負能量密度的異類物質，來撐開蟲洞咽喉：遠比人類文明更先進的文明，或有可能辦到。針對索恩的推想，霍金做出簡潔的回應：「你錯了。」就此索恩論道：「在這個圈子裡，每次有人認為旁人錯了，用語幾乎都很不客氣。」

霍金著手為自己的意見尋找佐證，得出的結果他稱之為時序保護猜想（chronology protection conjecture）。他提出這項異議，主要是針對以蟲洞當時光機的構想。這項猜想說明，大自然會防範時空軌線出現閉合類時曲線，不讓一個人在時間中逆向移行。你一試行啟動，時光機蟲洞就會爆炸，霍金說明，這種爆炸可以幫歷史學家保障宇宙安全，但沒有人能逆時移行來改變歷史。二〇〇二年，索恩為祝賀霍金六十歲生日寫了一篇論文，裡面他提醒讀者和聽眾，時序保護猜想就如字面所述，不過就是一個猜想：「因為他和我都用物理定律來做研究，而且我們這個領域還很擔心那些定律到底正不正確。」霍金也曾論稱：「我們知道時光旅行目前完全辦不到，往後也永遠不可能實現，這方面的最佳證據就是，我們還沒有遇上未來旅客結隊入侵的事例。」不過他也調侃，我們這個歷史時代說不定早就臭名遠播，以劣質旅遊地點著稱，未來訪客都盡量避開這裡。

索恩稱霍金的論文有關時序保護猜想的說法是一種精心傑作，當然這也不見得就表示他認同那種觀點。霍金在索恩六十歲生日時送他一項量子力學計算結果，求出蟲洞時光機成功機率。霍金沒有更加樂觀。他得出一比十的六十次方。

那麼較小的黑洞呢？原生黑洞蒸發時，早先落入裡面的東西會發生什麼事情？依蟲洞理論推想，那些東西不見得會重新變回我們宇宙間的粒子。那些粒子反倒有可能溜進一處嬰宇宙。資訊悖論露出醜陋真面目！當然，這處嬰宇宙仍有可能再與我們的時空區域結合。這樣一來，它看來就會像是另一顆黑洞，現身成形又蒸發消失。落入一顆黑洞的東西，會化為粒子從另一顆黑洞冒出來，反之亦然。這可以算是一種空間旅行：假使你恰好是顆粒子，而且不會有資訊流失。

蟲洞和嬰宇宙能不能提供解決資訊悖論的做法？若有人仰首指望宇宙，說不定有一種方法可以保障自己免於流失資訊，但短時間內這些期望恐怕得不到霍金的稱許。

第三篇

胡桃裡的宇宙

一九九〇至二〇〇〇年

CHAPTER 13

理論物理學是否終點在望？

從二十世紀中期直到二〇〇〇年為止，劍橋大學應數暨理論物理學系都位於一棟全無建築特色的汙穢巨型建物裡面。我們只能歸結認定，能在那裡開心工作的人，肯定對周遭環境根本視若無睹，或者是基於其他非美學理由才喜愛那處老舊場所。

建築入口在銀街，走一條窄巷穿越瀝青停車場，從一道紅門進入。建築內部一副官樣格調，樓層平面布局毫不合理。一條通道過了窄小接待區右轉，經過一台古老的黑色金屬升降梯，繼續直走一段距離會遇到彎道，走過去後整個視野頓時寬敞開來，經過信箱區和貼滿演講、研討通知的布告欄，沿路的牆壁滿是猥褻塗鴉，走道接著又突然縮窄，最後終點是一處大型交誼廳。

幾十年來，每天下午四點，應數暨理論物理系都在這處交誼廳茶聚。其他多數時候，那個房間閒置無人且光線黯淡。室內色調搭配偏好萊姆綠，包括環繞幾張矮桌擺放的彷皮扶手椅、木製品，和支撐挑高天花板的梁柱下半段。那裡有一張桌子堆了一落科學刊物，一面牆設有一處「要犯照片張貼區」，掛了當前學生和教職員的小照，另一面牆掛了幾幅前幾任盧卡斯數學講座教授的肖像。房間最遠側有幾扇巨大的窗戶，可以看見走道對側一堵空白牆面，卻幾乎照不進絲毫光線。

霍金的辦公室和其他幾個房間的入口，都開在這間交誼廳。他的門上貼了一面小牌子：「請安靜，老闆在睡覺。」也許不是真的。多年來，霍金每天都花很長時間在那處舒適的挑高辦公室內工作，裡面有他的電腦、子女照片、幾株植物、門上貼了一幅真人大小的瑪麗蓮夢露圖像，從一九八五年以後，辦公室裡多了照顧他的看護。他唯一一扇超大窗戶俯瞰著停車場。

霍金從上午十一點開始在那裡工作，祕書會幫他確認當天的行事曆。到了一九八〇年代晚期，已經無法按照行事曆做事，不管誰要和霍金見面，都必須保持彈性的時間。

在辦公室裡，不時聽見他的手持式摁壓開關發出按鍵聲響。霍金背靠輪椅，面無表情看著電腦螢幕，選出單詞來和訪客與採訪人員溝通、和同事討論、指導學生、使用電話交談、寫信並回覆信函。有時他用控制桿操縱輪椅，駛過交誼廳和通道，前往其他房間開會或參加研討會，這時你就會聽到輪椅馬達發出聲響，而且會有一位看護隨行。偶爾他會以調校合宜的電腦語音吩咐看護，幫他調整坐姿或抽吸呼吸道中的痰液。

一九八〇年代晚期，霍金的看護人數愈來愈多又很稱職，他們的年齡、性別各不相同，但都喜愛霍金，竭力讓他看來很體面，頭髮時時梳理整齊，眼鏡擦得光亮，還幫他擦拭流到下巴的口水，此外就如他們所說，每天「幫他打理門面」許多次。霍金沒有選擇餘地，只能完全仰賴旁人，但不曾表現絲毫無助氣息。事實正好相反，他的精力充沛、堅毅果斷，無疑能掌控自己的生活。霍金的看護表示，由於他的個性強勢，不論幫他工作或與他共處都相當吃力，卻總能得到回報。後來潔恩撰文寫到看護人員之間的不愉快競爭，這點我倒是沒有聽過。

到了八〇年代晚期，霍金的郵件負荷已經過重，他的研究生助理蘇·馬西（Sue Masey）和一位當時幫忙郵務的看護都無力應付。他們辛苦、周延回覆從世界各地寄來的信件、詩詞和錄影帶，許多人談起感人故事，霍金就會親自回覆。不幸的是，必須以明信片禮貌回覆的情況愈來愈多，即便霍金只親自處理小部分信函，都得佔據他所有清醒時刻。

午後一點，不論晴雨霍金都會駕駛輪椅，連同裝置在椅子上的攜帶型電腦一道外出，駛上劍橋校園窄路，隨行人員有時只有一名看護，有時是幾位學生，邁步慢跑跟上他的速度。那趟行程會穿越劍橋中心區，距離很短，再通過國王大道精品商店區、國王學院禮拜堂和評議會大樓，來到岡維爾與凱斯學院和同仁共進午餐。這時看護會拿一條圍兜披上他的雙肩，然後拿湯匙舀食物餵他。進食不影響霍金談話，他的手指繼續在手持式裝置上移動，選擇單詞和身邊的人交談。

餐後再返回應數暨理論物理系。在那時候，霍金令人膽顫心驚的輪椅駕馭惡名已經傳遍兩大洲，學生會預先前往國王大道和銀街，攔下往來汽車、貨車和腳踏車，但霍金還是依然莽撞硬闖，霸佔路權高速前行，朋友都很擔心他被貨車撞死的機率會高於肌萎縮脊髓側索硬化症。

下午四點，霍金會再次出現在應數暨理論物理系交誼廳門口。茶聚時間是這個系的固定儀式，原本閒置的空盪盪交誼廳，突然間又充斥震耳欲聾的談話聲和杯盤交碰聲響。參加茶聚的物理學家和數學家，多半穿得像個營建工人。曾有人說，霍金的相對論研究群看來就像遇上壞日子的搖滾樂團。他們聊的不是閒話家常，話題包括蟲洞、歐氏區間（Euclidean region）、純量場和黑洞。方程式潦草寫在矮桌桌面。霍金以急智巧思為談話內容定基調，不過他從前的學生表示，茶聚時聽他幾句評述的收穫遠超過聽旁人一小時演講。霍金擅長以簡短語句解釋深奧意涵。讀過他的授課筆記你就會明白，他選用的字彙是如何精準說明他的意思。

「接受表揚」：一九八九年。

[1]劍橋榮譽學位遊行儀式，由羅伯特、潔恩和提姆（頭戴史蒂芬的帽子）簇擁隨行；[2]和潔恩前往白金漢宮接受名譽勳位。

2 | 1

「名流身分」：一九九〇年代早期。

[1]史蒂芬和母親伊澤蓓爾慶祝他登上《金氏世界記錄大全》；[2]他的辦公室一景，摘自《時間簡史》影片；[3]在史蒂芬·史匹柏家中與史匹柏和看護葛德文合影。

1
2 | 3

「進軍媒體」：一九九〇年代。

[1]在《辛普森家庭》粉墨登場；[2]現身《飛出個未來》電視劇集並與動漫版的高爾、米歇爾．尼科爾斯和加里．吉蓋克斯同台演出；[3]在《銀河飛龍》星艦影集打撲克牌獲勝。

1
2
3

[1]一九九七年在加州理工學院，與普雷斯基爾和索恩簽署裸露奇異點第二場賭局議定書；
[2]史蒂芬和伊蓮在一九九五年結婚當天合影。

「嶄新千禧年」

[1]二〇〇八年在復活節島；[2]一九九七年在南極；[3]二〇〇七年零重力飛行；[4]「夢露」現身霍金的六十歲生日派對。

1 | 2
3
4

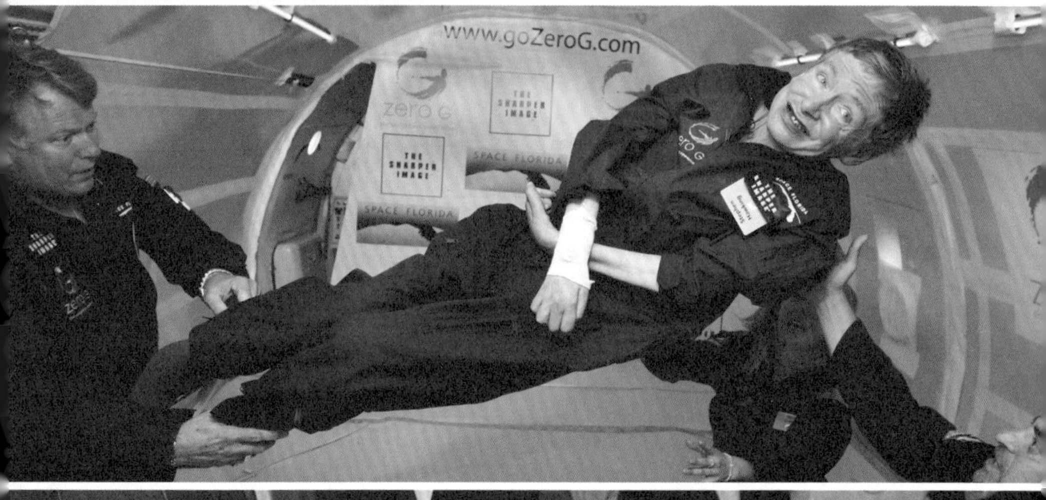

「結識大人物」

[1]和女兒露西接受美國總統歐巴馬頒贈總統自由動章；[2]和他的三個孩子，提姆、羅伯特與露西在白宮合影；[3]和曼德拉在南非合影；[4]與伊麗莎白女王在切爾西花展「史蒂芬・霍金運動神經元疾病園區」閒聊。

1
2 | 3
4

「劍橋」：二十一世紀。

[1]數理科學研究中心，應數暨理論物理系的新家；[2]霍金藏身他的高科技邊角辦公室，書桌一角可見盛裝石塊的圓盤，他的幾幅零重力照片也張貼在門外顯眼位置。

1
2
3 | 4

[3]在基督聖體學院爲「時間食客」壁鐘揭幕，和壁鐘發明人約翰．泰勒合影；[4]雕塑家伊恩．沃爾特斯創作的胸像，陳列在新交誼廳。

「攀登世界的熾烈壁壘」

二○一○年六月，霍金和大提琴家馬友友在紐約市林肯中心世界科學節開幕之夜聯歡晚會同台留影。

下午四點半，交誼廳又像早先迅速擠滿人那般快速清空，室內長型日光燈管除了一盞之外也全都熄滅。這時霍金駛回辦公室，繼續工作到晚間七點。霍金的學生發現，接近傍晚時他比較有空協助他們。

霍金有時在學院吃晚餐，有時則在特別改裝的廂型車裡吃飯，那是動用一九八八年以色列沃爾夫物理學獎獎金購買的，飯後司機會載他去聽音樂會或去劇院。若是提姆的學校有音樂會，他就會前往聆聽提姆拉大提琴。提姆跟姊姊露西一樣都學習大提琴，而且演奏得很好。

晚上時間霍金大都待在辦公室工作到很晚。一九八九年十二月某晚，我到霍金的辦公室和他討論我第一本寫他的書。我們討論了黑洞，我也讀了一段文字請他確認正確與否。那時我發起牢騷，說自己文筆單調乏味，而編輯又反對在科學書中穿插趣味、幽默，這時霍金說：「應該要很有趣才對啊，告訴他，是我講的！」我很有把握藉此反駁編輯，畢竟霍金的作品賣了好幾百萬冊。這時我看著字詞一個一個掠過螢幕，我嚇了一跳，訊息寫著：「能不能請你幫我扶起來，讓我坐高一點？」糊塗片刻之後我才想通，原來這不是要給我看的，於是我瞥了一眼坐在旁邊的年輕男看護。他回過神，扶起霍金，幫他調整比較好的姿勢。

當晚訪談結束後我們也釐清了寫作計畫，後來霍金指示助理提供童年和家庭照片，並附上他先前撰寫的相關文稿，包括他的童年和身障等從未發表的內容。同年的五、六月，我完成那本書的科學篇章之後，就和他一道看那些文稿。

轉危為安

當一個人的生活像霍金這般成為萬眾矚目、逢迎的焦點，難免都要展現很不自然的形貌。這時不論一個人多麼穩健、成熟，或者多麼擅長幽默看待自己，你都不容易洞察事情的真相。四分之一個世紀以來，霍金一直勸說旁人別把他當成次等人類。他的勸說成效太好了，他已經讓大家信服，原來他是個超等人類。他從來沒有刻意鼓動這種想法，他說自己只不過是一個普通人，別認為他有任何過人之處或比不上別人。然而評論者認為，其實他根本不排斥超級英雄形象。說句公道話，有誰會拒絕呢？那種形象很有趣，還能賣書。此外，阻止別人給自己冠上任何形象有用嗎？霍金針對此點提出說明：「當旁人稱之為勇氣，總讓我覺得困窘；我不過是因應眼前處境，做了唯一能做的事情。」有人認為這種說詞是假作謙遜，但也有人認為這是英勇事跡。

此後，霍金比先前更常公開擔負身障人士的楷模。一九九〇年六月，他在南加州大學一場職能科學研討會上發表演說，內容幾乎稱得上激進：「有一點非常重要，我們應該協助身障孩童和同年齡小孩交融相處，這樣能確立他們的自我形象。一個人若是在早年就被隔離，怎麼可能感到自己是人類族群的一分子？那根本是種族隔離政策。」他說自己很幸運，因為疾病很晚才侵襲他，所以已經和肢體健全的朋友度過童年，也參與了體能競賽。他稱讚科技的進步幫了很大忙，不過：「儘管輪椅和電腦之類的輔具能扮演重要角色，克服肉體缺憾，不過正確的心態更重要。抱怨民眾對身障人士的態度是沒有用的，身障者必須靠自己來改變民眾的心態，就如黑人和女性已經改變了眾人的看法。」連批評霍金的人都無法否認，就這一點而言，他走過的路比歷史上任何人都走得更遠。

霍金在世界各地往來奔波演講、接受種種榮譽、舉辦記者招待會並受到民眾奉承，而且愈來愈常由梅森隨行，在此同時，劍橋的朋友則心懷縱容和欣喜，注視他們這位超級名流的現況，心中的憂慮卻也愈來愈深。他們毫不豔羡他的樂趣，只為他感到憂心。他會不會開始相信宇宙之魂那種形象？名流的身分會不會貶低他的科學成就？那種地位和他先天頑固的本性結合之後，會不會把他變成一個任性又愛慕虛榮的人？崇高自我形象會不會影響他的家庭？他們歷經艱困逆境的婚姻還能存續嗎？民眾喜歡擁有英雄，但霍金可不可能變回早年的霍金？看來不大可能。

潔恩和喬納森的關係，只有一小群非常謹慎自持的人知道，相關新聞依然不為外界所知，媒體也不知情，這在窄小如劍橋的城鎮和大學社區是一個特例。然而，潔恩卻在一九八九年道出口：「剛開始我非常樂觀，史蒂芬也受了那份樂觀的感染，但現在他的果斷已經超前我，我趕不上他了。我真心相信，他想補償他的處境，卻往往補償過頭，任何事物引起他的注意，他都絕對會動手去做。」那個「任何事物」已經增長到完全不成比例。潔恩覺得他能住在家裡，生活還相當正常，就是一項了不起的成就。霍金想要的還要更多。更多門戶為他開啟，種種可能性超出他的夢想，也超出他有指望動手探索的極限，而且做這些事情需要的時間也超出他有指望的極限。

所有的活動、奉承和獎項，都讓他和家人漸行漸遠。羅伯特和露西積極嘗試獨立，脫離他的陰影。潔恩很少陪他遠行，也不再和他一起公開露面，她想擺脫過往，於是投入教學、園藝，閱讀和音樂，她的聲樂表現傑出，成為劍橋頂尖合唱團受器重的團員，還經常擔綱女高音獨唱。除了喬納森之外，還有其他朋友和她有同樣的宗教信仰。她在霍金生活中扮演的角色改變了。她表示，那個角色不再是鼓舞生病的丈夫，「要告訴他，他不是上帝。」二十五年來，霍金和潔恩攜手應付逆境，所有人都認為他們做得十分出色，霍金也一次又一次述說，他們的關係是他生活的唯一依靠，也是他成功之所繫。

一九八九年的《宇宙之魂》電視特別節目尾聲，播放一張霍金夫妻看著他們的孩子提姆沉睡的照片，霍金那時說：「人生夫復何求。」儘管必須面對重重問題，但霍金夫妻的公共形象不斷受到肯定。即使生活在峭壁邊緣，卻十分美好。

一九九〇年春天，多年來不斷從內部弱化的峭壁最後分崩離析，個中內情鮮少有人料想得到。我在前一年十二月間和霍金談事情時，銀街的運作還十分順暢，但到了一九九〇年初夏，我完成科學篇章再次來訪時已變得亂七八糟又不快樂。我待了一週和霍金交談，請他檢查那幾章文稿，不知道何故，我感覺系裡的氣氛不同了，尤其是和霍金特別親近的教職員以及霍金本人，大家都情緒緊繃，人心惶惶。

後來是一位和潔恩熟識的朋友說出原委。霍金已經告訴潔恩，他要和她分手並與伊蓮結合。即便媒體關注的行徑近似狗仔隊，霍金夫妻仍把他們的祕密保守得非常好，連我這個經常來訪，還寫了一本書談他的人，都很難相信這則新聞。這樣一段在多數人心目中都那麼轟轟烈烈的美好婚姻竟然就這樣終結，似乎相當令人悲痛。不過在最親近霍金的忠實友人眼中，兩人分手卻不令人意外。霍金的他最信賴的幾位看護請辭，不願意面對他的婚姻瓦解帶來的動盪，還有他和伊蓮的新關係。霍金的照料重擔最後都落在馬西的肩上，她艱苦努力、四平八穩的維持生活步調。

霍金夫妻在結婚二十五週年前夕分居。霍金在秋天向新聞界簡短提起他已經離開潔恩，不過也不排除兩人仍有可能復合，除此之外，他和潔恩都沒有發表公開聲明。友人都愛戴、敬重霍金，所以大家都很克制，於是在這處流言像野火般燎原的城鎮，他的新聞反倒傳播得非常緩慢。後來消息傳開，知道的人愈來愈多，劍橋和世界各地熟人圈子議論紛紛，把它看成是一起悲劇。婚姻破滅司空見慣，然而霍金的婚姻卻被認為非常不尋常。起初，輿論對他的決定都很反感，怪他離開那麼支持他的妻子。直到一九九〇年代晚期，潔恩發表她的回憶錄之後，真相才隨之浮現，大家才發現那段婚姻出現問題已經許多年了。

霍金搬出西路住家，和伊蓮一起住在派恩赫斯特區（Pinehurst），那是一處很漂亮的高級住宅區，位置相當隱密，有許多住家和公寓建築，而且就位於相隔不遠的格蘭治路（Grange Road）。一九九〇年代早期，伊蓮送兩個兒子上學之後，有時會踩滑板回到那處住家。

霍金放棄他的家庭，而家庭向來是他口中的生活支柱之一。他的另一根支柱：科學研究，是不是同樣面臨崩解危機？

重溫盧卡斯講座

儘管有些人擔心霍金的私生活出現劇變會憾動他的科學研究基礎，不過他依然表現出對科學研究是多麼投入，霍金表示：「渴望動手進行。」他有可能實現媒體長久以來的預言，成為一統萬象、彙整擬出統世理論的那位物理學家嗎？

霍金的研究並不屬於較新的主流派：超弦理論。不過，物理學主流會在一夕之間變換，而且心思稍微偏離，說不定還能瞧出個中關聯，循此把幾條支脈匯聚成一個完整的理論。有人低語傳述，依理論物理學標準，霍金早就過了高峰期，重大發現通常都出自年輕人。研究者的心思必須清新，還得有熱情、快速的動作，再加上天真態度。霍金肯定具備這些要素，所以將他排除在外是重大錯誤。

他能不能活得很久？他的疾病雖然持續加劇，卻非常遲緩。他是不是擔心自己來不及完成工作就死亡？他在一九九〇年回答這個問題，他說自己從來不看那麼遠的事。長久以來，他一直在瀕臨死亡的陰影下過日子，如今他已經不怕死了。他從事的研究是一種協同作業，還有許多物理學家能接手進行。他從來不曾表示，必須有他才能找到統世理論。「不過我也不急著去死，」他補充說道：「有許多事情我希望能先完成。」

一九九〇年六月，他的盧卡斯數學講座教授就職演說過了十年，我問他，假使他想要重寫那篇講稿，會怎樣改寫。理論物理學是不是真的終點在望？他回答：是的，不過到世紀尾聲還不會終結。最有可能統一四力和粒子的候選理論不再是他當時談的N＝8超重力理論。上選理論是超弦理論，那項理論把宇宙基本物體解釋為一種纖細的振動弦，並主張我們向來所想的種種粒子，其實都是弦的基本迴圈，可能互異振動的方式。他說，超弦需要多一點時間才能構思成形，給它二十或二十五年。

我問他，相不相信他的無界構想最後有可能解答「宇宙的邊界條件為何？」他回答，相信。

霍金說明，他認為蟲洞理論對統世理論具有重大意涵。由於有蟲洞，超弦理論或其他任何理論恐怕都沒有辦法預測出宇宙的種種基本量，好比粒子的電荷和質量。

此外，若是真有人找到統世理論，那接下來呢？依霍金所述，在那之後，從事物理學就會像是征服聖母峰之後的登山活動。然而霍金也曾在《時間簡史》書中談到，對人類整體而言，這不過是個起點，因為儘管統世理論能告訴我們宇宙是如何運轉、為什麼採這種方式運轉，卻不會告訴我們，宇宙究竟為什麼存在。那只會是一套規則和一組方程式。他曾尋思揣摩：「是什麼事物為方程組吹燃火苗，生成一個可供方程組描述的宇宙？」「宇宙為什麼要這樣煞費苦心生成存在？」他說這些問題都不是以一般科學方法所擬出的數學模型所能解答的。

霍金依然渴望得到答案：「假使我知道那點，就能知道一切重要事項……於是我們就能明白上帝的心意。」他那本書就在這裡結尾，不過他曾告訴一位電視台記者：「我們能不能找出宇宙為什麼存在，就這點而言我並不那麼樂觀。」他心中並不是考量：我們是不是非得找到統世理論，才能明白上帝的心意，或是否如潔恩所提，除了從科學定律尋覓之外，仍有其他途徑認識上帝。

學界之星

一九九〇年，霍金獲頒哈佛大學榮譽學位，參加頒授儀式的人還記得，同時受獎的艾拉·費茲潔拉（Ella Fitzgerald，譯註：爵士女歌手）特別為霍金高歌的歡欣情景。

幾張非學界新鮮臉孔出現在霍金門外，閱讀那面小小的牌子，接著還奉指示等候，彷彿他們是研究生到那裡接受指導。來的人不是劍橋當地或紐約的攝影師，而是弗朗西斯·佐高巴迪（Francis Giacobetti），教宗和費德里柯·費里尼（Federico Fellini，譯註：電影導演）的攝影師，他的設備和助理擠滿交誼廳。佐高巴迪認為，拍肖像照最好藉由人物的雙手和雙眼虹膜，採半側面角度來展現，這時他就是採用這種手法，為一項戶外攝影展拍攝人物。那場展覽會先在巴黎開幕，接著巡迴世界展出。其他拍攝對象包括弗朗西斯·克里克（Francis Crick，譯註：DNA協同發現人）、小說家賈西亞·馬奎斯（Garcia Marquez）和建築師貝聿銘。

當天還有電視名人專訪，交誼廳的混亂更加明顯，物理學討論只能被擠到角落。史蒂芬·史匹柏同意拍攝《時間簡史》電影版，預計由年輕導演艾洛·莫里斯（Errol Morris）掌鏡。

選擇莫里斯令人耳目一新，他擁有非比尋常的知識背景，能夠兼容並蓄。他很早熟，十歲就能講述太陽系，青少年期演奏大提琴，並前往楓丹白露隨娜迪亞·布朗熱（Nadia Boulanger）學習音樂，大學時在優勝美地（Yosemite）創下攀爬記錄，研究生時過得很不愉快，從普林斯頓（隨約翰·惠勒學習）拿到科學史學位，還前往柏克萊研讀哲學。這一切都不是莫里斯的最愛，無法成為他的終生職志，不過一路走來倒是累積了一些經驗，後來還幫他更深入認識其他不能用尋常模子硬套的人，譬如霍金。

莫里斯在柏克萊寫論文時，打算研究精神障礙、怪獸電影，和威斯康辛州監獄裡的謀殺犯，這個古怪的研究遭到教授否決，但直到他開始拍攝紀錄片之後，這種對「真實犯罪」課題的興趣延續了下來。莫里斯聯絡一名叫做蘭道·亞當斯（Randal Adams）的人，亞當斯殺了一位達拉斯警察，關進死囚牢房等待處決。莫里斯發現裁決存有疑點，於是肩起使命，親自偵查那件案子。他可不是毫無背景，他曾在製片事業陷入低潮的時候到紐約當私家偵探好幾年。他把自己調查亞當斯案的過程拍成紀錄片，還因此偵破案情、打贏官司，亞當斯也獲釋。《正義難伸》（*The Thin Blue Line*）在一九八八年首映，佳評如潮，莫里斯也因此躋身重要紀錄片製片家之列。他自封「偵探導演」，的確相當貼切！

史匹柏就是帶了這位有趣、複雜的出色年輕人，與霍金共商《時間簡史》拍片作業。莫里斯最喜歡為自己的導演工作設定的挑戰之一是，如何擷取情境真相又不冒犯個中謎團，他就是秉持這種態度處理《時間簡史》。

史匹柏之所以選擇莫里斯，部分是希望借助他來解決一個問題，那個問題若在影片開拍初期階段浮現，整個計畫恐怕不保。霍金想像，拍片時會動用史匹柏最先進科幻製片技術和特效，聲勢浩大的把《時間簡史》推上螢幕。看來史匹柏是那項計畫的不二人選，但霍金不打算讓他的私生活納入片中。然而，史匹柏認為霍金心中設想的那種影片絕對無法吸引觀眾，也達不到他們的共同目標。史匹柏表示，《時間簡史》必須採用傳記體，兩人為此激烈爭辯，最後史匹柏佔上風，因為他引進莫里斯還說服了霍金，莫里斯有能力（就如霍金後來撰文所述）：「拍出一部讓大家想看，又不會忽視書本原意的影片。」在莫里斯眼裡，霍金勇敢面對身體嚴重局限的生活，和大膽科學探索，是不可分割的題材，他決定讓霍金使用自己的合成聲音親自為影片旁白，同時一再拍攝他映現在電腦螢幕上的相貌。

莫里斯先前的作品之所以成功，是因為他的訪問才華以及善用臉部特寫，這次霍金破例讓步，准許莫里斯在影片中訪問他的親友和同事，不過不擔保潔恩會答應入鏡。她和三個孩子都沒有在影片現身，只播出照片。伊蓮也不肯接受訪問，不過執行製片戈登．弗里德曼（Gordon Freedman）卻發現，她能在聲音舞台上翻觔斗，是生氣蓬勃的出色看護。就霍金的私生活方面，他不願在影片中回答相關問題也不做任何陳述，不過霍金的母親伊澤蓓爾同意露臉。後來霍金在首映會上向莫里斯致意，感謝他讓母親成為電影明星。

弗里德曼在搭配紀錄片出版的《時間簡史續篇》後記裡形容霍金和莫里斯在那三年期間，發展出「非常穩固的工作關係」。紀錄片先是在倫敦進行，但莫里斯不滿意，再改到劍橋從頭再來一遍。到了緊鑼密鼓的剪輯階段，霍金和莫里斯會在剪輯室內待上好幾個小時，努力為影片達成一致見解。

一九九二年八月，《時間簡史》在紐約和洛杉磯首映。這部紀錄片贏得一九九二年聖丹斯影展（Sundance Festival）評審團大獎和製作人獎，以及美國影評人協會的製作人獎。菲利普．古勒維奇（Philip Gourevitch）在《紐約時報雜誌》發表深刻洞見：「莫里斯為霍金和他身邊人士錄製的影像，帶來出乎預期的效果，令人覺得他是個正常人，只是恰好深具縱橫才氣卻又不巧困陷破敗身軀之中。」《新聞週刊》的大衛．安森（David Ansen）稱讚那部紀錄片是「鼓舞人心又不可思議的優美影片。莫里斯把抽象觀點化為震撼人心的影像，還以雜耍高人的精妙、嬉鬧手法，讓影像在空中盤繞不絕。」理查．什克爾（Richard Schickel）在《時代》雜誌撰文：「出色的臉部特寫……這部令人陶醉的紀錄片拍出這等豐富的隱喻表現，使用的手法卻是這般單純，這點便標誌出本片的出色成就。」

最後成果也讓莫里斯開心極了。他稱霍金是：「數百萬人眼中戰勝逆境的象徵，也點出人類面對外界無情宇宙是多麼渺小。」而且這部紀錄片能成功傳達那幅形象，讓他相當滿意。拿這部紀錄片和莫里斯先前的所有作品相比，莫里斯表示：「本片知識面談得少，多了些感動。」儘管在當時看來，那似乎是艱難、深奧的題材，即便這部片中的「所有人都比我聰明」。

儘管影片之美不容置疑，同時也深獲好評，卻始終沒有觸及廣大觀眾。事實上，那部片子從來沒有採行大眾行銷方式發行院線，也因此無法普及大眾。我們永遠無從得知，倘若當初不是史匹柏佔了上風，卻是霍金贏得爭論，結果又會是如何。

談到霍金的私生活，縱然全世界都為之天翻地覆：對他來講，伊蓮已經成為非常重要的人，他自己也成為電影明星。不過即便如此，幾年之後當我再次拜訪霍金，到辦公室和銀街交誼廳與他見面時，感受到時間彷彿始終停頓不前。我在一九九〇年寫下的敘述，換成當天來寫亦無不可：細微咔嗒聲響，來回上下顯示在電腦螢幕的字詞，合成語音逐字客氣發言，學生、看護和同事往來進出。下午四點整，杯子像玩具兵列隊般整齊擺上交誼廳櫃台。牆上一排肖像是昔日的盧卡斯數學講座教授，從畫中俯瞰這一小群遇上壞日子的搖滾樂團團員，凝望他們邊啜飲下午茶，邊以他們的古怪數學語言交談。在他們當中有個從一切正常標準來看都很可憐的人物，就像在蓋伊．福克斯之夜（Guy Fawkes Night，譯註：英國為紀念十七世紀弒君陰謀失敗之慶典）前往參加大篝火慶典的傢伙。他披著圍兜，護士扶著他的額頭，另一手端著茶杯擺在他的下巴底下，再讓他的頭部前傾，以便能喝到茶。他的頭髮蓬亂、嘴巴鬆垮，眼鏡從他的鼻梁稍微滑落，雙眼流露疲態。不過一聽到某個學生不莊重的俏皮話語，他就咧嘴露出笑容，也為宇宙帶來光輝。

我那本一九九〇年寫的書，最後以這句話結尾：「在這段矛盾衝突，不像是真實的故事當中，不論未來發展如何，我們都可以期盼往後會有某位藝術家，正是捕捉到這張咧嘴笑容來幫霍金繪製肖像，那幅肖像就可以掛在他辦公室門旁的空位。還有，門上那面小牌子撒謊。老闆並沒有在睡覺。」

那是超過二十五年前的事了，霍金當時四十八歲。

CHAPTER 14

不拍片演戲時，我喜歡解決物理學問題

一九八〇年代晚期和九〇年代早期，林德和亞歷克斯．維蘭金（Alex Vilenkin）協同合作，發現暴脹宇宙有驚人的潛在特性：依混沌暴脹理論所示，這種宇宙能自我複製。結果就是處處宇宙從其他宇宙萌生出現，構成一種浩瀚的碎形配置。霍金的嬰宇宙觀點也提出眾多的其他宇宙。相較於一種可能的多元宇宙，我們的浩瀚宇宙突然顯得相當渺小。

暴脹化為永恆

再次想像早期宇宙，好些區域高速暴脹，其中之一的相鄰部分區域則無此情況。林德和維蘭金認為，那處暴脹區內會有某些分區的膨脹速率超過其母區，另有某些分區則否。故事到這裡依然還沒結束。分區還會生成子分區，並依此類推再類推。換句話說，暴脹後的每處細微分區又由其他細微分區組成，其中有些還會持續暴脹，而且又由細微子分區組成，並依此類推再類推：永恆暴脹的宇宙架構。永恆暴脹（eternal inflation）是宇宙不斷自我複製的無止境歷程，誠如林德所述：「宇宙是一種龐大的增殖碎形。宇宙是由許多暴脹球組成，這些球會增生新球，然後這些球又增生新球，永不止息。」我們所知的可觀測宇宙，只是這多處區域、分區，或子分區當中的一環。有些漫畫把林德畫成狂歡節氣球販子。

有沒有和我們這裡相仿的平行宇宙？不見得，卻也不能排除其他宇宙或許和我們這裡雷同。把我們所處宇宙外界範圍含括在內，整體相貌有可能並不規律又很複雜，即便如此，我們所處宇宙的情況倒是很平滑又相當單純。其他區域或分區的暴脹事例，也可能生成好些大型平滑宇宙。事實上，這整體局面說不定還劃分成為數無窮的指數等級的大型區域。然而，當這大型區域的能量層級，遞減至我們所處宇宙的現今相仿層級，它們也就各具不同的物理定律。永恆暴脹會生成品類無窮的不同宇宙。按照約翰．巴羅（John Barrow）的說法：「我們察覺自己面對一種可能處境……我們住的地方是一處單純的斑點，位於一床精美宇宙拼布被子的空間和時間裡面……那床拼布被子變化萬千，歷史複雜性也很高，而且完全不能為我們所知。」同時，我們這片斑點之所以呈現這副模樣，也不是由於這種宇宙最有可能成真。沒這回事。

巴羅的「歷史複雜性」用詞是經過謹慎斟酌，因為倘若整體相貌就如永恆暴脹所述，也就沒有理由認為，我們所處的宇宙是在那種永恆歷程的起點或起始段落生成。它有可能源出一處分區的分區的分區，誰知道這一路下去我們到底在哪裡？依這種模型，我們所處宇宙是有個起點，然而這整個大局、這種浩瀚碎形配置，說不定不必有個起點，也毋須有個終點。並不是所有人都認同這種無止境深入過往，無限延伸的寫照。暴脹理論創建人古斯和維蘭金，與阿爾溫德．博爾德（Arvind Borde）合作進行相關研究，他認為這幅巨大的永恆暴脹情景必須有個過往邊界：某種起點。

倘若這一切都是如此發展，難道我們不能注意到嗎？答案是不能。暴脹作用迅速，因此所有區域和分區、子分區等等，全都立刻彼此獨立開來。它們以超光速彼此分離，區隔成獨立的口袋宇宙。

按照林德的說法：「依循這種情節，我們發現自己是位於一處四維領域裡面，這處範圍具有我們這種物理定律，不是因為具有另類特性的不等維度領域不可能或未必存在，真正來講是因為我們這種生命沒辦法在其他領域生存。」在種類多得漫無止境的宇宙當中，很可能（說不定免不了）至少有一種可供我們這類生命存活。人本原理仍有積極作用，完全不是以往所想的推托之詞。

倘若我們在身邊近處，或其他任何地方都見不到永恆暴脹現象，是不是有任何觀測證據，或甚至潛在可能證據，來支持永恆暴脹？霍金就要為我們闡明，這並不是離譜到毫無指望的問題，不過永恆暴脹初次現身時看來似乎正是如此。

國際名流

在二十世紀的最後十年，霍金動了手術，不能再開口說話，手術後不久他就如期展開忙碌不堪的跨國旅行。只要他身邊有孜孜不倦、堅毅不拔的一群看護隨行，搭機飛行和繁重行程他都能應付。他的行程不單是發表演說、參與研討會，還有由顯貴陪同前往各處旅遊景點。

其中最特別的是到日本，霍金在一九九〇年代去了日本至少七次，那裡似乎能帶來不平凡的冒險經歷。他到東方短期旅行時，看護瓊．葛德文（Joan Godwin）多半會隨行，他回顧，有一次霍金在日本表示很想到北部看看，東道主勸他，那個地區常發生地震，建議他去比較安全的仙台。仙台就是二〇一一年發生慘烈地震和海嘯的地方，後來那裡還發生核能外洩問題。不過葛德文記得那次他們在那裡玩得很開心。當時她和霍金商量，萬一真的發生地震，他出了事該怎麼辦。「妳自己逃命，」他表示：「別擔心我。」

還有一次到日本時出了意外，那次對霍金的身體並沒有危害，卻有可能損及他的自尊。他在子彈列車月台上，身邊一如往常到處是相機和記者，喧嚷發問、拍照。但在一眨眼間，他們莫名其妙轉身狂奔離去，只剩霍金一人，詢問後才知道有一位知名相撲力士剛從鄰近月台下車。或許是宇宙間的重要名流不只霍金一人吧。

還有在二〇〇二年霍金六十歲慶生研討會上，弦論學家大衛・格羅斯（David Gross）講了一段故事，背景也在日本：

> 你和史蒂芬一起旅行就會見到三教九流不同人士，若不是跟著他，你這輩子是永遠見不到的。我們沒有和天皇見面，這點我很遺憾，不過我們和綠茶大師見了面，我猜那個人在日本比天皇更受歡迎，也更出名，當然我們也見到藝妓。不過最有趣的經驗是，有一次史蒂芬硬要我們全體上一家卡拉OK酒吧。他還讓大家上台高歌〈黃色潛水艇〉，要是我在這裡再唱一遍，各位恐怕都要尖叫逃離講堂。每次唱到副歌，史蒂芬都按鍵導入黃色潛水艇，說不定現在他還有個黃色潛水艇按鈕可以讓他按壓哩！

霍金待在老家附近就無趣多了，但卻不擔保就很安全。一九九一年三月六日，新聞迅速在劍橋傳開，前一晚霍金在派恩赫斯特區住處附近，橫越格蘭治路時被計程車撞上。當時天色又暗又下雨，不過輪椅前後都裝了腳踏車燈，應該不難看到。他的看護尖叫「小心！」結果那輛車子卻高速駛過，撞上輪椅後方。他被撞飛摔落路面，雙腿被殘破座椅壓住。即使身強體健的人碰上此事都算是嚴重事故，不過兩天後他就出院回到辦公室，一支手臂骨折掛上吊帶，頭上傷口也都縫合好了。他的助理馬西、研究生助理、學生和朋友在那兩天都忙瘋了，急著從其他地方調來新輪椅，尋找零件修復電腦系統，以確保霍金的設備能和他一樣迅速恢復正常。

一九九二年，霍金和伊蓮在劍橋中心區附近蓋了一棟現代化大房子。霍金從哪裡沿著一條新的路徑上班，他走一條叫做馬爾廷斯巷（Maltings Lane）的優美古老巷道，出來後繞過一處池塘，跨越一片低窪綠地，那裡叢生野草、林木還有幾座小橋，稱為科芬（Coe Fen）。接著越過康河，過河處有一道堤壩把河川上游和流經「後園」的段落隔開，從這裡開始就筆直通往米爾巷（Mill Lane），來到應數暨理論物理系後方入口，駛上他的坡道。

凡是對那條穿越科芬小徑很熟的人都料想得到，那幾座窄橋有可能惹來麻煩。橋寬只夠讓腳踏車通行，不過騎車技術還得很高強，雙手才不會被兩旁的木欄杆刮傷。霍金乘著輪椅高速「穿針引線」，就算在暗夜也不例外。有天晚上霍金遲歸，葛德文陪他回家，她絆到小路邊緣跌倒。霍金不知道她沒有跟上來，依然輕快向前奔馳。後來一位親切男士幫葛德文起身，還透露他是整形外科醫師，希望她不會需要服務，這時她請求他攔下前面那台輪椅。

宇宙皺紋的暴脹

一九九二年四月，勞倫斯柏克萊實驗室（Lawrence Berkeley Laboratory）暨加州大學柏克萊分校的天體物理學家喬治・斯穆特（George Smoot）和任職不同機構的幾位同事共同宣布，宇宙背景探測衛星（Cosmic Background Explorer）傳來的資料顯示，宇宙微波背景輻射出現「波紋」。這是一項重要的發現。那批波紋是一種飄忽變異的第一項證據，那是自一九六〇年代以來，天體物理學家和宇宙學家始終徒勞尋覓的現象。這種細微的形勢差異，估計是在宇宙誕生後三十萬年出現，清楚顯現由此重力才有著力點，物質才能夠吸引物質，構成愈來愈大的團塊，最後形成行星、恆星、星系和星系團。無界構想守住陣腳，從斯穆特的發現沾光。那項構想預測出宇宙的整體平滑現象，還有宇宙背景探測衛星發現的偏離平滑現象。

霍金也看出，宇宙背景探測衛星的這些發現，說不定還是驗證霍金輻射的間接觀察證據。前面我們也見到，根據暴脹理論，早在宇宙微波背景輻射萌生之前（事實上，是在宇宙誕生還遠遠不到一秒鐘之時），曾有一段失控暴脹時期。霍金指出，宇宙在那段期間應該是經歷了急劇膨脹，而且速度快得讓遠方若干星體朝我們射來的光線，永遠無法抵達我們這裡。那種移動速率肯定高於光速，才可能出現這種情況。為什麼有些光線能射到我們這裡，另一些光線卻永遠射不過來，這就讓我們想起黑洞的事件視界。

霍金主張，早期宇宙說不定真有個事件視界，而且和黑洞的事件視界很像，同樣把那片區域分隔成兩個範圍，一邊的光線能夠射到我們這裡，另一邊就射不過來。那處遠古視界應該和黑洞同樣發出輻射，而這類熱輻射就具有密度擾動的典型模式。就早期宇宙事件視界而言，這種密度擾動應該隨宇宙膨脹，不過後來卻「凍結了」。如今我們觀察時就會見到一種溫度微幅變異的模式：斯穆特在宇宙微波背景輻射中發現的波紋。結果證明，那種波紋確實具有源自霍金輻射一類熱輻射之密度擾動的典型模式。

影劇之星

一九九二年秋季，熱愛歌劇的霍金發現自己成為紐約市大都會歌劇院的舞台角色，講明白點就是成為一個稍微吊離舞台的人物。那齣戲不是華格納歌劇，而是先前幫《時間簡史》影片配樂的作曲家菲利普．葛拉斯（Philip Glass）的新劇《航行》（*The Voyage*）。大都會委託創作《航行》來紀念哥倫布航向新世界五百週年慶，不過葛拉斯決定不再重講哥倫布的故事。於是他讓哥倫布成為人類渴望探索、發現的象徵。歌劇序幕有個坐輪椅的人物，分明就是隱指霍金，在舞台上空飄蕩並吟誦：「眼光嚮往哪裡，航行就朝向哪裡。」一片滿布行星的天空出現，彷彿是他變出來的，然後他就朝遠方飛去。

隔年，霍金還更深入參與一次短期冒險行動，而且在心中留下美好回憶的不只他一人，還包括許多人，那是一趟（想像的）飛航旅程，而且遠比他在真實生活依然期望從事的次軌道飛行還更英勇。他那趟飛行並沒有（換個口味）乘著理論物理學的翅膀。

事情從一九九三年春季開始，當時為慶賀《時間簡史》發行家庭影視版辦了一場聚會，李奧納特・尼摩伊（Leonard Nimoy）獲邀與會。尼摩伊在《星艦奇航記》裡飾演瓦肯星人史巴克，還榮膺使命為聚會引介霍金。依《時人雜誌》（*People Magazine*）所述：「瓦肯最著名的後裔，迅即與地球最富人望的宇宙學家做了心靈交融。」這樣引經據典，所有星艦影迷全都心領神會。尼摩伊得知霍金是星艦的影迷，而且像其他粉絲一樣渴望粉墨登場，於是他聯絡該劇執行製片尼克・伯爾曼（Nick Berman）。伯爾曼立刻安排三分鐘橋段，穿插星艦劇集〈後裔〉（Descent）的開場段落。

那場戲的背景設在星艦企業號的「全像甲板」，那是艦上一區，能以全像技術把船員的幻想變成「實境」。這段演的是仿生人百科，幻想自己和愛因斯坦、牛頓與霍金打橋牌。結果毫不奇怪，這當中只有霍金角色由霍金本人飾演。他提前收到腳本，編好程式把他的台詞輸入語音合成器。從一九九〇年代到二十一世紀的前十年，霍金還能做出幾種臉部表情，而且在飾演自己的角色時，他把這項能力發揮得很好，那一集的導演亞歷克斯・辛格（Alex Singer）表示：「所有人都很驚訝，怎麼他的臉部竟然有這麼高的活動力。這背後的生命力非常明顯。」扮演牛頓的約翰・內維爾（John Neville）也說：「當你說的話引出那樣一幅微笑，一天的辛勞都有代價了。真的！」布倫特・史派納（Brent Spiner）飾演劇中主持那場牌戲的百科，他總結表示：「往後當伯爾曼和我都住進老人院，我們肯定會坐著搖椅談起霍金。」看來霍金也很能掌握事情的輕重緩急，他在拍片時說過：「不拍片演戲時，我喜歡解決物理學問題。」他有一件憾事：「可惜當時紅色警報響起，我贏的錢始終沒有到手，不過我把他們全打敗了！」

這個星艦客串角色讓霍金又一次大出風頭，程度幾乎凌駕《時間簡史》幫他贏得的名聲，還為他在同一年（一九九三年）發表《黑洞和嬰宇宙及其他論述》（*Black Holes and Baby Universes and*

Other Essays）創造有利的條件。不久他又在流行文化幾度露面，平克．佛洛伊德樂團（Pink Floyd）《藩籬警鐘》（*The Division Bell*）專輯的〈盡情吐露〉（Keep Talking）曲中，便出現他的電腦化語音。

代言人和角色楷模

星艦劇集也讓身體有不同障礙類型、程度的年輕人注意到霍金，而且影響力遠超過他那幾本書。《時代》雜誌於一九九三年九月刊出一篇報導，描寫他在西雅圖對坐輪椅的青少年發表演說，還形容在那一個多小時，全體聽眾都聚精會神，聽得入迷。演講結束，聽眾簇擁發問，他們請教的問題多半涉及身障者的實際生活和相關的政策議題，科學和宇宙學反而問得不多，他們等待霍金敲出他的答案，一邊咧嘴笑不停。眼前這位是知名科學家、暢銷書作者、《銀河飛龍》星艦影星，而且他和聽眾同樣是肢體障礙。霍金沒有說錯，儘管影響好壞參半，但他的聲望卻間接的幫助了其他身障人士，這也是事實。

後來他採用其他幫助方式。一九九五年夏季，他在倫敦皇家阿爾伯特音樂廳（Royal Albert Hall）向一群聽眾發表演說，五千個席次滿座，這種群眾號召力可不比尋常，所得收益全數捐給肌萎縮脊髓側索硬化症慈善機構。他還幫忙推廣身障輔具科技展，稱為「對我說話」（Speak to Me），會場設於倫敦科學博物館。不論在世界任何地方，只要有他現身或提供贊助，幾乎都能保證座無虛席。《新聞週刊》在一九九三年一月號刊出的一篇報導描述，民眾和媒體在加州柏克萊幾場演說現場的狂熱表現，許多聽眾都提前不只三個小時來佔位子。他一駛上舞台中央，攝影師就推來擠去搶好位置，接著閃光燈此起彼落。以這種方式來幫助身障人士，是很有價值的好事。

十年下來，霍金成為一位掌握群眾的大師，或者說，這完全是一種機遇，每當民眾和媒體需要提升注意力時，他總是想得出能吸引人們注意的說法，他的一位助理就曾這樣對我說：「你也清楚，他並不笨啊！」不論那是指什麼，總歸是一個優勢，不但幫了自己，為身障人士代言和宣導科學也都有好處。

挑戰最高指導原則

一九九四年八月，波士頓麥金塔世界博覽會（Macworld Expo）一段背離常態的刺耳宣言登上世界各地新聞版面：「或許這就道出了人性的某種特點，至今我們創造出來的唯一一種生命，完全帶有毀滅特性。我們按照自己的形象創造生命。」霍金這段話是在談電腦病毒。

電腦病毒是不是一種生命？霍金認為它們應該「算是生命」，接著這種說法便掀起一陣騷動。當時新推出的星艦系列《銀河飛龍》一齣劇集，畢凱艦長和一種超智慧病毒交手，最後還和它協商，並沒有把它毀掉，以免違反星際艦隊不得干預任何外星社會內部發展或社會秩序的「最高指導原則」。就這起事件，摧毀病毒就構成這種違例行為。顯然《銀河飛龍》編劇都認同霍金的說法。眾多星艦影迷和霍金粉絲，都很樂意分從正反兩方加入辯論。

「一種有生命的事物通常具有兩種元素，」霍金表示：「首先是一套內部指令集，告訴它如何自行延續並自我複製；其次是一種用來執行那組指令的機制。」我們所知的生命都是生物型生命，而這兩種元素就是基因和代謝，不過「這裡必須強調，它們完全沒有理由非得是生物型。」電腦病毒能自我複製並移入不同電腦，感染互聯系統。儘管不具有一般所稱的代謝作用，病毒卻像寄生生物那樣使用宿主的代謝機能，「多數生命種類，包括我們人類都是寄生型的，因為它們得靠其他型態的生命才能取得養分，保障自己存活。」

有關生命是什麼、不是什麼的問題，生物學依然沒有定論，因此生物學家應邀就此提出見解時，都不願表示霍金是否說對。電腦病毒確實和某些生命定義相符。

霍金在那場演講尾聲又提出一個令人詫異的主張，隱指「生命」有可能包括哪種類型。人類壽命太短，無法完成恆星間或星系間長途旅行，就算以光速都辦不到。不過就機械式太空船來講，這種長壽要件就不成問題，它們可以在遙遠行星著陸，採擷各地資源建造新的太空船。這趟航程可以永遠延續不絕。霍金說：「這群機器可以成為以機械和電子元件為本的嶄新生命型態，不必（像生物型生命那樣）完全靠大型分子。」真是冷酷的預言！

除了設法照表定行程，完成各種事情之外，霍金還在一九九三年騰出時間，和吉本斯協力編輯一本歐氏量子重力學專論。全書三十七篇論文當中，霍金獨力或協同撰寫了十六篇。同一年他還彙整自己的黑洞和大霹靂論文集結出版。

時間箭頭

一九九〇年代早期，霍金為大眾演講時還談過另一個主題，而且那個題材完全不像把病毒當成一種生命那麼令人不安。那個課題在許多年前就曾讓他深自沉迷：時間箭頭（arrows of time）。熵值（亂度）提增和人類對過去與未來的感受，似乎都和宇宙膨脹有連帶關係。這是為什麼？攻讀博士學位時，霍金就曾考慮鑽研這個神祕題目來撰寫論文，不過後來他決定找比較明確，不那麼虛無飄渺的東西來寫。奇異點命題就容易多了。不過，後來和哈妥發展無界構想的時候，霍金體認這項研究蘊含很有趣的時間箭頭理念。他在一九八五年回頭探討這個題目並寫了一篇論文，打算在那年夏天前往歐洲核子研究組織時更深入鑽研，結果那次他反而悽慘入院。

九〇年代早期，大眾演講需求日增，霍金發現他的非專業聽眾對這個課題確實很感興趣，而且能夠解釋得非常簡潔明白。同時還可以藉由那個課題來說明，出色科學家也能改變心意、坦承錯誤。

除了非常少數例外，科學定律都不區分時間的順反走向。就時間而言，定律是對稱的。把物理交互作用拍成影片，多數時候你都可以反向播放影片，而且任誰來看都分辨不出該以哪個方向播映才對。說來奇怪，我們在日常世界所有層次的經驗卻不是這樣，我們的未來和過去的界定相當明確，我們總是看得出影片是不是反向播放，很難會把方向看錯。這種對稱性破滅的發生過程依然是個重大謎團，不過我們倒是知道，就我們所體驗的宇宙而言，我們對時間流逝的知覺都要牽扯上一件事實，那就是在任何封閉系統當中，亂度（或熵）總是隨時間增長。從有序到亂度是條單行道：破碎陶器不會自行把碎片拼合起來並跳回擱架。熵（亂度）永遠不會減小。

時間箭頭有三種：熱力學箭頭（亂度或熵的提增方向）；心理學或主觀箭頭（人類如何體驗時間流逝）；還有宇宙學箭頭（宇宙逐步膨脹而不收縮的時間方向）。霍金感興趣的問題是，追根究柢這三種箭頭為什麼存在，為什麼它們界定這麼清楚，還有為什麼它們都指向同一個方向。因為亂度增長，於是我們就體驗時間從過去往未來流逝，同時宇宙也向外膨脹。他猜想答案就藏身宇宙的無界初始條件當中，而且這裡人本原理也幫了一點忙。

熱力學箭頭（和亂度或熵的增長有關）和心理學箭頭（我們對時間的日常知覺）確實都永遠朝相同方向。大家的經驗都是，當時間向前流動，亂度或熵也隨之提增。霍金承認這是同義贅述，並歸結認為：「熵隨時間提增，是由於我們定義那個時間方向就是熵的提增方向。」不過有一點他倒是很滿意，那就是心理學箭頭和熱力學箭頭基本上就是相同的箭頭。

那麼，為什麼其所指方向卻又順著宇宙膨脹，與宇宙學時間箭頭成分同向？一定得這樣嗎？這時無界構想上場。請回想，廣義相對性經典理論的物理定律，一遇上大霹靂奇異點就要全部失靈。理論完全無從預測，時間起點是不是有序，或者是處於一種完全亂度的狀況，而那樣一來就全無可能出現亂度增長。然而，倘若霍金和哈妥的無界構想是對的，那麼起點就是一種規律、平滑的時空定點，而且宇宙也會從一種非常平滑、有序的狀態開始膨脹。隨著宇宙膨脹，我們如今所觀測的所有結構也都逐步發展，形成星系團、星系、恆星系、恆星、行星，還有你和我，這一切就代表亂度的一種持續、急劇增長，而且這種趨勢依然延續。因此，在我們所知的宇宙裡面，熱力學箭頭、心理學箭頭和宇宙學箭頭，全都朝同一方向。

不過要考量一下，若弗里德曼的第一種宇宙模型是對的（見圖六－一），這時有可能發生什麼情況？按照那種模型，宇宙最後就會停止膨脹，開始收縮。當膨脹變為收縮，宇宙學時間箭頭的方向就要逆轉。這裡的大問題是，時間的熱力學和心理學箭頭是不是也要逆轉方向？亂度會不會開始減小？霍金認為，從科幻小說家可以設想出千奇百怪的可能性，不過他也指出：「這就有點學究，何必擔心宇宙再次塌縮的時候會發生什麼事情，因為往後起碼一百億年期間，它都不會開始收縮。」

不過，從無界初始條件就能推知，塌縮宇宙間的亂度會減小。霍金起初也算出，當宇宙不再膨脹，開始塌縮，不單是宇宙學箭頭要逆轉方向，實際上所有三種箭頭都會，而且所有三種箭頭都會持續朝向彼此相同的方向。時間會逆向流逝，大家也都會逆向過他們的生活，就如同特倫斯．懷特（T. H. White）亞瑟王傳奇小說《永恆之王》（*The Once and Future King*）中，魔法師梅林施展的年輕化作用。所以破碎的茶杯會重新拼好。

佩奇的看法不同。那時佩奇已經在賓州州立大學任職，他在一篇論文中指稱，從無界初始條件並沒辦法推知，當宇宙進入收縮階段，所有三個箭頭也全都必須逆轉。最後他那篇論文還與霍金的時間箭頭論文，同時刊載在同一期《物理學評論》（*Physical Review*）期刊，同時霍金的學生拉弗拉姆也找到一種比較複雜的模型，於是三人你來我往辯論並派送計算結果。佩奇和霍金合作經驗比較豐富，他建議拉弗拉姆最好不要把他們的結論告訴霍金，要事先布局，別講最後結果，只鋪陳他們的假設，好讓霍金自行得出相同結果。最後他們終於說服恩師，原來他的想法錯了。儘管當宇宙停止膨脹並開始收縮之時，宇宙學時間箭頭會隨之逆轉，然而熱力學和心理學箭頭卻無此情況。那時霍金已經來不及修改論文了，不過他依然可以加註一筆，坦承：「我想佩奇的建議很可能是對的。」

那麼問題的答案為何？為什麼我們卻觀測發現熱力學和宇宙學箭頭都指向相同方向？道理在於，即便我們不會發現自己年輕化，然而一旦宇宙開始塌縮，宇宙學時間箭頭也逆轉了，那時我們也無法生存了。到了那麼遙遠的未來，宇宙就會處於一種近似完全亂度的狀態，所有星辰全都燒盡，恆星所含質子和中子也都衰變為光粒子和輻射。到時根本不會再有牢靠的熱力學時間箭頭。

太陽死亡，我們也活不下去了，就算活得了，我們依然需要牢靠的熱力學時間箭頭才能生存。就這一點來講，人類必須吃東西。食物是一種相當有序的能量，食物經由我們的身體變換生成的熱能亂度也會增大。霍金早先得出的結論是，就種種實際層面來考量，心理學和熱力學時間箭頭完全就是同類箭頭，若是其中一種效能不彰，另一種也會跟著失靈。進入收縮階段的宇宙，不可能有智慧生命。為什麼我們觀測發現，時間的熱力學、心理學和宇宙學箭頭，全都指向相同方向？這道問題的答案是：因為若是情況有別，也就不會有人在這裡詢問這些問題。倘若這看來有點眼熟，那是由於這分明就是人本原理的緣故。隨著時間的三種層面一併流逝，霍金也愈來愈不覺得人本原理是推托之詞，反而否決我們了解宇宙基本秩序的所有指望，而且還愈來愈認定那確實是一種作用很大的原理。

又是事件視界變的戲法

一九八一年，霍金在艾哈德家閣樓時曾經猜想：「蘇士侃大概是房裡唯一能夠完全領會我話中意涵的人。」從那時開始幾年期間，蘇士侃始終無法放手不理資訊悖論問題：「從一九八〇年開始，從某個角度而言，我腦中想到的一切，出發點幾乎都可以牽扯上墜入黑洞的資訊最後命運為何，全都為了因應（霍金）那個深邃、精闢的問題而起。儘管我堅信他的答案是錯的，然而那個問題，還有他尋找可信解答的堅定態度，都逼得我們必須重新思考物理學的底層基礎。」一九九三年，蘇士侃回顧霍金在一九七〇年代完成的研究，參酌想出一種新的做法來應付黑洞事件視界，一種違背常識的矛盾現象。

任何人只要讀過黑洞相關書籍（就算內容粗淺之極），都不會覺得下述情節有什麼新鮮之處：若有某人（這裡我們叫她米蘭達）墜入黑洞，對她來講，那次經驗和另一個人（這裡我們就叫他歐文）搭乘太空船在黑洞外側遠處制高點的觀測體驗，肯定都大相逕庭。愛因斯坦證明，若兩人彼此相對以高速移動，他們各自都會見到對方的時鐘慢了下來，還看到對方朝著運動的方向伸展拉扁。再者，附近有大質量物體（黑洞就是一個質量非常大的物體）的時鐘還（比附近沒有大質量物體的時鐘）走得比較慢。

重點在於，從遠距觀察員歐文那處制高點看來，米蘭達朝黑洞墜落似乎是愈落愈慢，而且身體也像薄餅般愈壓愈扁。最後當米蘭達抵達事件視界，她在歐文眼中也就完全停住。他永遠不會見到她穿越視界，實際上也永遠不會見到她貼近那裡。但米蘭達的經驗則是，自己毫髮無傷穿越事件視界。依歐文的角度看來，她困住了，變扁平了；依米蘭達自己的角度看來，她仍舊繼續墜落。

蘇士侃決心投入探究，兩種情況為什麼能同時成立，然後他還指出，儘管他和你和我（既沒有墜落，也沒有在遠處旁觀的人）都能同意，這個例子的兩方情節都已經發生了，個中矛盾也令人深感困擾，不過我們沒有一個人是實際到了現場。假定你和我都實際參與那次行動。這次我是那個待在遠處的觀察員，而你就是墜入黑洞的人。那麼事情的關鍵便在於，這段故事若在現實生活上演，則我這個遠距觀察員，還有你這個墜入黑洞的人，都永遠不會觀測出或體驗到那種矛盾。而且經過那次乏善可陳的墜落體驗，你越過了事件視界，也就完全沒有辦法再回來和我交換意見，也無法發給我訊息。倘若後來我不巧也墜入（這種可能情況讓蘇士侃為難了一陣子），你依然大幅領先朝奇異點前進，我永遠追趕不上。我們兩人恐怕都不可能得知，和我們本身情節相左的故事版本。

蘇士侃和拉魯斯．托拉修斯（Larus Thorlacius）與約翰．烏格魯姆（John Uglum）兩位同事以視界互補性（horizon complementarity）一詞，來指稱這種觀察雙方都永遠看不出哪裡違反自然定律的現象。

請花點時間回想，互補性是指什麼？這個意思是，必須用上兩種不同的，說不定還相互排斥的描述，才能更深入了解任一描述單獨無法傳達的理念。二十世紀早期物理學家尼爾斯．波耳（Niels Bohr）用來處理一項物理問題的做法〔稱為波粒二象性（wave-particle duality）〕就是一例。當時實驗探究光之移行傳播法的人士發現，光的舉止就像一種波。於是光的粒子描述便遭否決。然而，當他們鑽研光和物質的互動方式，卻發現光的舉止似乎非得是粒子不可。於是把光描述為波的模型也遭否決。情況到一九二〇年已明朗，原來光可以分從兩個角度設想成波或粒子，然而兩種模型單獨卻都無法解釋實驗數據，同時這種古怪的狀況也不能以光有時是粒子有時是波，或者光既是粒子也是波的說詞來解答。不單輻射，連物質也有這種問題。波耳在一九二七年寫信給愛因斯坦並總結表示：「這種看似兩相矛盾的處境是有可能順應接受的，只要不縱容我們對這種物質和輻射，非得是波或粒子的直覺感受（讓我們受了誘惑）。」兩種描述互不相容，卻同屬必要，也都正確。這種說法同樣適用於視界互補性的情況。蘇士侃便曾說：「資訊同時出現在兩處地方，明顯是悖論，然而謹慎分析之後卻證實，這裡並沒有出現真正的矛盾。」他坦承：「不過，這當中卻有離奇之處。」一九九三年，荷蘭烏特勒支（Utrecht）大學的傑拉德．特．胡夫特（Gerard't Hooft）引進一種新學理，他稱之為維度約化（dimensional reduction），後來經蘇士侃重新命名為全像原理（holographic principle）。

回頭思索前述，在太空船上遠距觀察員歐文眼中，米蘭達朝事件視界墜落的經過。由於時間膨脹作用，從太空船看來，米蘭達到了事件視界似乎就凝住並向外攤開。蘇士侃指出，基於相同因素，歐文還會見到最早納入形成黑洞的其他事物，還有此後墜入其中的所有事物，同樣都在視界凝住。蘇士侃說明：「黑洞是由浩瀚一片垃圾場的廢物堆積而成，而且所有物質都壓扁，凝在黑洞的視界。」

那麼根據全像原理的構想，就某種意義而言，某一系統的資訊並不是儲存在內部，而是存放在系統的邊界。試想信用卡上那幅全像圖，那是一幅三維影像，卻儲存在卡片的二維表面。蘇士侃詳細說明那項構想，把黑洞拿來和一種巨型宇宙投影機兩相對照，那種投影機可以把米蘭達的三維人體，轉變為事件視界的二維圖面。最後結果就是，資訊並沒有被毀而是全部攤放在黑洞邊緣。資訊全都在那裡，並沒有喪失。

這一切是如何發生的？弦論對此提出一項非常有趣的推想。各位應該記得，根據弦論所述，粒子並不呈點狀，而是類似纖小迴圈的振動弦。弦圈是哪種粒子概由其振動方式來決定。首先，設想有一條弦落入黑洞。你在太空船上相隔遠距一旁觀看。當弦逼近事件視界，看來振動也隨之減緩下來。那條弦向外攤開，到最後它攜帶的任何資訊全都敷開遍布整個事件視界。隨著各弦向外攤開，同時也相互重疊，最後就構成一席綿密織面。既然一切事物都以弦組成，所以朝黑洞墜落的一切事物也都會像那樣敷開。這樣生成並覆蓋黑洞表面的巨幅弦織面，能夠全面含括在黑洞構成之時墜入，以及後續落入其中的整套浩瀚資訊。於是在視界這處地方，就含有墜入黑洞的一切事物。就遠距觀察者的觀點而言，事物根本沒有落入洞中。事物到了視界就停止，隨後便輻射回到太空。

蘇士侃在一九九四年前往劍橋，他認定這是一次好機會可以和霍金交談，想辦法說服他，資訊悖論或能以視界互補性來解答。遺憾當時霍金病了，他們沒辦法聯繫。最後，蘇士侃發表一場黑洞互補性演講，霍金也出席聽講。蘇士侃記得那次場合：「這是和霍金對話的最後機會。講堂滿座，史蒂芬在我開始之時到達，坐在後排。通常他都坐在前排靠近黑板。他不是自己來的，他的看護和另一位助理也在場，以防他需要醫療照顧。顯然他身體有問題，研討會大概進行到一半時，他離開了。結果就是這樣。」蘇士侃的構想要等到二十一世紀初，才有人就此進行縝密的數學處理。

CHAPTER 15

我想我們大有機會避開世界末日，又不會陷入另一次黑暗時代

一九九五年春季，《時間簡史》從初版上市後七年才推出平裝本。通常一本書初版發行後約一年就會發行平裝本，不過由於精裝本的銷售數字一直有出色表現，班騰出版社也就一延再延。某人訪問霍金時表示，那本書在英國賣了六十萬冊、全世界超過八百萬冊，還登上《時代》雜誌暢銷書榜超過兩百三十五週，很難想像會有人等了七年，忍住不去探知宇宙的祕密，只為了買他的平裝書，好省下那八英鎊。霍金並不這麼想：「那本書賣到現在，就全世界男人、女人和兒童來看，平均每七百五十人就賣一冊，所以還有七百四十九人可以賣。」他的看護插嘴說那是：「霍金邏輯！」

霍金和潔恩在那年春天辦妥離婚手續。七月時，霍金在科羅拉多州阿斯彭音樂節（Aspen Music Festival）一場音樂會上，首度公開他和伊蓮的婚約，選定在那個場合宣布是希望裨益音樂節暨音樂學院（Festival and Music School）以及阿斯彭物理研究中心（Aspen Center for Physics）。

霍金在華格納的《齊格飛牧歌》（*Siegfried Idyll*）開演之前，歡喜發表一段簡短開場白。那是一首親切的室內樂曲，和華格納的其他多數作品都不相同，只需一支小型樂團就能演奏。樂曲沿革相

當浪漫。華格納譜寫這首曲子是要在他的別墅演奏，由於他的妻子柯西瑪的生日就在聖誕節，於是一八七〇年聖誕節早上，華格納安排樂隊來到柯西瑪臥室外樓梯間，為她帶來驚喜演出。華格納夫妻是在先前一年夏天結婚。於是霍金靈機一動，選定在訂婚儀式上演出那首牧歌。那首曲子結合溫婉柔情和熱烈激情的手法，在音樂文獻中稱得上獨樹一幟。霍金退離舞台之時，伊蓮鍾情輕撫霍金肩膀，音樂就在這時響起。阿斯彭物理研究中心董事長、物理學家大衛・施拉姆（David Schramm）說道：「史蒂芬看著伊蓮，眼中帶著溫情，流露一種關懷。他們兩人有種非常特殊的關係。」兩個月之後，霍金和伊蓮在一九九五年九月十六日前往劍橋一個戶籍登記處舉行結婚儀式，接下來還辦了教會祝福和慶祝會。霍金的三個孩子和伊蓮的兩個兒子都沒有出席。霍金編寫備妥一句聲明，存進他的電腦：「真美妙啊！我娶了我愛的女人。」

當時媒體對他兩人結婚的反應並不友善，質疑伊蓮為什麼嫁給這個富有而且恐怕活不久的男子。媒體訪問伊蓮的前夫梅森時，肯定也期望他能說一些惡毒的話，結果他卻出面為伊蓮辯解。他說，伊蓮真正想要的，完全就是個需要她的人。伊蓮顯然也需要霍金，因為霍金談起他娶伊蓮的理由時說：「我也該幫幫別人了。從我成年以來，一直受到旁人協助。」霍金婚後一貫拒絕回答媒體還有好奇的聽眾，有關他婚姻的問題。他的標準答案是：「我可不想深入我的私生活細節。」有關霍金和伊蓮共同生活境況的憂心傳言，還有不那麼好意的流言蜚語紛紛浮現，不過熟識霍金的人一致認為：「追根究柢，他愛伊蓮。」

婚約宣布之時，潔恩正在西雅圖探望兒子羅伯特。回到劍橋之後她開始重新考量，先前不打算以霍金妻子身分來撰寫回憶錄的決定。她在法國買了一戶磨坊（Le Moulin）住家並翻修完成，當時正投入寫書談這棟房子，也努力尋訪出版社，結果全屬徒勞。那本書為有意仿效的人提供寶貴建言和實用資訊，然而出版社想要的是有關她和霍金私生活的書，寫磨坊的書他們不想要。有一家無恥代理商哄騙她簽了一紙合約，議定只要出版商同意接受她撰寫的書，她也要答應往後會寫一本書「道出一切」。潔恩一直等到合約過期，才在一九九四年自行出版《安居法國》（*At Home in France*）。

到了一九九五年夏、秋兩季，情況完全不同了，霍金和伊蓮結婚了，喬納森也和潔恩公開同居，連同她的兒子提姆一起住在劍橋。在她看來，時機已成熟，可以從她本身沒有那麼歡欣鼓舞的觀點，和盤托出霍金的故事。麥克米倫出版社（Macmillan Publishers）來了一封信，請她考慮寫一本自傳。這次潔恩答應了。

茶敘和一場演講

一九九六年春天，我前往應數暨理論物理系找霍金茶敘，那時他的最新通俗書本《黑洞和嬰宇宙》（*Black Holes and Baby Universes*）才剛問市。書中有一段陳述觸怒了某些評論家。霍金重提他在三年前寫過的觀點，再次強調：「物理學理論不過就是一種數學模型，詢問它和現實有沒有對應關係是沒有意義的問題。我們只能問，它的預測和觀察結果是否相符。」或許其他人會覺得很奇怪，不過霍金卻堅持己見，而且還會繼續堅決認定，討論蟲洞是不是真正存在一類的問題是沒有意義的。

我在喝茶時向他深入追問這個問題：詢問這項理論和現實有沒有對應關係是毫無意義的。好吧，就算是吧。不過，就實際而論，這個問題有沒有答案？是否有哪種狀況是我們無法企及，卻依然是牢靠的現實？若說，從一切層級來看都完全沒有，那也就是採行非常後現代的觀點來看待事物。霍金的回答很有趣：「我們從來沒有與模型無關的現實觀。不過這並不表示，就沒有與模型無關的現實觀。假使我不認為有，我也就沒辦法再繼續做科學。」一九九六年，他和潘洛斯合著出版《時空本性》（*The Nature of Space and Time*），收入一九九四年他在劍橋牛頓研究所（Newton Institute in Cambridge）發表的六場演說，並深入闡釋兩人就哲學和科學層面的相左觀點，霍金在書中寫道：「我想羅傑．潘洛斯本質上是個柏拉圖信徒，不過這個問題他必須自己回答。」在我看來，霍金的評論就肯定表示他也是個柏拉圖信徒。

我們那次是在交誼廳喝茶，身邊照例有一群喧鬧的學生和物理學家，他們的衣著依然隨便到邋遢的程度，他們說的話依然夾雜著數學公式，交談內容跨越宇宙的幅員和歷史，方程式潦草寫在矮桌桌面。我突然想到，這群人從來不曾把霍金看成與眾不同，不過他的同事和學生都願意久候，靜靜的等待他編寫語句，而且認為這樣的等待相當值得。由於他沒有肢體語言，講話沒有抑揚頓挫，合成語音只傳達一種情緒：無止境的周密耐心，講出的話能傳達出一種神諭氣息。他的幽默，不論是否刻意為之，總給人一種冷笑話的感覺。那天下午霍金排定要發表公眾演講，茶敘提早結束。入場券在前幾週就分發到整所大學。他的研究生和博士後學生不必持票就能入場，有人建議我和他們一道前往。提出這種建議實在非常體貼，因為我比他們任何人都起碼大二十五歲，和主講人相當，不屬於他們那個年紀。

那次演講成為媒體盛事。戶外停了好些轉播車，電纜蜿蜒導入，聚光燈照射舞台和觀眾。演講廳很現代化又很寬敞，不過和霍金在世界各地現身並引來爆滿聽眾的講堂相比，卻又差得遠了。現場約五百名民眾，坐在類似寫字台的彎曲長板凳上，還有些人擠在我們上方的包廂樓座。霍金駛上講台，現場隨之安靜下來。他那樣沉穩、平凡的向舞台中央堅定前行，展現出從另一個維度來訪的氛圍。他事前已經為講稿擬出程式輸入電腦，由助理操作投影機。儘管演講和幻燈片包含罕有人能領會的公式和圖解，霍金依然引人癡迷，專注聆聽。

在那時候，霍金還為一項預計在隔年上映的電視企劃忙碌。那個系列節目名稱是《霍金的宇宙》（*Stephen Hawking's Universe*，譯註：二〇一〇年另有同名紀錄片系列）和一本搭配出版的書，節目共分六集，由BBC和美國公共電視網協同製作。這次他堅持影集必須專注科學，結果也按他的意思去做。

潔恩和喬納森・瓊斯在一九九七年結婚，不過露西搶了他們的風頭，她在三月告訴家人，她懷孕了，孩子的爸爸是她的男朋友，聯合國駐波士尼亞和平工作團團員亞歷克斯・史密斯（Alex Smith）。同年七月他們正式結婚，婚後定居倫敦。他們為霍金的第一個孫子取名為威廉，當然囉，那就是霍金的中間名。

宇宙層級的審查制度

霍金當上祖父之時，也該坦承另一場賭局輸了。這場賭局的開端源自一九七〇年，那時霍金頭一次思索光線在黑洞事件視界的處境，此外，倘若光線對射互撞並墜入黑洞，會出現什麼情況。問題在於，黑洞可不可能到最後就沒有視界，而奇異點也裸露在外，看得一清二楚？潘洛斯提出宇宙審查猜想（cosmic censorship conjecture），主張奇異點永遠裹在一層視界裡面。往後多年議論紛紛，於是霍金下注，和索恩、約翰．普雷斯基爾（John Preskill，同樣任職加州理工學院）打賭潘洛斯是對的。

敗方要給勝方（或勝隊）報償，獎賞一席衣物來遮蓋勝方的裸身，上頭還需以合宜認輸訊息潤飾。自從一九九一年賭局議定書畫押以來，普林斯頓的克里斯托多羅已經動用德州大學馬修．卓珀堤克（Matthew Choptuik）的電腦模擬，完成若干理論運算，結果隱指沒有事件視界的奇異點是有可能出現的，然而卻必須遇上極罕見的特殊情況才行，好比塌縮的黑洞。卓珀堤克說明，這種情況大概就像一支鉛筆以削尖的一端豎直立起，然而理論上這是不可能的。

一九九七年，霍金在加州一場公眾演講當場坦承賭輸。他送索恩和普雷斯基爾的圓領衫，上面經過潤飾的訊息指出，儘管裸露的奇異點有可能出現，卻恐怕不會（或不該）出現！漫畫顯示一位體態姣好，衣不蔽體的女子身上只遮了一條毛巾，上書：自然嫌惡裸奇點。後來克里斯托多羅重做計算，結果發現霍金那次服輸也許太過倉促，於是又下了一次新的賭注。這次斬釘截鐵明白寫出，奇異點必然能夠生成，而且毋須任何不大可能成真的特殊條件。這一次賭注，敗方呈現在衣物上的訊息，也必須毫不含糊的明確認輸。同時，普雷斯基爾論述表示，我們確實知道有個裸露的奇異點：大霹靂。

霍金在一九七七年有一趟特別難忘的旅行，他和索恩以及其他幾位同事一道前往南極洲，照片顯示他坐著輪椅，全身裹得密實，背景是一片冰雪。不過他並沒有真正抵達南極，而且他也從來沒有去過北極，這就表示他不能說自己曾經親身觀察，並看出那裡沒有邊界。

愈脹愈快

一九九八年一月，在美國天文學學會一次會議上，一位名叫索羅．珀爾穆特（Saul Perlmutter）的年輕天文學家發布一則消息，其重要性比得上哈伯有關宇宙正在膨脹的發現：宇宙膨脹愈來愈快！宇宙學家目瞪口呆。媒體很快把消息傳開，說是出了驚人發現，而且和所有預期完全相左。後來霍金便在他和潘洛斯的《時空本性》二〇一〇年新版後記，驚嘆述說這項驚人發展的振奮之情和重要意義。

兩支天文學團隊分別獨立成就這項發現：加州勞倫斯柏克萊國家實驗室的珀爾穆特，和他的超新星宇宙學計畫（Supernova Cosmology Project）長期投入超新星研究，期待能查清宇宙膨脹是否逐漸減緩。他們的發現卻完全相反。很難相信他們並沒有犯錯，不過到了三月，澳大利亞斯特朗洛山和賽丁泉天文台（Mount Stromlo and Siding Spring Observatory），另一支由布萊恩．施密特（Brian Schmidt）領軍的研究團隊也提出相仿發現。

暴脹理論預測宇宙是平坦的，然而這筆新的數據卻似乎暗示，我們所處宇宙其實有可能是開放的（弗里德曼的第二種模型，參見圖六－一）；不過那項發現的另一種意涵，對暴脹理論倒是沒有那麼糟糕。珀爾穆特發現的狀況可以當成第一種牢靠觀察證據，顯示宇宙間有一種斥力作用，暴脹理論推想的那種反重力加速作用確實存在。宇宙不知道從哪裡得來一股反重力推力。

我們眼前所見，難道就是支持愛因斯坦宇宙常數的證據？當初他不相信他的廣義相對論方程式所含寓意，才在裡面擺了常數，但後來他又把那個常數拿掉。現在珀爾穆特卻推想，原來還真有個小小的正向宇宙常數，而且霍金和其他人也同意，那就是最簡單的解釋。不過這項結論卻引來不安，事情有可能不完全是那麼簡單，或許宇宙間有一種比較奇特的反重力壓力。有人談到一種神祕的「第五元素」（亞里斯多德推想的一種基本元素）。

暗能量（dark energy）一詞納入物理學語彙，用來描述那種神祕能源。同時，根據愛因斯坦最廣為人知的方程式，能量和物質是等價的。一項推想指出，普通物質和暗物質（dark matter，其組成依然是個謎，不過目前已經驗證確實有這種物質）加上暗能量，就有可能生成完全與暴脹理論預測相符的平坦宇宙。霍金在二〇一〇年版《時空本性》的後記裡，他推想，只要這種能量的含量足夠，甚至還可能出現封閉宇宙所需正曲率，而這就與原始無界的構想一致。然而到了一九九八年，霍金卻尋思，他是不是該從這項意外發現入手，重新審視那個構想。

屆臨千禧新時代

一九九八年，美國總統柯林頓宣布千禧年之夜系列活動。白宮籌劃主辦的八場演講和文化盛會，現場還規劃以網際網路做實況轉播，並邀請霍金擔任其中一場主講。他那場〈想像力和改變：下一個千禧年的科學〉（Imagination and Change: Science in the Next Millennium）演說，是系列活動的第二場，排在三月六日。他藉這次機會警醒世人，他眼中的幾項嚴重危機：人口過剩和不受約束的能量消耗。霍金認為，我們有可能把地表生命全都摧毀，或者淪落粗暴、野蠻的狀態。他還道出心中的重大憂思，質疑任何法規或禁令真有辦法在往後千年期間，全面制止重新設計人類的ＤＮＡ。不論往後是否多數人都贊成立法，對人類基因工程學設下禁令，總歸都阻止不了某人在某處動手從事。或許他不希望聽眾就此一蹶不振，於是在演講尾聲帶入歡欣情緒：「我很樂觀，我想我們大有機會避開世界末日，又不會陷入另一次黑暗時代。」

美國似乎是帶出霍金比較陰沉和比較輕鬆的層面。一九九九年他又回到加州，在蒙特雷（Monterey）待了一陣子，然後飛到洛杉磯製作一集《辛普森家庭》動畫，為自己配音。這是他的一項極為重要使命，以下事實可為明證：起飛前兩天，他的輪椅竟然壞了，研究生助理克里斯．伯戈因（Chris Burgoyne）接連工作三十六個小時，及時把它修好。倘若霍金沒辦法拯救全人類於末日結局，起碼還可以及時趕到洛杉磯，去「拯救麗莎的腦子」。那集動畫最令人難忘的台詞是霍金對河馬講的一段話。他說，河馬的甜甜圈形宇宙很有趣，還說：「我恐怕得把它偷來。」霍金詢問製作人，能不能創作一款霍金動作人形。那個公仔上市後成為玩具店暢銷品。霍金還在一集《呆伯特》（*Dilbert*）動畫片中（再次擔綱配音）出手拯救全宇宙，故事說：有一台機器意外造出一顆黑洞，狗伯特綁架霍金，要他修理時空。不消說，霍金博士治好了宇宙。當年霍金也入院修理自己，接受喉頭繞道手術以免食物落入肺中，這就可以降低進食風險，還可以讓吃東西變得比較愉快。

一九八〇年代晚期，我第一次為霍金寫書的時候，他的私生活實在不宜道出，況且個中細節還只有非常少數人知道，就算想寫也辦不到。隨著潔恩的《感動群星的音樂》（*Music to Move the Stars*，譯註：中文版書名為《霍金：前妻回憶錄》）在一九九九年出版，這些隱私資訊也廣為人所知。她毫不保留如實追憶她們的生活，記錄下當年身體上和情緒上的動盪，也坦白談起她和喬納森的關係。潔恩那本書在媒體界掀起一陣騷動，這一點也不令人訝異，但卻讓潔恩感到震驚。霍金沒有發表公開評論，只說他從不讀有關他自己的傳記。他依然保持幽默，這點從他一次答問就看得出來。有次一位記者問起潔恩那本書的相關問題，還問霍金，他有沒有立下遺囑，捐出DNA給科學界複製，他回答：「我想不會有人希望見到複製的另一個我。」

霍金已經上過電視，在一齣歌劇現身，還拍了一部談他自己的影片。不過他還不曾粉墨登場演舞台劇。當他接獲羅賓．霍登（Robin Hawdon）寄來《上帝和史蒂芬．霍金》（*God and Stephen Hawking*）的前製劇本，他的反應是不予理會，期望它銷聲匿跡，永遠不會登上舞台。後來霍登把潔恩在書中所述細節添加進去，霍金還因此考慮要採取法律行動，不過他研判，那樣做只會更引人注意那齣「愚蠢又沒有價值的」戲劇。上帝、教宗、女王、潔恩、愛因斯坦和牛頓，都是劇中角色。露西曾觀賞一次演出，看著那齣戲如何在舞台上刻畫她的家庭，她感到自己「大受驚恐又如癡如醉」，努力克制一種「想要爬上舞台加入他們的錯亂衝動」。

在此同時，提姆已經就讀艾克斯特（Exeter）大學，而霍金也聽從這個兒子的建言，朝另一個方向拓展他的視野。提姆並沒有像哥哥那樣追隨父親進入物理學界，而是跟著母親的腳步，攻讀法文和西班牙文。提姆想方設法讓父親對一級方程式賽車產生興趣，甚至還勸誘他去聽搖滾演奏。霍金聲稱這當中有某些演出他確實喜愛，不過有一場門票特別不容易到手的，他只待了短短二十分鐘就離開了。這位終生華格納樂迷（儘管他的語音合成器只肯發出「韋爾納」或「華國納」）還是個擁有十足鑑賞力的搖滾樂迷，他知道自己喜歡、不喜歡什麼，而且他用他的輪椅來投票。

理論面對面：無界構想和暴脹理論

一九九〇年代晚期，一個千禧年的尾聲屆臨，霍金在同行間的名望和公眾名流身分似乎都穩固了，不過他和哈妥的無界構想卻依然爭議未決。那項主張預測宇宙是封閉的，符合弗里德曼的第一種模型（參見圖六－一）。那種模型顯示，宇宙到最後就會塌縮引發大崩墜。基於宇宙膨脹愈來愈快的發現，加上宇宙所含物質和能量之估計總數也更有憑有據，於是一九九〇年代的理論學家也就愈來愈不相信，我們所處宇宙就是屬於那個類別。看來這處宇宙甚至有可能是開放式的，與弗里德曼的第二種模型相符，宇宙會永遠膨脹下去。

同時，暴脹理論則預測宇宙是平坦的，弗里德曼的第三種模型，代表宇宙間物質量恰到好處，不多不少，正可以讓宇宙膨脹速度只夠避免塌縮。一九九五年，紐約州立大學石溪分校的尼爾・圖羅克（Neil Turok）、馬丁・布赫爾（Martin Bucher）和阿爾弗雷德・戈德哈貝爾（Alfred Goldhaber）寫了一篇論文，證實暴脹不見得一定排除會永遠膨脹下去的開放式宇宙。不過，這對無界構想並沒有即刻助益。

於是情況就是，霍金的無界構想預測宇宙是封閉的，暴脹理論預測宇宙是平坦的或開放的，而觀測結果則偏向開放式的，於是他開始思索，可不可能讓這些模型協同一致。圖羅克是霍金的好朋友，有天兩人在劍橋一場開放暴脹研討會後茶敘並交換意見。

後來他們擬出一種模型，這裡面有一顆空間和時間粒子，就像一種尺寸極小且略顯不規則的帶皺摺四維球體，這顆粒子會自發暴脹，形成無限大的開放宇宙。由於這顆粒子只會存續片刻，可說是曇花一現，接著就會經歷暴脹。霍金和圖羅克稱之為瞬子（instanton）。不過由於兩位理論學家宣布，儘管和豌豆相比，瞬子尺寸纖小得不可想像，質量卻和豌豆相當（約一克），後來通俗的名稱就叫豌豆。豌豆的外型也有其好處，因為豌豆是圓的，和宇宙源頭的圓形風貌相當吻合，根據無界構想，那時候的時間就像空間的第四個維度。豌豆並不是奇異點，不是密度無限大的一點。按照圖羅克的說法：

> 設想暴脹是引發大霹靂的炸藥，我們的瞬子是一種能引燃暴脹的自點火引信。要想生成瞬子，就必須具備重力、物質、太空和時間。取走這當中任一成分，瞬子就不存在了。不過倘若你有一顆瞬子，它就會馬上轉變成一處暴脹的無限宇宙。

瞬子之「外」什麼都沒有，瞬子之「前」也什麼都沒有。在時間和空間之中，完全只有那一件事物。然而，媒體卻提出種種離譜說詞，宣稱這個理論證實宇宙是如何無中生有，憑空出現。其實宇宙是萌生自一種結合重力、空間、時間和物質，共同凝集而成的圓形微小物體。

那是一次很好的嘗試，把暴脹理論、無界初始條件和觀察證據匯於一爐。然而這項成果，卻沒有在霍金和圖羅克的同事間激起回響。這當中有一項尷尬的問題，模型預測的許多可能宇宙，裡面完全沒有物質。不過這點霍金並不難補正。我們只需動用人本原理並表示，其實在這種種可能的宇宙當中，只需要一種能夠支持生成智慧生命型式即可。

有些人批評，認為無界構想依然太具爭議，不能成為可行理論的穩當環節。另有些人則認為，霍金和圖羅克太過仰賴人本原理。林德抱持嚴重質疑。在他想來，如果一種模型的宇宙所含物質之密度，充其量約只為我們所處宇宙現今觀察所得的三十分之一，那麼這種模型是無法被接受的，就連人本原理也救不了它。霍金和圖羅克提出回應：截至目前，他們處理的還只是一種非常簡單的模型，比較實際的模型會得出較佳結果。

由於民眾對一切與霍金有關的新聞都很感興趣，大西洋兩岸的媒體都針對這個相左之處，把它處理得彷彿理論物理學界，正安排上演一場巨人對戰。《天文學雜誌》（*Astronomy Magazine*）呼籲：「給豌豆一個機會！」而《科學》雜誌則表現得比較自制，只說：「暴脹對上開放宇宙。」史丹佛（林德就在那裡當教授）的線上新聞服務，把它當成一場職業拳賽來報導：「霍金、林德為宇宙誕生揮拳對陣。」新聞標題把霍金擺在前面，而其實那時林德已經算是本地哥兒，不過或許史丹佛線上報導（Stanford Report Online）斷定，堅守字母順序排列不會有人挨罵。

若說林德一度覺得霍金令人生畏，這時也不再有那種情況了。他稱霍金是：「一位天份極高的人，一位非常出色的人。」卻也評斷霍金對數學的信任，簡直稱得上一種宗教：「而且有時候，他對數學的瘋狂信任到會做了計算之後再來詮釋……有必要確認你的數學運用得當。就這件事情來講，我直覺認為他並沒有做到。」不過有一次林德大大恭維霍金，他附和重述其他許多人的說法：「我把霍金當成朋友，也希望在這件事情結束之後，我們依然是朋友。他曾經好幾次歸結出令人詫異的結論，起初看來似乎是錯的，不過有幾次事例到最後都證明他是對的，另有些情況他就錯了。我們只能拭目以待，看這次是對是錯。」

史丹佛線上新聞那篇報導的導火線是四月（譯註：一九九八年）在史丹佛舉行的一場研討會，

由霍金應林德邀請負責主講。廣大群眾擠滿現場，期盼親眼見識兩人親身揮拳對陣。同年十一月，霍金在加州蒙特雷和林德與維蘭金辯論，這次是為他動用人本原理辯護，而且他那份自信，也為他日後更強勢的做法埋下伏筆：「我們棲居的宇宙並沒有在初始階段塌縮，也沒有變得幾乎一片空無。所以我們必須把人本原理納入考量：倘若宇宙不適合我們在這裡生存，那我們也不會詢問，為什麼它的現況如此。」一旦事關霍金和圖羅克的構想，陪審團退庭時間就會拖得很長。

CHAPTER 16

在我看來很明白了

一九九九年十二月，美國有線電視新聞網（CNN）的賴瑞．金（Larry King）在千禧年前夕，親自到劍橋應數暨理論物理系拍攝霍金專訪。訪談問題事先都已安排，而且霍金也把答案謹慎編好程式，這樣回答才不會延擱。訪問內容在聖誕節播出。賴瑞．金問他打算怎樣慶祝這次特別的新年，霍金回答，他要去參加辛普森角色化妝派對，而且打扮成他自己。這並不需要化妝。

千禧年降臨，霍金玩起大聯盟。他加入國際出色人物陣營，其中包括大主教德斯蒙德．屠圖（Desmond Tutu），共同簽署一份《第三個千禧年身障憲章》（*Charter for the Third Millennium on Disability*）。二〇〇〇年五月，他為反對基因改造食品和查爾斯親王爭辯，接著在八月時，他錄製了一段影片向美國總統候選人艾爾．高爾（Al Gore）致敬，預計在美國民主黨全國代表大會時在電視上播放。

他的演說邀約不斷，每場聽眾多達數千，地點遍及全世界，包括南韓、印度孟買和德里，乃至於西班牙格拉那達。二〇〇〇年六月，為慶祝索恩的六十歲生日，他前往加州理工學院在「基普慶」（KipFest）會場發表一場演講，接著回國又在劍橋講了一場，為紐納姆克羅夫特小學籌得數千鎊擴建基金。二〇〇一年夏天，新的紀錄片《真正的史蒂芬．霍金》（*The Real Stephen Hawking*）在ＢＢＣ第四頻道播出。為呼籲民眾關注身障相關新科技的需求，霍金同意播出「量子爵士風一四〇〇型輪椅」廣告。他妙語指出：「我的看護必須努力追上它，可以幫他們保持強健體魄。」

這樣講並不誇張，他們確實必須努力追上。出國一趟就像部隊行軍，從前如此，如今依然：最小編制包括霍金、他的研究生助理、一位護理師加上兩位看護。至於隨行設備和行李，從一九八〇年代他開始攜帶電腦和溝通器材起，數量就變得相當龐大。葛德文曾多次監管所有隨身用品往返世界各地，她說這當中有裝衣物的手提箱、保持他呼吸道暢通的必備抽吸設備，還有一件極端沉重的黑袋子，裡面裝了所有應急事物，以備緊急情況使用。他的研究生助理攜帶種種必要工具、器材和備料，用來保養輪椅和電腦並供緊急維修使用。這些品項有時也不免在運送時遺失。葛德文記得，曾在危急關頭緊急外出購物，那次霍金約比爾．蓋茲（Bill Gates）見面，然而裝了霍金所有衣物的手提箱卻被行李搬運人員塞到一旁，始終沒有運抵那一站。還有一次她並沒有隨行，卻接到霍金工作人員從世界另一端瘋狂來電：抽吸設備鎖在汽車裡面，鑰匙卻搞丟了，他們怎麼辦啊？

自從千禧年以來，霍金飛行時都盡可能搭乘私人噴射機。若是搭乘民航機，輪椅就必須進入客艙隨行，這樣他才不必在飛機裡面枯等。甚至還曾發生輪椅擁有頭等艙專屬座位的事例。安全檢查向來都是個問題，因為輪椅沒辦法通過金屬探測器，多數時候也沒有人會堅持要搜查他。這類困境不只搭飛機才會遇上，他在日本搭子彈列車時，也必須進行繁複特殊安排，還讓列車多停三十秒鐘。

進入千禧年不久，當初興奮記述霍金送往迎來、公開現身和得獎榮譽的媒體，這時卻熱衷報導他遭受肉體凌虐的種種神祕謠言。後來當劍橋警方著手調查，霍金態度堅定，絲毫不肯配合。有時員工和家人關切太甚，憂心如焚，他依然置之不理，只對警方和其他人堅決表示，他不希望家人的生活受到干擾。往後五年間，傳言他身上接連出現不能解釋的傷痕，其中有些據稱還危及性命，於是調查時斷時續，謠言間歇出現，警方不時詢問同事、員工和家人，最後警方才在二〇〇四年三月停止調查。

P維膜並沒有那麼愚蠢

千禧年和緊接下來那幾年間，林德和他的研究夥伴努力鑽研，希望把弦論和永恆暴脹多元宇宙連貫起來，同時霍金也和他的幾位現任、前任研究生群策群力（當霍金沒有離群前往世界某個偏遠角落時），設法讓無界構想和一種稱為膜論（brane theory）的較新觀點兩相契合。同時他們也從膜論角度入手，繼續檢視黑洞。

P維膜（p-brane）這個名字是彼得．湯森（Peter Townsend）想出來的。湯森是霍金的同事，在應數暨理論物理系從事這類理論怪象的基礎研究。P維膜的那個「P」字可以是任意數字，代表那種「膜」有多少個維度。若「p＝1」，代表那是個「1」維膜。它有一個維度，即長度，那是一條弦。若「p＝2」，那就是個「2」維膜。它有兩個維度，長和寬，那是張薄片，或一片面形膜。依此脈絡繼續下去，我們大概就能判定，某些冒險遊戲裡面那個罪大惡極的致命方形凝膠怪，肯定是一種「3」維膜，不過理論倒是沒把它納入。較高數值的「p」同樣有可能出現。它們的模樣比較不好設想。這套架構令人想起另一種觀點，起初由畢達哥拉斯學派在西元前第五世紀提出，後來柏拉圖也採行，那項觀點認為，世界是從點到線到面到立體逐步成形。柏拉圖推想，在那之後，接著說不定還有更多維度，不過以當時我們所知世界，最多也只需要這樣。現代p維膜理論學者就不會像當年那樣受到約束，可以盡情構思那些額外維度。

P維膜能吸收、放射粒子，做法猶如黑洞。起碼就某些類型的黑洞而言，p維膜模型預測的發射率，和霍金的虛粒子對模型預測值相等。

P維膜能為落入黑洞的資訊，提供一種類似暫存設施的功能，不過它們說不定還有更大作用：資訊最後就會隨輻射從p維膜放射出來。霍金設想這種可能情況，連帶也重新思索海森堡測不準原理的蘊含，空間所有範圍想必都布滿纖細黑洞，就像霍金輻射的粒子對那般瞬息生滅。這種細小的傢伙貪婪鯨吞粒子和資訊。當然，它們都只有原子核的千萬億分之一那麼小，說饕食或許還比較恰當，也因此霍金才說，從一切日常實務看來，物理定律依然具有決定性影響。不過這不表示，資訊流失的嚴重程度就有絲毫遞減。P維膜能不能挽回頹勢？

霍金在一九八一年宣布資訊落入黑洞就從宇宙流失，之後有關資訊悖論的爭議便持續不絕，卻也沒有嚴重到會讓霍金打算改弦易轍，或者讓他心煩意亂。這點讓人訝異，因為這項議題對物理學實在相當重要。有些人思忖，他是不是擺出頑強姿態，執意不理會和他想法相左的有趣論點，所以才不肯投身參與討論。有些人則擔心他根本是身體違和，無法擬出深刻見解來強力回應。對他而言，已經做出最後裁決，即便結果令人遺憾，卻是無懈可擊的定論，而且他聽到的種種論點，沒有一項重要到能夠把他拉入戰局。

不過老闆從來不曾睡著。他知道蘇士侃在一九九三年提出的構想，而且肯定也注意到，安德魯・斯特隆明格（Andrew Strominger）和卡姆朗・瓦法（Cumrun Vafa）兩位物理學家在一九九六年提出以p維膜來解決資訊悖論的主張。霍金和他的同事盱衡資訊流失問題的那項解法，其中有些人對此心懷期許。大師私下稍稍盤算一下，不過他接著就改變心意，依然沒有信服。霍金堅持己見，資訊墜入黑洞流失再不復返。P維膜是很有趣，卻是基於其他因素而言，無法解決這項問題。霍金在某次演講結語中提到：「宇宙的未來，並不完全由科學定律與宇宙的現況來決定，拉普拉斯的想法不對，上帝的袖口裡仍有乾坤。」演講最後的一張幻燈片是一幅素描，畫中的長鬚老者面露謎樣笑容，手拿一疊撲克牌塞進長袍袖裡。我們不禁納悶，那些撲克牌都是「2」維膜嗎？

胡桃前傳

我第一次見到、聽到《胡桃裡的宇宙》（*The Universe in a Nutshell*）是在二〇〇〇年夏天，當時那本書還是一疊打字稿，由班騰出版社編輯安・哈里斯（Ann Harris）從紐約寄來給我。文稿裡面含公眾、科學演說稿和論文的列印本，多數是最近的作品，有些很容易理解，有些滿是方程式和物理學語言，許多地方彼此重複，偶爾還出現霍金先前書籍寫過的內容。看來完全不像是一本條理分明的書。裡面有弦論（string theory）、M理論（M-theory）、虛時間（imaginary time）、歷史求和、資訊悖論、全像原理和額外維度，更別提還有一些更基本題材的概述，好比量子力學、廣義相對論、黑洞和大霹靂。那堆材料多得嚇人，肯定裝不進胡桃殼（目前還不行）。哈里斯想知道，那疊稿子可不可能構成一本書。霍金是班騰出版社的掌上明珠之一，無法想像有誰會退還稿子，還告訴他這沒辦法出版。

我答應看這疊稿子，很快我就全心投入。我在頁緣幫哈里斯寫下眉批：「他的意思是指……」或「太艱澀」、「可以理解」、「在三十三頁已經說過了」，我還畫一張圖解，闡明各個段落，以及段落內各子段落該如何安排，串連集結來構成書中不同篇章。哈里斯延攬我加入編輯，並提醒我：「幫霍金把這本書改簡單一些，讓普通人都能讀懂。」當然沒問題，我自己就是個普通人。

最後才發現，原來霍金比哈里斯和我自己都想得更遠。他有自己的一套規劃，完全清楚這本書的各篇章該如何相互匹配。非線性組織是刻意規劃的。書中安排不同篇章，分談各自課題，而且只要熟讀一小段核心基礎材料，接著就能以任意順序來閱讀各章節內容。於是我的使命改了，變成幫忙撫平各章難度落差，指出其中哪些需要琢磨，改成普通聰明才智的讀者能讀懂的水準。霍金還打算趁此機會再次彰顯他對若干爭議課題的見解，而且範圍不限於科學領域。我們以電郵聯繫數月之後，接著就在他的劍橋辦公室一道工作兩週。這支團隊還有個十分出色的插畫家，來自書之實驗室與月奔設計（Book Laboratory and Moonrunner Design）的菲利普．鄧恩（Philip Dunn）。起初我還擔心他部分素描的科學精確性，結果到最後，他的畫作卻讓《胡桃裡的宇宙》成為霍金所有書籍當中插畫最富創意的一本。

搬離銀街

到了二〇〇〇年，應數暨理論物理系已經有大幅變化。儘管號稱數理科學研究中心（Centre for

Mathematical Sciences）的新穎超現代複合建築要等到二〇〇二年才會完工，不過當我找霍金討論《胡桃裡的宇宙》時，應數暨理論物理系卻已經從銀街老舊建築搬到那處地方。所以我從克萊爾學堂的落腳處前往那棟新的複合建築時，並不是穿越後園和康河，而是反方向遠離老劍橋中心校區，行經城裡一處高檔住宅區，接著就朝新的卡文迪什實驗室方向走去，不過不必走那麼遠。那時新的數理科學研究中心工程仍在進行，不過看來已經很像星艦劇集的片中場景，唯一例外就是其中一段綠屋頂區（上覆草皮，綠得貨真價實。）我不再能逕自進入，必須在接待區等霍金的助理來接我，那個人我以前沒見過，叫做凱倫．錫姆斯（Karen Simes）。

霍金的新辦公室比起銀街舊處已經有重大改善。室內寬敞，鋪了地毯，相當現代化，光線從兩牆窗戶灑進。那是一間邊角辦公室，室內空間不但足夠擺書桌、電腦、書櫃和一面黑板，還有供客人使用的一組絨毛沙發、座椅和一張茶几，全都採用柔和的色彩。一幅瑪麗蓮夢露的裝框粉彩肖像掛在牆上，品質比我印象中掛在銀街那幅好多了。陳列在書桌、書架上的照片，多半是露西的小兒子威廉，也就是霍金的外孫。兩側窗戶俯瞰兩個樓層底下的草坪，還有複合建築周圍較老舊的住宅區。聽說這幅景象維持不了多久，因為研究中心仍在施工，很快就會增建另一處分院，和窗戶只相隔幾碼。不過景色比過去停車場和單調磚牆好多了。

然而銀街那間交誼廳卻沒了，這個損失似乎相當嚴重，新的複合建築只有一間大型用餐場所勉強可以相提並論，從霍金的辦公室到那裡相隔很遠，必須通過廊道、上下戶外坡道並跨越橋梁才能抵達。以那間餐室的大小和遙遠距離，不可能好好發揮那間寒酸舊交誼廳的功能，好比四點茶敘和喝咖啡時間，興起在矮桌上書寫方程式，來場非正式即興研討會。那個處境必須補救。

不過那棟建築的技術奇蹟依然令人讚嘆。百葉窗能因應光線強度自動升降，毋須人為操作。夜間同樣也會降下，因為鄰近住家抱怨，這個超現代巨怪又大又亮，讓人覺得我們根本不必再納悶，地球之外還有沒有生命。那種生物已經降落，在對街大群集結。那處建築偶爾還會呼吸：紙張有時自行翻掀，因為空氣會自動從通風孔和門窗抽入。

儘管辦公室很現代化也有創新特色，但霍金握在手中的小盒子發出的滴答聲響，在螢幕上掠過的文字，還有合成語音，和我記憶中的景象完全相符。有些看護也是熟面孔。

回到劍橋之前，我和霍金已經以電郵聯繫好幾個月，即便如此，親身會面時依然令人鬆了一口氣，所有這一切，包括他遷往新建築、持續在世界各地旅行、他的聲望，還有他當上祖父以及私生活的改變，全都沒有讓他一反常態，不再潛心從事他熱愛的工作，更何況他出人意表成功存活的壽命當中，還有那麼多年都投注在這上面。老闆依然清醒。當然，我們的對話可不像普通對話，霍金使用手持裝置讓游標遊走螢幕，在填滿一列列單字的半邊螢幕裡逐一死命追捕單字，不過他也經常錯過，於是整套過程又重新來過。我知道自己必須抗拒誘惑，就算我有時候看得出他想講什麼，也忍著不開口幫他完成句子。那樣會很沒禮貌，反正他大有可能很快就自行完成句子。於是我等著、看著，靜靜為游標加油，期盼它逮到單字。「過來啦！對啦！逮到了！糟了！」我發現自己緊張握拳，於是我停手。他有沒有把感嘆句寫進程式的字彙表裡？我不知道。經過那兩週開頭幾分鐘挫敗後，我平靜下來。我必須聽從他的指示、要有耐心，讓一切按照他的意思顯現出來。他並沒有感到挫敗，或也許有，不過他不能表現出來。

我們合作《胡桃裡的宇宙》時，主要是由我指出原稿中有某些段落、句子，偶爾還有更大篇幅，有必要用比較簡單的語句陳述。我準備了替換用詞，儘管他會聆聽我的建議，不過就所有事例，他都堅持按照他的用語來修改。有時候我表示：「我想那句話太難了。」結果就會引來霍金微笑，接著就湧現一陣滴答聲響和閃爍單詞，他答道：「在我看來很明白了。」不過他會動手糾正這個問題，費心把理論物理學語言轉譯成「普通人」的用語。偶爾譯文似乎不夠簡明，這時我才會表示：「抱歉，不過那段我讀不懂。」即便我以為自己可以讀懂。接著他會回答：「我就它改簡單一點。」結果就如他所說。

他在《胡桃裡的宇宙》書中提出最有趣的推想之一是，我們居住的四維表面，說不定是隸屬更高維度時空的一環，這種表面即號稱為「膜世界」（brane world）。

假使我們身處這種情境，那麼這處四維膜世界（一般稱為宇宙的地方）所含萬物（好比物質和光），和我們所知的宇宙裡面找到的所有事物，應該都會表現完全相同的舉止，唯一例外就是重力。重力（把它設想成廣義相對論所述：彎曲時空）會攤展遍及較高維度時空，既然如此，我們就會發現重力表現出奇特的行為。舉個例子，重力隨距離減弱的速率，會高於我們經驗的重力遞減效應。

這裡有個陷阱，倘若重力強度更快隨距離減弱，那麼行星就不會像現況這樣繞軌運行。它們會落入太陽或者逸出星際太空。我們沒見到那種情況。然而，假定額外維度並沒有向外攤開得太遠，只延展到和我們的家鄉膜世界，相隔很近的另一處膜世界〔那是影子膜世界（shadow brane world）〕，之所以我們見不到，就如之前提過的，是因為光只能局限於自己的膜世界，無法散播穿透膜世界之間的空間。那裡和我們相隔也許只有一毫米，然而那一毫米卻是以某種額外空間維度來測度，因此我們偵測不到。想像二維世界的一種類比：一張紙上面有幾隻昆蟲，另一張紙平行置於上方近處。昆蟲無法設想空間有個第三維度，因此沒發現有那另一張紙。牠們只知道自己那張紙上的兩個維度。倘若額外維度都攤展到那種影子膜世界，重力就完全不能任意向外攤展。就如其他自然作用力，我們會發現重力也確實局限於我們的家鄉膜世界，而且強度隨距離減弱的情況也理當一如我們預期：速率恰好可以維繫行星軌道。

不過仍有線索會透露內情。小於膜世界間距的距離範圍，重力會變動得非常迅速。若把不同重物擺在一起，相隔極近，接著測量重物間非常微小的重力效應，從測量值就能看出那種重力變異。

此外還有其他有趣意涵：我們是看不到鄰近的影子膜世界，因為那個膜世界的光，傳不到我們這邊，然而我們卻能感受、觀察那處鄰膜所含物質的重力作用。我們會覺得那種作用相當神祕，因為產生那種作用的源頭，似乎只能從重力探知，除此之外就偵測不到。

從這裡能不能解釋，天體物理學界遺失質量（missing mass）和暗物質謎團的根源？恆星、星系和星系團要處於現有位置，表現當前運行方式，宇宙所含物質就必須遠遠多於，我們以所有電磁頻譜觀測得出的結果。我們可不可能就是在觀測，來自其他膜世界的重力影響？

膜世界模型不只一種，牽涉到影子膜的模型只是其中之一，而且根據這種種模型所含寓意的相關推測，還延伸到霍金極感興趣的眾多題材，好比黑洞、事件視界輻射、黑洞蒸發、重力波、重力與自然界其他作用力相形較弱、宇宙起源與虛時間中的宇宙史、暴脹理論、普朗克長度以及無界構想。

從膜世界的眼界來看無界構想，會呈現什麼景象？

我們的家鄉膜世界會有一段虛時間歷史，那時世界就像四維球體，也就是說，就像地球表面，卻多了兩個維度。讀到這裡（假定你讀了本書先前幾章），這句話看來就應該很眼熟。個中差別在於，就原始無界構想，霍金完全沒有要我們設想那種膨脹球體（世界之球）的內部有任何東西。至於這個新的膜世界版本，情況就不同了。那個空泡的內部是較高維度空間，而且我們或許也料想得到，膜世界膨脹時，那處空間的容積也會跟著擴張。

就我們體驗的時序時間而言，我們的家鄉膜世界膨脹時會出現暴脹理論描述的那種暴脹階段。最可能的情節是依循暴脹速率永遠膨脹下去，於是星群和星系群都無法形成。不過這種膜世界裡面就不可能有我們，但是我們顯然存在。於是人本原理便迫使我們投入鑽研，查清膜世界模型能不能提供可能性較低，卻也不是不可能的其他情節。我們發現，有些「虛」時間歷史可以和「實」時間行為相符，這其中的膜世界曾有加速暴脹階段，不過只出現在剛開始時，接著就減緩下來。隨後星系就能成形，智慧生命也得以演化出現。這樣看來就比較熟悉了。

關於膜的推想，最讓人不敢相信的一種是，激發自我們的全像知識。請回顧蘇士侃有關全像如何適用於黑洞的推想。全像技術可以把某一時空區間，發生哪種現象的資訊編碼存上邊界。霍金給我們一道問題：我們之所以認為自己住在一處四維世界，可不可能只因為我們是泡內所生現象的膜上投影。

在那之後，《胡桃裡的宇宙》工作又持續好幾個月，藉電郵進行細部潤飾編輯，不過就大體而言，那項工作在我逗留劍橋的那兩週就已經完成了。那項工作令人振奮，卻也相當緊繃。最後一晚，當我從數學研究中心停車場離去時，心中悄悄歡呼，我握拳慶賀勝利。我們辦到了！我活下來了，霍金也一樣。

凱斯晚餐

待在劍橋那兩週，十一月一個寒冷的傍晚，我和霍金一起搭乘他的廂型車前往凱斯。車子停在從國王大道轉入三一街（Trinity Street）的路口，位置在評議會大樓和大聖瑪麗教堂（Great St. Mary's Church）之間，對面就是岡維爾與凱斯學院。從數學研究中心載我們來的看護固定好煞車，讓車頭燈亮著，繞到乘客座那側，解開固定輪椅的厚重安全帶，霍金和他的輪椅就停在一般裝座椅的位置。我是後座唯一的乘客，這時也下車在街上等著以免妨礙她，因為卸下輪椅是粗重的活兒，必須騰出操作空間。這位行蹤遍布劍橋的輪椅騎士，如電光火石反射閃身避開我和那輛廂型車。接著他們還必須閃避從車門突伸的金屬坡道，讓裹得厚實以抵抗寒風的霍金，引導他的輪椅平穩下坡駛上人行道。

他以一種緩慢、莊嚴的步調穿過岡維爾與凱斯學院大門，接著又越過三處庭院，走上通往大會堂（Hall）那條門道。這些年來，霍金爭取身障通行權取得成果之後，這裡依然沒有便捷道路引領他到院士交誼廳（Senior Common Room）和大會堂。電梯空間相當狹窄，只夠他和看護容身。他指示我和我先生（他在大門口和我們會合）如何找到另一條路徑上樓。我們和他會合時，只見他一路穿越廚房和其他幾間沒有列入旅遊路線的房間，不過凱斯大半範圍都很古老又很美麗。進了設有華麗鑲版的院士交誼廳，壁爐燒著火，學院同仁和霍金打招呼，看那模樣就知道他們和他很熟，對於他的身障或他的成就，早就不再感到訝異、震撼或嘆服。他們有些人在所屬學術領域同樣聲名顯赫，卻沒有霍金的國際惡名。在他們看來，他就是史蒂芬．霍金而已。

喝了雪利酒，所有人前往大會堂並在高桌（High Table）席位就座，高桌位置高出一階，底下長桌坐的都是嘈雜的大學生，因為凱斯這所學院依然堅持在大會堂用餐。學院研究生表現得比較沉穩，他們在沒有吟遊詩人的「吟遊詩人樓座」用餐。我們在刀叉和學院瓷器悅耳叮噹聲中進餐，飲用學院窖藏美酒，席間夾雜年輕低沉語音，偶爾迸發喊聲和喧鬧笑語，還有學院同仁拿捏比較合宜的交談聲。霍金的看護在他胸前圍上巨幅圍兜，餵他進食，同時他摁壓手持裝置，透過電腦和我先生談論國際政治。

大會堂裡掛了凱斯好些顯赫學人的肖像。霍金一幅現代圖像，也突顯展示在靠中央位置。幾世紀以來，出身這所學院和這些喧鬧長桌的學人（更晚近還有女性學人）投入教學並持續研究、賺錢，改變這個世界。我們和他們同樣在一種混雜古怪組合的場所用餐，這裡有新的，有舊的，有出色的，有尋常的，有年少青澀的，也有德高望重的。這種場合有點像是夏令營餐會，只不過這處餐室已經有好幾百年歷史，充滿不調和的美感。到了這個世代，凱斯把我們這個時代一位特異出群的人士納入旗下，然而那裡的所有人，卻似乎都只把他當成露營夥伴。

二〇〇〇年秋天，我待在霍金辦公室和他完成《胡桃裡的宇宙》那兩個星期，我一般都會比他早到應數暨理論物理系，在一張彎弧造型現代書桌旁邊坐下等待，桌子一端是他的辦公室門，另一端有一道橋，從這處超現代隔間的升降梯通到這裡。每天當那台升降梯的梯門開啟，他的輪椅出現，在我感覺，現實彷彿就出現一種很細微，卻又很深遠的變動，於是我必須因應略做調整。即便事前我就能料到那種情況，卻依然沒辦法擺脫一種印象，感到眼前出現另一個世界的片段。那是我全然陌生的世界，因為那裡有超凡的智慧和障礙，不過還出自一種特有的堅定意志，那是我在其他地方從來沒有體驗過的：以緩慢步調堅定前行，穿越我們的空間和時間，從那道小橋駛向辦公室門口，而且差點輾過我的腳趾。

這時機械語音就會說：「早安」，或者問候：「妳好嗎？」或諸如此類。接著霍金一天的工作就此開始。

第四篇

偉大的設計

二〇〇〇至二〇一一年

CHAPTER 17

不斷拓展的可能視界

二〇〇〇年一月，千禧年時霍金接受訪問，討論人類未來處境的預測，訪談時霍金表達他對遺傳工程學爭議的見解。他表示，人類的DNA在過去一萬年並沒有明顯改變。不過很快的，不必再等待生物演化來改變人類的DNA，而且遺傳工程學也不打算枯等。往後千年期間，或許就有辦法徹底改造我們的DNA，擴增我們的腦部尺寸。不論哪些規章禁止對人類進行遺傳工程研究，基於經濟理由，肯定會准許針對動、植物進行研究，「而且，除非我們有某種極權式世界秩序，否則總會有人想在人類身上試做，總會有人從某處來改良人類。我並不是在倡導人類遺傳工程學，我只是說，很可能有這種事情，我們也得想想該如何處理。」

一年半後，他的想法不同了。九一一事件之前不久，他在一次訪問時告訴德國《焦點》(*Focus*)週刊，人類夠聰明的話就該修改他們的DNA，否則恐怕會被終究要統治世界的超智能電腦比下去。電腦真有可能變得那麼聰明？霍金先前還曾論稱：「電腦不如蚯蚓的腦子那麼複雜，而且那個物種還不以智力見長。」不過他認為：「倘若非常複雜的分子能在人類身上運作，讓他們變得聰明，那麼同等複雜的電子電路，也可以讓電腦表現出有智慧的舉止。」接著，智慧型電腦就能設計出智慧更高又更複雜的電腦。

他的新立場頗富爭議，然而在經歷九一一攻擊事件後卻大半為人遺忘。接著難免要面對記者訪問，因為媒體確信，就物理學之外的其他課題，霍金肯定也能提出聰明見解，於是他也得以趁機介紹他思索良久的另一項課題。他告訴《衛報》一位記者：「儘管九一一很可怕，卻沒有對整個人類種族的存續帶來威脅。真正的危險在於，我們有可能在有意無意之間創造出一種病毒，把自己給毀了。」

霍金建議盡快研議長程目標，擬定太空殖民計畫，這樣才能確保人類種族存續。這並不是一時興起，轉眼就被拋到腦後的想法。早在千禧年訪談時，霍金就預言，前往火星的載人飛行能在這個世紀內實現。然而那不過就是第一站。火星不適宜人類定居，我們要嘛就得學會如何在太空站上生活，否則就得前往下一顆恆星，而那趟旅程他很肯定不會在這個世紀內實現。由於我們的移行速度不可能超過光速（不論科幻小說怎樣講都不行），那趟旅行會很緩慢、無聊又很艱辛。幾年後，霍金和女兒露西合寫幾本童書，內容回頭探討人類殖民太空的建議是否可行。看來這個需求已經迫切得讓他著手嘗試在孩子心中埋下種子，畢竟未來舉措都得靠他們來擬議。

並非所有人都賞識他發表本行專業之外的這類看法。批評霍金的論述，多半沒有說他不對，只說他幼稚。二十世紀出色物理學家布萊恩·皮帕德（Brian Pippard）爵士便曾為他本人和他同行的舉措表達歉意：「因為他們有種傾向，以為只要掌握本行專業就不再有義務去研讀其他知識，可以逕自貢獻本身的微薄智慧。」霍金大概也算有罪。不過他知道自己擁有絕佳良機，能夠把他信服、不能不講的重要觀點傳達給民眾知道。說不定，他的影響力還足以左右公共政策。

重拾統世理論

一九八〇年，霍金在他的盧卡斯數學講座教授就職演說時宣布，最有希望統一自然界四大作用力和粒子的候選學說是「N＝8」超重力理論。一九九〇年，霍金告訴我，他猜想最後或許是超弦理論勝出，同時有關宇宙邊界條件問題，還能以他的無界構想來解答。如今一個千禧年尾聲降臨又遠離了，理論物理學依然沒有終結，統世理論依然沒有出現。二〇〇二年四月，霍金告訴一位記者：「我依然認為，我們有五十比五十的機會能在往後二十年間，找到一種完備的統一理論。」這遠比他在盧卡斯數學講座教授演說時提出的預測，更為審慎又語帶保留。幾個月後，霍金的態度又更保守了。

他重新審視推動他科學生涯的主力之一，開始猜想基本的統一理論（果真存有這種理論），層次或許高得讓我們永遠無法企及。我們的學識永遠就像一席拼布被子，不同理論適用於不同領域，而且只在某些重疊範圍才彼此相符。倘若情況就是如此，那麼最好是不要把各項理論之間矛盾處，看成弱點或錯誤的徵兆。我們能發現的宇宙相關現象，無疑會像是拼圖一類的東西，要找出邊緣部分的拼片並拼合在一起並不是那麼困難，這就是超重力和各種弦論的情況。然而我們恐怕永遠無法深刻了解中間部分發生什麼事情。二〇〇二年七月，他在劍橋的保羅．狄拉克（Paul Dirac）百年華誕慶祝會演講時表示：「有些人覺得令人失望，為什麼沒有能以有限數量原理來條理闡述的終極理論。以往我也隸屬那個陣營，不過我的想法已經改變了。」

霍金要現場聽眾回顧奧地利數學家庫爾特．哥德爾（Kurt Godel）的觀點。哥德爾在一九三一年證明數學是不完備的，因為在任意數學體系當中，只要它複雜得足以蘊含整數的加法和乘法，總有法子提出在體系中既不能以數學證明，也不能予以否認的命題，然而我們卻也看得出命題所述為真。霍金認為，說不定物理學也有這種情況，有些事項容或為真，卻又無法證明。索恩曾談起霍金的工作方式，如何從堅守嚴謹數學證明，轉變為不要求完全確實，只求高度機率並迅速朝認識宇宙本質的最終目標前進。霍金做了幾次大幅直覺躍進，指望旁人會幫忙填補他留下的缺口。這時他是不是就要變得更有膽識，並向聽眾表示，以往他肯定為真的事項，終究是不可能證明的？不，即便他必須和人類一道來到沒有人能跨越的鴻溝邊緣。他說：「我們的理論並不彼此相符，也並不完備，因為我們和我們的模型，全都是我們所描述的宇宙的環節……物理學理論都是自我參照的。」

他在狄拉克百年華誕演講時提到的，那種依然飄忽的新候選學說，並不是一種能以有限數量原理來條理闡述的終極理論，卻有可能是迄今我們所能實現的最佳成果。那是M理論。那種理論有個特別有趣的版本，裡面蘊含湯森提出的膜理論。回顧我們前面的p維膜討論，當「p＝1」，那就是一條弦，所以這時就可以把弦設想成一個較大集合（湯森所稱p維膜）的一員。霍金完全沒有把超重力理論和弦論（他早先偏愛的兩項統世理論候選學說）拋出窗外。五種比較有指望的超弦理論可以組合成一個理論家族，同時也把超重力理論包納在內。超弦理論和超重力理論都是拼布被子的拼片，考量不同情境時可以分別派上用場，然而其中卻沒有一種能適用於所有情境。物理學家發現，這些理論之間存有預料之外的關係脈絡，由此他們猜想，所有理論實際上都是M理論的不同表現方式，而那種更深層的基本理論，在那時也還沒有擬出單一公式來予以描述。霍金已經認為，那是永遠擬不出來的。

在M理論數學模型網絡當中，時空總共具有十個或十一個維度。一般認定這些維度包含九個或十個空間維度和一個時間維度。說不定你會感到納悶，為什麼從來沒有人想過，時間維度有可能不只一個，因此我必須告訴你，這個理論的其他若干版本，確實容許更多時間維度，只要總數維持相等就行。

當然，我們只能體驗四個維度。其他維度在哪裡？霍金在二〇〇一年闡釋：「我必須說，我向來都不願相信有額外維度。不過由於我篤信實證主義，所以『是否真有額外維度？』這道問題並沒有意義。我們只能問，含有額外維度的數學模型，是否能提出一種能妥善描述宇宙的寫照。」

為什麼我們看不到額外維度，針對這個問題有個解答，那就是額外維度都捲得非常小。試想園藝水管。我們知道園藝水管有厚度，不過站在一段距離之外，水管看來就像一條有長度卻沒有維度的線。倘若額外維度全都像這樣捲起來，我們也就不會注意到維度，而且不單從人類尺度而言，就原子或核物理學尺度也是如此。

假定一個或多個額外維度終究沒有捲得那麼徹底，那麼我們到底能不能觀測到它們？那種推想或許就能以更先進的新一代粒子加速器來測試，不然也可以測量重力在極短距離內的作用來檢驗。

在此同時，M理論和額外維度已經在理論物理學界和宇宙學界的未來，創造出一片勢力範圍。那個未來會成為一場研討會的主題，那次集會在二〇〇二年舉辦，做為霍金六十歲生日賀禮。

六十大關

霍金的六十歲生日派對差點辦不成。聚會前幾天，他坐著輪椅撞上一堵牆。這件事在霍金的〈胡桃裡的六十年〉（Sixty Years in a Nutshell）演講開場白中一筆帶過：「概括來講，那是在將近五九．九七歲的時候。聖誕節過了幾天，我和一堵牆發生爭執，牆壁贏了。不過阿登布魯克醫院表現非常出色，把我重新拼湊回來。」

一時之間，生日派對籌辦人都完全僵住，屏息觀望，後來聽說霍金在醫院病榻上草擬生日致詞。籌備繼續進行，沒有人在最後一刻取消，裝扮瑪麗蓮夢露的演員會向霍金撒嬌並柔聲吟唱〈我要你的愛〉（I Want to be Loved By You），或者向來自世界各地的傑出物理學界友人說，他們可以慶生並發表演說，不過壽星不會出席了。派對辦成了。霍金覺得六十歲很值得慶祝，他告訴記者，許多人不喜歡年滿六十，不過這對他來講是一項成就，他從來沒有料到自己能活這麼久。

那次是包含許多層面的慶生會。一場連辦四天的「紀念專輯」嚴肅研討會，由理論物理學和宇宙學界重量級人物發表高水準論文，而且他們的研究都涉及霍金從事的課題。還有一天安排幾場大眾水準演講，供民眾入場聆聽。真正的派對活動在夜間舉辦，多達兩百名來賓齊聚同賀。現場有「瑪麗蓮夢露」，霍金稱她是宇宙名模。還有一支合唱團，團員包括前任、現任研究生和霍金的前妻潔恩，指揮由她的丈夫喬納森擔任，並由U2吉他手Edge伴奏。由於霍金的生日很接近教會聖斯德望慶日（Feast of St. Stephen），因此他們演唱〈仁君溫瑟拉〉（Good King Wenceslas），還為這次場合改寫歌詞，一位研究生告訴我：「我們唱得還不賴。」有一場派對在凱斯大會堂舉行，當時已經榮任皇家天文學家並冠上勳爵稱號的馬丁·里斯，熱情盛讚這位老朋友。三一學院大會堂的派對上演一場康康舞，聲光乍現音樂響起，舞者華麗登場。現場還有第四頻道、ＢＢＣ和美國哥倫比亞廣播公司（CBS）的電視採訪隊伍，同時ＢＢＣ網站還現場網路轉播霍金的公眾演說，還有聽眾起鬨高唱〈生日快樂〉的走音歌聲，這一幕在那個星期還上演多次。後來ＢＢＣ還播出霍金的所有公眾演說，稱為《霍金演講錄》（*The Hawking Lectures*），霍金的同事紛紛趁機逗弄他：

里斯：「天文學家都習慣大數，卻也難得找到龐大如我當年，當史蒂芬還在劍橋就讀研究所時，賭這場精彩慶典辦不成的預估機率。」

潘洛斯：「我非常樂意指出，現在史蒂芬也正式變成一個老人，所以他說出什麼離譜的話也都不會有事了。當然，史蒂芬總是不斷做那種事情，不過他可以比以往更大膽一點。」

卡爾：「我經常懷疑，能夠成就這麼多重要的發現，史蒂芬肯定不是只有一個。在此要祝賀『他們』都非常快樂度過六十歲生日！」

蘇士侃：「我們都知道，史蒂芬絕對是全宇宙最頑固又最討厭的人。」

拉斐爾·布索（Raphael Bousso）：「慶祝史蒂芬的六十歲生日很令人開心，不只是因為他懂得如何玩派對。」

吉本斯誇讚霍金的大無畏勇氣和樂觀心態，並引述羅伯特·白朗寧（Robert Browning）所言：「啊！一個人的境界應該超越伸手可及的範圍，不然要天堂做什麼？」麥可·格林（Michael Green）則回顧一九七〇年代早期，那時他在劍橋初識霍金，而且宇宙學的地位還不高，被看成占星學的一個分支，完全沒有人討論它。圖羅克談起霍金，擁有真正對生命的熱愛，讓他勇往直前，克服一切逆境。

索恩送的生日禮物是一個諾言：「保證重力波探測器，包括LIGO（雷射干涉重力波天文台）、GEO（德英重力波偵測器）、VIRGO（重力波干涉儀）和LISA（雷射干涉太空天線）等設施，會投入檢驗你那幾項黃金年代黑洞預測，而且在你七十歲生日之前就會開始進行。」

為六十歲生日研討會準備的多篇論文內容，含括理論物理學和宇宙學種種課題在二〇〇二年所處的現況、過往發展沿革，以及如研討會主題所示，也為未來提供跳板。那次盛會引來全世界最高明、研究領域最吸引霍金，以及研究的題目與霍金交相輝映的人物，而且讓該領域的白髮泰斗與精力旺盛的年輕學者共聚一堂。這個學域往後得靠年輕人引領邁向未來，其中許多人還曾經受教於霍金門下。持續一週的生日派對讓人驚喜，因為許多人都不指望會有這場盛會。伊蓮送的生日禮物是，搭上特殊設計的熱氣球飛翔三十分鐘。一九八五年，霍金接受氣管切開術時曾經夢到類似的飛行，當時他認為是希望的象徵，到了六十歲時，那個希望已經應驗了。

霍金的同事和當時與他共慶生日的人士，都很樂意接受他把輪椅意外當成小事一筆帶過，然而實際上，那起事件滿嚴重的。當時他坐著輪椅由一位看護隨行，沿住家附近馬爾廷斯巷老舊崎嶇路面前行，結果失控撞上牆壁，輪椅翻覆壓碎他的髖骨。他的研究生助理尼爾．希勒（Neel Shearer）聳肩無奈表示：「就像以往，他遲到了，急著趕時程。」霍金的衰弱身體讓醫師不敢使用全身麻醉，只用硬脊膜外腔麻醉（epidural anaesthesia），整個手術過程就像電鑽在打洞。

霍金六十歲那年見到自己的新書《站在巨人肩上》（*On the Shoulders of Giants*）出版，內容都由他從哥白尼、伽利略、克卜勒、牛頓，和愛因斯坦的著作中精選彙編而成，書中也收入這五人的略傳和霍金的評論。

拆解宇宙微波背景輻射

隨著新的千禧年逐步開展，新世代觀測人和觀測儀器也加足馬力投入測試，暴脹宇宙學的種種預測，達到史無前例的準確水準。搜尋持續進展，期望找到實驗證據來支持或不支持暴脹預測，將焦點投注於宇宙微波背景輻射：大霹靂餘暉。斯穆特的發現已被證明，在瀰散極為均勻的微波光輝當中，不同定點的溫度確有落差。一九九八年的幾次氣球觀測（結果在二〇〇〇年公布），量出天空若干範圍的宇宙微波背景輻射的細部情況；到了二〇〇一年，設於南極地表的角度量干涉儀（Degree Angular Scale Interferometer）也做了同類觀測。

二〇〇一年六月，美國航太總署（NASA）發射威爾金森微波異向性探測器（Wilkinson Microwave Anisotropy Probe, WMAP；以下簡稱威氏探測器）。（註）它的任務是測繪宇宙微波背景輻射，並達到以往不可能實現的準確程度。這台探測器能測出極細微溫差，區區百萬分之一度變異都能測得。由於那是一顆衛星，不是陸上型儀器，因此能對全天空做這種觀測。預期威氏探測器能一舉解決過去幾十年來有關宇宙基本屬性的眾多爭議，包括宇宙的年齡、形狀、膨脹速率、組成和密度。暴脹理論不同版本的說法稍有差別，分別陳述暴脹究竟如何生成，還提出種種預測：若是比較宇宙微波背景輻射的各向溫度，應該能發現哪種溫度變異模式。預期威氏探測器得出的資料，有助於科學家檢定不同的測試。

二〇〇三年二月，威氏探測器出色達成任務，得出的資料讓科學家弭平過去幾十年來的紛爭，準確定出宇宙的年齡為一百三十七億年，也確立宇宙微波背景輻射展現的模式，是在宇宙歷史的哪段時期凝結成形：大霹靂後三十八萬年。威氏探測器所得結果證明太空是平坦的，還為堅稱如今宇宙多數能量都為暗能量的那派人士，提供支持證據。威氏探測器觀察全天空所得測量結果顯示，宇宙微波背景輻射的溫度和密度變異（為星系之形成播下種子的變異），不論波長為何，其振幅都約略相等，而所有類型能量都具有相同變異，而且變異分布並無規則可循，恰與標準大霹靂暴脹模型所提預測相符。

不過，威氏探測器的第一批資料在二〇〇三年二月公布之後，某些重要議題依然懸而未決，因為缺了一項關鍵證據：暴脹理論針對大霹靂重力波的模式和特質提出一些預測，照講這些都應該展現在宇宙微波背景輻射當中。威氏探測器還沒有找出這些重力波足跡，也仍未判定暗能量是否肇因於真空能量（亦即宇宙常數），或者第五元素。有趣的是，和暴脹宇宙學貼切吻合的觀察結果，卻也能與一種循環模型契合。根據那種模型，宇宙是從大霹靂開始膨脹，最終便再次收縮產生大崩墜，隨後又從一次大霹靂再次出現，構成一種不斷自行重現的循環歷程；這是圖羅克和潘洛斯當時偏好的模型。

註：威爾金森微波異向性探測器是高達德太空飛行中心（Goddard Space Flight Center）和普林斯頓大學合作的成果。

步調趨緩？

二〇〇三年春季時，霍金又一次涉足流行文化，他同意參與《柯南·歐布萊恩深夜秀》（*Late Night with Conan O'Brien*）的一集例行節目。諧星金凱瑞（Jim Carrey）開場討論宇宙學。手機響起，那是霍金打來的，他告訴金凱瑞別費心：「他們的豆豆腦袋完全不可能掌握那種概念。」話才說完他馬上致歉說要掛電話。他沒辦法再講下去，因為他正在觀賞金凱瑞的電影《阿呆與阿瓜》（*Dumb and Dumber*），而且對那種純正天才表現驚嘆不已。那一年霍金的旅程安排帶他在世界各地縱橫往來，在德州農工大學基礎物理學研究院逗留一個月後，前往加州大學戴維斯分校參加宇宙暴脹會議，再轉往瑞典接受瑞典皇家科學院頒發的奧斯卡·克萊因勳章（Oskar Klein Medal）並參與諾貝爾研討會（Nobel Symposium）弦論暨宇宙學組討論，隨後再到美國加州理工學院和加州大學聖塔芭芭拉分校待了兩個月，接著就轉往克里夫蘭的凱斯西儲大學（Case Western Reserve University）。

有些物理學同事擔心霍金的步調逐漸趨緩，從他那種行程看來，似乎是毫無根據，不過他們還擔心，霍金恐怕已經過了才智高峰期。物理學界在上個千禧年尾聲辦了一次調查，票選誰是最富影響力的物理學家，霍金的名字落點和榜首完全沾不上邊。他和同事溝通只有一種方法，必須以微弱手勁摁壓一具小小的點按器來產生反應，然而操控卻愈來愈困難，也愈來愈慢。有個做法可以避開這種令人沮喪的處境，那就是找個研究生來幫忙。這次霍金選了一個名叫克里斯多福·蓋勒法（Christophe Galfard）的年輕人。整套程序起先是霍金尋思一道問題，向蓋勒法提出可行解題途徑，接著就由他處理數學細節來找出霍金的哪些看法是正確的，能不能導出任何成果。

蓋勒法回憶，當時他是隔了一陣子才真正掌握訣竅。霍金的構想醞釀速度遠比他處理那些構想的速度更快。凡是像我這樣曾經研讀霍金論文並費勁想要理解的人，聽了蓋勒法的陳述都會感到安慰，他描述當時自己是多麼懊惱，因為每句話彷彿都得花六個月才能解讀。他落後半年，要趕上實在艱難。

為求加速進展，蓋勒法冒昧採行旁人很少使用的做法：當霍金的意思很明白，還在努力選字的時候，就逕自幫他完成句子。以往霍金對旁人這樣揣測都不予理會，就算猜對了，他仍會把句子完成，這時他卻放手讓蓋勒法加快步調。蓋勒法還用霍金的能力來指示「是」或「否」，他看臉部的細小動作，並不等霍金在他的螢光幕上找出單字。看著他們兩人合影的視訊鏡頭，不禁納悶，蓋勒法的脖子是怎麼撐過來的，你看他不斷轉頭凝望前方電腦螢幕，然後又前傾俯視霍金的臉孔，結果卻沒有嚴重扭傷。

蓋勒法趕上工作進度。二〇〇三年，普林斯頓高等研究院一位名叫胡安·馬爾達西那（Juan Maldacena）的年輕阿根廷物理學家，終於為蘇士侃的資訊悖論做了嚴謹的數學處理，結果似乎朝有利於蘇士侃的方向解決這個問題。後來在聖塔芭芭拉一場研討會上，晚宴後演說的講員傑夫·哈維（Jeff Harvey）卻沒有發表大家預期的演說，反而帶進一首凱旋歌曲。現場以〈馬爾達西那〉配上一首風靡一九九〇年代中期的〈瑪卡蓮娜〉（Macarena）拉丁舞曲。每個短句最後都唱出「嘿！馬爾達西那！」觀眾熱情加入邊唱邊跳，歡慶物理學獲救，沒有被資訊悖論吞掉。蘇士侃宣布戰爭結束。他堅稱，其實許久之前早就該結束了：「只怪霍金就像個不幸士兵在森林徘徊多年，卻不知道戰爭早已結束。」儘管共識偏向認為霍金錯了，索恩卻仍守在他身邊。霍金並沒有改變心意。還沒有。

他要蓋勒法研讀馬爾達西那有關資訊悖論的論文。霍金判定，這時做什麼都沒有用，只能發動正面攻勢，打擊那篇勸使大家認為他錯的元凶。這個工作並不輕鬆，蓋勒法研究了一年半依然覺得很難判定，資訊落入黑洞是否就此流失。

二〇〇三年十二月一日，霍金染上肺炎緊急送醫。他接上生命維持系統好幾星期，其他人都擔心他恐怕免不了一死，但霍金沒有浪費時間，他把臥病時間用來思索黑洞，希望找出新方法來處理資訊悖論。康復進展緩慢，不過在二〇〇四年晚冬出院後，他和蓋勒法重新開始認真討論，臥床多月期間擬出的種種構想。歷經多天長時間日夜辛勤加班，有時工作似乎停不下來，連週末也得趕工，最後霍金終於覺得自己準備妥當，可以從辦公室安詳避難處所起身投入戰鬥。

都柏林研討會

二〇〇四年春季，霍金在劍橋主持一場專題研討，介紹幾項新構想的初步概略草案，同時也透露，希望在重要研討會上就此向物理學同事發表演說。當時第十七屆廣義相對論暨萬有引力國際研討會，預計七月在都柏林登場，霍金聯絡那場研討會的科學委員會主席庫爾特．庫特納（Curt Cutner），請他幫忙在議程中騰出空檔，並表示：「我已經解決黑洞資訊問題，希望能談談這件事情。」那是個重大請求，因為霍金很晚才投遞論文，按規定參與人員必須在三月十九日提出主題和摘要，然而那時他才剛出院，無法在會前提出論文預印本，不過他在那個領域的地位，為他在研討會時程表上掙得一小時的空檔。

他這次現身引起媒體和粉絲極大關注，證明霍金的超級巨星地位並沒有衰頽。據說，負責入場把關的公關公司要價四千英鎊服務費，後來各處門口都有記者和霍金迷蜂擁擠進，所以那家公司也收到了費用。好運弄來媒體採訪證的人士，很快就沿著室內走道一字排開，架起他們的攝影機和錄音器材。

霍金的同事並沒有那麼興奮，他們是研討會參與者，理所當然待在會堂裡面，一邊納悶會有什麼發展。當霍金沿著走道平順、莊重、僵直前行，照相機閃光燈此起彼落一路尾隨，來到通往皇家都柏林學會（Royal Dublin Society）大音樂廳舞台的一道斜坡底部。有些人認為他就要發表一段強硬的挑釁聲明，重申他在過去二十多年來所述，資訊落入黑洞就會流失。另有些人則認為，這位凋零的天才會平靜地退讓認輸。現場有索恩，這些年來他始終贊同霍金有關資訊流失黑洞的見解，還有普雷斯基爾，他並不認同，以及研討會主持人佩特羅斯·佛羅里德斯（Petros Florides），加上蓋勒法，他們在台上等待，眼前是一排準備記錄這場盛事的電視攝影機。這並不是尋常物理學研討會的普通日子。

只有蓋勒法和索恩知道，霍金就要上演他最著名的大逆轉之一，然而做法卻沒有人料想得到。他並不打算向蘇士侃和馬爾達西那認輸。是的，他頑強堅守超過二十年的觀點錯了，不過蘇士侃和馬爾達西那還沒有解決那道問題，霍金要自己動手解決，他想出另一種做法來破解資訊悖論。

研討開場是佛羅里德斯的一段介紹詞，他戲稱儘管大家都知道，沒有資訊能以超光速傳播，然而一旦涉及霍金現身的消息，這時新聞在世界各地傳播的速度，就要讓這條定律失效。

霍金在演講開場時養成一種習慣，他會先以平靜、機械語音提出一個問題：「各位聽得到我的聲音嗎？」倘若你聽不到，想必你也不會回答，所以通常現場要嘛就會發出一陣歡欣低語，不然就是一陣喝采回答。講完這句招牌開場白後，他就開始鋪陳問題並回溯資訊悖論沿革，一路追溯到一九六〇年代中期，他發現星體塌縮形成黑洞的相關資訊，除了三種之外全都流失不為外界所知之時，那三種資訊是：質量、角動量和電荷。惠勒稱這項發現是「黑洞無毛」，從此以後大家便以無毛定理（no hair theorem）相稱。

這一切對資訊守恆都不會帶來問題。古典黑洞會永恆存續，資訊保存在裡面無從取得，卻仍舊在那裡。那裡依然屬於宇宙。然而當霍金發現量子效應導致黑洞以穩定速率散發輻射（著名的霍金輻射），問題就開始浮現。輻射並不攜帶有關哪些事物構成黑洞或落入其中的資訊。仍舊不成問題，然而當你明白，這種過程最後就會讓黑洞蒸發失散並完全消失，這時問題就來了。困陷在裡面的資訊都落得什麼下場？看來唯一能避免資訊流失的情況，就是當霍金輻射本身具有微妙變化，得以反映出落入裡面的是哪些事物。當時還沒有人發現有任何方式能造成那種變化，不過許多物理學家都相信，肯定有某種生成做法。然而霍金的計算卻證明，那種輻射其實是一種隨機、沒有特徵的熱輻射。說不定會有人納悶，從黑洞分支出現的嬰宇宙，能不能解決資訊流失問題，有鑒於此，霍金以下文帶他們跟上最新進展：

黑洞不會像我以往所想那般從內部分支生成嬰宇宙，資訊依然穩穩存留在我們的宇宙間。很抱歉，我要讓科幻迷失望了，不過倘若資訊保存下來，也就沒有可能使用黑洞前往其他宇宙。倘若你跳進一顆黑洞，你的質能就會回歸我們這處宇宙，卻也面目全非，裡面包含有關你原本風貌的資訊，卻已完全錯亂無從辨識。

現場肯定有部分觀眾豎起耳朵傾聽。霍金是不是接著就要說明，霍金輻射畢竟就是一種逃逸工具，就如早先有關重建一本燒毀的書籍那段描述，起碼就原則上而言，從那種輻射確有可能取回藏在黑洞中的資訊？

霍金的問題新解牽連到另一種可能性，那就是：黑洞說不定同時具有不只一種幾何學（拓撲，topology）結構。資訊不會受陷，因為那裡不會形成真正的事件視界。

蓋勒法記得，物理學家聽了他那段談話，多半都大惑不解。現場紛紛低語：「話說得偉大，數學卻不夠……完全不是那麼可信……多半是故弄玄虛。」索恩評論表示：「在我眼中，那種論點從表面看來很漂亮，不過我還看不出個中細節何在。」他說，他必須花點時間研讀霍金的論文，才能判斷霍金是對是錯。潘洛斯並不信服：「在我看來，資訊喪失的跡象非常有力，而那正是史蒂芬原先的設想。他在都柏林公開撤銷原意。就我的觀點，他不該撤銷，他應該堅守信念。」至於霍金本人，儘管希望以一則數學證明來試行佐證本身觀點的意願，然而對自己所得結論的信心，卻也足以讓他坦承自己和索恩賭輸了，贏家是加州理工學院的普雷斯基爾，那場賭局的條款如下：

鑑於史蒂芬．霍金和基普．索恩堅信，資訊被一顆黑洞吞噬就永遠藏匿不為外部宇宙所見，而且就算黑洞蒸發，完全消失，仍再也不會顯現。又鑑於約翰．普雷斯基爾堅信，可容資訊依循並由蒸發黑洞釋出的機制必然，也必將在正確的量子重力理論中找到，因此普雷斯基爾提議，且經霍金、索恩同意下注打賭如下：當一種初始純量子態經歷重力塌縮形成一顆黑洞，則黑洞蒸發結束時的最終狀態，永遠都會是純量子態。敗方應致贈勝方任選一部百科大全，由此便得隨心所欲將資訊重新取回。

那份文件由三人簽署，其中霍金以大拇指指紋代替簽名，日期為一九九七年二月六日，地點在加州帕薩迪納市。

霍金在演說尾聲時表示：「我會送給約翰・普雷斯基爾早先選定的百科大全。約翰秉持美國本色，自然想要一部棒球百科。那種百科在這裡實在太難找到，所以我提議改買板球百科送他，不過我沒辦法讓約翰相信板球的優越性。幸好我的助理安德魯・鄧恩（Andrew Dunn）說服運動經典出版社（Sportclassic Books）空運一部《棒球大全：終極棒球百科》（*Total Baseball: The Ultimate Baseball Encyclopedia*）來到都柏林。現在我就把那部百科大全送給約翰。往後如果基普・索恩也認輸，他就可以把錢還我。」索恩不相信霍金（或其他任何人）已經解決資訊悖論問題。百科大全拿上舞台，普雷斯基爾端書高舉過頭，彷彿他手中握的是溫布頓網球比賽男子冠軍獎盃。

隔年二〇〇五年一月，霍金前往加州理工學院演講時談起那件事：「那項（資訊喪失）悖論引發爭議已經三十年，依然沒有多大進展，後來才由我發現，我認為能平息爭議的解答。資訊並沒有流失，卻也不是以一般的方式回來。那就像燃燒一部百科大全。資訊沒有流失，要閱讀卻非常困難。我送約翰・普雷斯基爾一部棒球百科大全，或許我根本就應該給他灰燼。」

霍金答應向他的同事提出比較完整的解釋。後來提出的是一篇論文，在二〇〇五年十月發表。

CHAPTER 18

外公有輪子

二〇〇四年四月，霍金才剛出院不久，正準備投入資訊悖論論戰，BBC就在這時首播電視影片《霍金》（*Hawking*）。那不是完整的傳記，而是一部動人的劇情片，演出霍金生命中的關鍵兩年，包括他得知自己染上肌萎縮脊髓側索硬化症、認識潔恩，還有他進行的奇異點定理研究。另有一部二〇〇二年紀錄片《霍金傳略》（*Stephen Hawking: Profile*）也隨影片重播。觀眾人數估計四百萬。

霍金幫忙完成定稿劇本，扮演年輕霍金的班尼迪克．康柏拜區（Benedict Cumberbatch）費心細讀肌萎縮脊髓側索硬化症初發病時的癥狀。對潔恩而言，那部片子部分是根據她的自傳拍成，一開始她看了片段，也找不出什麼錯誤。「（康柏拜區）他很神奇，相當努力研究運動神經元疾病究竟如何演變。影片非常強烈重現那段時期的感受，不過我覺得，演我的那位年輕女士太過浮躁，我從來不會那樣。那時我總是非常果決，不過也相當怕羞。從這點看來，片中演出的許多事情都不盡然和現實相符。」不過潔恩覺得，那部影片能夠忠實呈現那些年的精神：「我還能清楚記得，我們對兩人生活的歡欣感受，我們覺得自己做的是非比尋常的事情……而且縱然有那種種處境，其他任何事情還是有可能實現。」

大約就在影片播出之時，有關凌虐傳聞、令人煩心的報告和聲明也由劍橋警方歸檔封存。

霍金受歡迎程度依然不減。二〇〇一年一項角色楷模調查，針對五百位十六至十八歲英國少年進行票選活動，結果霍金排名第二，只落後橄欖球星強尼．偉基臣（Jonny Wilkinson），他又被運動名人擠下冠軍寶座，下場和他在日本那次相同。不過霍金周遊世界和演講的行程並沒有減緩。他在二〇〇五年日記寫道：「一月：加州理工和加大聖塔芭芭拉；二月：華盛頓特區和牛津；三月：西班牙；六月：香港；十月：德國；十一月：再去加州然後轉華盛頓州西雅圖。」

一月訪問加州理工學院期間，霍金提議由他向大學部學生發表一場演講，講述他從事物理學研究的歷程，講題借自星艦劇集著名的分裂不定式：〈勇往直前〉（To Boldly Go）。

二月前往華盛頓特區那趟行程，由妻子伊蓮同行，目的是接受詹姆斯．史密森二百週年紀念勳章（James Smithson Bicentennial Medal）。史密森學會透過哈妥出面安排一場霍金生平回顧的活動：「霍金的平行宇宙」（Stephen Hawking's Alternate Universe）。哈妥開場介紹時盛讚他這位老朋友：「史蒂芬．霍金的研究成果，向來都以高度數學精確度和非凡物理創意著稱。他總是令人驚訝！」哈妥引述霍金的話，說明他一路遵循的生涯途徑：「各位大概會認為我預先擬出一項宏偉設計，照規劃來處理種種有關宇宙起源和演變的重大問題。其實並不是這樣，我沒有什麼總體規劃。事實上我是跟著自己的感覺走，遇上看來很有趣，當時又有可能做成的事情就動手去做。」

霍金在那次活動又談起，可不可能出現外星智慧生命？那次演講開場還播出一段音樂，顯然就是要模擬《星際大戰》電影配樂。他表示：「我說的智慧生命並不單指以ＤＮＡ為基礎，類似人類的生命，就像你在《星艦奇航記》看到的那種，全都和我們這類生命相像得出奇。宇宙的可能生命型式，類別範疇要寬廣得多，包括像電腦一類的電子體系。」他批評《星艦奇航記》的外星文明形象太過僵化。就算片中推想他們的科學和技術比我們的科技現況更為先進，卻又把部分外星人演得就像已經達到幾近完美的穩定狀態，不會再有更進一步發展或演化：「我不相信《星艦奇航記》影片。我們永遠不會達到最終不變狀態，發展到最後終點。事實上，我們必然會永遠不斷加速持續改變。」

牛津之行是去參加他昔日恩師夏瑪的追思會，並發表系列紀念活動的第三場演講。西班牙行程是到奧維耶多（Oviedo），慶祝阿斯圖里亞斯親王獎（Prince of Asturias Awards）創辦二十五週年紀念，這個世界性重要獎項，旨在表彰科學、技術、文化、社會和人道的貢獻。

所有的旅程和活動，足夠累垮體魄強健的人。但就霍金而言，即便在他六十歲生日過後依然表現振奮之情，而且儘管四處遊歷，他的通俗作品著述工作依然持續。二〇〇五年十月，他的第一本暢銷書出了新版本，這本書是和物理學家李奧納特．曼羅迪諾（Leonard Mlodinow）合寫，書名是《新時間簡史》（*A Briefer History of Time*）。篇幅比較簡短，插圖很出色也比較簡明，還納入最新的物理學發展。那年他還動手編纂一部數學歷史文獻集，書中還納入重要數學家的傳略，預計二〇〇六年出版。後來那本書的書名就是《上帝創造整數》（*God Created the Integers*）。

霍金南來北往四處演講並與媒體會面，他挺身針對和宇宙學幾無牽連、毫無瓜葛的課題，發表激烈評述，他對政治人物的負面看法愈來愈明顯。二〇〇四年十一月，他在特拉法加廣場一場反戰集會上發言，稱美國在二〇〇三年三月入侵伊拉克是戰爭罪行。二〇〇五年，小布希建議送太空人回到月球，那時霍金評論：「送政治家上去便宜多了，因為不必接他們回來。」他告誡反對幹細胞研究的人士：「那群細胞來自胚胎之實，並不是反對的理由，因為胚胎反正會死。道德上，那就等同於接受移植車禍死者的心臟。」

二〇〇五年五月，他又一次在《辛普森家庭》大放異彩。這次是在〈別怕修屋頂的人〉（Don't Fear the Roofer）單元裡讓「霍金」角色宣布他住進了春田鎮，買下了披薩店，還設法讓他的電腦說出公司標語，結果電腦卡住了，只不斷說：披薩、披薩。「霍金」必須敲打他的電腦才能讓它聽話，在現實生活中他是無法辦到的。到了故事後段，「霍金」救了河馬，他出面解釋，為什麼營建材料行裡面另有個人，只有河馬才看得到，因為那時有一道時空裂痕和一顆細小黑洞引發重力透鏡效應，所以河馬才沒有發瘋，精神才能保持正常（不過這句話很矛盾）。同一年霍金還上電視，在《外星異世界》（*Alien Planet*）劇情片中現身擔任顧問。

二〇〇五年八月二十二日，大家期盼已久的論文終於遞交《物理學評論》，早先霍金不斷保證，那篇論文會清楚鋪陳並詳細說明他解決資訊悖論的做法，文章在十月十八日刊登在該期刊上，篇幅只有三頁半，只含三條方程式。霍金借助費曼的歷史求和，依循他上回的做法用來處理宇宙。當初和哈妥共同發展無界構想的時候，霍金就曾研究宇宙有可能經歷的種種不同歷史，也計算出哪些比其他更可行。現在他同樣要讀者想像宇宙所有可供選擇的歷史。其中有些會有黑洞，有些則否。所有具黑洞的歷史當中的資訊會喪失，不具黑洞的歷史則否。他的解法有賴一項論據，存有黑洞的宇宙歷史會被不存有黑洞的歷史抵銷掉，結果就是資訊並不會消失，因為一開始就不會有黑洞可以讓資訊困陷其中。只要等得夠久你就會發現，唯有不具黑洞的歷史才具重要意義。到最後，資訊就會保存下來。

考量到霍金的兩種解釋，還有早期他堅決排斥資訊會藉由霍金輻射返還的構想，讀了他後來和女兒露西合寫的童書就會驚訝，那本作品是他系列童書之一，在他這篇論文發表後不久出版，書名是《勇闖宇宙首部曲：卡斯摩的祕密》（*George's Secret Key to the Universe*），而且蓋勒法的姓名也出現在書中扉頁，霍金在書裡用不同的手法來解決這道問題，而且解法確實涉及霍金輻射。另一件事情同樣耐人尋味，原來他由上到下的取徑（稍後我們會著眼討論）和他的二〇〇五年的解法並不容易相互調和，霍金的同事仍不信服，納悶他為什麼偏愛自己的解法，卻不肯採信蘇士侃和馬爾達西那的方式，或許理由就在於霍金覺得既然當初問題是他提出的，也應該由他自己來解決。

霍金和蓋勒法說明論文為什麼延遲，他們的理由是霍金使用手持摁壓裝置愈來愈感困難。就這方面，二〇〇五年是令人氣餒的一年。從二〇〇〇年開始，他的溝通速度已經逐漸緩慢，雙手已經虛弱得沒辦法使用摁壓裝置。他改用Words+開發的一種開關裝置（Infrared/Sound/Touch（IST）Switch）。那個裝置安裝在他的眼鏡上，眨動一眼或移動臉頰肌肉，就能以低功率紅外線束進行操控。截至二〇一一年，霍金仍以他的頰肌來控制。

二〇〇五年的旅程安排並沒有如期結束。他的行程表或許寫了西雅圖，結果卻沒辦法抵達。他原定從加州奧克蘭（Oakland）前往西雅圖，然而從奧克蘭啟程當天，他在早上出發前不久取下人工呼吸器，這時卻出了狀況，霍金基本上已經沒有心跳，他們必須為他做心肺復甦術，好些人都大感驚慌，不過他之前也出過這種狀況。後來霍金待在奧克蘭，以現場視訊直播發表西雅圖演說。

霍金沒有被那段插曲嚇倒，二〇〇六年他安排前往法國、西班牙、中國和以色列。他不是第一次到以色列，他和潔恩曾在一九八八年到那裡領取沃爾夫獎。不過這次他開出條件，除非能安排探訪巴勒斯坦人並對他們演講，否則他就回絕邀約。結果如他所願，在以色列為他的長串雋語增添一句，那則評述說明，旅行時缺乏隱私是身為名流的缺憾，而且他的情況比別人還更嚴重：「戴上深色墨鏡和假髮對我來講都還不夠，輪椅會洩漏我的身分。」

他在十一月榮獲皇家學會頒授鼎鼎大名的科普利獎章（Copley Medal），而且就旅行距離來講，那枚獎章還勝過受獎人。皇家學會安排由英國太空人皮爾斯．塞勒斯（Piers Sellers）帶著獎章上太空，之後才頒授給霍金。

霍金和伊蓮的婚姻關係在二〇〇六年夏天以離婚收場。霍金閉口不做任何表示，記者群聚喧鬧要求說明，他的助理茱蒂絲．克羅斯戴爾（Judith Croasdell）以一段說詞打發記者：「他太忙了。這根本是干擾，實在很煩。這種事情我們完全不想花時間來回應……坊間什麼八卦傳言，我們全都不感興趣。」

威爾金森微波異向性探測器，觀測作業持續進行，理論學家引頸期盼結果能幫他們了解暴脹理論，解決其他諸般問題，不過在此同時，他們也沒有停下腳步守株待兔。當時已經出現好些新的暴脹模型，而且超出我們熟悉的宇宙四維範疇。二〇〇〇年，霍金提到P維膜在暴脹中有可能扮演的角色。暴脹理論創建人古斯，也投入研究各種「膜世界」模型的可能暴脹現象。二〇〇六年，魁北克蒙特婁麥基爾大學（McGill University）的納塔利婭．修馬赫（Natalia Shuhmaher）和羅伯特．布蘭登貝格爾（Robert Brandenberger）構思出一種模型，其中有種高熱膜氣體會驅動暴脹。依照他們的模型安排，所有的空間維度都從極端緻密開展，另有超乎我們熟見三維之外的額外維度，則折攏構成所謂的軌形（orbifold）維度。在非常早期宇宙，膜氣體膨脹，能量密度也隨之降低，直到我們熟悉的三個空間維度經歷一段暴脹時期。

霍金待在和第二任妻子一起蓋的舒適寬敞住家。自從他的第一次婚姻以來，霍金第一次全靠自己過日子，當然還是有看護在旁照料。他和潔恩與他們的孩子、孫子，重新建立密切往來，那層關係已經疏遠十五年了，特別是當凌虐問題擾攘不休，他謝絕他們關切的那段不愉快時期，所有人似乎都決心把那段難以理解的生活拋到腦後。

興衰起伏

儘管弦論學家布萊恩．格林（Brian Greene）後來在二〇一一年一次劍橋演講時告訴聽眾：「弦論學家都像糞坑裡的豬那麼快活。」事實卻不見得像那樣。自從上個世紀開始，直到他提出這句評論的這幾年，豬舍看來並不都是那麼令人愉快。早在一九八六年，弦論學家已經清楚了解額外維度的可能捲曲方式，種類繁多到令人氣餒，而這也被視為弦論的一項重大缺憾。然而，就在同一年，林德也發表第一篇永恆暴脹論文，並在文中鼓舞理論學家同儕堅稱這五花八門的緊緻化（compactification，也就是捲曲）的多元類型，「不應該看成這類理論的一種困境，卻是一種長處，因為這能提高迷你宇宙的生成機率，有了這種宇宙，我們這類生命也才有可能出現。」一九九七年出現一段快樂時光，當時還在哈佛的馬爾達西那就在那年提出構想，稱為ＡＤＳ－ＣＦＴ對偶（ADS-CFT correspondence）（註），由此推想在傳統量子場論和某一類弦論之間，存有一種連帶關係。請回顧，對偶性意指兩種非常不同（有時看似對立）的理論，全都精確描述相同事項。馬爾達西那的構想是一種尚未證實的猜想，卻也能擔保最後可以為弦論提供純正的數學根基。也因此，他這項構想對弦論的後續發展產生非常強烈的影響。ADS－CFT對偶對於弦論和膜世界的關係也具有重要意涵，同時霍金認為，那種觀點能為資訊悖論相關問題帶來若干識見，為資訊沒有流失提出有力佐證。

接著是另一服鎮定劑。二〇〇〇年，加大聖塔芭芭拉分校的朱歐．普金斯基（Joe Polchinski）和加大柏克萊分校的布索發現，弦論基本方程式有如天文數字般繁多的解法，各自代表用來描述宇宙的不同方式。過了好一陣子終於有人能夠判定，這些解法有沒有哪種是穩定的，不過這個問題在二〇〇三年解決了。事實上，解法共有十的五百次方種。這種龐大數量帶來的問題是，我們永遠沒有辦法證實弦論是對是錯。所有實驗結果幾乎全都與理論相符。你應該記得第二章曾經提過，這對一項理論來講並不是好消息。

這次同樣是林德出手救援，他點醒大家，這畢竟不是那麼嚇人的新聞。事實上，永恆暴脹理論也正預測有這種處境。首先讓我們看看捲曲問題，或者「非」問題。

捲曲變成奧運盛事

當新生宇宙出現，弦論預測的空間維度並不會全都暴脹。有些會保持隱蔽，卻也扮演一種重要的角色，能決定新宇宙形成哪種樣式。理論學家漸漸明白，它們完全不是胡亂捲曲起來，維度的精確捲曲方式能決定該特定宇宙的外觀自然定律。

一九八〇年代晚期和九〇年代早期，霍金思考蟲洞和嬰宇宙已經有一段時日，他推想，或許粒子質量和其他自然界常數並不是普適全體宇宙，卻是一種因宇宙而異的現象。它們說不定都是「量子變數」：各處宇宙在創世片刻隨機確立的數值。這是靠擲骰子來決定，從理論完全沒辦法知道，骰子會擲出什麼數。

依照M理論內容，這就不再靠擲骰子來決定。誠如霍金和曼羅迪諾後來在《偉大的設計》書中所述：「內空間的確切形狀取決於物理常數的數值，好比電子電荷，還得看基本粒子的互動本質。」換句話說，M理論的基本定律容許不同宇宙出現不同自然定律，道理就像美國憲法容許各州自訂地方法。一處宇宙的地方性自然定律，都由額外維度的捲曲方式來決定。

林德和他的同事算出額外維度能以多少種方式捲起來，每種做法分別導出一種特有宇宙。種數多得沒辦法想像，捲曲確實變成一種奧運項目。平淡無奇的「多元宇宙」詞彙實在疲軟得可悲，無法道出這整體局面。只可惜惠勒已經不在了，沒辦法給它起個更好的名字。

自上而下

在那十年的早期階段，霍金和圖羅克已經把豌豆瞬子束之高閣，兩人分朝不同方向前進。圖羅

註：ADS代表Anti-de Sitter（反德西特）；CFT則代表conformal field theory（保場論）

克開始採信循環宇宙模型（cyclic model），認為宇宙從大霹靂開始膨脹，隨後再次收縮並以大崩墜告終，接著又以一次大霹靂重新出現，就這樣不斷循環自行反覆生滅。

霍金比較感興趣的是永恆暴脹模型。依循這個模型，宇宙的可能類別說不定能達到無限多，因此我們很難（有些人還認為完全不可能）算出一種宇宙的出現機率和另一種相比是高是低。霍金面對這種棘手數學難題不為所動，決意著手嘗試，而且他在進行時，還會用上當時部分同行仍不以為然的爭議性理念：人本原理。

當初霍金和圖羅克引進他們的豌豆瞬子理論的時候，有關該不該使用人本原理的爭議也發展到緊要關頭，到了這個時候依然沒有平息。不過，霍金的老朋友里斯在二〇〇五年和馬里奧．利維奧（Mario Livio）合寫一篇論文，讓人本原理和原理運用都更受敬重。文中指出：「人本推理（anthropic reasoning）不單在純理論有效科學論述中扮演一個角色，說不定還真正具有預測能力，循此挑揀出可容許的宇宙情境。儘管這類論據會讓許多科學家血壓高漲……但這確實可以納入宇宙學工具組，成為眾多工具之一。」霍金打算拿它當成一項有力的工具來運用。

二〇〇六年，他和托馬斯．赫托格（Thomas Hertog）合作寫成一篇論文，記述他們把多重宇宙弦景觀（the string landscape of multiple universe）和無界構想初始條件（the initial condition of the no-boundary proposal）兩相結合所得成果。他們的推想是，我們設想早期宇宙是疊加結果，由存在於弦論景觀中的所有可能宇宙加總而成。這就彷如你要從一疊其厚無比的撲克牌中抽出一張，而且同時設想，你有可能抽到的所有花色。每種可能性都生成一種不同的未來。我們眼前這個宇宙具有為數龐大的可能起點，還有為數龐大的可能歷史。誠如那年霍金在加州理工學院一場演講所說的妙語：

「有一種歷史當中的月球會是以藍乾酪製成，不過那種機率很低，對老鼠來講這就是個壞消息。」

霍金和赫托格自行設限專研一種模型，模型所含景觀很單純，也准許該宇宙發展出幾種互異暴脹歷史。你該不該把自己擺在起點，著手計算這不同宇宙的出現機率？不必。依照霍金的自上而下取徑，你應該從現在著手，先觀察宇宙的存在現況，接著就逆向作業，判定各種初始狀態有多大可能，在往後得以生成我們所知這種有生物棲居的宇宙。這就是宇宙以當前狀態來遴選過去的做法。

霍金和赫托格研究了無界初始條件相關觀測結果，擬出一套架構來測試他們的理論。倘若這是有效的作業方式，那麼宇宙微波背景輻射和重力波頻譜就會帶有細微的差異，這樣看來，標準暴脹理論也就正確無誤。霍金認為，未來的技術說不定能發現這些細微差異。

霍金在加州理工學院發表二〇〇六年演說，演講時他以臉頰肌肉來控制電腦，講題是〈宇宙的起源〉（The Origins of the Universe），內容含括他和赫托格長期投入思考的心得。後來霍金在他的《偉大的設計》書中，更完整闡述他們的自上而下取徑。

勇闖宇宙大冒險

露西．霍金的小說《厭倦》（*Jaded*）在二〇〇四年春季推出，她的第二本書《我從沒想過要跑馬拉松》（*The Accidental Marathon*）也已經動筆，當時她已經接受許多人採訪並談論那兩本書。訪談問題原本是要談她和她的創作，結果不免都要偏離主題談起她的父親，就此露西並不是非常驚訝，只是有點氣惱。

露西的生命遇上艱難轉折。她的婚姻只維繫短暫期間，兩人才剛分手，她的兒子威廉又經診斷為自閉症。她說：「我真正覺得我的心碎裂成片段。」她的母親潔恩鍥而不捨要她堅持到底，盡可能找出最有效的醫療做法。結果威廉表現得相當出色。他對自己的外祖父非常自豪，倒不是由於他的物理學成就，而是因為「外公有輪子！」對於這項讚美，霍金也有回應。他的辦公室到處都是威廉的照片，甚至還在《胡桃裡的宇宙》書中擺了一張。

露西接受採訪時早就清楚察覺，其實記者真正感興趣的不是她，而是她的父親，就此她做出非常務實的回應。她決定，既然打不過他們，那就入夥吧。她後來有本書就和父親合寫。

二〇〇六年六月，露西陪父親去了一趟香港和北京，在那裡受到非比尋常的熱烈歡迎。他們下飛機現身時，警察排成人牆擋住群眾，並以人身構成一條通道，簇擁他們進入電梯前往飯店。儘管這般全力防護，霍金依然險些被人推倒。他毫不慌亂，希望和這群陷入橄欖球混戰的興奮學生合照，結果新聞頭版照片卻只拍到他，還有滿臉氣極敗壞的警察，情況逐漸平息，最後終於可以讓一群聽話的幼小學童上場，照片顯示現場拉開一幅比他們還寬的橫幅歡迎標語。香港科技大學兩位物理系學生很榮幸向他獻花，按行程霍金會到那所大學演講。校長朱經武表示：「他是歷來最著名的科學家之一。如果說牛頓改變了世界，那麼史蒂芬・霍金就改變了宇宙。」

藉著這趟廣受宣傳的行程，霍金和露西也趁機宣布他們要合寫一本童書：《勇闖宇宙首部曲：卡斯摩的祕密》，是他們合著的第一本書。裡面不單講太空冒險，介紹年輕主角喬志以及住隔壁的科學家艾瑞克和他的女兒安妮，加上一台宇宙號超級電腦的歷險故事，書中還談到霍金關切的其他課題。眼見中國各都市汙染狀況，他表示自己很擔心地球有可能落得像火星般下場，氣溫攝氏兩百五十度，還下硫酸雨。

露西在《勇闖宇宙》叢書裡面還寫了其他事情，而且還真的讓當初惹她惱怒的採訪記者如願以償。頭兩本是《勇闖宇宙首部曲：卡斯摩的祕密》和《勇闖宇宙二部曲：太空尋寶之旅》（*George's Cosmic Treasure Hunt*），接下來或許會推出系列叢書。這兩本都很好讀又富啟發性，從字裡行間也能洞察霍金和家人的個性與生活。書中的物理學家艾瑞克，無疑就是按照霍金的形象想像而成，不過他沒有肢體殘障。他對物理學的高度熱情和堅定分享、永不滿足的好奇心、一心一意獻身工作、對孩子的愛，全都展現眼前。我聽說書中令人敬畏的角色，主角喬志了不起的祖母瑪蓓爾，還有她的選擇性耳聾，看得出正是霍金母親伊澤蓓爾的寫照。書中喬志參加一場高水準物理學研討會，還大膽舉手提問，這是在重述霍金家庭的一個故事：露西的哥哥羅伯特曾在八歲時和父親一道參加理論物理學界研討會，他坐在前排專心聽講，邊聽邊點頭，接著就舉手問了一個聰明的問題。書中描述幾位物理學家認真看待喬志的問題並詳實回答，藉此向霍金的同事致敬。書中所述的科學是霍金研究的範疇：黑洞、霍金輻射、資訊悖論，還投入尋找其他可供人類殖民的行星。

露西接受採訪時表示，她撰寫《勇闖宇宙》系列圖書有好幾個理由。她自己的兒子當時十歲，而且還有一個姪兒喬治（編按：諧音同「喬志」），就是哥哥羅伯特的兒子。《勇闖宇宙首部曲》就是題獻給他和威廉。露西希望和父親一起創作圖書，向兩個孩子說明外公（爺爺）完成的研究。露西注意到，以往威廉生日派對上總有孩童、家長對父親很感興趣，圍著他發問，這讓父親十分驚喜，很樂意回答問題，並向他們解釋他的科學。她看著父親花時間費心提出周延、詳實的好答案，還逗他們發笑。霍金指出，我們小時候剛開始時都滿心好奇，什麼都想知道，萬事都有可能。這點他延續至今絲毫沒有改變，他依然有那種感受，他和露西希望鼓舞年輕領導人孕育那種感受。

和父親合作寫書，讓露西有機會目睹父親從事研究的工作實況，她還說，這同時也改變了兩人的關係。儘管她不認為父親有多大改變，也許變溫和了，但起碼這是她頭一次有機會見到父親的能力。「他的本領驚人，腦子能記住龐大的資料，還有辦法挑出重要細節並發表簡短評述，由此就能徹底改變你的想法。」她很佩服父親的思考那麼迅速，腦筋那麼清楚，還有本領前後一貫統合事理。

二〇〇六年十一月，霍金接受BBC電台訪問時再次強調，人類的未來取決於我們是否殖民另一顆星球，而且不是太陽系的，是環繞另一顆恆星的星球。他也期許自己能夠上太空。霍金在更早一個月接受採訪時也曾提到，他的下一個目標是來一趟太空飛行，而且「或許理查．布蘭森（Richard Branson）會幫我這個忙。」布蘭森立刻答應去辦，他的次軌道太空飛行事業維珍銀河（Virgin Galactic）公司會幫霍金安排二〇一〇年飛行席位，派瑞絲．希爾頓（Paris Hilton，譯註：希爾頓集團繼承人）和威廉．薛特納（William Shatner，譯註：演員，常飾演星艦系列「科克艦長」）也會同行。霍金不指望布蘭森能送他上另一顆可以棲居的行星，不過他很肯定，未來會從事這種旅行，同時他和露西書中的虛構角色，也正是遵循那個推想貫徹到底。

隨後在二〇〇六年，兩萬五千人在部落格上回覆霍金的問題：「在這個政治、社會和環境都陷入混亂的世界，人類該如何再延續一百年？」難怪他認為，他的觀點真有可能影響公共政策！他在部落格的追蹤貼文裡面提到遺傳工程學，這次沒有把它當成反正總要發生的不快現象，而是懷抱烏托邦期許，指望它或許能促使人類變得明智又不那麼好鬥。

霍金父女到中國那趟旅行途中，又再次調侃教宗若望．保祿二世，拿他不許研究宇宙起源的態度來開玩笑，還說很高興教宗不知道那次演說的講題，「因為我可不喜歡像伽利略那樣被移送宗教法庭。」梵蒂岡似乎能寬容這類言論，不過他的錯誤引述和輕浮評論，又一次傳進天主教信徒領袖耳中。天主教聯盟（Catholic League）主席比爾．多諾休（Bill Donohue）發表激烈回應，他說：「霍金不該再扭曲教宗言論。教宗說的是，有些問題科學不能解答，這和提出威權聲明，警告科學家收手有如天差地遠。」前面已經提過，教宗的聲明並不算偏頗，大體能準確道出他發表言論當時的科學知識處境，也沒有拿伽利略的命運來脅迫、威嚇任何人。他的說法是：

> 有關世界起源的所有科學假設……都無法解答有關宇宙初始的問題。單憑科學本身沒辦法解答這種問題：這必須用凌駕物理學、天體物理學的人類知識，我們所說的形上學；而最殷切需要的，則是來自上帝啟示的知識。

霍金把天主教聯盟主席多諾休的話謹記心中。後來他以教廷宗座科學院院士身分前往梵蒂岡時，就不曾提到伽利略事件。若望．保祿二世在一九九二年一次談話時便已承認，羅馬天主教會當初不該譴責伽利略，這項舉措回應了霍金的呼籲，一九七三年當霍金前往梵蒂岡時，便期許教宗最後能夠坦承錯誤。和解時機在即。

零重力

二〇〇七年四月，霍金從事一項冒險行動，期望這是他投身真正太空飛行的第一步。這趟飛行讓乘客體驗無重力失重狀態，沒有人知道他脆弱的身體會有何反應。沒問題！霍金經歷八回失重程序，總計四分鐘，超出所有人的預期，不過或許他本人除外，他說：「我還可以一直繼續下去！」飛行時有四位醫師和兩位護士，全程監測霍金的血壓、心臟讀數和血氧含量，他們也都贊同。

有一家名叫零重力的公司提供這種飛行，做法是：飛機遵循一條雲霄飛車式拋物線路徑飛行。乘客在飛機爬升時會感受強大重力，幾乎兩倍於地表常態重力。來到接近拋物線頂端，就會覺得自己自由下墜約二十五秒。隨後再反覆這個程序，就霍金的例子總計八次。

霍金從事這趟飛行還有第二項動機，除了期許自己往後能夠成真的太空飛行，此外就是宣揚他的信念，闡明殖民其他行星是我們長遠未來的唯一指望：

> 想要避免地球在往後一百年發生慘禍已經夠難了，更別提一千年或一百萬年之後。人類不該把所有雞蛋都擺在一個籃子裡面，或者一顆行星上頭。把人類部分比例永遠遷離地球，對我們這個物種的未來極端重要。

他堅稱：「太空導向的旅遊服務在未來會有龐大的市場，我們必須投身創業引擎，這是壓低一切事務成本的原動力，從航空機票到個人電腦都見得到這項成果。」霍金從事飛行還有第三項動機，他要鼓舞其他身障人士走出來嘗試這類事情。既然他做得到，其他人也能。儘管這點就構思宇宙起源相關理論而言，或許不是事實，不過談到失重這種冒險活動，那有何不可？當然，多數人首先想到的答案就是價錢。

巡迴物理學家

二〇〇八年是霍金出訪行程繁重的一年，而且他的英勇助理克羅斯戴爾還更為忙碌。她的任務是出差探路預演旅程，和邀請單位籌劃拜訪行程，臨場需要任何安排也都由她負責。她應聘時聽說助理不必出差，對其他助理來講或許沒錯，不過對她而言卻是例外。

一月的出訪地點是智利，要前往瓦爾迪維亞市（Valdivia）參加科學會議，為智利魅力十足的著名物理學家克勞迪奧．本斯特（Claudio Bunster）六十歲生日慶生。本斯特曾在十年前促成霍金拜訪智利、前往南極洲，隨員克服萬難帶著霍金和輪椅深入偏荒，那裡地勢崎嶇令人生畏，那時也才剛開始覺得有必要增添無障礙設施，隨員和霍金一道飛往復活節島。克羅斯戴爾曾定居南半球多年，住在太平洋群島上，念書時主修太平洋歷史，對她來講，這趟行程就是尋找聖杯。

五月有南非之行，霍金到開普敦參訪非洲數理科學研究中心（AIMS），那是專供學士後研究的機構，引來非洲各地頂尖學生，支持非洲大陸全境的數學和科學發展。非洲數理科學研究中心的創辦人是霍金的朋友和同事圖羅克，這趟行程就是由他協助籌備。霍金見了曼德拉，並啟動愛因斯坦接班人促進計畫（Next Einstein Initiative），而且演講時霍金還期許非洲數理科學研究中心的這項計畫，能培育出一位非洲的愛因斯坦。

九月，霍金應聖地亞哥·德·孔波斯特拉大學（University of Santiago de Compostela）邀約，到那座美麗的西班牙朝聖都市接受豐塞卡獎（Fonseca Prize），這個獎項表彰向大眾溝通科學成果的傑出人士。克羅斯戴爾記得：「那是一趟艱鉅的旅程，期待很高，還有一場規模浩大的記者招待會，但時間拉得實在太長了，媒體問的問題也多得太超過了，超過四十個問題供史蒂芬選答，他回答了十四個，這已經很多了。」這趟旅程露西和他同行，去宣傳西班牙文版的《勇闖宇宙首部曲》。

那一年霍金心中肯定惦念著遠道四處旅行，所以到加州理工學院演講時，他對於是否可能旅行穿越蟲洞前往另一處宇宙的悲觀態度隨之稍減。他指向一個新的可能途徑，時空額外維度裡面的黑洞。光沒辦法射穿額外維度，只能在我們熟悉的四維裡面傳播，不過重力卻能影響維度，而且強度超過我們的體驗。這樣一來，細小黑洞也就更容易在額外維度裡面形成。

他在這場演講介紹了黑洞相關背景，不過他還以不同的方式來描述霍金輻射。他並沒有背離涉及粒子對的那個版本，只是以另一種想法來思索同一種現象。假定有一顆粒子位於非常小的黑洞裡面，你就相當明確知道它所處位置。根據測不準原理，你愈肯定它的位置、它的速度，你知道的就愈不明確。所以黑洞愈小，就粒子的速度而言，所知就愈不明確。甚至它還有可能高於光速，這樣一來，粒子也就得以脫離黑洞。依循這種描述，霍金輻射確實出自黑洞內部。

你有沒有可能落入黑洞之後，再從另一處宇宙冒出來？他認為，這或許有可能實現。他還沒有放棄蟲洞構想，不過你沒辦法再回來，所以儘管他是世界上最大膽、最熱愛旅行的人，卻也不會親身去嘗試。

CHAPTER

19

我的走向總是有點不同

「現況令人驚愕，針對宇宙最初片刻種種事件所做的大膽預測，如今就得與確鑿的測量結果正面對峙。」威爾金森微波異向性探測器（簡稱威氏探測器）的首席研究員查爾斯・班奈特（Charles Bennett），在二〇〇八年三月這樣嘆道。第五年結果已經顯示，威氏探測器的資料讓各式暴脹理論受到更大局限，不過大體而言，則依然支持暴脹理念。同時，威氏探測器還發現某種沒有人預見的事情，宇宙微波背景輻射溫度變異的整體隨機分布，出現一種神祕的意外現象：冷區（cold spot）。當時就此唯一有把握的見解就是：注意這個點。不過迄今所提解釋，沒有任何一種對暴脹理論造成問題。

各方競相尋找實驗和觀察證據，希望能驗證長久以來都只屬理論推想的觀點，這場比試不只在外太空進行，也發生在陸地，而且是在地下深處。歐洲核子研究組織的大型強子對撞機在二〇〇八年九月啟動，眾人有高度期待，指望這具期盼已久的儀器能夠讓希格斯玻色子現形。

霍金對上希格斯

希格斯在一九六四年主張希格斯玻色子是存在的，還看著它成為宇宙理論標準模型的一環。二〇〇八年，在一場記者招待會上，他就霍金一次ＢＢＣ採訪所提論述提出激烈回應，《星期日泰晤士報》給它下的大標題是〈發動攻擊〉。

希格斯和霍金這種不算友好的關係，可以追溯至一九九六年。當時霍金發表一篇論文，裡面提到希格斯粒子是不可能觀察到的。二〇〇〇年，還沒有事例能證明他錯了。就在那年，歐洲核子研究組織的大型電子正子對撞實驗終於落幕，結果並沒有找到希格斯粒子的明確證據，霍金打賭贏了，向密西根大學同事戈登・凱恩（Gordon Kane）收取一百美元賭金。霍金在另一場賭局也打賭沒有希格斯粒子，那場賭局勝負依然未定，靜候芝加哥費米實驗室的雷同實驗結束。霍金和希格斯這番交鋒，到二〇〇二年便逾越了科學激烈討論的常態界線。當時希格斯在愛丁堡一次晚宴時談起霍金，並表示：「很難讓他參與討論，所以他才矇混過去，還發表那種聲明，換成旁人就不會那樣講。他的名流身分讓他能夠輕易取信於人，其他人就沒有這種信譽。」霍金反駁：「我希望討論科學課題的時候別做人身攻擊。」希格斯私下和霍金和解，向他解釋那次發表評述的前因後果。霍金表示他沒有生氣，於是事情就這樣平息，不過霍金的想法始終沒有改變，依然認為不管哪種實驗都找不到希格斯粒子。

二〇〇八年九月，大型強子對撞機啟動日之前不久，霍金在一次記者招待會上翻出舊帳並評述，他認為：「找不到希格斯粒子會令人興奮。那就能證明有些事情是錯的，於是我們也必須重新考量。我打賭一百美元，我們找不到希格斯粒子。」希格斯以一段輕蔑言詞回應霍金：「從粒子物理學、量子理論觀點來看，你的理論不能只有重力，還必須納入許多東西，才能讓理論前後一貫，我想史蒂芬並沒有做到這點。我非常懷疑他的計算結果。」早先霍金就曾表示，說不定大型強子對撞機還能做出更有趣的成果，好比發現幾種超對稱伴子。「找到它們會成為驗證弦論的關鍵，」霍金說明：「而且它們有可能構成把星系拉在一起的神祕暗物質。不過，無論大型強子對撞機找到什麼，或者找不到什麼，結果都會告訴我們許多有關宇宙構造的事項。」《星期日泰晤士報》就此評論：「他們的口水戰很可能激起震波，撼動整個科學體制。」那種說法言過其實，不過也不該苛責七十九歲的希格斯，畢竟他只是熱切期盼自己的理論能夠（終於）驗證確認。

霍金還有其他事情得仰賴大型強子對撞機。他最近一次到加州理工學院演講時便曾提及，他認為我們有可能見到在對撞機內對撞產生的微細黑洞。果真如此，我們就應該看得出，這些黑洞的粒子發散模式和霍金輻射相符。他有可能獲得諾貝爾獎。（註）同時他也再次提到，我們可以把宇宙微波背景輻射的擾動起伏，設想成宇宙在暴脹階段時發出的霍金輻射，不過如今已經凝結了。

結果卻讓希格斯、霍金和其他人扼腕，大型強子對撞機啟動才九天，歐洲核子研究組織就必須把它關機。一處電路接線出錯造成洩漏，氦氣流入容納對撞機的隧道，導致負責駕馭次原子粒子繞行對撞機的超導磁體故障，花了一年時間才恢復運作。

希格斯粒子在本書撰寫期間依然難以捉摸。迄至二〇一一年二月底，在冬季維修短暫停工之

註：就算最有指望的理論，若無實驗或觀察證據支持，也非常難獲頒諾貝爾獎。

後，研究人員摩拳擦掌準備再試一次。「我們知道，我們要嘛就能發現希格斯粒子，不然就得把它排除，不論如何都會是重大成果。」歐洲核子研究組織研究冀科學計算總監（Director for Research and Scientific Computing）塞爾吉奧・貝托魯奇（Sergio Bertolucci）說明：「當然，若是沒有找到它，我們就比較不容易讓人相信那是一項重大成果，不過倘若希格斯粒子並不存在，肯定也會有其他東西取而代之。」

時間食客

二〇〇八年九月，希格斯和霍金再次交手之時，劍橋老中心區街景卻出現一件令人困惑的事情，而且霍金還獲邀主持揭幕。那是一座非常巨大的機械鐘，要裝設在本篤街和國王大道路口角落，這裡是基督聖體學院所在地，也是劍橋擁有最古老庭院的學院，卻要安裝如此新穎的壁鐘。該鐘沒有指針，卻以形狀像細小藍色淚珠的閃爍光芒來顯示秒、分和小時，藍光依循幾道同心圓，環繞閃閃發光的五呎直徑鐘面運行。巨大鐘面鍍有純金，設計造型看來就像向外放射的波紋和波谷，彷彿有顆石頭投落熔金屬池中。波紋象徵大霹靂爆炸並向外放射脈動黃金。

發明這台閃耀奇巧器物是為了向史上最偉大鐘錶匠之一，約翰・哈里森（John Harrison）致敬。哈里森是十八世紀經度研究先驅，他的發明包括一款「蚱蜢擒縱輪」。壁鐘的製作暨捐贈人是約翰・泰勒（John Taylor），一九五〇年代就讀基督聖體學院大學部，後來成為十分傑出的發明家。他還熱愛老舊時鐘。泰勒決定把他的蚱蜢製成一隻嚇人的壞脾氣巨大蝗蟲。這隻怪物立刻露出凶惡、美麗又怪誕的相貌，順著鐘面頂緣冷酷爬行。它的運作方式是把爪子嵌入巨大發條擒縱輪的輪齒，擒縱輪繞著鐘面外緣轉動，而且就如哈里森的發明，泰勒的蚱蜢也約束、制動轉速。這隻凶狠的怪物是愛吃時間的「時間食客」。

基督聖體學院壁鐘做整點報時的時候，並不是敲鐘幾響來報告現在幾點，而是以一條鐵鍊在一具棺材上晃動發出嘩啦聲響，還以鎚子敲擊木質棺蓋，全套裝置都裝在鐘內後側。

這台令人生畏的裝置由霍金揭幕似乎相當合宜。提到霍金，所有人都會聯想大霹靂和時間的簡史。他馴服時間，把它轉換成另一個空間維度。他還展現奇蹟，把他自己的時間拉長，這大概也算是藐視壁鐘頂緣那隻恐怖生物的表現吧。

比較平靜的慶祝會

時間確實點滴流逝，對霍金也不例外。劍橋大學有一句權威宣言，規定盧卡斯數學講座教授得在六十七歲時退休，於是一年過後，霍金在二〇〇九年九月三十日卸下三十年教席的職銜。他的繼任人是專研弦論的傑出理論物理學家邁克爾．格林。

和六十歲慶生會相比，霍金卸任盧卡斯數學講座教授顯得比較平靜，只在系上辦一場香檳接待會。卸任對他絲毫不受影響。他的繁忙行程、他的研究、他在應數暨理論物理系上的地位，都保持不變，這時他的職銜是劍橋理論宇宙學中心研究總監。他仍保有那間寬敞的邊角辦公室，他的助理和研究生助理也沒有被人轟出去，依然待在他的辦公室裡面。他在ＢＢＣ《新聞之夜》（*Newsnight*）

一段錄音訊息中重申，他並沒有真正退休，只是換了職銜，還補充說：

這是一段輝煌時期，活在這段期間並從事理論物理學研究是一種榮耀。我們的宇宙寫照在過去四十年已經有大幅改變，而且我很高興或許自己也做了一點小貢獻。我希望和各位分享我的興奮和熱忱。當你做出以往沒有人知道的發現，那種「我發現了！」的瞬間體驗，完全不是其他事情所能比擬。我不會拿它來和性做比較，不過它持續得比較久。

在此前一年，霍金不斷發表聲明，威脅要離開劍橋移居國外，他這樣做是針對一項公共基金大幅刪節計畫提出抗議，那項削減案會波及他從事的研究，還有他致力於年輕人的科學教育。省下的資金打算改投入科學的工業應用，因為有些人認為如此能為英國帶來財富。長久以來，霍金一直針對這種不辨輕重的做法提出抗議，還稱之為「漠視過去，無視未來」，迄今已經超過十年。要求所有研究計畫都應該和工業扯上關係實在可笑，昔日為我們奠定現代技術基礎的偉大發現，有多少是出自工業動機才激發的研究？答案是：幾乎沒有。

若是真要移居，他會搬去哪裡？霍金曾經前往普里美特理論物理研究所（Perimeter Institute for Theoretical Physics）從事客座研究，很喜歡在那裡工作，那是一處最先進的研究中心，位於加拿大安大略省滑鐵盧市，當時的所長是圖羅克。謠傳霍金退休後會去那裡任職。不過霍金並沒有拋棄劍橋，也說不定永遠都不會。儘管職銜改了、經費削減了，身體狀況和溝通心中想法的能力也都無情退化，他的目標卻依然不變，雄心萬丈不改其志，令人難以置信：「對宇宙的完整認識，為什麼它的現況是這樣，還有它到底為什麼生成。」還有那得花多久時間？前一年霍金上了《查理羅斯秀》（*Charlie Rose Show*）節目，被人問起那個問題。他回答時重述一九八〇年盧卡斯數學講座教授就職演說時所用的句子：「到這個世紀結束時，」接著他咧嘴露出狡黠笑容並補充說明，儘管他的估計維持不變，二十一世紀還剩下很長的時間，遠超過他在二十世紀第一次預測時的剩餘時期。

霍金的助理克羅斯戴爾名符其實在二〇〇九年引發一響霹靂，她在霍金生日時，大膽送他一具迷你火箭發射器。他可以用這個辦公室玩具發射火箭飛越房間。他在三月前往洛杉磯，和他的孫女蘿絲首次見面。他先前和露西合寫的第二本《勇闖宇宙》童書就是題獻給她。蘿絲和哥哥喬治是羅伯特和卡崔娜．霍金夫婦的子女。

霍金的演講行程有一站是在加州帕薩迪納市。那次場合的瘋狂程度對他而言根本毫不稀奇，那種事情每年都發生好幾次，就連在當時簡直就是他的大本營的加州理工學院也不例外。

太空，最後的疆界

理查．史特勞斯（Richard Strauss）的《查拉圖斯特拉如是說》（*Also Sprach Zarathustra*）交響詩的開場號角響起，霍金隨音樂上場，進入坐滿四千五百名觀眾的會議中心。現場觀眾就算不知道那首音樂叫什麼名字，也依然認得出那正是電影《二〇〇一：太空漫遊》（*2001: A Space Odyssey*）聲勢浩大的背景配樂。霍金出現一種引人傷感的變化，他再也沒辦法用雙手來操縱輪椅，他把雙手疊放膝上，卻能駕馭輪椅以相當高速沿著通道前進。當他登上舞台坡道，《藍色多瑙河》響起（理查．史特勞斯下台，換上約翰．史特勞斯），音樂不那麼壯闊又令人敬畏，卻是比較友善。觀眾等著，一時之間毫無動靜。出了問題嗎？還是故意吊人胃口？霍金的研究生助理出場幫霍金的筆電做了調整。霍金的雙手依然擺在膝上不動，他是用臉頰肌肉動作來控制電腦。不久就發出聲音，講出所有人都在等待的話：「各位聽得到我嗎？」加州理工學院觀眾同聲喝采。霍金回來了！

霍金的講題是：〈為什麼我們應該上太空〉，這篇講稿他在前一年就寫好，做為美國航太總署成立五十週年的賀禮，並在華盛頓特區演講，內容出自他寫的童書，不過已經改得比較偏成人版。二〇〇七年出版的《勇闖宇宙三部曲》書中〈宇宙使用手冊〉一篇裡面就有這麼一章，標題也相同。霍金那場演講有段內容並沒有寫進那本書中，牽涉到太空旅行費用，他坦承，開銷不會很便宜，不過就算美國國家預算的現有太空探測費用必須增加達二十倍，這依然只佔全球生產總值的一小部分。他建議設定目標在二〇二〇年建立月球基地，並在二〇二五年送人登陸火星，這不單是為了太空探測著想，也是為了重燃民眾對太空和科學的興趣。他說：「很大比例的太空科學家都表示，他們是看了登月影片才點燃對科學的興趣。」

我們會不會在外太空發現生命？霍金的想法是，就算在我們這般大小的宇宙裡面，鮮少有機會能出現條件合宜並孕育出生命的星球，出現生命的地方肯定仍不只地球，其他地方也可能出現。孕育生命的地方很可能相隔遙遠，而且生命也幾乎肯定不會全都以DNA為基礎。此外，也說不定生命是靠流星在不同行星之間，甚至不同星系之間傳播。倘若生命是以這種方式向外散播（這種歷程學理稱為泛種論（panspermia）），那麼在我們的活動範圍裡面找到同樣以DNA為基礎的其他生命，也就不足為奇了。

他指出，就地球生命源頭而言有一個證據支持泛種論，這裡才剛有可能孕育生命，生命就立刻出現，速度快得令人起疑，地球在四十六億年前形成，前五億年溫度太高，不容生命出現。生命的最早期證據出現在三十五億年之前。這就表示，在地球最早有可能孕育生命之後才過了約五億年，生命就出現了。看來似乎很久，其實卻是短得出奇。

當然，我們這裡還沒有外星人來訪，至少我們不認為有這種事情（他們為什麼要現身，難道只為了八卦瞎扯？）而且我們附近的銀河星空似乎也沒有先進的智慧生物。搜尋地外文明計畫（SETI）還沒有攔截到外星人的電視猜謎節目，或許在與我們相隔數百光年範圍之內，並沒有發展到我們這個階段的外星文明（發行防範外星人綁架的保險商品，似乎是相當划算的買賣。）

霍金提過三種可能的理由，來解釋為什麼我們還沒有得到外星人傳來的消息。首先，出現合宜星球並孕育出生命的機率或許太低了；第二，即便那個機率很高，這種生命演化成智慧生命的機率說不定也太低了。此外，我們並不清楚智慧能不能帶來長期存活優勢，想想細菌和昆蟲吧；第三，發展到能發送無線電信號階段的智慧生命，也達到製造核子彈或相仿大規模毀滅武器的階段，所以他們也有可能很快就自我毀滅。霍金說這是病態玩笑，不過他也曾說過，倘若外星生命沒有把自己毀掉，再考量到地球和宇宙年齡相形極短，我們依然不太可能遇上屬於人類階段的外星生命。那種生命要嘛就是遠比我們原始，不然就是先進到認為我們實在太過原始。

霍金偏好第二種可能性。生命並不罕見，罕見的是智慧生命。有些人大概會說，那種生命還沒有在地球上出現，所以我們才會露出笑容。

霍金那次演講時間很長，也發人深省。演講前，加州理工學院學生和教職員事先提出問題，從裡面選出幾題由他當場回答，包括：我們距離星艦劇集的世界多近了？霍金的回答是：別指望曲速引擎或複製機，我們只能採行艱難的做法，低於光速。我們前往遙遠的目的地所需時間必須超過一個世代，旅程會十分漫長，甚至各組船員還會有時間分頭演化，於是人類就會分化出不同物種。

加州拜訪行程結束之時，霍金的身體狀況不如理想，無法按照計畫繼續前往鳳凰城。露西代他前往出席，並把他事先預錄的演講用揚聲器播放出來。回到劍橋，霍金入院觀察短暫時期，到最後這一切只是另一次暫時性頓挫。他康復得很好，回來時離八月行程還早得很，這次是要去華盛頓特區接受美國總統歐巴馬頒發總統自由勳章。九月時他到瑞士拜訪歐洲核子研究組織和日內瓦大學（University of Geneva），他的〈宇宙的創生〉（The Creation of the Universe）演講引來的觀眾，擠滿一座講堂和另外十處（裝設了視頻傳輸的）大會堂。

霍金前往華盛頓領獎那次現身引來一段評論，後來還由此意外把他扯進一場席捲全美的論戰，發生在歐巴馬總統掙扎讓一項健康照護法案通過國會審議之時。當時有一位坦率反對將全民納入健康照護的人士詆毀英國體系，指稱：「倘若史蒂芬．霍金是英國人，他現在已經死了！」霍金回應，他當然是英國人，而且住在英國劍橋，還表示：「四十多年來，全民保健服務都把我照顧得很好。我在英國一直接受絕佳的醫療照顧。我相信全民健康照護。」但潔恩對全民保健服務相當失望，恐怕不會這麼樂觀。

二〇一〇年二月，加州帕薩迪納市行星學會頒給霍金傑出科學公眾宣導宇宙獎（Cosmos Award for Outstanding Public Presentation of Science）。歷屆受獎人包括執導《阿凡達》（*Avatar*）電影的詹姆斯．卡麥隆（James Cameron）和美國公共電視NOVA節目製片寶拉．阿普賽爾（Paula Apsell）。

由於霍金的身體狀況又變得不穩，於是學會派了代表從加州前往劍橋頒獎。那個學會的使命是激勵地球民眾探索其他天體，認識我們的星球，並探尋其他地方的生命。媒體報導劍橋頒獎典禮的新聞稿以幾個字收尾：門票售完。

二〇一〇年春天，霍金再次提醒世人：時光流逝如箭。那是一次很難得的經驗，皇家園藝學會（Royal Horticultural Society）在倫敦舉辦的年度切爾西花展，有一處園區以他為名——史蒂芬・霍金運動神經元疾病園區：時間簡史。園區不只是獻給霍金，也獻給生活遭到此疾病波及的人：患者、家人和照護者，而那處園區也確實混雜種種情感。一條螺旋小徑代表地球歷史，引導訪客從孕育最古老植物物種的時代起步，終點則位於園區中心附近，那裡有多產的地中海類植物，將來只要氣候條件許可，就能為我們生產糧食。園區中心有個水池，池水看似墜入一處沒有指望的黑暗渦流（代表黑洞），時間的終點。附近一堵乾砌石牆上嵌了一台古老時鐘，象徵運動神經元疾病患者的時間是多麼迅速流逝。伊麗莎白女王來到園區和霍金見面，欣賞庭園設計並與他交談，還向他祝賀。

判決天上來

威爾金森微波異向性探測器的任務在二〇〇九年結束。二〇一〇年一月，一份總結報告發表，宣布宇宙微波背景輻射的大尺度溫度擾動幅度，略比小尺度變異更大（許多暴脹模型都提出這種微妙卻又至關重大的預測），從而證實宇宙確實是平坦的。這個第二項結論還有一項比以往更扎實的支持證據：整體看來，宇宙微波背景輻射的熱點、冷區位置是隨機分布的。

正當威氏探測器任務進入尾聲之際（註），歐洲太空總署也在二〇〇九年五月發射所屬普朗克衛星（Planck Satellite）。其部分感測器的設計規格能夠感測攝氏負二七三．〇五度，只高於絕對零度十分之一度。正式報告會完整納入宇宙微波背景輻射影像、分析和相關科學論文，不過料想在二〇一三年之前還不會發表，因此歐洲太空總署在二〇一一年一月先期公布部分結果，該署的科學和機器人探測總監（Director of Science and Robotic Exploration）大衛．索思伍德（David Southwood）表示：「我們還沒有進入真正的寶藏，就是宇宙微波背景本身。」該計畫的首要目標是要局部剷除，一大妨礙宇宙微波背景輻射研究的前景干擾源。許多事項都可能在宇宙演化期間影響這種輻射，一大堆骯髒的天體物理現象讓局面複雜難解，種種不規則情況，分別出自重力透鏡效應、無線電源、黑洞，甚至儀器噪訊。普朗克衛星科學家特別關注的是異常微波發射，這是和星系內緻密星塵區有關的輝光，最後他們還得以證實，其源頭是遭受高速移行之原子或紫外光碰撞，而開始自旋的星塵顆粒。從資料中篩除這種微波雲霧（fog）並不會扭曲宇宙微波背景輻射，於是普朗克衛星資料也得以顯現宇宙微波背景相貌，達到空前的細膩程度。

隨著宇宙微波背景輻射觀察結果愈益細密、準確，任何模型要能與發現相符都難上加難。一個模型愈能達成那項目標，能得到愈可信的支持證據。有些模型會被剔除。不過到目前為止，比較觀察結果和預測的相符表現，就宇宙微波背景輻射與宇宙整體形狀、大尺度平滑現象，以及小尺度結構相關方面評斷，看來暴脹宇宙論是大有可為。誠如約翰．巴羅總結所述：「觀察證據逐漸累積，佐證微波背景輻射溫度變異的特有模式，促使我們非常認真看待一個構想，那就是我們所處宇宙的可視部分，曾在它最早期階段經歷了一次洶湧暴脹。」

根據預測，大霹靂後瞬間發出的重力波在宇宙微波背景輻射留下獨特印跡，但是那種印跡實在太難掌握，不過說不定仍有其他較好的做法來尋找重力波。索恩長久以來對黑洞都很感興趣，而且他和同事也投入一段時期來開發儀器，以比較直接的做法來探察、測量源自黑洞事件和早期宇宙的重力波，其中一項技術稱為雷射干涉術（laser interferometry）。

干涉儀可以讓一束雷射光一分為二，兩束彼此垂直。光束各自射中一面鏡子並沿著本身路徑反射回來，接著兩道光束相遇並重行結合。兩面鏡子各有一個大質量物體安置在上面，因此若有重力波通過干涉儀，延展、收縮兩個質量（以及兩面鏡子）之間的空間，結果兩個質量就會稍稍移位，同時光束的傳播距離也出現變化，於是雷射光便出現干涉圖案（見圖十九－一）。

如今多處地點都建置了陸上型重力波探測器，包括美國的漢福德（Hanford）、德國漢諾威（Hanover）和義大利比薩（Pisa）的設施；不過所有這類儀器的老大哥是一組驚人超大尺寸的列置，以排定上太空的三台航天器組成，合稱雷射干涉太空天線。一旦就定位，這三台航天器就會排成各邊邊長五百萬公里的三角形。它們之間的距離，光線約得花二十秒鐘才能跨越（見圖十九－二），當重力波延展、擠壓空間並穿越這具龐大「裝置」，同時也一路稍微改變航天器的間距和光束在它們之間傳播的距離，這會導致光束產生干涉現象，並能以極端靈敏的儀器來測定。這當中有兩件儀器就是索恩在霍金六十歲生日時談起的ＬＩＧＯ和ＬＩＳＡ，當時他還信誓旦旦向霍金表示，重力波探測器：ＬＩＧＯ、ＣＥＯ、ＶＩＲＧＯ和ＬＩＳＡ，會在他七十歲生日之前許久就開始檢驗他的黃金年代黑

註：威爾金森微波異向性探測器，終於在二〇一〇年十月被送進墳場軌道（graveyard orbit）。

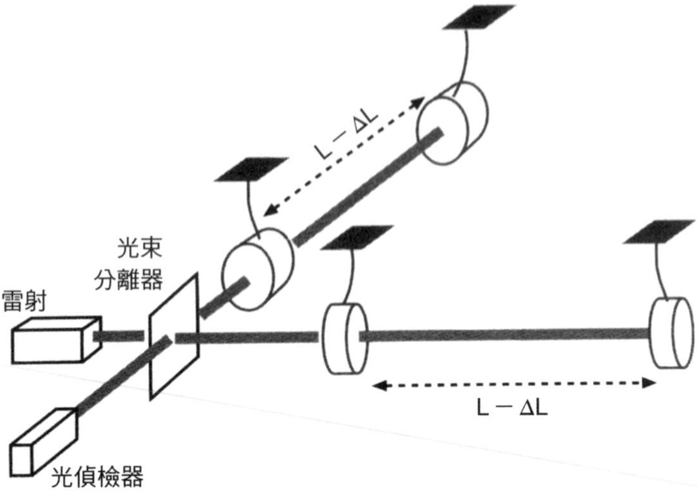

圖十九－一：陸上型重力波干涉儀草圖（感謝索恩提供）。

洞預測。它們最好開始動工！

接續威爾金森微波異向性探測器、普朗克衛星和ＬＩＳＡ的儀器，包括美國航太總署的愛因斯坦暴脹探測器（Einstein Inflation Probe，專研宇宙微波背景輻射）和大霹靂觀測器（Big Bang Observer，用來研究重力波）。兩種途徑協同運作，最後就有可能凌駕其他探測器或研究，包括高度成功的威氏探測器，為我們帶來空前未見的成果：歷經長久尋覓，如願得知暴脹本身的物理機制和能量規模。要想探測宇宙的最初瞬間是什麼模樣，我們有可能掌握的最直接機會點就是重力波。這項觀測證據能不能一舉證實暴脹是否確曾發生？暴脹理論預測了重力波應該呈現什麼模式，具有哪些特色。倘若結果和這些預測相符，也就能構成很扎實的證據。倘若沒辦法探測到重力波，結果就能支持另一種模型：火宇宙模型（ekpyrotic model of the universe）。這種模型裡面不會發生暴脹，不過我們所處宇宙另有起源，由兩個三維膜世界在一個隱蔽的額外第四維度裡面移行，並以極端緩慢速度對撞生成。

一探虎穴

針對永恆暴脹提出的更宏大局面，這樣的構想，恐怕萬無可能從我們所處宇宙的偏狹觀測據點來進行測試。在我們得以企及的非常有限範圍裡面，可能存有什麼樣的證據？

霍金和他的同事完全沒有放棄，依然相信我們有可能提出，能與未來更準確觀測結果（或許得自普朗克衛星）兩相匹配的妥當預測。二〇一〇年九月，霍金、哈妥和赫托格協同發表一篇論文，文中並不諱言：「宇宙的那種馬賽克結構是完全沒辦法觀測的。我們看到的不是整個宇宙，那只是過往光錐當中，位於我們觀測範圍之內的一片近乎均質的區域。」然而，儘管規模大上許多的擾動現象，唯有在遠遠凌駕我們研究能力極限的浩瀚尺度：超視界尺度（super horizon scale），才有辦

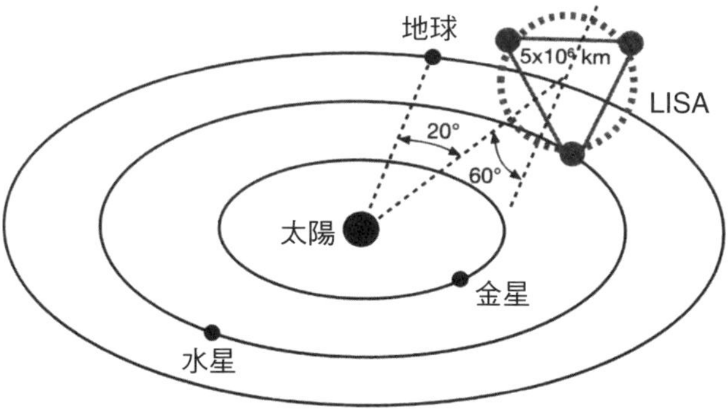

圖十九－二：雷射干涉天空天線，縮略寫成LISA，預計由歐洲太空總署和美國航太總署聯手建造、發射，並運用來監測低頻重力波（感謝索恩提供）。

法觀測，他們依然認為，就我們有可能觀測的宇宙範圍而言，無界波函數，或許能協助他們計算出小幅偏離同值性的現象。他們主張，宇宙微波背景輻射的溫度變異頻譜是否具有隨機性，確實能夠提供有用資訊，透露更宏大局面的相關事項，以及是否真有更宏大的局面。

就如以一顆粒子的量子波函數，就能求出該粒子得以依循在兩點間移行的所有可能路徑，相同道理，倘若宇宙依循哈妥與霍金所提方式起始，則無界波函數便能描繪出，我們所處宇宙依物理原則有可能經歷的一切可行歷史。他們在前一篇二〇一〇年一月發表的論文裡面，便曾記述研究檢視宇宙這系列不同歷史所得結果。由於可能性為數無窮，要計算哪些比較可行，恐怕是很靠不住的使命。然而，哈妥、霍金和赫托格卻都有信心能得出若干結論，而且毋須求助費曼當初稱之為蠢笨的重整化程序，早先他自己遇上無窮值之時，也曾借助重整化來處理。他們把納入研究的宇宙歷史區分兩組。

首先考量，所含歷史不大可能出現永恆暴脹環節的宇宙模型。換句話說，這些大概也就不屬於永恆暴脹產生的較宏大宇宙架構。假使我們住在那種宇宙裡面，再假定在我們看來，那裡和我們今天所知的宇宙形貌相仿，而且倘若哈妥、霍金和赫托格的想法沒錯，他們的確能夠有效運用無界波函數來做計算，那麼根據這些計算，我們預期會有哪些現象？

（一）在宇宙微波背景輻射當中，就我們能夠觀測的尺度範圍觀之，溫度變異頻譜存有某種非隨機性模式；

（二）超乎我們觀測能力之外，就浩瀚尺度範圍觀之，存有一種整體均質性；

（三）我們的過去只有一段小規模暴脹。

宇宙微波背景輻射的觀察結果，似乎並不支持這些預測，不過第二項由這些結果是看不出來的。所以就必須考量另一組宇宙模型，這類宇宙有可能隸屬一種永恆暴脹寫照的環節。假使我們住在那種宇宙裡面，接著又假定在我們看來，那裡同樣和我們今天所知的宇宙形貌相仿，而且倘若哈妥、霍金和赫托格的想法沒錯，他們的確能夠有效運用無界波函數來做計算，那麼根據這些計算，我們預期會有哪些現象？

（一）在宇宙微波背景輻射當中，就我們能夠觀測的尺度範圍觀之，溫度變異頻譜存有高度隨機性；

（二）超乎我們觀測能力之外，就浩瀚尺度範圍觀之，存有相當程度的非均質性；

（三）我們的過去有一段較長的暴脹時期。

這樣就比較像話了！至少到現在為止似乎是這樣。關鍵在於，我們觀測宇宙微波背景輻射能不能見到隨機性（還有程度高低）。不過哈妥、霍金和赫托格決心一探虎穴。他們在二〇一〇年九月論文中記述，他們算出我們所處宇宙的暴脹時期，有可能是在暴脹場達到最低潛在場值時就結束了。他們預測結果還相當準確，針對我們能觀察的範圍（光錐內部）所做觀察，不只會發現宇宙微波背景輻射的溫度變異頻譜存有高度隨機性。倘若永恆暴脹正確無誤，還能同時看出該變異的分布和頻譜，偏離完全隨機性的程度和樣式。（註）偏離的幅度會極度微小，不容易觀測。

現在我們就等著看普朗克衛星和其他的未來探測器，能不能測得足夠準確的結果，這樣才能檢驗這些預測，並顯示宇宙微波背景輻射的微幅溫度擾動，是否正如霍金和哈妥的無界構想本身所提預測，表現出一種特定模式。普朗克衛星說不定還有辦法偵測出，以特定方式彎折的光線路徑，從而顯示我們所處宇宙的幾何結構，恰與某些多元宇宙模型以及永恆暴脹模型的預測相符。

樸實的霍金輻射

就在霍金、哈妥和赫托格潛心思索，哪些可能的證據得以奠定永恆暴脹理論的根基之時，另一群物理學家則投入構思一種真有可能創造出霍金輻射的實驗，而且那並不是發自黑洞邊緣或早期宇宙的事件視界，而是在實驗室中生成。義大利英蘇布里亞大學（University of Insubria）的達尼埃勒·法喬（Daniele Faccio）和他的一組研究員合寫一篇論文，獲《物理評論快報》（*Physical Review Letters*）接受並在二〇一〇年九月底刊出，文中聲稱他們已經成功。他們的實驗包括朝一塊玻璃發射雷射光。

這樣做的道理在於，當雷射脈衝穿透玻璃塊，同時光在那裡能夠達到的傳播速率也會因應改變（玻璃的折射率）。當脈衝穿透玻璃，折射率也隨之改變，這時鄰近脈衝的光就會變得愈來愈慢。若一股脈衝（稱之為A脈衝）尾隨另一股較慢、較弱的脈衝（B脈衝）發出，它就會漸漸追上，於是鄰近B脈衝的光也隨之減速。B脈衝的速度會愈減愈慢，最後就減到完全動彈不得。於是脈衝的前沿就會發揮類似黑洞事件視界的作用，把光吸收納入。

回顧霍金輻射討論篇幅：對對粒子會不斷出現。每對兩顆粒子剛開始時都聚在一起，後來才分開。經過一段條忽無從想像的極短時間，它們再次重逢並相互湮滅。來到黑洞事件視界附近，在粒子對還沒有機會重逢、湮滅之前，其中帶了負能量的那顆或許就會跨越事件視界進入黑洞。當然，帶了正能量的粒子同樣有可能墜入黑洞，不過它不一定得這樣。它脫離了夥伴關係，它能脫逃化為霍金輻射。在遠方觀測人眼中，那顆粒子彷彿就是從黑洞冒出來，其實它卻是來自緊貼視界的外側。同時，它的搭檔則帶著負能量進入黑洞。

法喬和他的團隊就是專注觀察這種粒子（就本例而言是光子），希望能查清當脈衝穿越玻璃，其事件視界會不會把粒子對當中的一顆席捲進去，並讓另一顆脫離化為霍金輻射。他們架好一台攝影機，焦點對著那塊玻璃，接著就以雷射發射三千六百股脈衝。攝影機錄下頻率範圍，恰如霍金輻射預測的微弱輝光。研究人員仔細排除其他輝光源頭，判定他們觀測的現象確實就是霍金輻射。

這可不可能讓霍金得到諾貝爾獎？沒有實驗或觀察證據支持的理論，非常難獲頒這個獎項，就算最有指望的理論也不例外。二〇一〇年十一月，英蘇布里亞實驗發表之後不久，我請教霍金，他覺得法喬和他的團隊是不是真正發現了霍金輻射。他的回答高深莫測：「我不會拿到諾貝爾獎。」

註：直接引用哈妥、霍金和赫托格的二〇一〇年九月論文內容，讓讀者感受理論物理學語言如何陳述這一切事項：「一種基本上為高斯式的微波擾動頻譜，其標量譜指數為『n8 ~.97』，張量對純量比約為百分之十」（James Hartle, S.W. Hawking and Thomas Hertog, 'Eternal Inflation without Metaphysics'）。

CHAPTER

20

我叫做史蒂芬・霍金，是物理學家、宇宙學家，也是夢想家

霍金和曼羅迪諾合著的《偉大的設計》在二〇一〇年初秋問市，副標題卻很不像霍金的風格：生命終極問題新解（New Answers to the Ultimate Questions of Life）。完全沒有前面幾個書名的詼諧幽默：「簡」史、「胡桃」裡的宇宙。顯然這本書是打算寫得很嚴肅。《偉大的設計》把半個多世紀以來霍金想過、做過的研究彙總起來，為我們完整介紹追尋統世理論的最新現況。書中有費曼的歷史求和、人本原理、模型和現實的意思、無界構想、資訊流失、對現代哲學的貶抑（這次出現在第一頁，不是寫在最後尾聲），還有和上帝的交鋒。不過這本書從一開始就清楚顯現一個戲劇性變化：追尋統世理論的進程，確實已經無章法可言。

以撒・艾西莫夫（Isaac Asimov）曾經寫道：「在困擾科學界男女成員的所有刻板印象當中，肯定有一種已經先造成的傷害。科學家可以被描繪成邪惡、瘋狂、冷漠、自我中心、心不在焉，甚至是呆板，卻都能輕鬆生存下來。不幸的是，他們通常都被描繪成正當的，而這就有可能把科學的面貌扭曲到無法挽回的地步。」霍金令人詫異的大逆轉（這點你在本書已經親眼見識），粉碎了那種刻

板印象。霍金經常扯自己後腿讓本身所提主張站不住腳，這是他根深柢固的習慣。不過我們前面也曾見到，表面上的態度大逆轉，其實也從來都很難算是退步或推翻前述。霍金版蛇梯棋裡面的蛇，並不會帶他遠離目標。牠們完全就是引他踏上更有指望的途徑。即便事實如此，要放棄發現基本統一理論的指望，依然是一種極端劇烈的轉變，除非遇上真正無可辯駁的證據，擔保這是唯一的出路，否則霍金是不會這樣做的。

還有一件事情也是在《偉大的設計》開頭就清楚表達，霍金不再像從前那樣對弦論心懷質疑。很難判定他是在哪個時點，改變對這個議題的態度。進入一九九〇年代許久之後，多數文獻（不包括他的）仍舊記述他依然相當反對弦論。然而他卻在一九九〇年告訴我（本書第十三章），他認為超弦理論已經成為最有指望導向統一理論的路徑。他說得對，不過其中有個轉折。

最新的候選者，也或許是最有資格冠上「終極宇宙理論」稱號的學說，是M理論。做為一種統一理論，以久經時代考驗的描述來評斷，M理論是有點令人失望。這種理論並不單純。你沒辦法把它印上圓領衫。它並沒有實現惠勒詩文的期許，也達不到畢達哥拉斯的標準，因為畢氏學派認為優美清晰是真理的指標。這是不是就代表理論或許錯了？就此霍金抱持的態度倒不在於它是正確的，或者是終極的，而是認為再怎麼做，我們最多也只能做到這樣。

M理論並不是單一理論，而是一群理論的組合，霍金形容為「理論家族」。這個家族的每個成員，都能針對某個物理情境範疇之觀察結果做出優異描述，卻沒有哪一個能針對所有物理情境之觀察結果做出優異描述。沒有哪一個能說明萬象。這群理論看來或許彼此迥異，卻是全都站在同一個立足點上，而且全都可以設想成同一基礎理論的不同層面。我們還不知道該如何擬出一組方程式，來系統闡釋那個更深層理論，而且照講也恐怕永遠辦不到。

霍金和曼羅迪諾把這種狀況比擬為地球的平坦地圖。由於這種地圖是以麥卡托投影法製成，因此和世界其他區域相比，偏北和偏南地區看來就比實際更大（你在地圖上愈往北或往南前進，這種變形情況就愈來愈明顯），而且圖上也完全沒有畫出北極和南極，結果整個地球就畫得很不精確，遠遠比不上改用一批地圖，分別含括有限地帶並彼此重疊的做法。地圖重疊的部分完全不相牴觸，不論你拿哪份地圖來查閱重疊的部分，那處地貌看來都完全相同。每份地圖都很可靠，也能有效代表所描繪的範圍，不過任一平面地圖都不能妥善描繪出地球的表面。相同道理，任一理論也都不能妥善描繪出所有的觀察結果。

如今理論學家認定，五種不同弦論和超重力理論（霍金在一九八〇年對其中一個版本抱持高度期望）可以共組一個近似理論家族，用來概略模擬更基本的M理論。六個近似理論，就像霍金地圖比喻所述的較窄小地圖。

儘管這種處境或許不能達成我們完整認識宇宙的最理想期望，不過也不必靜坐太久，悲嘆我們蒙昧不識基本的、無所不包的基礎理論。我們確實知道若干相關事項，時間和空間有十或十一個維度，那裡有點狀粒子、振動弦、二維膜、三維物體，而且另有些物體還佔據多達九個（另有些版本認為十個）空間維度。換言之，即P維膜。

前面已經談到有關額外空間維度的觀念，凡是超出我們三維經驗的維度，有可能都捲起，變得非常緊緻，因此我們不會注意到，而且它們能以多得嚇人的不同方式捲起，這點起初還讓期望弦論能成為獨一無二統世理論的人士感到灰心喪志。稍早我們用了一種牽涉到園藝水管的比喻，來幫忙說明捲曲現象，但霍金和曼羅迪諾又找到一種更好的比喻。

他們要我們想像一幅二維平面。舉例來講，那可以是一張紙。那是二維的，因為只需兩個數字（橫座標和縱座標）就能確定該平面任意定點。你大概不會想到，吸管也是二維的。要標出吸管上某一定點，你就必須指出那個點是位於吸管的長度和圓環維度上的哪處位置。不過假定你的吸管非常、非常纖細，你就幾乎不會覺得有必要思索，那個定點是位於圓環維度上的哪處位置。假使吸管極端纖細，直徑只有一英吋的千萬億兆分之一，霍金推想，那麼你根本不會認為吸管有圓環維度。弦論學家就是鼓勵我們以這種方式來設想額外維度：捲起或彎成十分細小的尺度，所以我們不會注意到它們。他們談起額外維度就說它們捲成「內空間」。

從一九九〇年代早期到中期，理論學家愈來愈不覺得額外維度為數驚人的捲曲方式會令人洩氣。當時出現一種改變，產生一種新的認識，體認到額外維度的不同捲曲方式，不過就是我們在四維觀測據點用來檢視它們的不同做法。然而，就如林德所做推想，額外空間維度的捲曲方式至關重要，每一處宇宙的表觀自然定律都由它來決定。不論M理論能提出多少種解法，來說明內空間能以哪些方式捲曲，可容許的宇宙類別也就有那麼多種，而且全都具有不同的定律。那個數字大得無從理解。

霍金建議，我們思索這類宇宙的生成時，可以想像某種類似愛丁頓（Eddington）之氣球比喻的東西，也就是有螞蟻在上面爬的那種氣球，不過這次不是氣球，而且螞蟻也不見了。二〇〇六年他在加州理工學院演講時向觀眾建議，可以把膨脹宇宙的面貌想成一個氣泡的表面，接著再想像沸水蒸騰形成氣泡，許多細小氣泡形成之後隨即消失。這些就是只稍微膨脹，還沒有超過顯微尺寸就先塌縮的宇宙。那些宇宙沒有指望形成星系、恆星或智慧生命。不過其他有些剛開始時也同等纖小，卻能增長到夠大尺寸，於是起碼在一段相當久遠的時期，它們都得以避開塌縮危險。這些宇宙一開始就不斷加速持續膨脹，經歷我們所稱的暴脹現象。

《偉大的設計》重溫費曼的理念，從量子物理考量，從一點向另一點移行的粒子在朝向目標接近期間，其本身並沒有確切的位置，如今認為這就表示粒子不採行任何途徑。就如我們前面所見，費曼認為這同樣可以簡單說成，粒子同時採行所有可能途徑。依循這種見解來設想，出現許許多多宇宙的可能狀況，這就是我們探究永恆暴脹時遇上的情況。光說每處宇宙都有一段不同的歷史是不夠的，想想歷史求和，事實上每處宇宙都有許多可能的歷史，而且存續到後來還會出現許多可能的狀態。這許多狀態多半不適宜任何生命存活，只有少之又少的宇宙能夠容許我們這類生物生存。

在所有可選擇的宇宙當中，只有一種是完全均勻又完全規則。我們計算這類宇宙的機率，結果發現確實非常有可能出現。事實上，這是所有宇宙當中最有機會成真的一種，然而那並不是我們的宇宙。像那樣的宇宙永遠不會成為我們的家園，那處宇宙在早期階段並沒有小幅不規則現象，因此如今也不會在宇宙微波背景輻射中顯現出小幅變異。我們的宇宙必須有某些區域比其他區域稍微稠密一些，這樣重力引力才能把物質聚攏，形成星系、恆星、行星，或許還有我們。霍金在二〇〇六年加州理工學院演講時表示：「宇宙微波背景輻射的微波天空圖像是宇宙間所有結構的藍本，我們是早期宇宙擾動現象的產物。」所幸仍有許多宇宙歷史只稍微有些不均勻和不規則。這類宇宙同樣很可能出現，而且機率和完全均勻又完全規則的宇宙幾乎毫無二致。我們不知道有多少可選擇的宇宙到最後就生成類似「我們」這樣的事物，不過我們知道這種事情確實發生過一次。

另有一種熟悉的概念，同樣在霍金的M理論相關思維中佔有重要地位，依循那項論據，當我們就宇宙的量子層級進行觀察時，不免就要干擾、改變我們試行觀察的事物。還有個更重要，不過我們比較不熟悉的概念則是，不論多麼仔細、完備地觀察現在，我們觀察不到的過去部分，依然像未來那樣同屬未定之天。它有種種可能的存在方式，有些比其他的更有可能成真。霍金把這點和費曼的歷史求和擺在一起考量，歸結認定：「宇宙不是只有單一歷史，而是具有一切可能的歷史，各具自有機率；而且我們對宇宙現有狀態的觀察，還會影響它的過去並決定宇宙的不同歷史。」這種觀點看來並不是完全陌生，我們在前面已經見到霍金和哈妥如何使用歷史求和，來發展他們的無界構想。霍金的思維改變是種重心的轉移，因為他領悟到，我們藉由觀察現在來選定歷史的能力，具有極端深遠的意涵，能大幅影響我們對宇宙的認識。

回頭想想費曼的思考方式，看他如何盱衡一顆粒子從起點到終點，得以採行的所有可能途徑。處理一個宇宙的歷史可不是那麼容易。我們不知道A點（起點），不過就我們自己這處宇宙而論，我們對B點倒是有很深的認識，那就是我們今天所處的位置。霍金要我們考量所有能滿足無界條件的歷史（本身為封閉面且無界的歷史：請回想地球的球面），還有最後成為我們今日所知宇宙（B點）的歷史。A點的幅員相當龐大，不過由於我們設限規定必須滿足無界條件，因此也不能說它們包括以「一切可能方式」開展的種種宇宙歷史。倘若我們從A點開始思索，最後就能得出許多可能的B點，其中有些和我們今天的宇宙很像，不過其他多數並不相像。

霍金推薦採行他的另一種門路，他稱之為宇宙學的自上而下取徑，也就從眼前時間逆向追查，從上向下探究可選擇的歷史。這是新穎的宇宙觀，同時就此而論，也是新穎的因果觀。宇宙並沒有與觀察者無關的獨特歷史。我們身在這裡並且觀測宇宙，就這樣為我們的宇宙創造歷史。我們並不是歷史創造的。

舉個問題來說明，我們所處宇宙為什麼只有四個維度沒有捲起來？M理論裡面並沒有哪種總則規定宇宙必須具有四個可觀測的維度。自上而下宇宙論說明，種種情況都有可能出現，大型空間維度數從零到十全都包含在內。三個空間維度和一個時間維度或許不是最可能的狀況，不過我們只對那類狀況感到興趣。

若採自下而上舊有做法來考量宇宙，似乎就找不出任何理由來解釋，為什麼自然定律是這種狀況，卻不是另一種模樣。為什麼宇宙微調得以供我們生存？不過我們確實觀測到自然定律的現有狀況，而且我們也在這裡。何不就從那裡開始？我們在這裡現身具有極重大的意義。從為數浩繁的可能宇宙當中，我們在這裡現身並遴選能與我們的存在相容的宇宙，同時也幾乎讓其他所有宇宙都變得無關緊要（不過等霍金接著談下去，我們就能得知個中內情）。

有了無界宇宙，我們就不必再問，宇宙是如何開始的。宇宙沒有起點。有了M理論，我們就不必再問，為什麼宇宙微調得以供我們生存。是我們的存在選擇我們棲居的宇宙。實際上宇宙是我們自己微調的。人本原理果真徹底發揮實力。誠如霍金就此所述：「儘管從宇宙尺度來看，我們相當微小又無足輕重，就某種意義而言，這卻讓我們成為創生的主宰。」

這時問題浮現：我們能不能測試這項理論？霍金寫道，或許有些觀測方法能夠區辨自上而下理論和其他理論的差別，還能夠支持或予以駁斥。或許將來會有某些衛星能做那種測量。霍金在二〇〇六年加州理工學院演講時提到，從事重力波偵檢、測量作業能為我們開啟一種非常早期宇宙的新窗口。重力波和光線並不相同，光線是在宇宙誕生後三十八萬年之時，經游離電子散射多次後才凝結成型，而重力波則是從最早期宇宙傳達我們這裡，完全沒有受到任何中介物質的干擾。

霍金把自上而下的思維延伸到地球出現智慧生命的事例。他提出一項很有說服力的論述，闡明我們的宇宙、太陽系和世界，是如何細微調校得以愈來愈容許我們生存，遠遠凌駕一切合理預期。不過他提出一段無可辯駁的簡明說詞來重申人本原理並告訴我們：「顯然，當一顆能支持生命的星球上的生物檢視牠們周遭的世界，肯定會發現牠們的環境能夠滿足牠們生存所需的必要條件。」就如我們（基於我們存在之實）選擇我們的宇宙，我們也選擇可容我們生存的一種地球歷史，以及我們的宇宙環境。

在《偉大的設計》書中，霍金似乎不再懷疑萬象早有定論。資訊悖論（不論早先遭逢哪種貶謫手段）已經不再是困擾。他斬釘截鐵清楚闡明：「拉普拉斯條理闡述的科學決定論……實際上是所有現代科學的礎石。」當然，他從來不曾置疑那項觀點。早期他曾經針對資訊喪失的相關蘊含提出推想，認為整個現代科學有可能全都錯了。這種恐慌顯然已經平息下來，接著他又說：「科學決定論是本書從頭到尾都很看重的原理……本書根植於科學決定論概念。」

科學決定論也適用於我們人類，他寫道：「看來我們不過是一群生物機器，而自由意志也只是錯覺……既然解決不了決定我們行為的方程式，於是我們使用人們具有自由意志的等效理論。」也許我們應該希望霍金能在那本書中多花點時間討論這個課題。科學界已經做出一些有關人類自由意志的重要成果，其中有些支持他的觀點，另有些則否，不過霍金不討論這點，他已經做出自己的抉擇。他還曾經評論：「我們全都知道，決定往往不是理性的，有時則是根據不健全的分析來評估選擇後果。」就這點我們也期望他能多予以著墨討論。看在別人眼中，那則評論就像廣告台詞，一點都不像霍金在演講和公共論述當中有關世界處境的審慎評論。

然而，到頭來決定論卻成為有點複雜的概念，不似我們早先料想那般死板。我們在本書前面談過，我們必須接受決定論在宇宙量子層級有個稍微不同的修訂版，根據那個版本，以一個系統在任一時間點的既定狀態為前提，自然定律並不明確支配未來和過去，而是決定眾多不同未來和過去的機率。就如霍金所言：「自然容許好幾種不同的最終結果，各有特定程度的實現機率。」你可以重複實驗多次來測試一種量子理論，注意不同結果的發生頻率高低，還有發生頻率和理論預測機率是否相符。

霍金重提他在一九九六年曾經和我談起的觀念，當年我們是在應數暨理論物理系的老交誼廳討論那些構想，而且在那時候，還有些人就那些理念對他提出批評。當時他向我說了這段話：「我們從來沒有與模型無關的現實觀，不過這也不代表就沒有與模型無關的現實觀。假使我不認為有，我也就沒辦法再繼續做科學。」如今他卻在《偉大的設計》書中強調：「沒有與圖像或理論無關的現實概念……這肯定是本書的一項重大結論。」這次陳述改寫他前次對我陳述的前半段措詞，把「觀點」換成「概念」，卻沒有重述後半段。我們不禁要納悶，其餘部分是否依然成立。

霍金列出另外兩種用來思考「現實」的做法，不過兩種他都不願採行。其中一種是古典科學的現實主義（realist）觀點，其根本信念在於，真實的外在世界是存在的，那個世界可以測量、分析，而且就投入研究世界的所有觀測者來講，都是完全相同的。另一種是霍金所說的反現實主義（anti-realist）觀點。這種觀點相當堅持局限自己只能藉由實驗和觀察來點滴收集實證性知識，因此就理論方面，這種觀點沒有什麼用處，最後它還因一種見解而自我毀滅告終。這種觀點主張，由於我們學得的一切事項，全都經由我們的大腦篩揀，因此我們不能指望真有所謂的實證知識這種東西。

霍金認為，他自己的模型相依現實（model-dependent realism）讓現實主義和反現實主義的爭議顯得多餘。他堅稱，唯一有意義的問題是，模型是否與觀察結果相符，至於是否真實就毫無意義。若是不只一種模型與觀察結果相符，你也不必爭辯哪種比較真實或比較正確。「我們的知覺，包括我們的理論觀察基礎，並不是直接的，而是經由某種透鏡，就是我們人腦的詮釋結構形塑而成。」他表示，這點就日常經驗同樣適用，不只就科學而論。兩邊道理相同，不論我們是否刻意設計模型，我們從來沒有與模型無關的現實觀，不過我們的模型相依現實觀也非毫無用處。這類觀點就是人類藉以認識、管理身邊世界的方式。模型是存是廢，得看它們是不是一直和觀察以及經驗相符。

霍金的說法應該是可以認同的，除非我抱持否認心態（我們偶爾會如此），否則我這輩子的學習進程也是這樣過來的。你我各有一套不同經歷，我們大概都能同意，你我之間存有差異，也毋須表述誰對誰錯。霍金會不會更進一步，甚至還把他的哲理應用於讓我們世界產生分歧的更極端觀點？到時他或許就會召喚出類似他那句陳述之（斷然遵循柏拉圖派的）後半段說詞，然後說不定還表示：「不過這也不代表就沒有對和錯之類的東西；假使我不認為有，那麼我往後的日子就不會有絲毫意義了。」話說回來，有些人宣稱，人類的價值觀是我們的演化歷史的產物。依循這種思維，所謂的「對」，就是幫助我們物種存續的事項，除此之外再也沒有更深奧或更基本的他物了。倘若這種說法為真（畢竟，就「真相」做這種討論還能歸出什麼結論？）則與模型無關的道德，也大概就如與模型無關的現實同樣空幻了。

即便如此，霍金的「現實」討論仍能幫忙解答，你從第二章開始就困惑不解的若干疑難。舉例來說，既然沒有人實際看過電子，我們又怎麼知道電子是真的？儘管確實從來沒有人見過電子，電子卻是一種有用的模型，以此就能合理解釋雲霧室內徑跡觀察結果，還有電視映像管顯現的光點。這個模型在基礎科學和工程領域的應用成果十分輝煌。不過電子是真的嗎？儘管絕大多數物理學家都會說是的，電子當然是真的，不過依霍金所述，那個問題毫無意義。

他所說的模型相依現實是尋思對偶性的有用方式。對偶性指稱必須靠兩種不同的、說不定還互斥的描述，才能更深入認識事理，超過單靠任一描述的情況。任一理論都不比另一種更優秀或更真實。請回顧最熟悉的實例，波粒二象性，這是在二十世紀早期做出的成果，當時發現，從光與物質互動時表現的行為看來，它肯定就是粒子，然就光傳播實驗所見行為，卻又證明它似乎是一種波。

這所有發現引領我們回頭尋思M理論的更深奧意涵。如前所言，顯然沒有哪種數學理論能夠描述宇宙的所有層面。M理論家族的每種理論都能分別描述若干現象範疇。當這些範疇相互重疊，理論就彼此相符。照這樣看來，它們全都構成同一理論的不同部分，道理和霍金的地圖比喻毫無二致：較窄小地區分別構成同一幅地圖的不同部分。不過這個家族的任一理論，都沒辦法獨力描述全貌，包括自然界所有作用力，以及我們在第二章提到的種種粒子，還有上演宇宙戲碼的時間和空間架構舞台。倘若這幅看來相當零散的地圖，正是偉大求知任務的最後定數，那也只好這樣了，這在模型相依現實架構裡面是可以接受的。我們舉不出還有哪種更基本的理論，與我們所知模型全都無關。

霍金和曼羅迪諾寫道，多元宇宙的所有宇宙都是遵循物理定律，從虛無中自然生成，因此它們毋須任何造物主。對於這個觀點，他們說得有些太過簡化。根據霍金偏好的永恆暴脹理論，宇宙並不是從無中生成。它們產生自其他宇宙，過去某個時期或許曾經有個第一宇宙和第一次暴脹序列，所有一切都從那裡開始，也說不定曾有一再自我複製的歷程，永恆回溯向過去延伸。那個第一宇宙（假定有所謂的第一宇宙）想必能夠以無界構想來解釋，於是我們也恰好來到《時間簡史》的結尾，同樣提出能為上帝留下寬廣立足處所的那些深奧問題。

不過《偉大的設計》處理的是另一個謎題：微調謎團。某些信上帝的人（依然沒有聽從警告放下「從缺憾見上帝」（God-of-the-Gaps）的神學思維，繼續死守沒有上帝似乎就無法解釋某種現象的事例），無疑的會感到十分煩惱，怎麼霍金和曼羅迪諾竟然以自上而下做法和多元宇宙，圓滿驗證另一項可行的解釋。假使你信上帝是由於有上帝才解釋得通，這下霍金又一次讓你無所適從。霍金那幾本書引來媒體矚目，不過更引人注意到上帝、科學的爭議。事實上，對於心思縝密的讀者而言，那些書籍確實能引發若干深刻的內心思辯，但這類爭議不見得都以霍金期許的結果收場。

霍金和曼羅迪諾在那本書的最後一章，處理物理定律源出何處的問題，並在討論中引進以下評述：「自然定律告訴我們，宇宙如何運行，卻沒有說明為什麼。」霍金在《時間簡史》尾聲寫道，這個問題的答案是：必須探出上帝的心意。這時他已經把那個問題的答案拆成三個部分：「為什麼是這組特有定律而不是其他？」「為什麼有東西存在，卻不是什麼都沒有？」（定律屬於這「東西」的一部分），和「為什麼有我們？」

為協助解答第一道問題，霍金和曼羅迪諾列出在物理宇宙中不可或缺的定律，而且那些定律和我們的都很像。那組定律肯定包含一種能量概念，其中能量數是一個常數，不會隨時間改變。另一項要件是，定律必須指明，凡是四周環繞真空空間的孤立物體，必然具有正能量。同時必然有一條類似重力的定律，這種重力的定律必須說明，自然界四大作用力以及受其支配的物質粒子之間具有超對稱性。採行自上而下的做法，我們就可以簡單回答「為什麼是這組特有定律而不是其他？」這道問題的解答是：「因為其他任一組定律，都會導致我們沒辦法在這裡提出那個問題。」這個答案會牽涉到人本原理，不過就這項議題，M理論的說法還比這個答案更深入一些：因為就額外維度所有不同捲曲方式而論，由於各處宇宙所具定律，分別取決於它們在該宇宙中如何捲起而定，所以在那些宇宙當中肯定會有某種具有這些定律。

為了協助解答第三道問題（「為什麼有我們？」），霍金和曼羅迪諾介紹我們認識一種號稱「生命遊戲」的電腦遊戲。那是一種很迷人的遊戲，發明年代可以回溯到一九七〇年，由當年一位劍橋數學家約翰．康威（John Conway）設計。遊戲布局看來就像棋盤，其中有些方格是活的另有些則是死的。遊戲以一組非常簡單的規則來支配死亡、誕生和存活，循此代代相傳玩下去。情況很快就十分明朗，非常簡單的規則，到最後就能產生非常複雜的結果。請回顧第二章那個對我們所處宇宙全無絲毫經驗的外星人。若是有人在遊戲進行一陣子之後才加入，這時他也會陷入相仿處境，還能根據情況發展推演出一群定律，也就是似乎能支配生死方格繁複集群之構成與行為的定律。不過，這群定律完全不屬於原先那組簡單的規則，卻也是從那裡產生出來的。這個遊戲是突現複雜性（emergent complexity）或自組織系統（self-organizing system）的簡單實例。它能幫我們理解某些現象，好比斑馬的條紋或花瓣的樣式，是如何從細胞聚集生長而成的組織浮現。

康威發明這款遊戲是為了探究，在基本定律極其簡明的宇宙中，會不會出現複雜得能自行複製的物件。遊戲中的物件會。甚至就某種意義而言，它們還可以被設想成有智慧的。基本要點在於，非常簡單一組定律就能產生出程度與智慧生命雷同的複雜性。依霍金所述：「不難想像，只要定律再稍微複雜一些，就有可能生成擁有生命所有屬性的複雜系統。」至於這種生命有沒有自我意識，各方看法依舊分歧。

看來那大概就像是解答「為什麼有我們？」這個問題。那是個完整的答案嗎？生命遊戲不管從哪種圖案開始都沒有關係：任何初始條件都能為你帶來相仿類型的結果。不過，由於系統演化是由規則來決定，所以也不是任何一組規則都行。於是這又引我們回到第一個問題：「為什麼是這組特有定律而不是其他？」

總結討論到這裡，就霍金那三道問題而言，他和曼羅迪諾已經可以針對我們自己的宇宙回答第一題：「為什麼是這組特有定律而不是其他？」他們的觀點就是，我們有這組特有定律的起因在於額外維度是以哪種方式捲起來。他們能不能提出個說法，來解釋支配整個弦論景觀、整個多元宇宙的至高定律，我們仍未得知的定律？他們說過，就重力的所有超對稱理論而言，適用性最廣的是M理論，於是它也成為有希望成為宇宙完備理論的唯一候選理論。到現在它還在「候選」，等待證據出現，不過霍金相信它有指望成為一種能夠表述多元宇宙（包括我們所處宇宙）的有用模型，因為除此之外就沒有一貫相符的模型。

他們已經就第三個問題：「為什麼有我們？」提出答案，他們表示，在五花八門的可能宇宙當中，非常可能包含一種可容我們生存的宇宙，這樣一來，即便手邊只有一組非常簡單，而且取決於額外維度捲曲方式的定律就緒，要發展出我們並非難事（想想生命遊戲）。

第二個問題：「為什麼有東西存在，卻不是什麼都沒有？」比較基本，難度也高上許多。要回答這個問題，就必須把說明範圍擴增到遠遠超出我們的宇宙、其所含定律，以及我們的事項。答案必須一路深入，以種種理論共組而成的M理論家族的根本底層，說明那個未知的基礎理論為什麼出現。霍金認為受這個理論家族規範的多元宇宙是自行創造出現，然而他卻沒有解釋其出現方式。常聽人表示：「虛無狀態並不安定，往往要衰變化為某種東西。」這個說法卻意味著，不論何時都有一組機率能就緒。這個問題：「為什麼有東西存在，卻不是什麼都沒有？」霍金和曼羅迪諾就讓它懸在那裡不做回答。

儘管霍金的許多同事對M理論都懷抱高度期望，卻沒有人能認同他對該理論總體解釋力量的極度樂觀態度。《時間簡史》結尾段落談到幾個懸而未決的問題，並以巧妙言詞讓人升起極大希望，期許有一天我們或能破解這些謎團。原本指望藉《偉大的設計》一書致力解答所有問題，結果卻功虧一簣。

針對《偉大的設計》，書評寫得意興闌珊，而且他們之所以興味索然，看來也不是與兩位作者意見相左所致，而是認為書中論述不夠有力而感到失望。《經濟學人》（*The Economist*）週刊評論：「每當處境惡化，險阻當頭，作者就畏首畏尾裝腔作勢一番，就這樣草草了事……事實上，有相當多問題比作者所想還更微妙。」至於作者所稱，書中所提構想都已通過實驗測試，那是誤導之詞。「經證實與次原子世界當前知識相符的，是量子力學的最根本基礎。作者的詮釋和由此所做推斷，卻都沒有接受過任何決定性檢測，而且也不清楚是否真有一天它們會接受檢測。」德懷特・迦納（Dwight Garner）在《紐約時報》為文寫道：「有關《偉大的設計》真正的新聞是，它是多麼言之無物又不令人失望。霍金先生在《時間簡史》書中運用的精簡、真誠語調，和營造出的那種吸引力，到這裡都面目全非，卻不時流露出一種優越語氣，彷彿他是羅傑斯先生（Mr. Rogers，譯註：美國兒童教育電視節目主持人）向學步幼童講解雨雲，而且說得很難懂。」迦納還譴責霍金販賣上帝（Godmongering），這是提摩太・費里斯（Timothy Ferris）提出的說法，指稱作家本身並不虔信宗教，只為了賣書才論述上帝和宗教信仰。

不過自上而下取徑，以及霍金和曼羅迪諾的M理論表述都完全不會令人失望，也毫不疲軟。霍金就它們對科學研究的影響寫了一段說明，成為那本書寫得最好的段落之一。霍金認為我們目前：

> 到了科學史的一個緊要關頭，這時我們必須改變我們對目標的概念，以及哪種因素讓物理理論可以為人接受的設想。看來基本數，甚至還包括表觀自然定律的型式，都不是因應邏輯或物理原理的需求而生。參數可以自由採行任意數值，定律也可以採行任意型式，只要它能導向自相一致之數學理論即可，而且它們在不同宇宙中，也確實採行不同數值和不同型式。這或許並不能滿足我們人類期望與眾不同的渴求，或者讓我們如願發現一組內含所有物理定律的工整套件，不過看來這就是自然之道。

這對於破除上帝信仰具有什麼意義？《偉大的設計》一書對信仰的貶抑，遠比霍金其他書本出現的更為頻繁，語氣也更為堅定。不過當設計變得愈偉大（而霍金的設計就是個出奇偉大的實例），肯定也會有愈多深信霍金的科學並且信仰上帝的讀者，得以在多元宇宙觀的優雅複雜性當中找到值得驚嘆的理由。

那本書一送到書評和民眾手中，立刻激起（有時相當火爆的）宗教性討論。細讀所有議論，不由得感到詫異，從正反觀點就此發表論述的人士，竟然有那麼多人顯然沒有讀過霍金和曼羅迪諾的書。結果我們發現（或許也不會很令人驚訝），讀過的人士當中有部分並不信神，卻也不覺得霍金和曼羅迪諾當真成功破除必須有個造物主的需求，另有些人則信神，而且認為他破除需求已經做得相當徹底。看來無論一個人信不信神，基本上都絲毫不受霍金的論述左右，這大概是由於，影響這種選擇的起因，絕大部分都和科學毫無關係。就不認同霍金的人士而言，最引人興趣的論點歸納兩種類型。

第一類，儘管霍金的模型具有極端廣博的解釋力量，而且就算有一天還能確認那是與模型無關的現實，有個和人類思想同等古老的問題卻依然懸而未決：為什麼有東西存在（某種偉大的設計），卻不是什麼都沒有？M理論裡面的這種「東西」，偉大程度和含括範圍，都遠遠凌駕以往提出的任何構想。不過，為什麼有任何東西好讓模型來表述？固然，以上帝這個宗教性解答來處理那個問題，並不比科學性解答所述：有個基本數學邏輯不容許什麼都沒有，更為高明。上帝和數學邏輯同樣都是某種「東西」，所以都要引出一個問題：是誰創造上帝？是誰制定出那種數學邏輯？

你或許預期霍金會說，答案就是我們這群觀測者。我們責無旁貸，沒必要再問是誰或者是什麼東西創造出我們。我們在這裡，我們的存在做出選擇，讓其餘一切得以生成。沒有其他論點是可行的，或必要的。霍金沒有使用那種論點。二〇一〇年十一月在他辦公室，我們討論時他也沒有用上那種論點。我問起他在《時間簡史》中提出的問題：「那麼又是什麼事物為方程組吹燃火苗，生成一個供它們描述的宇宙？」我問他，採用自上而下的思維，答案是不是：我們？他回答：「不是。」

第二類論點取決於模型相依現實觀。提出這類論述的人指出，霍金和曼羅迪諾曾經寫道，我們每個人都有個和我們的生活經驗相符，並嘗試賦予合理解釋的個人世界模型。從許多層面來看，我們的模型都是相同的，卻也不是全無差別，因為我們的經驗是不同的。霍金的模型完全不必把上帝的存在，和力量等相關經驗納入。他顯然從來沒有那種經驗，也不曾從他認為值得採信的人士那邊聽來相關說法。他為什麼要把它納入他的模型？他不需要那個部分。

話說回來，就曾經體驗上帝之存在和大能的人士而言，霍金的模型就不充分了。他們的模型必須包含那種經驗。還有，倘若你已經斷定那種經驗不可能是真的，那麼你也就背棄了模型相依現實的信條，所以你應該退出這種討論。假定除了有上帝經驗之外，你還認同霍金的科學。或許你是個物理學家。那麼你的模型必須納入的就不只上帝而已，還得把二十與二十一世紀科學家的所有奇妙發現和推測全都含括在內。你是不是遇上麻煩了？

所幸，《時間簡史》和《偉大的設計》都沒有把兼信上帝和科學的模型排除在外。兩邊有可能兼備，並不瘋狂，至少霍金的許多同事，還有介入論爭的有神論與無神論者都能認同這點。敞開心胸仔細閱讀《偉大的設計》，你或許就會同意這是實情。那麼我們就有兩種不同的模型，一個有上帝，另一個沒有。根據模型相依現實，就連詢問是否有某個比另一個更為真實都毫無意義，同時霍金也無法自圓其說，為什麼他那麼肯定自己的無上帝宇宙模型就是現實寫照。

或許你會認為，模型相依現實並不適用於我們的個人世界觀，然而從霍金這段陳述看來，他似乎認為這是合宜的：

我們的腦子產生一個外界模型來詮釋我們感官的輸入，我們構成心理概念來理解我們的家園、樹木、其他人，從牆上插座傳來的電流、原子、分子和其他宇宙。這些心理概念是我們唯一能夠認識的現實，沒有任何現實檢定做法與模型無關。

不可否認，我們的模型不只包含宇宙的這些有形特徵。前面我們也談過，模型還會包括誰對誰錯的信念。舉個極端的情況：我們有沒有必要重視透過仇恨、自私，和偏見等有色眼鏡創造而成的模型？我們從霍金有關人權和政治方面的公共論述得知，起碼就實務上，他並沒有把模型相依現實延伸到模型相依道德的範疇。

在我心中，我是自由的

二〇一〇年十一月，霍金和我第一次針對本書的構想交換意見，當時他吩咐我，一定要把他關於永恆暴脹的最新觀點，還有他推想可以用來協助驗證的觀測做法都寫進去。這些內容你在本書第十九章已經讀到。他的第二點要求是，別忘了提到他的最新電視系列，預定二〇一一年年初在英國播出。那是一組紀錄片，共含三集，在英國稱為《霍金的宇宙》（沿用先前另一系列的名稱），在美國則稱為《霍金陪你漫遊宇宙》（*Into the Universe with Stephen Hawking*）。

霍金再度邀我們隨他冒險穿梭時空，不過這次不是在講堂或他的辦公室，而是岡維爾與凱斯學院的大會堂。長條木桌已經推到牆邊角落，霍金坐著輪椅獨自待在鑲有木質高雅飾板的會堂裡面。牆上可見他的肖像，連同學院其他出色人物的肖像比肩陳列。他以熟悉的聲音開始：「哈囉！我叫做史蒂芬．霍金，是物理學家、宇宙學家，也是夢想家。儘管我不能動，還必須靠電腦才能講話，不過在我心中，我是自由的。」當我們隨他迢迢航向宇宙，穿越時間和空間，那段敘述也完全應驗，我們遇上他知道確實存在，或有充分理由相信該在那裡出現的奇景，還深入他想像，認為我們有可能發現的景象和事物。在這部波瀾壯闊的三聯篇影片當中，霍金和負責最先進電腦動畫與天文攝影的製片人員，成功的讓觀眾認清驚悚事實，體悟廣袤的距離和數不盡的星系：空間和時間令人瞠目結舌的不可思議浩瀚廣度。

霍金並沒有親自擔任這個系列的旁白，而是在前言結束之前，片中聲音就天衣無縫的換上先前在《霍金》片中飾演年輕霍金的康柏拜區的聲音。霍金的聲音和凱斯大會堂的景象偶爾會重現幾秒鐘，目的在提醒觀眾，實際上是誰在講述那段故事。

動畫組和霍金為三部曲第一集發明奇妙的外星生物，有些出現在他的辦公室，但馬上會被他用火箭發射器擊落：別理會最高指導原則。儘管霍金堅稱，在我們所處宇宙探尋生命的最佳地點就是我們的老家（已知存有生命的唯一處所），不過他依然引領我們遠遠脫離地球、太陽系和銀河系。他說，宇宙間可能存有怪得讓我們認不出是生命的生命。我們打顫著聽他說明：「主要不在於他們長什麼模樣，重點在於他們能做什麼。」好比搭乘大批先進科技的太空船抵達，不到幾秒鐘就用鏡子把太陽圍起來，劫掠所有能量，然後就聚集能量製造出一個蟲洞。沒錯，不論霍金的最新論述對蟲洞提出多麼令人沮喪的見解，但一涉及蟲洞，他依然立刻重新加入賽局。非常先進的文明確實有可能製出蟲洞。這個說法是不是極不可能成真？大概吧，不過霍金在尾聲時提醒，我們已經從節目的前半段學到一個教訓，那就是連我們自己都很不可能出現在這顆地球上：「只需看看我們自己就能知道，極端不可能的事情仍有機會成真，也確實接連不斷出現。」

三部曲之二〈時光旅行〉（Time Travel）片中，霍金坦承自己對時間著迷。他特別希望知道：「我們這整個宇宙故事如何終結。」這個部分是綜論時光旅行可能性的精心傑作。穿越空間和時間的纖小蟲洞不斷生滅，把分離的空間和分離的時間串連起來。可不可能逮到一個，放大億兆倍，把它當成時光機來使用？可不可能以這種做法或其他方式回到過去？霍金印了一張邀請函，製作一些副本，他希望能存留好幾千年，上面畫了香檳和看來很好吃的食物，還掛了一幅「歡迎！未來時光訪客接待處」標語。他的邀請函提供所有必要資訊和座標，可以循線找到他，共享這場盛宴。但是，沒有賓客蒞臨。

由於沒有人回應他的邀請，加上其他若干因素，好比某種支配全宇宙的基本法則，導致後果先於起因、無解悖論，還有在所難免的輻射，在你有機會使用蟲洞之前就先把它摧毀了。於是霍金總結認定，我們沒辦法回到過去。不過我們可以前往未來，而且不必靠蟲洞。愛因斯坦明白，各地時間並不是全都以相等速率流逝，如今已經清楚證實他的看法正確無誤。物質會拉扯時間讓它減緩下來，這也就表示，大質量物體可以當成一種時光機。在一顆超大質量黑洞的事件視界附近航行的太空船，只要飛航技術和速度都高到不致於墜入，就能在時間中大幅向前躍進。在黑洞約待五年（你自己的時間）之後，你就會發現在地球上已經過了十年。以近光速旅行的作用也大體相同，不過讓前往未來得以加速進行的時間減速作用，卻也讓我們不可能以光速或超光速旅行。以近光速移行的旅客（搭乘一種經巧妙構思，每秒必須環繞地球七周的火車）只需在本身時間度過一週，回來時就會發現世界已經進展了一百年。

三部曲之三是本系列節目的高潮。首先，霍金帶觀眾前往早期宇宙觀測大霹靂。他承認那裡一片漆黑，因為光還沒有生成，所以看不到它。空間也還沒有生成。這起事件並沒有「外面」，沒辦法從外面看它，那時只有「裡面」。我們行經暴脹時期，目睹物質和反物質相互湮滅，宇宙的整個未來，完全寄託於物質比反物質稍微多了些許，接著還得知重力會一再發威，產生浩瀚深遠影響，創造出我們所知的宇宙。觀眾會見到畫面生動展現惠勒的民主，以一批球珠軸承從凱斯大會堂門口滾入。這時動畫會演出它們彼此相隔等距，構成一種僵局，而且始終沒有退讓並生成我們的宇宙。然而只要從那種完美模式取走幾顆軸承，這裡一顆，那裡一顆，重力就有個著力點。這又是個例證，霍金指出，顯示不完美是我們所處宇宙的絕對要件。最後終於來到我們所知的宇宙，接著又繼續前行。霍金帶領觀眾進入未來，而且他真是個出色的未來學家。他口若懸河的呼籲移居其他行星，他對地球前景的識見令人憂心。他不改年輕時期的看法，對核武危害依然深表關切，他表示：「我們很聰明，可以設計出那種東西，不過我不確定我們是不是足夠聰明，不會去用它們。」此外，另有些可能性還比核武更可能引發惡夢。他不諱言，我們在宇宙中尋找另一處家園，會遇上種種艱難險阻。

有關我們整個宇宙的故事，如何終結的問題又怎麼說？他告訴我們：「宇宙的命運，取決於暗能量如何作用。」是不是愈來愈多？它會不會繼續把空間向外推開並驅動膨脹？所有的粒子是否到最後就會分隔得十分遙遠，導致萬事萬象都不再發生？或者說不定暗能量的力量會削減，重力又把萬物拉到一起並促成大崩墜？我們不知道。那種結局離我們還非常遙遠。霍金說，有一次前往日本時，有人請他別提宇宙的命運，以免擾亂股市，不過他認為現在出清股票為時過早。關於在那個非常悠遠時點的生存之道，霍金的建議是找出如何前往另一處宇宙。我們大約有三百億年時間來想出解決辦法。

在《霍金陪你漫遊宇宙》片中，霍金決定不直接詆毀上帝信仰。節目接連播出令人震撼的宇宙史轉捩點，處處都那麼容易出錯，但又以宏偉、優雅的奇妙巧思，鋪天蓋地向我們襲來，隨後他以自己的聲音說明：「或許科學已經披露，有某種更高權威正在發揮作用，制定自然定律，好讓我們的宇宙和我們都能生存。那麼是不是有個偉大的設計師，為我們安排所有好運呢？在我看來，不見得有。」他接著談到人本原理，和存有許多不同宇宙的可能性。他的目的是要道出我們知道的、我們臆測的，還有他抱持的意見，接著還要讓他的觀眾像他一樣，對宇宙充滿興奮、敬畏並感到好奇。從這裡開始，我們就得靠自己了。他還提出違背《偉大的設計》副標題所稱，我們知道最終解答的說法。他在紀錄片末尾段落表示：「有一天，我們或許能夠解答那個最終謎團發現……宇宙到底為什麼生成。」《霍金陪你漫遊宇宙》不但讓我們對宇宙深感敬畏，也讓我們目瞪口呆，我們這群被造物，竟然有辦法發現、了解這麼驚人的豐富知識。不過問題依然存在。《時間簡史》影片導演莫里斯曾經說，每次他拍片都給自己設定一個挑戰：「擷取情境真相又不冒犯個中謎團。」霍金成功克服那項挑戰。

這部氣勢磅礡，配樂宏偉的三部曲，或許已經貼近莫里斯當初在《時間簡史》影片中沒有實現的夢想。霍金原先就希望能拍出這樣的影片，不過電腦動畫在二十五年來已經有長足進展，而夢想指望也呈指數增長。

二〇一〇至二〇一一年

動筆撰寫本書之前，我去了一趟霍金辦公室找他，那是在二〇一〇年十一月，也是我多年來第一次上門。辦公室只有些許改變。瑪麗蓮夢露的大照片已經不貼在牆上，卻莫名其妙的鋪在地面。露西的兒子威廉仍有幾幀照片擺在書架，此外電腦螢幕旁也擺了霍金和伊蓮的彩色小照，夾雜在其他文件當中。他的書桌最靠近門口那端擺一個大型淺盤，裡面擺出神祕的石頭陣，還散發一股淡淡的蒸汽，看來是沒有氣味，稀奇的是，蒸汽是從盤中石堆裡面冒出來，形成一片薄紗翼狀雲霧，看來彷彿石緣都鑲了一道細小摺邊。霍金的助理克羅斯戴爾解釋，那是一款很特別的增濕器，幾年前伊蓮選的，可以讓霍金呼吸比較順暢。機器必須用水，而且不是普通水，大批水瓶佔據側邊窗下貯藏櫃大部分空間。窗外是二〇〇〇年那時還沒有搭建的分院，不過它並沒有破壞景觀。辦公室散發一股安詳、歡欣感受。

我和霍金那次談話照樣是一起坐在書桌後方，面對電腦螢幕。霍金以他的頰肌來控制螢幕游標，他的座椅背側裝了一台小機器，每當他在螢幕上選定字詞，就會發出微弱電子嗶聲。

螢幕上的電腦程式看來仍然相同，不過他還有另一套程式可供選擇。我看不出他如何用那套程式選字，而且看來似乎不是很順手。他的寫作速度已經變得很緩慢。聽說若是臉頰或眼睛不再能動作，到時仍有其他可能做法，包括直接連通腦部。往後若情況必要，他就得應付那種處境。但並非每項溝通都必須用電腦，他揚起眉毛就表示「是」，動嘴巴就表示「否」，他微笑時你依然看得出來。最近霍金動了白內障手術，或許不需要戴眼鏡了，不過他還是會戴。

我們交談時，戶外天色變暗，百葉窗突然自行下降，我忘了這種事在這棟超精密建築裡是自動運作的。看護要換班了，值班結束的那位端莊、和善的女士走來向他說再見，也不期望會有回應。

我和霍金談話時會設法讓我的問題可以用是、否來簡單回答，不過通常他會繼續再加說明。那個下午我特別想請教他，他的獨立現實觀是否已經有所不同，在我看來，自從我們在一九九六年討論這項觀點之後，他的看法似乎已有轉變（這點從《偉大的設計》內容就能得知）。我引用他在當時說的一句話：「我們從來沒有與模型無關的現實觀，不過這也不代表就沒有與模型無關的現實觀。假使我不認為有，我也就沒辦法再繼續做科學。」接著就請教他，現在他會不會改個說法並表示：「獨立現實的意思就是沒有獨立現實。」他回答：「我仍然相信有一種根本的現實，重點在於我們設想的現實寫照與模型無關。」

甩了不朽一記耳光

二〇一一年春季，霍金在《衛報》一次訪問和倫敦一次「谷歌時代精神」（Google Zeitgeist）會議演講時，坦率披露他本人就現實寫照的設想。媒體標題引述他的話：「沒有天堂或來世……那是講給怕黑的人聽的童話故事。」霍金針對這項議題的見解，還沒有人（包括他自己）能夠掌握絲毫能以科學證實的知識，來予以支持或駁斥，不過霍金藉由陳述自己對人腦的看法來解釋他的立場。

腦科學研究界有一派思想把腦子看成電腦，而心智不過就是它的一種產物，霍金顯然已經決定加入這個俱樂部。他表示：「我把腦子看成一種電腦，組件失靈它就會停止運作。壞掉的電腦沒有天堂或來世。」因此我們沒有天堂或來世。

霍金在那次訪問時回答「我們該怎樣活下去？」的問題，他表示：「我們應該謀求行動的最大價值。」

不出意料之外，霍金那次訪問引來眾多回應。儘管有些人解讀認為那是無神論宣言，另有些人則指出，他那段話是說明有關人類不朽的信念，和上帝信仰無關。信上帝的人不見得都相信有天堂或有來世。另有些讀者則指稱，當老電腦死亡，通常都有可能把整套智慧內容轉移到新電腦，甚至轉存記憶卡，還戲問這算不算是靈魂輪迴。其中一封回應的篇幅很長，甚至超過原來那篇專訪，不過寫得很有見地，因此《衛報》全文刊出。來函者名叫麥可．溫漢姆（Michael Wenham），他和霍金同樣身染肌萎縮脊髓側索硬化症。溫漢姆寫道：「對於一個面對有可能早死處境，而且序幕大概也很不愉快的人來講，滅絕理念蘊含的恐懼並不會超過睡眠。指責我怕黑才相信死後說不定有來生，這完全是在侮辱我。」溫漢姆稱霍金的敘述：「可悲又引人誤解。寬大看待理論，接受十一個維度和種種尚未發現的基本粒子的可能性，這是理智的謙遜表現，同時卻又莫名其妙自相矛盾，一筆勾消生命有可能存在於其他維度。」

溫漢姆在他的回應末尾寫道：「當然我沒辦法證明這點，不過我有很好的理由賭上我的生命，我相信死後還會有另一趟偉大的冒險；不過我得先把這輩子過完。」

說不定霍金也想賭一把？

現在進行式

目前霍金有兩名研究生，交誼廳茶敘時他身邊依然人群簇擁，如今那裡已經有一間交誼廳，和霍金的辦公室門口只隔很短距離，繞過迴廊彎道，過了升降梯就到了。入口上方有個牌子，寫了「波特室」（Potter Room）幾個字，不過正式名稱是「理論宇宙學中心」（Centre for Theoretical Cosmology），而且只用來茶敘，不開放聚會、演講和研討會使用。那個房間相當寬敞、舒適，裡面擺了矮桌、椅子，室內一角還設置一張飲食供應台。白天多半時候，那裡和銀街交誼廳同樣光線昏暗。大型黑板（這是老交誼廳沒有的）把兩面牆壁佔掉大半，上面潦草寫了方程式，我從沒見過黑板是空白的。廳內一角有中心研究主任霍金的一尊胸像，安在一個基座之上。那是雕塑家沃爾特斯創作的出色寫真雕像。

霍金仍然住在他為自己和伊蓮建造的大房子裡面，仍然常去聽音樂會和觀賞歌劇，特別是華格納的作品。我在十一月去找他時，隔週排定在科芬園劇院上演《唐懷瑟》（*Tannhäuser*）。不過近來他都沒有去拜魯特城。他仍然四處旅行，若有可能就搭私人噴射機。二〇一一年一月，他再次前往加州理工學院。他在洛杉磯時去看了《三三變奏曲》（*33 Variations*）舞台劇，戲中珍芳達飾演一位身染早期肌萎縮脊髓側索硬化症的音樂理論家。按新聞所述，珍芳達見到他時，興奮程度不下於戲迷見到珍芳達。二〇一一年三月，我得趕在霍金回頭跨越大西洋之前把一組問題交給他，那次他是去德州休士頓附近的庫克支流區（Cook's Branch）參加一場研討會，會場設於自然保護區內的鄉間會議中心，每年世界各地的物理學家都來此聚會，渴望見到同行，渴望著手鑽研讓其他人都瞠目結舌的理論問題，渴望過得簡陋一些，住進有吊扇慵懶轉動的小屋。

當霍金待在劍橋，還有前往西雅圖或亞利桑那（露西部分時間會待在那裡）的時候，他的家人都能和他安然共處，這時霍金一家已經包括三個孫兒孫女（露西的兒子威廉和羅伯特與卡崔娜的一雙子女），還有潔恩和她的丈夫喬納森。他和露西合作寫書的時候，兩人就重新建立親密關係。霍金在二〇一一年四月接受訪問時，記者問他一個問題，若他希望重訪過去時光，這輩子最美好的是哪段時光？他的答案是：「我會回到一九六七年，回到我的長子羅伯特誕生的時候。我的三個孩子為我帶來很大的喜樂。」我撰寫這段時，他的母親伊澤蓓爾依然健在，那時她已經九十好幾了，偶爾還會使喚他。她曾經坦率表示：

史蒂芬說的話不見得全都可以當成福音真理。他是個求知的人，他尋找種種事項。倘若說他有時候會言不及義，喔，我們所有人不都如此嗎？重點是，大家都必須思考，必須不斷思考，必須設法讓知識疆界向外推展；然而有時候，他們根本不知道該從哪裡開始。你不知道疆界在哪裡。你知道嗎？

惠勒稱那種疆界是世界的熾烈壁壘（the flaming ramparts of the world），他指的不只是科學疆界，而是人類知識的邊疆。而且，我們確實知道那些疆界在哪裡。不只是位於外面遠方某處，其實我們的世界到處是疆界。霍金便曾這樣說明他本人在壁壘上的冒險經歷：

事後看來，彷彿我是預先擬出一項宏偉設計，照規劃來處理種種有關宇宙起源和演變的重大問題。其實並不是這樣，我沒有什麼總體規劃。事實上我是跟著自己的感覺走，遇上看來很有趣，當時又有可能做成的事情，就動手去做。

霍金從德州和亞利桑那州（去那裡探訪露西和威廉）回到劍橋，那時已經是二〇一一年四月中旬，而我也就在那一天寫完這本書。葛德文過來幫他煮點東西吃。他的辦公室已經整理就緒，那堆石頭依然向外散發蒸汽。「老闆」回來了，準備好要繼續投身冒險，只要他還能保持身體健康和溝通能力。從來沒有長大的孩子，依然繼續詢問「怎麼做」和「怎麼會」的問題。他偶爾會找到一個答案，而且也很滿意。就一陣子吧。

第五篇

愛的萬物論

二〇一二至二〇一六年

CHAPTER 21

啊！優美的新世界，裡面有著這樣的人！

二〇一二年一月八日晚上，霍金的兩百四十八位親友、同事齊聚三一學院廳堂。壯麗的垂樑頂篷底下，狹長的桌面燭光掩映，照亮學院銀器。身著正式服裝的賓客紛紛入席，現場氣氛隨之變得肅穆，霍金的七十歲壽宴，照理說是不該這般低調的。他的高桌席位是空的。他病了，人在醫院。這場盛宴之前，整個星期的學術研討會期間，大家一直期望他會現身。說不定就在今天？也說不定是明天？他這個人出了名的不聽從醫生的預測，總是突然住院，瞬間康復。當天稍早的公開演講場合，他的主講部分是以預先錄製的影像發表。不過我們並沒有放棄希望，依然期盼他能出席他的三一學院盛大的慶生晚宴。菜肴上了一道又一道，酒杯過了一巡又一巡。他會不會在當天晚一點蒞臨祝酒？

我們開始聽到大廳遠處發出陣陣微弱聲響，先從一邊傳來，接著是另一邊。交談聲漸漸沉寂。廳堂各處看不見的角落，燭光映照不到的地方，幾乎不比低語響亮的聲音遙相應和：「輕搖吧，可愛的馬車，快來接引我回到天家。」(Swing low, sweet chariot, comin' for to carry me home) 群眾僵住了。是不是有人選擇用這種方式來宣告史蒂芬的死訊？對面幾位賓客眼中泛現淚光。「快來接引我回到天家」？是誰選了這首歌來悼念一個不信主又蔑視來世理念的人？隨後我們發現，原來那只不過是三一學院一支高明的阿卡貝拉（a cappella）人聲樂團為我們吟唱的歌聲，於是大家才逐漸回過神來。侍應生端來下一道菜，為我們斟滿酒杯。而史蒂芬依然在世。

不過他的病情可不輕，而且在那一週，他都未能如他的同事和朋友心中所願來相聚。在這次生日研討會期間，從一九九七年起負責為他供應溝通系統的英特爾公司便已宣布，他們打算在宴會過後幾天與他見面，為他導入幾項重大改進。結果直到一月稍晚期間，他的身體才終於好轉，也才能夠問清楚他們心中的構想。霍金以一條臉頰肌肉來控制螢光幕游標的做法，可靠性已經不如既往。他說過，凡是必須干預他腦部的改動做法，他全都不予考慮，要剃頭的也不行，不過有一項選擇是種輕盈的頭戴式電腦活動測量裝置。另一項可能做法則是臉部辨識系統，讓他可以使用一種表情來操控游標朝一個方向移動，另一種表情則讓它向另一方移動。齜牙咧嘴，扮個鬼臉，這樣就夠用了。霍金的助理山姆・布萊克本（Sam Blackburn）相當悲觀：

「史蒂芬對這種東西的態度很頑固。他覺得他必須證明自己依然可以使用他現有的系統。結果就是當房裡有個通訊專家時——而那個人想對他展示新技術時——他使用現有系統講話的表現就會突然變好。」這次霍金決定不接受任何重大改變。他打算就現有裝置勉強應付，英特爾團隊可以繼續針對一款字詞預測器從事改良和調整，這套程式能提出專供他使用所需的「目標字」和「目標詞」，讓他最少只需單單選定一個字母就能表達意思。

三月十二日，電視劇集《宅男行不行》（*The Big Bang Theory*）的協同創作人比爾・普拉迪（Bill Prady）在推特發訊透露，一位「超神祕，超酷炫的巨星嘉賓」，會在四月五日播出的一集節目上現身。〈霍金刺激〉（Hawking Excitation）這個劇集標題，物理學家都能領會。霍金的「冷面笑匠」風格，並不是他自己的選擇，不過他確實充分利用了這個手法。

科學家分析歐洲核子研究組織（CERN）大型強子對撞機（Large Hadron Collider）得出的資料，並在二〇一二年提出報告表示，「強烈跡象」（strong indication）顯示希格斯粒子確已出現。到了六月，「強烈跡象」已經轉變成將近確認，足可計畫在七月四日做個決定性宣布。誠如物理學家布萊恩·格林（Brian Greene）所述，「希格斯粒子業已探測得知，這項證據已經確鑿得可以跨越發現門檻」。霍金賭輸了。

不過到了八月底，在倫敦舉辦的第十四屆夏季殘障奧運會上，霍金卻以一種壯闊的方式向這項發現致敬。殘奧在奧運會中經常不受重視。這次，開幕典禮一上場，世界各國觀眾就發現，自己不只是要目睹一場聲勢驚人的音樂聲光煙火秀，而且還會見識到感人肺腑的一場大戲。霍金隻身待在高台聚光燈下，身邊滿布星辰和星雲的投影，以他的《時間簡史》書中的一道問題宣布當晚盛會開始：「什麼樣的東西為方程式呼進火苗，創造出一個宇宙供它們來描述？」

就這次事例，答案不能單從物理學來尋求。霍金為大家引薦莎士比亞《暴風雨》（*The Tempest*）劇中的米蘭達（Miranda），由身障演員妮可拉·邁爾斯–威爾丁（Nicola Miles-Wildin）飾演，接著霍金鼓勵她和在《魔戒》（*Lord of the Rings*）影片中飾演甘道夫（Gandalf）出名的伊恩·麥克連（Ian McKellen）爵士投入探索世界和天外宇宙。他們帶領運動場上的八萬觀眾，全英國一千一百萬名電視觀眾和其餘全球十億名觀眾一同踏上一趟冒險之旅，主題環繞理性推論、人類尊嚴和克服逆境。一幅幅絢爛影像描繪他們如何啟航橫越時光，他們駛過了理念之海，在浩瀚書海迷宮中穿梭前行，還大膽駛入深空（Deep Space）。運動場到處設有LED顯示幕，還有模擬粒子的紅色形影，讓人聯想到大型強子對撞機，還有霍金的嘉勉話語，稱頌希格斯的發現是「人類努力和國際合作的一次勝利」。當缺少了肢體，乘坐輪椅的運動員，在運動場上由看不見的纜索懸吊空高飛盤旋，霍金敦促世界「挑戰侷限人類身體、心智和精神之潛能的知覺和刻板陳規」。優秀的倫敦巴茨合唱團（Barts Choir of London）和另外五支身著表演服的非專業合唱團，加上倫敦交響樂團，構成了班傑明·布瑞頓（Benjamin Britten）的《天佑女王》（*God Save The Queen*）舞台佈景，共迎伊麗莎白女王進場。一支大型聾胞合唱團以手語比出字詞。米蘭達歡迎運動員遊行隊伍，並以莎士比亞的話語迎接來自一百六十四國的四千三百零二位參賽代表：「神奇啊！這裡有多少好看的人！人類是多麼美麗啊！啊！優美的新世界，裡面有著這樣的人！」在阿富汗失去雙腿的皇家海軍陸戰隊戰士朱歐·湯森（Joe Townsend），手持奧運火炬高懸半空，在煙火般絢麗演出伴隨下，從看似不敢置信的高度緩緩下降。霍金宣布比賽揭幕：

我們都是不同的……不過我們都有同樣的人類精神。重要的是，我們有能力創造。這種創造力有許多不同模樣，從實體的成就到理論物理。不論生活看來是多麼地艱困，你總是可以找到事情來做，而且做得有聲有色。這場運動會讓運動員有機會盡情發揮、超越自己，在他們擅長的領域出類拔萃。所以就讓我們一起頌揚卓越、友情和尊重。祝福你們所有人。

大型強子對撞機和霍金與女兒露西共同撰寫的「喬志」系列（'George' series，中文版名「勇闖宇宙」系列，由時報文化出版）新書在同一週登上新聞版面，小說《勇闖宇宙三部曲——宇宙起源大霹靂》（*George and the Big Bang*）內容描述喬志和他的幾位朋友一道前往日內瓦，挽救大型強子對撞機免遭破壞，真實的對撞機可沒有遇上這種處境。

幕後內情

有關霍金的溝通系統已經有許多描述和解釋，全都讓讀者或觀眾滿心讚嘆，每分鐘只能寫、講這麼少字的人，竟能實現他做的所有事項。二〇一二年十二月，埃萊娜・密阿萊（Hélène Mialet）在《跨學科科學評論》（*Interdisciplinary Science Reviews*）期刊上刊出一篇文章。密阿萊的專業領域是科學哲學和人類學，而且她曾在一九九〇年代訪問了霍金的一些學生，這篇文章比較清晰地描繪出霍金如何與學生和同仁共事。

霍金說過，理論物理學是他能選擇從事的極少數事業之一，因為從事這行只有一項必要工具，那就是他的心智。他在腦中從事繁複運算的能力，向來被拿來和莫札特那種完全不寫音符，也能在腦海中譜出整首交響樂的本領相提並論。不論有關莫札特或霍金等這類傳奇的真相如何，總歸是史上極端少見有這麼了不起的交響曲或物理學理論，能這般完整地從另一個人的腦海浮現。發展理論物理學概念必須描繪圖解、完成龐大的運算，解出複雜的方程式，並將結果傳達出來，好讓同事能看出箇中形貌，並繼續進行改動和調校。把思想和構想轉變成能交流的有形相貌，這整套步驟可以寫滿兩層樓高牆的雙層式黑板。哈佛大學一棟教學大樓裡面掛了一些告示，提醒大家注意切勿踰矩。「不准在門上書寫」，理論物理學者都能認同這道禁令。不論霍金腦中的黑板有多長，就算他不寫下任何東西仍然可以做理論物理學研究，不過總歸是有個極限的。

在一九九〇年代和二十一世紀早期，霍金一直負責指導近四名研究生。在他的系所拿到博士約需四年，一般會更久，不過依照規畫，每年四名學生當中有一人完成學業時，便需從全球各地候選人中遴選出一位新生入學，而且他們都必須通過劍橋大學資格考試，稱為「數學第三部分：高等數學資格考」（Part III: Certificate of Advanced Study in Mathematics）。從通過的考生中選出一百名，由霍金挑出其中最有指望者進行訪談，並擇定一人。

就頂尖大學的研究所來講，雄心勃勃的學生通常都是申請追隨某特定教授學習，主要著眼於兩人的專業和興趣是否彼此吻合，而且能不能接受入學，也是秉持這種相容性來決定。教授負責監督、指導學生，而學生則協助他們的教授做研究、寫報告。這是種互惠關係，不過一般來講，學生往往得從事煩悶的幕後工作。就霍金的情況，除了參加研討會或者放學術假的時期，他總是撥出許多時間來指導、關照學生，而學生也只能處理可說是單調乏味的事務作為回報來支持、協助他。一九九〇年代期間，有四門課題是霍金深感興趣，甚至終生關注的領域。四名學生分頭鑽研這當中一門範疇。密阿萊訪談期間，其中一位研究的是「虛黑洞問題和它們對可預測性的可能影響」；第二位探索的是量子宇宙學和黑洞擴增，「史蒂芬最寵愛的主題之一……他研究不輟的題材：宇宙的起源和它是如何創造的──『聖杯』」；第三位鑽研廣義相對性的數學公式表述；第四位研究的是「弦真空之安定性」。霍金毫無寬容之心，克里斯多福．蓋勒法回想起，「史蒂芬從一開始就把他的學生推往困境。」他喜歡一次鑽研不只一門課題。一旦在某項上頭陷入膠著，他就調頭做另一項，同時他也鼓勵學生採取這種做法。霍金會誘導學生投入比先前難倒他們的問題還更艱困的難題，這種事例並不少見。

學生告訴密阿萊，霍金的特有本領，就他自己的研究，以及就指導學生的研究方面，發揮了多麼寶貴的價值，包括他的直覺、他的創意思維、他令人振奮的提問、還有遇上該到哪裡和如何求解的問題時，他所表現的本能判斷，以及他只用區區幾個字，就把討論導往嶄新方向的本領。有時候他只提出了含糊的解釋——學生必須使勁掙扎，以數學型式來詮釋、發展他那些構想。有時他踏出了一步直覺大躍進，道出了理論物理學的根本要義，則成他們著手填補細節，並試行證明他錯了。我們在第十七章便曾見到，二〇〇三年時，霍金如何對蓋勒法提出建議，指導他採行很有指望的不同途徑，於是蓋勒法擬出數學細節，發現霍金的構想正確與否，還有這些成果接著有可能導向何方。當胡安．馬爾達西那（Juan Martín Maldacena）就資訊悖論提出一種解釋時，蓋勒法便奉曾霍金指示，花了一年半時間鑽研馬爾達西那的論文，結果依然無法判定資訊是否流失。

蓋勒法學會如何措詞來傳達他的問題和推論，好讓霍金能以最少字詞來回覆：

> 我和他溝通向來沒有什麼問題。我知道我們能相互了解得非常好；我們有眼神交流。而且他非常容易就能表示「是」，也非常容易表示「不是」，對我來講這就夠了。你知道，因為我可以提出一項構想，然後他會說：「不，這樣不對。」接著我就會再稍微思索一下，然後說：「是因為這樣才不對嗎？」接著他就會說：「是」，或者「這樣對嗎？」或者其他對話。

基普・索恩對密阿萊說明和霍金當同事，共同開發構想的情形：

> 很多時候，要「做出」非常好的成效，你會有史蒂芬，而且，好比還有另外兩個人，然後那兩人開始交談，嘗試釐清一道問題，同時史蒂芬也在場，不過史蒂芬對討論的貢獻來得非常慢，但通常也非常深邃。所以你會有一場交談持續進行，而史蒂芬每一分鐘，或者每兩、三分鐘，就提出一項說法，而且有可能徹底改變討論的進行方向。

隨著二〇一二年踏入尾聲，霍金的狀況似乎比較好了。我告訴他，亞馬遜指出，「購買《時空旅行的夢想家：史蒂芬・霍金》（*STEPHEN HAWKING: HIS LIFE AND WORK*）的人也買了《阿富汗：從亞歷山大大帝到反塔利班之戰的戰爭史》（*Afghanistan: A Military History from Alexander the Great to the War Against the Taliban*）」時，他咧嘴笑了。兼容並蓄的讀者！聖誕節前不久，他參加請願簽名，籲請正式為艾倫・圖靈（Alan Turing）平反，追授赦免狀。圖靈破解了恩尼格瑪密碼機（Enigma），卻遇上悽慘下場，這段悲劇情節經電影《模仿遊戲》（*The Imitation Game*）傳揚，廣為人知。

二〇一三年——一個獎項、一次杯葛和兩部影片

霍金的七十一歲生日派對在二〇一三年一月舉行，和前一年的慶生活動相比，這次顯得比較樸

實無華，不過他的二〇一三年年度計畫卻更富雄心抱負：搭乘厄瓜多爾總統專機飛一趟加拉巴哥群島。隨一支醫師考察團攀登珠穆朗瑪峰，他們的目標是研究雪巴人的生理學。兩項活動都因為疾病纏身而取消，不過這倒是沒有減損他的幽默感。在GoCompare的一則廣告當中，霍金吟誦道，「鑽研終生之後，我終於完成計算，擬出公式來表示生成超大質量黑洞所需的確切條件。」然後旁人問道：「不過你打算拿它來做什麼用，教授？」鏡頭轉朝街道，只見討厭鬼男高音「吉歐．坎沛里歐」（Gio Compario）徒勞掙扎慘遭黑洞吞噬。霍金妙語表示：「我承認我是個GoCompare.com的廣告迷，不過我也是個歌劇迷，所以我很高興能有這個機會來幫忙拯救這個國家，讓吉歐閉嘴。」

儘管更壯闊的行程，一時之間是去不成了，即便如此，霍金依然在三月中旬凱旋前往日內瓦，接受基礎物理學獎（Fundamental Physics Prize）。這個獎項有別於諾貝爾獎，其宗旨在於表彰「致力於最深層次提升我們對宇宙之認識」的理論學家和研究人員，而且那些人的理論不一定要已經獲得實驗或觀測證實。就聲望方面，該獎和諾貝爾獎可以相提並論，獎金額度則更高——三百萬美元——這筆收入可以補貼霍金賣書營收之不足，為了支付高漲的醫護費用，以及讓他活命並保持對外溝通的昂貴技術，書本收入已顯捉襟見肘。霍金也撥出一部分留作家用。

春季下旬他去了一趟加州，回國之後幾乎立刻住進醫院。由於肌肉衰竭導致一片肺葉常態塌陷，處境十分凶險，他的生命垂危。發病時機也太不湊巧，五月八日，他的私人助理茱蒂絲．克羅斯戴爾致信以色列總統研討會（Israeli Presidential Conference）籌辦單位，信函由霍金在入院前夕起草，通知他們，當月召開的會議，霍金不能參加了。劍橋大學發言人起初說明他因病退出，不過霍金已經強健得可以在醫院病榻堅定表示，他之所以採行這項行動，是為了響應巴勒斯坦的呼籲，共同杯葛以色列各大學和以色列國家相關活動，以抗議該國對巴勒斯坦所作所為。這並不是倉促做出的決定。他經過審慎思考，也請教了深受敬重的巴勒斯坦科學家和世界各地其他人士。一群同仁請霍金別採行這項舉措，不過他們也堅決認為，霍金不該因此遭受批評。彼得．希格斯支持杯葛行動。

其他一些反應就很醜惡。以色列海法大學（University of Haifa）的史蒂芬．普勞特（Steven Plaut）提議致贈霍金船票，請他免費搭乘阿基萊．勞倫號（*Achille Lauro*），那艘義大利郵輪曾在一九八五年遭巴勒斯坦解放陣線分子劫持，劫船成員射殺一名坐輪椅的猶太乘客，並把他推出船舷。有些時事評論人指稱霍金心智耗弱，遭親巴勒斯坦政治活躍分子洗腦。比較溫和的批評則指出，霍金的語音生成系統必須靠一款以色列設計的晶片才能運作，所以他這樣以名流身分開心周遊列國，正顯示他侵犯人權有罪。

霍金回應表示，他起初接受以色列總統希蒙．佩雷斯（Shimon Peres）的邀約，是由於這能夠「讓我表達我對和平解決前景的看法」，期能以此弭平以色列和巴勒斯坦的爭議。自此他便深信，唯有全面學術杯葛才能說服英國、其他歐洲國家以及美國，真正對以色列政府施壓，影響他們對付巴勒斯坦人的做法。

同樣在霍金住院期間，製片公司Working Title聯絡劍橋大學，申請使用大學場所來拍攝一部大製作電影，講述他和他的第一任妻子潔恩．霍金的故事。將近十年來，製片人暨編劇安東尼．麥卡騰（Anthony McCarten）一直努力籌拍這部影片。他的堅定毅力和腳本情節精闢並具敏銳洞見的聲望，終於說服潔恩准許把她的自傳《飛向無限》（*Travelling to Infinity*）改編為劇本。Working Title打算九月動手開拍，選角安排艾迪．瑞德曼（Eddie Redmayne）飾演史蒂芬，並由費莉絲蒂．瓊斯

（Felicity Jones）飾演潔恩。住院兩個月後，霍金終於回到家中，他讀了腳本，也和導演詹姆斯・馬許（James Marsh）以及麥卡騰商討，之後便同意他們著手進行。

傳記體記錄片《霍金》（*Hawking*）在二〇一三年九月的劍橋電影節（Cambridge Festival）隆重上映，這部片子霍金參與劇本撰寫，而且由他本人擔任旁白。我們一群曾在片中高談闊論的人士和霍金、製片暨導演史蒂芬・芬尼根（Stephen Finnigan）以及一群顯貴，一道參與了在伊曼紐爾學院（Emmanuel College）舉辦的接待會，接著緊張兮兮地沿著街道走到劍橋影藝廳（Cambridge Arts Picturehouse），心中納悶，自己在這部即將於英國各地三十家影院同步播映的影片當中，會顯現出何等蠢笨模樣。不過我們完全沒有表現得太差勁，有些人還表現得相當出色，特別是霍金的妹妹瑪麗。

潔恩的訪談表現出色。記錄片獲得絕佳評價，不過也有人抱怨，內容沒有充分描繪出「史蒂芬・霍金」這個人。影片不久就在BBC上映，接著在美國公共電視網播出，卻遭粗暴手法剪輯。

霍金的自傳《我的人生簡史》（*My Brief History*）也在同月出版，書中只多透露了一些「這個人」的種種。《每日郵報》（*Daily Mail*）一篇評論寫道：「我們只能納悶，當他寫下他那每分鐘三個字，其他沒有說出的好幾百、好幾千個字的話，會是哪些內容？硬訊息、物理學和幾則趣聞的話，很好。至於感覺方面，那就明明白白是不存在的。」不過也不是完全沒有。在這本書中，霍金比起從前多用了幾句話語，寫出他第一次婚姻的悲慘結局，接著描述他和伊蓮・梅森的婚姻「充滿狂熱和激情」。

《我的人生簡史》書中的物理學有些令人生畏，特別是時光旅行相關的部分。霍金甚至還拿技術用語來開玩笑，指出若敵對國家有辦法前往過去或未來旅行，會帶來潛在危害。「所以，」他寫道，「我們使用『閉合的粒子歷史』這樣的術語來作為時光旅行的密碼，藉此來隱匿我們的研究重點。」就算真有此事，除非他錯了，否則根據物理定律——起碼就我們所知的定律來看——就連遠比我們更為先進的異星社會，都造不出時光機。這樣講就能讓人放心嗎？

閱讀《我的人生簡史》特別有趣的一點是，霍金在裡面稍微提到了他其實有可能沒當上理論物理學家，改走實驗路線。他稱之為僥倖脫身。霍金在一九七〇年代早期往訪普林斯頓，見到了物理學家約瑟夫・韋伯（Joseph Weber），當時韋伯正提報表示自己成功觀測到重力波陣陣爆發。霍金心懷質疑。重力波爆發要強得讓韋伯的裝置似乎感測得知，只可能出自我們的銀河系內一顆大質量恆星塌縮或兩顆黑洞合併所致。這種事件在銀河系內的發生頻率估計為每個世紀一次。韋伯每天都看到一、兩起爆發。果真不斷發生這種事例，那麼銀河系就會迅速流失質量，如今也根本不會在這裡了。

訪問普林斯頓之後再次回到英國，霍金和蓋瑞・吉本斯寫了一篇論文，提出更靈敏的重力波感測器（gravitation-wave detector）的設計構想，並向英國科學研究評議會（Science Research Council）申請資金來建造兩台。吉本斯在剩餘軍品堆中尋覓減壓艙來做為真空裝置。霍金負責搜尋合宜場址。不過後來聽說另有其他人也在進行相似計畫，於是他們撤回獎助申請。不過霍金對重力波的興趣並沒有減弱。他在《我的人生簡史》書中寫道，即便感測器「靈敏度達到韋伯的千萬倍……到現在都還沒辦法可靠感測出重力波」。不論波動是多麼接近！

傳記體記錄片《霍金》首映後一週，《愛的萬物論》（*The Theory of Everything*）影片在劍橋開拍。電影前往那裡取景拍攝並不稀罕，這次卻讓那個城市心神迷醉。學生和居民排隊等著當臨時演員。聖約翰學院（St John's College）一般都有門禁管制，這次卻敞開大門讓攝影團隊和影星進入。我一個朋友有個外甥還差點因此拋棄他在牛津的職位，因為學期就要開始，有可能影響他在一個場景的（無台詞）現身機會。五月舞會連續鏡頭是最早拍攝的部分，霍金決定在當晚前往攝影現場。他進入黑暗的庭園，他的電腦螢幕照亮他的身影，就在那個時刻，煙火迸發了。瑞德曼嘆道，「這是我這輩子唯一見過最華麗的進場。」

十月八日，希格斯獲頒諾貝爾獎。倫敦科學博物館（London Science Museum）《大型強子對撞機展》（Large Hadron Collider Exibition）開幕時，霍金發表演說並悲嘆評述道，「假使它沒有被人發現，那物理學就會更有趣得多。」不過他向現場聽眾擔保，希格斯完全有資格獲獎。

二〇一四年——幾種可能的末日結局

二〇一四年一開始，霍金就在他的劍橋家中辦了一場派對——這是客人可以待在庭院就近看煙火的最後機會，現場和史詩煙火公司（Epic Fireworks）專業人員的發射地點才相隔幾英尺遠。他的醫師表示，倘若有一枚火箭失靈，朝我們的方向射來，那就逃不了了。煙火餘燼灑落霍金的披風，照護人員順手拍掉。史詩煙火先前給了霍金一批煙火，大學想當然爾不准他儲放在他的辦公室內。不過，霍金的煙火，比起大學各屆五月舞會煙火都更為壯麗。

到了一月月底，霍金由於健康因素無法遠行。不准搭飛機。為期三週的庫克支流區（Cook's Branch）物理學會議，每年都在德州休士頓附近舉辦，這次為遷就他，決定拔營前進英國。

一月十七日，《劍橋新聞》（*Cambridge News*）報導，霍金的美國億萬富翁朋友夫妻出資成立了一筆基金——由已故的丹尼斯．艾弗里（Dennis Avery）和他的太太莎莉．王－艾弗里（Sally Wong-Avery）捐贈六百萬美元，開設了「史蒂芬．霍金宇宙學講座」（Stephen Hawking Professorship in Cosmology）。這項捐贈有個條件，講座薪水必須「等於或優於支付給應用數學和理論物理學系相仿等級與服務年資者之平均薪資和津貼」。基金的三分之一為核心資金，其餘部分用來增補薪資，最高額度為每年六萬七千英鎊，換句話說，講座教席薪資超過劍橋其他許多教授。有些人反對這樣錦上添花，只嘉惠「位列學術階層最頂峰的人，而近幾年來，其他絕大多數人士，卻都拿不到體面的加薪幅度」。此外，捐款還可能開創不妥先例，把贈禮和「特殊要求」綁在一起。大學董事會提出一種看法，認為聘雇教授時，「有時納入具有國際最高等級成就的科學家」是很重要的，這項評論令人起疑，認為這筆捐款是特別為了吸引美國物理學家，因為那裡的薪資水準比英國高。經過密集討論和權衡考量，到了二月二十五日，大學的校務主管部門，攝政院（Regent House）以相對接近的七四六票對六〇六票通過核准講座成立。

在此同時，報紙標題宣布霍金公開表示「沒有黑洞」。一月二十二日，他在網上發表了一篇題為「資訊守恆和黑洞的天氣預測」的論文，報告主要內容是二〇一三年八月，他在加州聖巴巴拉（Santa Barbara）凱維里理論物理學研究所（Kavli Institute for Theoretical Physics）透過Skype發表的一段談話。他的論點是，我們心中所認定的事件視界，說不定並不存在。「沒有事件視界的意思是，」霍金澄清道，「所謂沒有黑洞，意指沒有光能逃向無窮的體系。」

那次討論和號稱「黑洞防火牆悖論」（black-hole firewall paradox）的觀點有關。凱維里研究所的約瑟夫．普金斯基（Joseph Polchinski）和他的同仁先前便曾提出，量子力學定律規定事件視界是個極端高能的範圍，是一道「防火牆」。墜入黑洞的太空人有可能不只被扯成麵條狀，還可能被烤成脆片，沒有人喜歡那種麵條料理。霍金的論文主張，黑洞四周的量子效應會引發相當劇烈的時空起伏，所以不可能存在一道輪廓鮮明的界面。霍金推想其實真正的界面是種「表觀視界」（apparent horizon），那裡是光線試圖衝出卻不得脫身的懸停區域。表觀視界最終就會瓦解、消失，發生這種現象時，不論黑洞裡面一度困陷了哪些東西，全都會釋出，「不過恐怕已是面目全非了」。霍金還推想，表觀視界會逐漸被扯進洞內，卻永遠不會撞上奇異點。二〇一四年的冬、春期間，儘管遭禁足不得搭機旅行，霍金仍設法透過上電視頻繁露面，現身進入全球各地住家。在國家地理頻道的《未來宇宙》（*Future Universe*）系列裡面，霍金派出一群年輕科學家，四處探究極端反常的科學概念和革新。霍金在拯救兒童（Save the Children）募款會上露面時，我們聽到他用人工語音發言：「敘利亞的孩子不能出聲——所以我幫他們發聲。那各位要怎樣幫忙？他更加努力宣揚太空探測，以及最終太空旅行和殖民的重要性。他就地球環境在往後幾個世紀的劣化崩毀提出警告，描繪出了一幅人類逐漸滅絕的險峻駭異景象。不過在國家地理的一集節目當中，他傳達出一線希望，二十一世紀會是「真正的太空時代」，我們會在五十年內住到月球上，接著到了二一〇〇年時，我們就會在火星上居住。

霍金還強化他的宣導力道，向全世界警告人工智慧的危險性。他一再反覆指出，「成功創造出人工智慧會是人類史上的最大事件，不幸的是，它也可能是最後的大事了。」其他人也同聲附和，強調人工智慧不再是科幻創作。牛津大學人類未來研究所的丹尼爾・杜威（Daniel Dewey）在一次訪問時表示，「超智慧人工智慧——倘若它動用它的力量來採集資源或保護它自己……有可能吸納我們現有的基礎設施……最後接管我們賴以維生的資源，或者它也可能認為我們足以阻撓它完成使命，於是它斷定最好的做法就是把我們從大環境移除。這兩種情節都可能導致人類滅絕。」有人指控霍金妄施「非必要的無情恐嚇戰術」，不過這個人先前曾經發揮遠見，眺望遙遠的過去，前往宇宙的起點，還進入了浩瀚時空深處——而且他還必須十分果斷地專注力保自己的生存——如今他投入考量凌駕他本身壽限的迢迢未來光陰，期盼以他的名流身分，足以喚起民眾視聽。

這期間也有輕鬆時光。五月時，一部影片顯示霍金介紹一則複雜的公式來幫助英國隊伍，期能提高他們打進世界盃決賽的機率——這暗示若沒有他的幫忙，「就像我們在科學界的說法，英國拿斑鳩琴都打不到牛屁股。」女王有一次在聖詹姆士宮（St James's Palace）歡迎會上拿他的美國語音開玩笑。六月時，他在《上週今夜》（*Last Week Tonight*）的《偉大的心靈：心懷善意的人》（Great Minds: People Who Think Good）節目上嘲諷戲謔約翰・奧利佛（John Oliver，譯註：該節目主持人）。當月稍後，他前往倫敦O2演藝廳，在蒙提・派森劇團（Monty Python）的舞台劇《蒙提・派森活人秀（大體算吧）：去了一個剩五個》（*Monty Python Live [Mostly]: One Down Five to Go*）老演員團聚會上現身。評論家愛麗絲・博納西奧（Alice Bonasio）描述道，「我很開心能在影像幕上見到布萊恩・考克斯（Brian Cox）冒出來咆哮，怒斥「星系之歌」的科學偏誤，結果卻被史蒂芬・霍金教授本人輾過去，而且教授還叫囂辱罵考克斯，接著他就被吸進了以太（ether），還一邊唱出了最後幾句歌詞。」

八月二十六日，霍金共襄盛舉接受「冰桶挑戰」，和全世界各地參與者同樣做出古怪行為，在頭上倒冰塊，以此來支持運動神經元疾病協會（Motor Neurone Disease Association）的籌款活動。霍金則由他的子女擔任代理人。「因為我去年得過肺炎，」他解釋。

幾天過後，霍金搭上郵輪，出航前往加那利群島（Canary Islands），它屬於特內里費島（Tenerife）的一部分，參加島上一場罕見盛典，稱為「第二屆斯塔爾慕斯節」（Second Starmus Festival）。回顧二〇一一年，他曾協助創辦第一屆斯塔爾慕斯節，「人類上太空五十年」，前鐵幕兩邊的前太空人和科學家在這裡集會，和音樂家、藝術家與名流同聲慶賀尤里·加加林（Yuri Gagarin）的第一次太空飛行。講員應要求以非專業人士都能聽懂的話語提出所見，評估半個世紀的太空探勘成就的事項，並討論人類的未來太空發展。

三年後，二〇一四年召開的「第二屆斯塔爾慕斯節」上，霍金發表了兩場演說：開幕演說〈宇宙的起源〉（The Origin of the Universe）結合了一段影像加上精彩的搖滾吉他聲軌，閉幕當天則以〈黑洞〉（Black Holes）華麗終場收尾。他在演說最後講出了如今耳熟能詳的一句話：「就算困在黑洞裡面也別放棄，總有辦法可以脫身的，」並受到了整場慶典最熱烈的掌聲。第二屆斯塔爾慕斯節前夕，節慶講詞和二〇一一年前屆彙集的其他材料已然出版，著作十分厚實，標題為《斯塔爾慕斯節：人類上太空五十年》（*Starmus: 50 Years of Man in Space*）。霍金寫了序言。報紙幾乎立刻刊出吶喊標題，吼出末日審判信息：「史蒂芬·霍金提出警告，上帝粒子有可能消滅宇宙，」……「希格斯玻色子研究有可能摧毀宇宙。」歐洲核子研究組織那些傢伙，是不是釋出了一隻怪獸？

霍金在他的《斯塔爾慕斯節：人類上太空五十年》序言當中寫道，倘若希格斯玻色子和頂夸克（top quark）猶如科學家新近發現那般都具有質量，那麼宇宙就是處於一種「介穩」（meta-stable）狀態。那樣會很危險嗎？

顫顫微微棲身山巔的球珠並不安定。假定球珠滾落峽谷，安頓在那裡，它就變得相當安定……是這樣嗎？這處峽谷真的是山腳嗎？或者球珠只不過是靜置在一處高山峽谷，卻依然有可能進一步向下滾落？倘若球珠是位於一處高山峽谷，這就稱為「介穩的」。我們的宇宙目前似乎就處於相當於高山峽谷的狀態。

根據支配宇宙的定律組，能態始終朝向最低可能之能態變遷。換句話說，那就像球珠滾落山坡。你可以設想宇宙就彷彿沿著能量斜坡滾落。它的能態有可能停留在相當於球珠靜置高山峽谷的狀況，然後就處於那樣的能態幾十億年。然而倘若這裡並非山腳，而是一處高山峽谷，那麼宇宙就是處於一種介穩態。有一天它仍有可能進一步滾落，化為一種較低的能態。就古典物理學來看，這是不會發生的，然而應用量子物理學——極不可能發生的事情確實會發生——宇宙就有可能被導出高山峽谷，順著能量斜坡進一步滾落。

如果真的發生這種事情呢？設想在宇宙初始生成之後，隨著宇宙冷卻，構成它的所有場成分，全都自行列置成為一座漂亮的峽谷。就我們所知，支配我們這處宇宙，還有造就出我們的定律組，也就是適用於這處峽谷的定律組。在這裡支配物質和能量的規則，便導致物質組成原子。倘若宇宙進一步滾落能量斜坡，降到另一個峽谷或滾到山腳，那組定律就會改變。原子就會變得不可能出現。我們所知的自然力也不再起作用。你和我也就不可能存在。

頂夸克的質量和希格斯玻色子的質量就是關鍵。根據研究人員的測定結果，這些質量顯示我們的宇宙處於一種介穩態——和穩定差別不大，卻仍不算穩定。倘若宇宙從一種介穩「峽谷」變遷為較低能量狀態，那麼我們所知的宇宙，還有我們自己，都有可能無預警消失無蹤。我們所知的物理定律就會以光速一掃而空。有一項知識會讓人比較安心，我們用來研判宇宙究竟是處於安穩或介穩態的計算結果，也預測出量子力學讓宇宙從介穩峽谷，滑入比較接近安穩的峽谷，所需時間或許可達好幾兆年。再者，希格斯粒子的發現，並不會加速這個進程，也不會導致宇宙陷入一種介穩態。它只告訴我們，我們的處境為何。

在斯塔爾慕斯研討會上，霍金一次受訪的主題側重論述太空旅行是人類存續的關鍵，當時霍金便決定澄清一件他心中認為一直造成誤解的事情：他在《時間簡史》書中的一些陳述，「我們就會知道上帝的心意」、「我們就會知道上帝知道的一切事情，果真有上帝的話，但實際上是沒有的。我不相信有神。」那次澄清似乎確實讓我們追求知識的最終目標，稍微不再那麼富有萬丈雄心。

十月底，霍金加入臉書，頭一次鼓起勇氣踏入社群媒體。他的第一篇貼文是：「我始終感到納悶，宇宙是怎麼出現的。時間和空間有可能永遠是個謎團，縱然如此，我並沒有停止追尋。我們相互之間的連繫，已經無止境增長，現在機會來了，我迫切希望能和你分享這趟旅程。要保持好奇，我知道我會永遠好奇。」結果也毫不令人吃驚，那則貼文很快就累積了一百三十萬個人說讚。

《愛的萬物論》在十二月首映。霍金表示，他深感榮幸能有一部影片講他的故事，接著他讚美瑞德曼的演技。「有時候我還認為他就是我。」他的子女向麥卡騰肯定表示，「那就是我們走過的歲月。」潔恩對瓊斯的演技大加讚揚。霍金獲安排事先辦了一次私人試映會，他花了大概十分鐘就寫出了他的反應。麥卡騰表示，這十分鐘「讓人緊張到極點」。「我們靜靜等他，不過出來的話是好的。他說那『大致都是真的』，後來還說，那對他第一次婚姻的描述，坦白得讓人驚訝。」飾演史蒂芬和潔恩的瑞德曼和瓊斯，絕對是我們有可能找來扮演他們的演員之箇中翹楚，沒有人能比他們演得更像了。準備這個角色時，瑞德曼花了一些時間和肌萎縮側索硬化症患者相處，親自近距離見識，和這種無情疾病共存的生活處境。幾處錯置細節有影響嗎？霍金的幾位朋友被合併成一位。霍金生活中的兩次關鍵大事，都只點到為止，包括讓他的未來命懸一線的牛津口試，還有他的霍金輻射的發現，以及起初的敵意對待以及後來的接納採信。這家人在加州帕薩迪納（Pasadena）的那關鍵一年，在片中隻字未提。讓他失去聲音和險些喪失性命的那場健康危機，設定發生在波爾多，卻非日內瓦，而且地點位於拜魯特城一家歌劇院，然實情並非如此。不過又有誰能責備導演馬許和麥卡騰稍微扭曲事實真相，安排讓他們華麗上場的五月舞會成為故事情節的浪漫轉捩點，並把它拍得比一九六〇年代那場三一學堂舞會實況還更為壯麗。還有，又有誰能責怪他們拍霍金在歌劇院倒地，安排讓他在華格納的戲劇性悲痛音樂聲中被人抬著出去。霍金說不定還希望事情就是這樣發生的。許多人都說，那是一部「快慰人心的影片」，不過霍金的生活一般都絲毫不快慰人心，儘管影片確實依循染上惡疾、獻身科學和日漸出名對婚姻和家庭會帶來的影響發展，卻也沒有真正拍出那兩個出色人物在生活和個性上，還有兩人關係上比較黑暗、苛刻的一面。不過那依然是一部美妙的電影，而且看了電影之後，也沒有人會質疑瑞德曼有資格贏得他的金像獎。

十二月時，被描繪成他故事中的英雄之後，霍金公開宣揚他非常希望轉移到光譜的另一個極端，扮演「詹姆斯．龐德的反派角色」。他說，他有人工語音和輪椅，是個理想人選。

二〇一五年──回歸熾烈壁壘

二〇一五年起初看來彷彿會是寧靜的一年。霍金依然擔任理論宇宙學中心研究總監尊貴職位。他幾乎每天都前往應用數學和理論物理學系他的辦公室。不過他已經七十三歲了，而且他上回收研究生，已經是好幾年之前的事情了。今年「跟著他的鼻子走」會帶他前往什麼有趣的地方嗎？誰知道呢！

退休不在他的規畫當中，維珍銀河公司（Virgin Galactic）實驗太空船企業號（VSS *Enterprise*）在前一年十月墜毀事故，也沒有讓他灰心喪志。他在二月幫忙為維珍銀河太空船揭幕。同月，他溫馨恭賀瑞德曼贏得奧斯卡獎，同時他也在《宅男行不行》（*The Big Bang Theory*）影集二度現身，扮演神祕的「網際網路巨怪」（internet troll）。他很快就會開始投身一項新的串流技術，隨後這就能讓他在四月時，以立體投影（hologram）現身澳洲，毋須親身前往就得以在雪梨歌劇院發表演講，同時這也讓他更接近實現他扮演龐德反派角色的抱負，得以在捷豹汽車廣告片中扮演一個同等邪惡的人物。

老字號庫克支流區研討會在威爾斯邊境附近找到了新家，新址座落在從赫勒福郡（Hereford）到海怡（Hay-on-Wye）半途的一處英格蘭莊園，名叫大布蘭普敦之家（Great Brampton House）。三月中旬，哈佛大學的安德魯．斯特隆明格（Andrew Strominger）發表一場演說，當時霍金和同事馬肯．佩里（Malcolm Perry）也都在場，他們立刻看出這對黑洞資訊流失悖論具有重大意涵。佩里記得自己和斯特隆明格「談了又談，經過好幾個小時，徹夜不止。史蒂芬主要都在聆聽，不時提出一些見解。」後來斯特隆明格評述表示，「大家對〔霍金有關資訊悖論之〕論述提出了各式各樣的瘋狂批評，就我印象所及，他都能正確駁斥那所有說法。不過就這個觀點，他聽進去了，而且似乎也馬上認同這就是關鍵。」

同年夏季，航太總署的新視野號（New Horizons）探測器飛過冥王星，霍金辦了一場冥王星派對。所有人都經告知要裝扮成天體模樣。佩里穿著禮服到場。那是天體嗎？不是。他是要去別的地方，轉過來探視一下——當然了，這就像新視野號轉過冥王星的情形。霍金打扮成「冥王，陰間的主宰」的模樣，他的一個孫子還為這個扮相捐出一幅大型畫作，畫出了地獄三頭犬，就站在他的輪椅旁邊。當晚接近尾聲，大家在遍植行道樹的黑暗街道上等待，霍金延遲煙火幾分鐘，發表了一段簡短演說，談論太陽系探勘的重要意義。有關當晚派對種種，沒有人能比露西．霍金描寫得更好，底下就是她為《廣播時報》（*Radio Times*）撰寫的報導：

> 這位坐輪椅的男子，佩戴著一副白色假鬍子，打扮成陰間主宰的模樣，旁邊還有一隻紙做的三頭犬，他點燃煙火，還對路過人士熱情宣揚「人類奮鬥無邊界」，這就略略帶到了他的「無邊界構想」。我們這群圍在他身邊的人就更別提了，全都打扮得非常怪異。「既然是劍橋……沒有人打電話報警。」露西戲謔寫道。

八月間，霍金和佩里參加了一場在斯德哥爾摩舉辦的研討會，會議發起人和贊助單位為勞拉．莫希尼-霍頓（Laura Mersini-Houghton）、和她所屬的大學（北卡羅來納大學教堂山分校（University of North Carolina-Chapel Hill），以及北歐理論物理學研究所（Nordic Institute for Theoretical Physics, NORDITA）。霍金的整體健康狀況有相當改善，讓他的醫師放了心，准他搭機飛往瑞典。到了斯德哥爾摩，他對物理學同行以及大群民眾公布新的黑洞理論。很快所有人都在談論「霍金的發現」、「霍金的新突破」。更正信息費了一番功夫才傳揚出去，原來這也是斯特隆明格和佩里的發現。

到了二〇一六年一月，三人發表了一篇論文——〈黑洞上的軟毛〉（Soft Hair on Black Holes）——世界各地紛紛邀約佩里前往演講並討論那項理論。斯特隆明格在《科學美國人》（*Scientific American*）刊出通俗文章，解釋他們的構想。這裡我根據我和佩里的討論，還有他們的學術論文、霍金的斯德哥爾摩演講，以及斯特隆明格的訪談等內容，簡單談談理論所述概要。

做點背景介紹：真空是能量最低的狀況，而且以往假設所有真空——又稱「零能態」——全都是相同的。現在，假使你在真空中添入一顆具有若干能量的光子，這時你就不再有「零能態」。你會得到一種新的量子態。不是真空。不過若是你有個真空，然後添入一顆沒有能量的光子，這種光子是帶了零能量的粒子，稱為「軟」粒子，這時會出現什麼狀況呢？所有光子都有個角動量，或稱為「自旋」，所以你就在真空中添入了那個作用，不過你並沒有添入任何能量，所以你依然有一個真空。斯特隆明格做了計算，想求出這是不是種新的、不同的零能態呢，或者就是相同的態，結果他發現那是不同的。他的成果證明，真空態有為數無窮的不同類別。這些態各不相同，因為它們各有各的軟粒子。

黑洞也可能具有不同數量的軟光子或軟重力子。第五章提過，黑洞的事件視界呈球形。由於重力作用力和時空的曲率，沒有任何東西能從那裡逸出。就連以光速移動的光子，都會被困在那裡。所以球體是以光線構成的。球體上任何一點上都有一道光線。光線並不彼此相連。它們彼此上下相對滑動。那種滑動現象稱為「超平移」（super-translation）。不過真的發生了任何現象嗎？設想一束稻草，不是什麼普通稻草。它們具有無限長度。你把一根上移，另一根下滑。你是不是真的做了任何事情？是的，斯特隆明格、佩里和霍金這樣表示。事實上——別管數學，各位必須深信這點——各位眼前所見，是同一現象的兩種不同描述：為黑洞增添一顆軟粒子是種描述方法。超平移是另一種做法。不論你使用哪種描述來解釋，每次有顆粒子通過視界，視界也都跟著變動一些。

超平移在物理學並不是什麼新鮮事，這種說法從一九六〇年代開始就已出現，不過先前討論都是有關於時空分界線上，位於無窮之外的光線。在那種背景脈絡中，回頭思索具零能的光子。那還帶有什麼寓意？光可以想成一種粒子（光子）或波。各位若見過電磁頻譜圖解就能明白，當你朝向頻譜「紅端」移動——超出可見頻譜區移動到紅外和無線電頻譜區——能量也隨之減弱，波長則變得愈來愈長。依循移動到足夠遠處，能量便降至零，波長則拉長到你可以設想粒子是「棲居於時空分界線上」的程度。

粒子位於黑洞邊界的情況也相同，只不過這時我們談的並不是時空的分界線，而是黑洞的界面。由於所有的有形粒子全都具有質量，並對重力起反應，而凡有粒子進入黑洞，它都添加了一顆軟重力子，或也可能是多顆軟重力子。軟光子或軟重力子——當你把它們添加到黑洞裡面——可以想成「棲居於黑洞的視界上」。這樣一來，你就有了一種記錄裝置。軟光子和軟重力子構成一種資訊，能透露哪些東西進入了黑洞，而且它們的確也繼續棲居在視界上。霍金在他的斯德哥爾摩演講上說明，「根據這種觀點，超平移是移動進入之粒子的一種全像圖。所以它們含有若非如此都會流失的所有資訊。」

誠如我們所見，斯特隆明格發現了所有零能態全都是不同的。添加一顆軟粒子就會形成差別。相同道理，所有黑洞都是不同的。它們的差別產生自儲藏在它們視界的東西有別，而且儲藏在那裡的東西，也就代表所有落入裡面的一切事物。假使你拿唯一差別只在是否添加了一顆光子的兩顆黑洞來比較，兩顆黑洞依然是不同的。蒸發時，它們會分別蒸發成各自不同的某種東西。

是否有任何證據或能顯示霍金、佩里和斯特隆明格是對的？是的，而且沒有人必須旅行前往黑洞去尋找證據。佩里指出兩種可能做法：

1.「重力記憶」的偵測作業。請回顧第十九章的重力波感測器討論內容。當重力波通過LIGO（雷射干涉重力波天文台，現位於地球上）或LISA（雷射干涉空間天線，往後才會在太空中建造）時，兩面鏡子（LIGO）或兩艘太空船（LISA）的相對位置會略微改動。倘若它們在重力波通過之後沒辦法回到原始位置，這就能證明霍金、佩里和斯特隆明格對了。

2.在這種新的背景脈絡下的黑洞熵值正確計算法（見第六章）。

其他理論學家則很審慎，不過許多人也表達出振奮之情。就算霍金、佩里和斯特隆明格最後無法求得資訊流失悖論之解，這也已經擴增我們對軟粒子重要性的認識，並披露了自然力之間的微妙對稱性。這裡仍有一項問題，當某種東西落入黑洞，它是否留下了足以顯示它究竟是什麼樣的記錄？「我在黑板上列出了三十五道問題，」斯特隆明格寫道。「各需許多個月來求解。倘若你是個理論物理學家，那麼這就是個非常好的時期，因為有些事情我們並不明白，不過有些計算我們已經可以進行，而且由此肯定就能闡明真相。」還有一件事情也在考量之列，那就是「遠比超平移還更深奧、宏大，同時也更難解的事項。它稱為『超自轉』（super-rotation）。你不只是把光線上下移動，還讓它們互換。」

在二〇一五年年底之前，在十二月時，霍金和其他人呼籲對人工智慧提高警覺的宣導活動在劍橋產生了結果。劍橋大學宣布成立李佛修姆未來智慧中心（Leverhulme Centre for the Future of Intelligence），投入研究人工智慧會帶來的牽連——從失去工作職位到人類的存續。

二〇一六年——作案兇器

霍金在一月二十六日和二月二日擔任聲譽卓著的「瑞思講座」（Reith Lectures）主講人，這個年度現場廣播講座是為了褒揚約翰・瑞思（John Reith，即BBC首任總幹事瑞思勳爵）創辦的公共教育廣播傳統而設。霍金追溯黑洞研究歷史以及他本人的參與事跡。他指出，資訊流失悖論之解，或許就是以費曼之宇宙觀為本的構想。費曼認為宇宙並非具有單一歷史，而是有許多不同的可能歷史（第十八章）。隨後霍金繼續介紹新的解說——「超平移」（super translations）——也就是稍早他、佩里和斯特隆明格三週之前才發表的論點。他勸聽眾最好是「留神看這片天。」媒體更迫切地拿他的推測來當素材，報導一顆夠大的自轉黑洞有可能構成通往另一處宇宙的單向管道。霍金強調「單向」，並告訴聽眾，即便他這般熱愛太空飛行構想，不過「我是不會去嘗試的」。

兩次講座霍金都比以往對上帝寬容一些。他提到拉普拉斯回應拿破崙質疑的著名答覆，解釋了該如何把上帝納入拉普拉斯的科學觀——「我向來都不需要那項假設」——接著他評述說道，「我想拉普拉斯並不是主張上帝不存在。他只是認為，祂並不插手違反科學定律。那肯定就是所有科學家的立場。」

略超過一週之後，二月十一日的新聞報導了一起期盼已久的突破發現，時機恰到好處，完美尾隨霍金的黑洞講座之後成真：故事的開始相當合宜，那是很久很久以前，發生在很遠很遠的星系。兩顆黑洞（各為二十九和三十六倍於太陽質量）以將近光速之半慘烈互撞，形成單獨一顆黑洞，也把合併成的質量部分轉換為能量，放射出陣陣重力波。這些波動傳播跨越太空十三億年，在二〇一五年九月十四日北美東部時區上午五點五十一分傳抵LIGO。資料經嚴謹分析，五個月後，LIGO實驗室執行董事大衛・萊茲（David Reitze）在華盛頓特區一次記者招待會上透露，「各位女士各位先生，我們偵測到了重力波。我們辦到了！」這項發現是黑洞存在的第一項直接證據。理論驗證和間接觀測證據早已有之，然而這可是「作案兇器」啊！

LIGO含兩台偵測器，如圖十九-一所示，分別座落在華盛頓州和路易斯安那州。預料當重力波掃過地球時，兩台偵測器幾乎會同時偵測得知，不過並不是完全同步。從二〇〇二年LIGO啟用迄至二〇一〇年關機做重要升級這段期間，完全沒有出現這種現象。升級作業幾乎立刻帶來回報，150914號重力波傳抵路易斯安那偵測器。百分之一秒後，波動在華盛頓州現身。從南到北順序顯示波動源頭是在地球南半球天空。

霍金熱情恭賀他的老朋友索恩，以及LIGO團隊，並強調這項發現對天文學的未來，具有何等重大的意義：「在此之前，我們的宇宙探勘還只運用了光、無線電波和其他電磁輻射。重力波提供一種全新的方法來檢視宇宙。《科學美國人》的塞斯．佛萊契（Seth Fletcher）詳加說明：「啟用電波探測天空促成發現了射電星系、類星體和天體物理黑洞。偵測到重力波同樣具有改頭換面的功能，因為它會標誌出一個時代的開端，從此科學家就可以像使用電磁輻射那般來使用重力波——作為一種觀測宇宙的工具。」

霍金又說，「我們可以指望能見到縱貫宇宙歷史的黑洞。使用這些黑洞構成的宇宙距離等級階梯，應該會極端準確，還能補足現存以超新星等為基準的距離階梯之不足……甚至我們還說不定能夠見到，在非常早期宇宙可能達最高極端等級能量之大霹靂階段留下的殘跡。」迄今觀測到的體系之諸般特性，正順利地逐步驗證霍金在一九七〇年提出的預測，也就是當兩顆黑洞合併，最後所得黑洞的範圍，等於或大於先前兩黑洞範圍之和。料想未來的觀測當能就他的預測提供比較嚴謹的測試。

三月過得比較安靜。不久「英國脫歐」公投就要在六月舉辦，霍金呼籲英國不要脫離歐盟，這樣的呼聲，許多選民後來都決定不予理會。霍金讀聖奧爾本斯學校時的數學老師通過初選，角逐瓦爾基基金會全球教師獎（Varkey Foundation Global Teacher Prize）時，他向「塔塔先生」（見第三章）致敬：「他的課堂很活潑，很令人振奮。所有事情都可以提出辯論。我們一起製造我的第一台電腦。謝謝迪克蘭．塔塔（Dikran Tahta），我今天當上了劍橋的數學教授，以薩．牛頓當初擔任的職位。當我們每個人思索自己這輩子能做什麼時，很可能就因為某位教師，我們才能辦到。」還有，為了嘉惠創新教育，霍金讓「科學快打」（*Science Kombat*）電玩使用他的「角色」。電玩設了八個遊戲格鬥科學家，各具六項基本攻擊手法，還有兩項「特殊攻擊」技能。達爾文使用「演化攻擊」；居里夫人使用的超能力是放射性；霍金的是黑洞。玩家必須把各角色的「超能力」和該角色的科學串連在一起。

春季期間，出版計畫逐步進展，倫敦寰宇出版社為霍金推出了行動應用程式，把他的大賣暢銷書《時間簡史》帶給新一群讀者。霍金開始投入為那款應用程式更新好幾個篇章，納入他有關無邊界構想方面的最新思維，也提供多方領域的相關新資訊，包括暗能量、資訊悖論、永恆膨脹、微波背景輻射之觀測，以及重力波的發現。該應用程式在二〇一六年九月發表。

「遲早我們必須放眼星辰。」

四月十二日星期二，霍金加入中國社群媒體平台——微博（Weibo），不到一個小時就累積了超過百萬個好友和追隨者。到了週末，數字更增長到了三百四十萬。他的第一篇貼文開頭就說，「問候我在中國的朋友。實在等太久了。」接著他提到他幾度拜訪中國，並在結語表示：「期望透過這個網頁能和各位多聊聊我的生活和工作，也盼望得到各位的迴響。」下一篇文字很快就貼出，回覆了一道有關中國哲學家莊子的問題，內容非比尋常：

「我們怎麼知道自己是活在我們的夢中或者是活在實境——我們完全不知道，或許也不可能知道！莊子夢到化為蝴蝶——也許是因為他熱愛自由。我有可能夢到宇宙，接著還納悶，宇宙是否夢到我。我們必須不斷努力來認識存在的基本問題。或許我們就會明白，蝴蝶——和宇宙——是不是真的，或者只存在我們的夢中。」

同個星期二，霍金和俄羅斯物理學家暨億萬富翁，尤里・米爾納（Yuri Milner）以及臉書協同創辦人，馬克・祖克柏（Mark Zuckerberg）共同宣布了一項計畫，這稱得上是自從一九六一年五月，美國總統約翰・甘迺迪宣布送人上月球的計畫以來，最大膽，也最令人振奮的壯舉。霍金解釋，「『突破攝星』（Breakthrough Starshot）是未來的太空任務，會派出好幾千艘細小的『毫微探測器』，以五分之一光速航行，前往兩千倍於迄今最遠太空任務所及距離之外，借助光束、光帆和迄今所建造的最輕型太空船，我們可以啟動一項任務，在一個世代期間抵達南門二（半人馬座α），」他宣布。

超強雷射能夠用來推動這種太空船的構想，最早在一九七〇年代出現，由美國物理學家／航太工程師／科幻作家羅伯特・福爾沃德（Robert L. Forward）構思成形。這項方案要能落實，必須面對種種艱鉅的技術難題，所以看來並不像實際可行的計畫，還比較像是他比較離奇的科幻構想。不過那項構想有很札實的科學基礎，如今又過了四十年，雷射技術、微型化、微電子學和奈米技術都有長足進展，科幻看來已經有可能成真。

攝星方案第一項真正創新的相關理念是，太空船的推進系統不必隨太空船一道航行。那可以是種極端龐大、沉重，威力十足的裝置——能發出幾十億瓦的雷射束——而且始終不離開地球。根據愛因斯坦的相對論，儘管光沒有質量，卻仍具有動量，所以光觸及鏡面時，仍會施出微小的壓力。只要有極亮光線和幾無絲毫重量的鏡面，這股壓力就能推動鏡面。

既然不搭載引擎和燃料，太空船就不必比郵票大上多少。哈佛大學札克・曼徹斯特（Zac Manchester）已經設想出那種大小的衛星，而且以矽「星片」（starchip）作為載具也完全可行，可以在上面加裝微型攝影機和電腦、一台通訊用雷射，以及一小片鈽來提供太空船動力。毫微太空船還會需要一張比本身尺寸大許多的帆。

根據加州大學聖巴巴拉分校的菲利普．盧賓（Philip Lubin）所述，船帆必須只反射特定波長（即雷射光波）的光線，對其餘波長全都透明。盧賓是攝星團隊成員，他的研究啟發了該計畫的早期規畫。帆上玻璃層的厚度只達幾十顆原子。帆和太空船的總質量只有五克。這批微小的太空船可由一艘母船搭載升空，逐一釋出，等候地表雷射束衝擊，送它們上路。

依計畫地基推進系統由分布在一處高海拔空曠沙漠地帶的幾套雷射共組而成，發射時，這組雷射的輸出聚焦構成一道千億瓦光束，向毫微太空船船隊的光帆射去，約短短十分鐘，就讓它們跨越前往火星軌道的三分之一路途，並以船上通訊雷射向發射陣列發回資料。船隊不到二十年就能抵達最接近的恆星。

不用說，涉入這項宏大計畫的（迄今總計）二十五位頂尖科學家組成的國際團隊，肯定要面對種種艱鉅挑戰。如何保護毫微太空船在高速航行時，不受星際間塵埃等物體的衝撞。如何屏蔽對宇宙射線高計量輻射有超高靈敏反應的微晶片。如何讓太空船在果真受損時有辦法自行修復。如何讓雷射射束對焦，以免在外太空摧毀衛星，或造成其他損壞。地球大氣會散射光線，只有部分雷射射束能抵達毫微太空船，該如何補償這種現象。

另一項挑戰是籌措資金。和迄今的重大太空任務不同，攝星計畫會由私人出資促成。米爾納估計，費用介於五十億到百億美元。到現在為止，他個人已經投資了一億元，作為種子資金，而且他和祖克柏都很熱心延攬其他人贊助。

倘若這一切都能落實，霍金和我（因為我們同齡）以及我們的同時代民眾，或有可能活著見到頭一批毫微船隊在距今二十年後啟程，不過也許活不到太空船約在又二十年後航抵南門二，也或許等不到抵達時發出的頭一批資訊在四年過後傳抵地球。不過，本書讀者或許有機會見到所有這些想像力、科學成就和金融投資所結出的果實。「地球是個美妙的地方，」霍金表示，「不過它也許不會存續到永遠。遲早我們必須仰望星辰。突破攝星是那趟旅程非常令人振奮的第一步。」

六月時，他啟程踏上一段比較短的行程，同樣搭郵輪前往特內里費島，參加第三屆斯塔爾慕斯節。第一屆斯塔爾慕斯節是向俄羅斯太空人加加林（Yuri Gagarin）致敬。第三屆斯塔爾慕斯節——集聲、光、音樂和大眾科學講座之大成——的標題稱為「超越地平線：向史蒂芬・霍金致敬」（Beyond the Horizon：A Tribute to Stephen Hawking）。這次與會人士多達一千兩百人。傑出科學家、太空人和諾貝爾獎得主，以及來自世界各地的科學傳播者、音樂家和有幸得到入場券的其他人士齊聚一堂。在那之前一年，霍金已經向倫敦皇家學會公布「史蒂芬・霍金科學傳播獎」（Stephen Hawking Medal for Science Communication）成立計畫，並打算在第三屆斯塔爾慕斯節頒發，來彰顯：

「科學傳播者讓所有人參與科學，包括從學童到政治家，乃至於退休人士，從而把科學擺進日常生活的核心。把科學帶給民眾，也把民眾帶進科學。這對我、對你，還有對世界都很重要。」他親自選出三位獲獎人。包括從科學界遴選的薩里大學（University of Surrey）的理論物理學家吉姆・艾爾－卡利里（Jim Al-Khalili）、從影視界選出的科學記錄片《粒子狂熱》（*Particle Fever*），以及從藝術界遴選的作曲家漢斯・季默（Hans Zimmer）。第三屆斯塔爾慕斯節火力四射的終場請來了搖滾樂團奇咒（Anathema）演出平克·佛洛伊德（Pink Floyd）的歌曲《不停說話》（*Keep Talking*）。那首曲子呼籲棲居這處疏離世界的所有民眾，都要不停相互對話。就斯塔爾慕斯節的背景，霍金在台上由聚光燈照亮身形，《不停說話》有特別深遠的共鳴。聽了這首曲子，有誰能不想到，眼前這個人要如何努力掙扎來講出每一個字眼，儘管處境日益艱困，他依然在全世界為正義、人權和人類的未來熱情發聲。演唱的目的是籲請他別放棄，也提醒重視他所褒揚的科學傳播者以及他們的世界各地同行所扮演的重大角色。

動身前往參加第三屆斯塔爾慕斯節之前一個月，就在獲頒BBVA基金會知識前沿獎（BBVA Foundation Frontiers of Knowledge Award）之際，霍金業已回歸二〇一二年殘奧開幕式主題之一：對我們人類處境的真正認識，以及對我們的問題的解決做法，不能單靠科學來達成。我們必須持續投身科學工作，不過也期許有見多識廣，責任重大的民眾，採行合宜方法來運用科學答案和發現：

科學研究以實驗和觀測資料來檢核其一致性。我們的公眾生活必須像這樣具有更嚴苛的理智要求，來協助我們面對全球的挑戰。有好些大問題必須求解，而這也需要對科學有興趣、能潛心投入，並具有相當科學知識的新一代人士來參與。我希望科學和技術能為這些問題帶來解答，不過仍必須仰賴人力，得靠有知識和認識的人類，來落實解決之道。

從他七十歲生日起，往後幾年期間，史蒂芬·霍金的注意焦點出現明顯轉折，納入了他認為對人類存續不可或缺的一些目標，不過他投身從事的科學，也比以往都更側重於前沿部分——惠勒所稱「世界的熾烈壁壘」。霍金向他的老師塔塔獻上致敬詞，開宗明義便講：「一切都從愛的種子開始。音樂之愛、歷史之愛……對我來講，則是科學之愛。」而且迄今依舊。

無論如何，就是要「留神看這片天！」

名詞解釋

- **人本原理**（anthropic principle）：解答宇宙必須與智慧生命相匹配，據此理念提問：「為什麼我們眼中所見的宇宙，這麼適合我們生存？」這個問題的答案就是：「倘若宇宙不是這個樣子，我們就不會在這裡提出這個問題。」
- **反物質**（antimatter）：由反粒子構成的物質。
- **反粒子**（antiparticle）：每類粒子都具有一種反向特性的反粒子，好比電荷符號相反（例如電子帶負電荷、反電子〔即正子〕則帶有正電荷），此外還有本書沒有提及的其他特性。不過，光子和重力子的反粒子和正常粒子是相同的。
- **恣意元素**（arbitrary element）：某種不能以理論預測，卻必然能從觀察得知的事項。例如，從來沒有見過我們這處宇宙的外星人，就沒辦法根據我們現有的理論來推算基本粒子的質量和電荷，而那些都是我們理論中的恣意元素。
- **大霹靂奇異點**（Big Bang singularity）：宇宙初始時的一個奇異點。
- **大霹靂理論**（Big Bang theory）：解釋宇宙起源的理論，據此宇宙一開始是處於一種極為緻密、高壓的狀態，隨後向外爆炸並膨脹成如今我們所見的現況。

- **黑洞**（black hole）：時空中一處形狀像球體（若是一個旋轉黑洞，那就像是稍呈扁狀的球體）的區域，由於那裡的重力強大到沒有任何光或其他東西能夠脫離，因此遠方的觀測者看不到那處範圍。黑洞有可能由大質量恆星塌縮而成，這是黑洞的古典定義。霍金證明黑洞確實會放射能量，還有可能並非全黑（亦見「原生黑洞」）。
- **玻色子**（boson）：自旋量子數，能寫成整數的粒子。力的媒介粒子（膠子、W^+、W^-、Z^0、光子和重力子）都是玻色子。
- **邊界條件**（boundary conditions）：宇宙初始瞬間，在沒有任何時間等事物開始流逝之前的相貌，也指稱宇宙時空其他邊緣的相貌，宇宙的終點或黑洞中心的樣貌都屬之。
- **古典物理學**（classical physics）：沒有把量子力學考量在內的物理學。
- **能量守恆**（conservation of energy）：說明能量或其等價質量不能被創造或摧毀的科學定律。
- **宇宙學時間箭頭**（cosmological arrow of time）：指朝宇宙膨脹方向的時間流向。
- **宇宙常數**（cosmological constant）：愛因斯坦曾為他的廣義相對論引進一個宇宙常數來抵銷重力，若是少了這個常數，這個理論便預測宇宙必然正在膨脹或者塌縮，當時愛因斯坦認為這兩種現象都不可能為真，後來他稱之為「我這輩子最大的錯誤。」如今我們使用這個術語來指稱真空的能量密度。
- **宇宙學**（cosmology）：研究非常大尺度和宇宙整體的學問。
- **暗能量**（dark energy）：構成宇宙約百分之七十三成分的神祕能量，據信這就是宇宙加速膨脹現況的起因。

- **決定論**（determinism）：未來完全可以根據現在做出預測，而且完全由現在來決定之理念。
- **愛因斯坦的廣義相對論**（一九一五年）〔Einstein's general theory of relativity（1915）〕：把重力解釋成四維時空之彎曲現象的重力理論，根據此論，質量或能量出現會導致時空彎曲。本理論提出一組曲率計算方程式，用來判定任意給定質能分布，能產生多少曲率。我們使用這個理論來描述非常大等級的重力現象。
- **愛因斯坦的狹義相對論**（一九〇五年）〔Einstein's special theory of relativity（1905）〕：這是愛因斯坦對空間和時間的新觀點。這個理論的根本理念是，就所有自由運動的觀測者而言，科學定律應該全都相同，不論他們速度為何都不例外。不論測量光速的觀測者速度為何，光速全都維持不變。
- **電磁力**（electromagnetic force）：自然界四種基本作用力之一。電磁力讓電子環繞原子核運行，它在我們的層級表現為光和其他所有電磁輻射，好比無線電波、微波、X射線和伽瑪射線。電磁力的媒介粒子（玻色子）是光子。
- **電磁交互作用**（electromagnetic interaction）：一顆電子放射出一顆光子，並由另一顆電子吸收的交互作用。
- **電磁輻射**（electromagnetic radiation）：共組電磁頻譜的所有輻射，好比無線電波、微波、可見光、X射線和伽瑪射線。所有電磁輻射都由光子組成。
- **電弱理論**（electroweak theory）：統一電磁力和弱力的理論，一九六〇年代由倫敦帝國學院的阿卜杜勒·薩拉姆（Abdus Salam），和哈佛大學的史蒂文·溫伯格（Steven Weinberg）與謝爾登·格拉肖（Sheldon Glashow）發展成形。

- **基本粒子**（elementary particle）：就我們所知，並不由較小成分組成且不能分割的粒子。
- **熵**（entropy）：用來測量一系統之無序總量（即亂度）的指標。依熱力學第二定律所述，熵會不斷提增，永遠不會下降。整體宇宙或任意孤立系統，永遠不會變得更有序。
- **脫離速度**（escape velocity）：脫離地球等大質量物體之重力，且逃逸至太空其他區域所需的速度。地球表面的脫離速度約為每秒十一公里，黑洞內的脫離速度略高於光速。
- **事件**（event）：在時空圖描繪的時空中，以所處之時間與空間位置指定的一點。
- **事件視界**（event horizon）：黑洞的邊界，即脫離速度大於光速之區隔的半徑。這道邊界是由徘徊光子標示出來，那是一群（以光速移行）無法脫離卻也不會被吸進黑洞的光子。從內側發射的光會被吸進黑洞。半徑計算做法：黑洞的質量（等於當初塌縮形成黑洞之恆星的質量，不過倘若該恆星在塌縮早期失去質量則為例外）以太陽質量為單位所得之數，乘以三即為形成事件視界之半徑的公里數。所以一顆「10」太陽質量的黑洞之事件視界，其半徑便為三十公里。你可以看出，若質量改變則事件視界的半徑也會改變，同時黑洞的尺寸也隨之改變。
- **費米子**（fermion）：就本書目的而言，你必須知道普通物質的粒子（原子所含粒子，如電子、中子和質子）屬於一種號稱費米子的粒子類群，而且就像所有費米子，它們也交換媒介粒子。採比較嚴格的定義，費米子是具有半整數自旋，並服從包立不相容原理（Pauli Exclusion Principle）的粒子。本書內容並沒有談到不相容原理。
- **自然界四大作用力**（forces of nature）：粒子間的四種最基本互動方式，從最強到最弱分別為強力、弱力、電磁力和重力。

- **碎形**（fractal）：一種自相似的幾何樣式，且從任意尺度觀之，該樣式的各部分都一再出現。
- **頻率**（frequency）：就光子而言，指稱光子相關電磁場之時變率。就本書目的而言，你只需要知道頻率愈高，光子所含能量也愈高。
- **伽瑪射線**（gamma rays）：波長非常短的電磁輻射。
- **膠子**（gluon）：在夸克間傳遞強力的媒介粒子，能把夸克束縛在一起，形成原子核內的質子和中子。膠子之間也有交互作用。
- **祖父悖論**（grandfather paradox）：一種時光旅行悖論，假定某人能從事時光旅行回到過去，不讓他的祖父母生下他的父母，於是他自己也就不會出生。
- **萬有引力**（gravitational force）：自然界四種基本作用力之一，也是其中最弱的一種。重力始終是一種引力，不會是一種斥力，而且相隔極遠距離仍有作用。
- **重力半徑**（gravitational radius）：黑洞的一種臨界半徑，內側光子沒辦法脫離黑洞進入外側宇宙。你可以設想重力半徑和事件視界是同一回事，不過這兩個術語各有不同用法。以下做法可以算出這個半徑的概略數值：以該黑洞的太陽質量數乘以三即為半徑的公里數。因此一顆「10」太陽質量的黑洞，半徑即為三十公里。
- **重力子**（graviton）：在宇宙所有粒子（包括重力子本身）之間傳遞重力的媒介粒子，目前還不曾直接觀察到任何重力子。
- **重力**（gravity）：請參考萬有引力。

・**霍金輻射**（Hawking radiation）：依量子效應學理推測，這是一種由黑洞散發出來的輻射。你可以把它設想成在黑洞事件視界附近生成的虛粒子對，而且兩顆當中有一顆落入洞中，接著另一顆卻得以脫離進入太空。

・**海森堡測不準原理**（Heisenberg uncertainty principle）：量子力學的一項原理，據此任一粒子的位置和動量不可能同時準確測得。相同道理，任一場的場值和該場隨時間的變化率，也不可能同時準確測得。

・**氦**（helium）：第二輕的化學元素。氦原子核含兩顆質子和一、二顆中子。氦核有兩顆電子繞軌運行。

・**均質**（homogeneous）：不論位於何處都具有相同特質和外觀。

・**氫**（hydrogen）：最輕的化學元素。普通氫核只由一顆質子構成，氫原子核有單一電子繞軌運行，氫可以在恆星核心融合成氦。

・**虛數**（imaginary numbers）：平方為負數的數，因此虛數二的平方得負四，負九的平方根得虛數三。

・**虛時間**（imaginary time）：以虛數來測量的時間。

・**暴脹宇宙模型**（inflationary-universe model）：描述早期宇宙，經歷短期極為高速膨脹的模型。

・**初始條件**（initial conditions）：宇宙起始瞬間，還沒有任何時間等事物開始流逝之前的邊界條件。

・**均向性**（isotropic）：朝所有方向看來全都相同。

・**微波輻射**（microwave radiation）：波長比可見光波更長，且比無線電波更短的電磁輻射。微波輻射的粒子和電磁頻譜所有輻射的粒子，同樣都是光子。我們在宇宙中偵測到一種微波輻射背景，並以這種結果當成支持大霹靂模型理念的證據。

- **「N＝8」超重力理論**（N＝8 supergravity）：試圖把所有粒子（包括玻色子和費米子）統一納入一個超對稱家族，同時統一自然界四大作用力的理論。這就是霍金在一九八〇年盧卡數學講座教授就職演說時談起的理論，當時他認為，很有可能最後發展成統世理論。
- **裸奇異點**（naked singularity）：不隱藏在事件視界裡面的奇異點。
- **中子**（neutron）：構成原子核的一類粒子。中子不帶電荷，所有中子都以三個稱為夸克的較小粒子組成。
- **中子星**（neutron star）：質量大到無法形成白矮星，但卻又不夠大以塌縮成黑洞的恆星之最後演化階段。
- **牛頓重力理論**（Newton's theory of gravity）：宇宙中每個星體都受一種引力彼此相互靠近，質量愈大的星體這種力也愈強，同時也彼此靠得愈近。更明確的說：星體以一種力彼此相吸，這種力的強度與星體的質量成正比，且與星體之間距離的平方成反比。
- **無界構想**（no-boundary proposal）：宇宙（在虛時間中）尺寸有限卻又沒有邊界的想法。
- **原子核**（nucleus）：原子的核心部分，以質子和中子組成（而質子和中子則由夸克組成）。原子由強力束縛在一起。
- **光學望遠鏡**（optical telescope）：能用來觀察恆星和星系，並以人類肉眼可見之電磁頻段映現影像的望遠鏡。

- **粒子對**（particle pairs）：從真空中所有地點不斷生成的一對對粒子。按照一般設想，粒子對都是虛粒子，壽命極短且無從檢測，只能從它們對其他粒子的作用間接觀察得知。成對的兩顆粒子必須在一剎那間，再次相逢並相互湮滅。
- **光子**（photon）：電磁力的媒介粒子。在我們這個層級，光子顯現為可見光，還有電磁頻譜的其他所有輻射，好比無線電波、微波、X射線和伽瑪射線。光子具零質量，並以光速移行。
- **普朗克長度**（Planck length）：據信這是最小的有意義長度，相當於十的負三十三次方釐米。
- **正子**（positron）：電子的反粒子，正子帶正電荷。
- **原生黑洞**（primordial black hole）：不由恆星塌縮生成，而是由非常早期宇宙所含物質擠壓聚攏而成的細小黑洞。根據霍金所述，最有趣的原生黑洞尺寸約為原子核大小，質量約為十億噸。
- **質子**（proton）：組成原子核的粒子之一。質子帶正電荷，所有質子都由三個稱為夸克的較小粒子組成。
- **心理學時間箭頭**（psychological arrow of time）：我們有關時間流逝方式（從過去流向未來）的日常體驗。
- **脈衝星**（pulsar）：以非常高速自轉，並發出規律無線電波脈衝的中子星。
- **量子擾動**（quantum fluctuations）：虛粒子在我們心中設想的空無空間（真空），不斷生滅的現象。
- **量子重力**（quantum gravity）：能成功統一廣義相對論和量子力學的科學理論，目前還沒有這種理論。
- **量子力學或量子理論**（quantum mechanics or quantum theory）：一九二〇年代發展成形的理論，用來描述非常小尺度事物（一般為相當於或小於原子尺寸的事物）。根據這個理論，光、X射線和其他波，都只能以某種「封包」（稱為量子）型式來放射或被吸收。舉例來說，光的放射、被吸收封包稱為光子，同時光子也無法分割成比一顆光子更小的「封包」。好比，你不可能得到半顆光子，或者一又四分之三顆光子。依量子理論所述，能量是量子化的。此外，量子理論內含測不準原理。

- **量子蟲洞**（quantum wormhole）：尺寸小得不可思議的蟲洞（請參考蟲洞）。
- **夸克**（quark）：每群三顆捆在一起，共同組成質子和中子的基本粒子（意指它們完全不能再劃分得更細）。夸克也能每組兩顆捆在一起（一顆夸克和一顆反夸克），共同組成稱為介子的粒子。
- **無線電波**（radio waves）：波長比可見光波更長的電磁波。無線電波的粒子和電磁頻譜所有輻射的粒子同樣都是光子。
- **放射性**（radioactivity）：一種原子核自發性衰變形成另一種原子核的現象。
- **半徑**（radius）：從圓心或球心到圓周或球面的最短距離。
- **重整化**（renormalization）：用來消除理論中所含無窮值的歷程。重整化步驟包括納入其他無窮值，並讓各無窮值相互抵銷。
- **熱力學第二定律**（second law of thermodynamics）：一孤立系統的熵（亂度）只會提增，永遠不會減少。若兩系統結合，該組合系統的熵等於或大於兩系統之熵值的累加和。
- **奇異點**（singularity）：時空中一點，時空曲率在該點變得無限大，形成一個密度無限大的點。有些理論預測，我們在黑洞中心或在宇宙的起點或終點，必能找到一個奇異點。
- **太陽質量**（solar mass）：與我們的太陽之質量相等的質量單位。

- **時空**（spacetime）：三個空間維度和一個時間維度的結合體。
- **時空曲率**（spacetime curvature）：愛因斯坦的廣義相對論解釋重力的說法，他認為重力是質量或能量在時空中的分布狀況造成的，結果便產生類似彈性表面承受重量、大小不等之沉重顆粒所致扭曲、凹陷和漣波等現象。
- **強力**（strong nuclear force）：自然界四種基本作用力中最強的一種。強力把（好比中子和質子所含）夸克束縛在一起，也負責把原子核所含質子與中子束縛在一起。強力的媒介粒子（玻色子）是膠子。
- **超新星**（supernova）：一種十分劇烈的恆星爆炸現象，爆炸時除內核之外，整顆恆星全都炸入太空。超新星炸出的物質成為構成新恆星和行星的原料。
- **超弦理論**（superstring theory）：解釋宇宙基本物件並非點狀粒子，而是纖小的弦或弦弧圈的理論。這是最有指望統一所有粒子和作用力的候選理論。
- **統世理論**（Theory of Everything）：有時縮略寫成「TOE」，能解釋宇宙以及宇宙萬象的理論。
- **熱力學時間箭頭**（thermodynamic arrow of time）：熵（亂度）隨時間提增的現象。
- **測不準原理**（uncertainty principle）：一顆粒子不能同時具有明確位置和明確動量。你愈準確測得其中一種，另一種的測量結果就愈不準確。相同道理，你也沒辦法同時準確測得一個場的場值，和該場隨時間的改變率。此外還有一些配對量值，也呈現相同問題。測不準原理的發現人是德國物理學家海森堡，比較妥當的稱法為：海森堡測不準原理。
- **統一理論**（unified theory）：解釋所有四大作用力為單一「超力」之不同表現方式的理論，本論還把費米子和玻色子統合併入同一家族。

- **真空能量**（vacuum energy）：存在於我們心中設想之真空空間的能量。
- **速度**（velocity）：某件事物遠離某固定位置的移動速率，以及其移動的方向。
- **虛粒子**（virtual particle）：依量子力學，這是一種永遠無法直接檢測出的粒子，不過，由於能夠測得虛粒子對其他粒子的作用，因此我們知道有這種粒子。
- W^+、W^-、Z^0：弱力的媒介粒子（玻色子）。
- **波函數**（wave function）：依量子理論，波函數描述一顆粒子在兩點間有可能遵循的所有可能途徑。倘若某特定途徑的波函數值很高，則該粒子就比較有可能在那條路徑上尋獲。
- **宇宙波函數**（wave function of the universe）：哈妥和霍金把宇宙當成一種量子粒子來處理，代表我們所處宇宙有可能經歷一切具物理可能性的歷史。若某一歷史的波函數數值很高，則該歷史的可能性就比較高。
- **波長**（wavelength）：相鄰兩波峰之間的距離。
- **弱力**（weak nuclear force）：自然界四種基本作用力之一。弱力的媒介粒子（玻色子）是W^+、W^-和Z^0。弱力是引發放射性的源頭，如原子核中所謂的貝他（beta）放射性就是一例。
- **蟲洞**（wormhole）：時空中的孔眼或隧道，其終點有可能位於另一處宇宙或我們所處宇宙的另一個部分（或時間）。

時空旅行的夢想家 : 史蒂芬 . 霍金【2017 年全新增訂版】/ 吉蒂 . 弗格森 (Kitty Ferguson) 著 ; 蔡承志譯 . -- 二版 . -- 臺北市 : 時報文化 , 2017.12
面 ;　公分 . -- (People ; 412)
譯自 : Stephen Hawking : his life and work, Large print ed.
ISBN 978-957-13-7235-8(平裝)

1. 霍金 (Hawking, S. W., (Stephen W.), 1942-) 2. 物理學 3. 傳記 4. 英國

784.18　　106021446

STEPHEN HAWKING: HIS LIFE AND WORK: THE STORY AND SCIENCE OF ONE OF THE MOST EXTRAORDINARY, CELEBRATED, AND COURAGEOUS FIGURES OF OUR TIME
By KITTY FERGUSON

ISBN 978-957-13-7235-8
Printed in Taiwan

People 412

時空旅行的夢想家：史蒂芬・霍金【2017 年全新增訂版】

STEPHEN HAWKING: HIS LIFE AND WORK:THE STORY AND SCIENCE OF ONE OF THE MOST EXTRAORDINARY, CELEBRATED, AND COURAGEOUS FIGURES OF OUR TIME

作者　吉蒂・弗格森 Kitty Ferguson｜**譯者**　蔡承志｜**審訂**　吳俊輝（第一～四篇）｜**副主編**　陳怡慈｜**責任編輯**　龍穎慧｜**執行企劃**　林進韋｜**封面設計**　莊謹銘｜**內文排版**　楊珮琪｜**發行人**　趙政岷｜**出版者**　時報文化出版企業股份有限公司　10803 臺北市和平西路三段 240 號 4 樓 **發行專線**——(02)2306-6842 **讀者服務專線**——0800-231-705・(02)2304-7103 **讀者服務傳真**——(02)2304-6858　**郵撥**——19344724 時報文化出版公司　**信箱**——台北郵政 79-99 信箱　**時報悅讀網**——http://www.readingtimes.com.tw　**電子郵件信箱**——ctliving@readingtimes.com.tw　**人文科學線臉書**——http://www.facebook.com/jinbunkagaku｜**法律顧問**　理律法律事務所　陳長文律師、李念祖律師｜**印刷**　勁達印刷有限公司｜**二版一刷**　2017 年 12 月｜**二版三刷**　2018 年 3 月 20 日｜**定價**　新台幣 450 元｜